FRANZ KUROWSKI

AUF ALLEN MEEREN

Der Kreuzerkrieg
im Zweiten Weltkrieg

Originalausgabe

WILHELM HEYNE VERLAG
MÜNCHEN

HEYNE ALLGEMEINE REIHE
Nr. 01/6783

INHALT

Vorwort

Kreuzer haben im Zweiten Weltkrieg auf allen Meeren im Einsatz gestanden; ob als schnelle Spähkreuzer, als Flak- und Minenkreuzer oder als kampfstarke Überwasser-Raider. In allen Fällen haben sie die Wirksamkeit dieses Schiffstyps unter Beweis gestellt. Darüber hinaus aber karrten sie Truppen an exponierte Küsten, liefen zu Küsten- und Frontbeschießungen von See her aus und brachten in oftmals dramatischen Transportfahrten der kämpfenden Heerestruppe Verpflegung, Munition, Waffen und sogar Treibstoff.

Im ozeanischen Zufuhrkrieg auf der einen, im Kampf gegen U-Bootversorger und Versorgungsschiffe der Hilfskreuzer auf der anderen Seite, wurden sie in der Weite der See allein und in kleinen Kampfgruppen eingesetzt. Schließlich waren sie als Geleitsicherung bei den gefährlichen Wolfsrudelangriffen der U-Boote dabei.

Ob im Nordatlantik, im Nordmeer oder im Mittelmeer, im Südatlantik oder im Schwarzen Meer und in der unendlichen Weite des Indischen Ozeans oder des Pazifik, überall waren sie die Hauptträger des Kampfes. Sie führten den Kreuzerkrieg in den fernen Gewässern, richteten ihr Feuer auf Geleitzüge und wurden durch Bomben und Torpedos und in gnadenlosen Artillerieduellen niedergekämpft. Und wenn sie sanken, nahmen sie oft genug ihre Besatzungen mit in die Tiefe.

Auch mit vielen Sonderaufgaben wurden die Kreuzer aller Marinen in See betraut; als Transportfahrzeuge für die Führer der Alliierten und als deren Tagungsort, als Transportschiffe für die Atombomben und als Sonder-Kurierfahrzeuge.

Zuletzt mußten deutsche Kreuzer noch zur Rettung der deutschen Menschen aus dem Osten und zur Unterstützung der deutschen Front an der Ostsee auslaufen. Ihrem Einsatz ist es mit zu verdanken, daß weit über zwei Millionen Deutscher aus dem Osten auf dem Seeweg die Freiheit erreichten.

In diesem Werk wird der Versuch unternommen, die Einsätze der deutschen Schlachtkreuzer und Kreuzer nachzuzeichnen. Daneben sollten und können die Haupteinsätze der anderen am Krieg beteiligten Seemächte im Kreuzerkrieg nicht vergessen werden.

Wo auch immer deutsche Kreuzer sanken, in Gotenhafen durch Sprengung, am Nordkap im Kampf gegen eine vielfache Übermacht, vor Montevideo im Duell mit englischen Großkampfschiffen, im Kampf gegen U-Boote, Torpedo- und Bombenflieger und durch Selbstversenkung in aussichtsloser Lage, überall starben Seeleute, die auf diesen Kreuzern ihre Pflicht erfüllten.

Der Einsatz der Kreuzer wurde im Zweiten Weltkrieg zu einem schweren Opfergang. Oftmals waren es verzweifelte Versuche, das Blatt zu wenden; dann wieder sagenhafte Odysseen in der Weite des Ozeans, an deren Ende oftmals der Untergang stand.

Der Autor dankt vielen deutschen und ausländischen Seeleuten, die auf Kreuzern im Einsatz standen. Ohne ihre Mithilfe wäre das Buch in der vorliegenden Form nicht möglich gewesen.

Kreuzerentwicklung vor und nach dem Ersten Weltkrieg

Der Panzerkreuzer

Der Panzerkreuzer als Vorstufe des späteren Schlachtkreuzers verdankt seine Entstehung den Erfordernissen einer kolonialistischen Ära, in der man sich auf Handels- und Auslandskriegführung einstellte.

Als erster Panzerkreuzer der Welt wird die schnelle russische Panzerfregatte »General-Admiral« genannt, die im Jahre 1873 von Stapel lief. Mit diesem Schiff war der Grundstein zur modernen Kreuzerentwicklung gelegt. Erster Nachahmer war Frankreich, das 1883 den Panzerkreuzer »Duguesclin« baute.

Großbritannien zog 1884 mit dem Bau der »Imperieuse« und der »Warspite« und 1885 mit dem Bau des Panzerkreuzers »Orlando« nach. Hier wurden um diese Zeit die Begriffe *Belted Cruiser* (gürtelgepanzerter Kreuzer) und *Armoured Cruiser* (Panzerkreuzer) geprägt. Der gürtelgepanzerte Kreuzer wurde später zum Kleinen Kreuzer, aus dem sich der Leichte Kreuzer weiterentwickelte.

Die französische Marine forcierte die Kreuzerentwicklung Ende 1880 weiter. Admiral Aube sah in der Bekämpfung des britischen Überseehandels eine wirksame Waffe für den Kriegsfall, da die Britischen Inseln mehr und mehr von ihren Einfuhren aus Übersee abhängig wurden. Er forderte den Bau schneller Kreuzer mit großem Fahrbereich, die imstande waren, im Kriegsfall sowohl ungeschützte, als auch geschützte britische Konvois anzugreifen und zu vernichten.

Als erstes Schiff dieser »neuen Schule« entstand der

Panzerkreuzer »Dupuy de Lôme«. Er erhielt als erster einen Panzer aus gehärtetem Nickelstahl, der geschlossen um den Steven herumreichte und bis zum Oberdeck geführt wurde. Bereits der nächste Panzerkreuzer, »Admiral Charner«, erhielt nur noch einen Gürtelpanzer von halber Höhe.

Eine Reihe seefahrender Nationen schloß sich dieser Entwicklung an. Lediglich Großbritannien ging seinen eigenen Weg zur Entwicklung eines schnellen Schiffes ohne Seitenpanzerung, aber mit einem starken Panzerdeck. Zusätzlich wurden nur die Geschütze mit Schutzschilden versehen. Dies waren die geschützten Kreuzer der Blake-, Powerful- und Diadem-Klasse. Danach wurden über zehn Jahre in Großbritannien keine Panzerkreuzer mehr gebaut. Erst 1899 lief der nächste britische Panzerkreuzer von Stapel. Er erhielt eine Seitenpanzerung und wurde artilleristisch bedeutend verstärkt.

Der Panzerkreuzer war also nichts anderes, als die Taschenausgabe schwer armierter Linienschiffe mit höherer Geschwindigkeit. Ab 1890 steigerte diese sich noch entsprechend der Aufgabe, die der Kreuzer zu erfüllen hatte. Das machte ihren besonderen Wert für operative Verwendungen in den Flotten der ganzen Welt aus. Eine der wichtigsten Aufgaben dieses Schiffstyps war der Aufklärungsdienst, den ein stark bewaffnetes und zugleich schnelles Schiff optimal versehen konnte.

Der erste speziell für diesen Zweck konstruierte und gebaute Panzerkreuzer erzielte bereits eine Geschwindigkeit von 24,8 Knoten, seine Bewaffnung mußte jedoch zugunsten der Geschwindigkeit auf 15,2-cm-Geschütze zurückgenommen werden. Erst mit den Panzerkreuzern der Devonshire-Klasse wurde die Hauptartillerie auf 19 cm erhöht.

Frankreich sah im Gegensatz dazu im Kreuzer nach wie vor das Schiff für den Handelskrieg. Vom Bau der »Jeanne d'Arc« im Jahre 1899 bis zum »Waldeck-Rousseau« im Jahre 1908 wurde der größte Wert auf einen weiten Fahrbereich und bis zu 24 Knoten Geschwindigkeit gelegt, mit 19,4-cm-Geschützen als Hauptkaliber.

Die USA verfolgten ähnliche Interessen und legten den Schwerpunkt auf die Schlagkraft der Schiffe. Bereits im Jahre 1898 hatte die US-Marine im Krieg gegen Spanien mit ihren Kreuzern Erfolge erzielt, z. B. im Seegefecht am 1. Mai 1898 vor Manila und in der Seeschlacht bei Santiago de Cuba. Dennoch hatte das »Denken in Schlachtschiffen« in den USA ebenso wie in Japan die Vorhand. Erst mit dem Bau der Panzerkreuzer der Washington-Klasse ab 1905 näherten sich die USA im Kreuzerbau der britischen Auffassung.

In Japan hatte man nach dem in England im Jahre 1911 ausgeführten Bau des Schlachtkreuzers »Kongo« im eigenen Land den Kreuzerbau fortgesetzt. Damit war eine lange Zusammenarbeit Japans mit englischen, französischen und deutschen Werften beendet. Diese Bauübernahme in eigene Regie kam nicht von ungefähr, denn von 1905 bis 1911 waren auf japanischen Werften bereits Panzerkreuzer gebaut worden; so die »Kurama« und »Ibuki«, die nach ihrer Fertigstellung als Schlachtkreuzer bezeichnet wurden, aber von ihrer Konzeption her doch nur gut geschützte Kreuzer mit 20,5 Knoten Geschwindigkeit, aber mit der Bewaffnung der Linienschiffe der Übergangszeit — vier Seekanonen mit 30,5-cm-Kaliber — waren. Wegen ihrer geringen Panzerstärke von maximal 178 mm waren sie keine Linienschiffe und wegen ihrer geringen Geschwindigkeit auch keine Schlachtkreuzer. Sie waren vielmehr das Endglied der Panzerkreuzer-Entwicklung Japans und die Vorstufe zum Schlachtkreuzer.

Nach den Plänen des Schlachtkreuzers »Kongo«, dem seinerzeit stärksten Schlachtkreuzer, der auf der englischen Vickerswerft gebaut worden war, wurden in Japan die ersten drei Schlachtkreuzer gebaut: die »Hiei«, die 1914 in Dienst gestellt wurde, die »Haruna« und die »Kirishima«.

Im Februar 1916 wurde in Japan dann der 8/8-Plan angenommen, der den Bau von acht Schlachtschiffen und acht Schlachtkreuzern vorsah. Zwei davon wurden nur bewilligt.

Der US-Kongreß bewilligte daraufhin noch im Sommer 1916 ebenfalls ein umfangreiches Flottenbauprogramm, das den Bau von zehn Schlachtschiffen und sechs Schlachtkreuzern vorsah.

Aber erst im Jahr 1920 wurden in Japan zwei Schlachtschiffe und zwei Schlachtkreuzer der Akagi-Klasse bewilligt. Ein Jahr später erfolgte die Bewilligung zum Bau von zwei weiteren Akagi-Klasse-Schlachtkreuzern.

Die deutsche Kreuzerentwicklung folgte beim Bau ihrer Panzerkreuzer den Vorbildern Frankreichs bis zum Bau der »Fürst Bismarck«. Danach ging man in Deutschland zum Bau schnellerer Aufklärungskreuzer über, und um 1906 entsprachen die Schiffe der Scharnhorst-Klasse in etwa den britischen Vorstellungen.

Englands Auffassung über die Aufgaben der Panzerkreuzer und ihren Einsatz lautete:

»Aufklären, Verfolgen von Feindschiffen, Sicherung des eigenen Rückmarsches und Rückhalt für die Kleinen Kreuzer und für Torpedoboots-Verbände.«

Panzerkreuzer sollten also keine Schlacht schlagen, sondern sich nur unter günstigen Bedingungen am Gefecht beteiligen. Kampf war lediglich für Linienschiffe Haupt- und Endzweck, während Panzerkreuzer den Gegner binden, ihn in seiner Bewegungsfreiheit behindern und die Linienschiffe unterstützen sollten. Dies wiederum bedingte eine den Linienschiffen überlegene und den Kleinen Kreuzern und Torpedobooten ebenbürtige Geschwindigkeit, dazu einen großen Fahrbereich bei hoher Geschwindigkeit für lange Seeoperationen.

Der Panzerkreuzer mußte eine so große Kampfkraft besitzen, daß auch sein Eingreifen in den Kampf der Linienschiffe Erfolg versprach. Zur Erreichung dieser

Kampfkraft auf große und mittlere Entfernungen mußten Waffen mit entsprechend großen Kalibern eingebaut werden.

Es war der Erste britische Seelord, Baron Fisher of Kilverstone, der diese Forderungen erhob und durchsetzte. Er entwickelte bereits im Jahre 1904 den Plan, die deutsche Flotte im Frieden, gewissermaßen im Handstreich, zu überfallen, weil er einen Seekrieg mit Deutschland vorhersah. Das von ihm einberufene Committee on Design löste die ihm gestellten Aufgaben des Baues eines neuen Panzerkreuzertyps mit der »Invincible«, dem ersten britischen Schlachtkreuzer. Wegen Fishers Forderung »Speed is the best protection« verzichtete man in England zugunsten einer hohen Geschwindigkeit auf eine starke Panzerung dieser Schiffstypen.

Für die britische Marine bedeutete eine starke Kreuzerflotte eine gute Aufklärung und zugleich die Sicherung des Überseehandels ebenso wie jene des Britischen Empire zur See. Für diese drei genannten Aufgaben wurde die Zahl von 60 Kreuzern als notwendig erachtet.

So entstanden aus den Scout-Kreuzern von 3000 Tonnen mit 12,7-cm-Geschützen, die als reine Aufklärer gedacht waren, die Kreuzer der Aurora-Klasse und hieraus wieder jene der C-Klasse, mit Einheiten um 4000 Tonnen und fünf 15,2-cm-Geschützen. Diese waren neben ihrer Eignung für reine Flottenaufgaben auch für den Einsatz in Übersee prädestiniert, um dort Handelsschutzaufgaben und die Sicherung des Empire zu übernehmen. Die gegen Ende des Ersten Weltkrieges daraus weiterentwickelten D-Klassen-Kreuzer mit 4850 Tonnen und sechs 15,2 cm-Geschützen waren die Optimierung der Kreuzer für solche Aufgaben.

Kehren wir zur deutschen Kreuzerentwicklung zurück. In Deutschland war man von den britischen Plänen zum Bau von drei Großkampfschiffen, die 1905 zum erstenmal im britischen Marinehaushalt auftauchten, in Zugzwang gesetzt worden. Als nach einigen Vermutungen und gezielten Falschmeldungen feststand, daß die neuen britischen Panzerkreuzer mit 17500 Tonnen und 25 Knoten Geschwindigkeit gebaut werden würden, entschloß sich Großadmiral Tirpitz 1906 zum Bau des Großen Kreuzers »Blücher«.

Der Bau der deutschen Großkampfschiffe war 1906 dem Marinebaurat Bürkner übertragen worden, der einer der führenden Konstrukteure war.

Erst nach Baubeginn der »Blücher« ließ Großbritannien die Katze aus dem Sack. Man hatte dort keine Panzerkreuzer aufgelegt, sondern einen ganz neuen Kriegsschiffstyp, den »Battle Cruiser« — den Schlachtkreuzer.

Nunmehr mußte Deutschland, wollte es nach der damals geltenden Auffassung nicht ins Hintertreffen geraten, einen ebensolchen Schlachtkreuzer bauen. So wurde im Etat der kaiserlichen Marine für das Jahr 1907 der Schlachtkreuzer »Von der Tann« eingesetzt. Er hatte mit 20000 Tonnen eine hohe Geschwindigkeit, war jedoch nur mit acht Geschützen von 28 cm Kaliber armiert. Dafür verfügte er über eine ungleich bessere Panzerung als die britischen Schiffe dieser Art. Dies war die deutsche Antwort auf die britischen Battle-Cruiser. Mit der Schaffung dieses neuen Schiffstyps hatte Großbritannien seine Einheiten des Panzerkreuzertyps selbst entwertet, denn nachdem Deutschland wider Erwarten auch im Bau dieses Schiffstyps nachgezogen hatte, verfügte man auf der Gegenseite über Schlachtkreuzer, gegen die Panzerkreuzer keine Chance hatten. Selbst der große Bestand an britischen Linienschiffen erfuhr durch diese Entwicklung eine Entwertung.

Baubeginn der »Von der Tann« war der 25. August 1908. Am 1. September 1910 war dieser erste deutsche Schlachtkreuzer fertig.

Die vier Linienschiffe der Nassau-Klasse wurden ebenfalls noch 1907 in Bau gegeben. Die neue deutsche Flottennovelle von 1908 sah vor, daß in den nächsten vier Jahren je drei weitere Großkampfschiffe und ein

Schlachtkreuzer auf Kiel gelegt werden sollten. Damit würde Deutschland bis 1914 über 16 Großkampfschiffe und fünf Schlachtkreuzer verfügen und so die noch bestehende britische Überlegenheit an Großkampfschiffen ausgeglichen haben.

Nach der Inangriffnahme dieses Programms, dem sich fast alle Seemächte anschlossen, wurde die Seerüstung zu einem wilden Wettlauf gesteigert. Den effektiv zwischen 1908 und 1911 in Deutschland fertiggestellten 16 deutschen Neubauten standen 20 britische Neubauten gegenüber.

Die deutsche Flottengesetzgebung ließ Großbritannien nicht ruhen. Die britische Presse förderte durch die »Bekanntgabe der geheimen deutschen Flottenrüstung« in England eine Massenhysterie. Dort setzte nun jene Phase ein, die unter dem Kennwort »Flottenpanik« in die Geschichte einging. Das britische Parlament bewilligte 1909 den Bau von weiteren acht Großkampfschiffen.

Kreuzerkrieg 1914—1918

Am 1. August 1914 gingen die europäischen Kriegsflotten mit verschiedenen strategischen Konzeptionen in den Kampf. Mit Kriegsbeginn wurden die in Bau befindlichen Großkampfschiffe mit Nachdruck und unter größtmöglicher Beschleunigung fertiggestellt.

Die deutschen Schlachtkreuzer »Von der Tann«, »Moltke«, »Goeben«, »Seydlitz«, »Derfflinger«, »Lützow«, »Hindenburg«, »Mackensen« und »Graf Spee« erzielten in ihrem gnadenlosen Kampf zur See große Erfolge.

So kam es z. B. in der Skagerrakschlacht zu einem Duell mit britischen Schlachtkreuzern. Der britische Schlachtkreuzer »Indefatigable« wurde von »Von der Tann« mit zwei 28-cm-Treffern voll getroffen, platzte 30 Sekunden danach auseinander und sank. »Von der Tann«

hatte vier Treffer erhalten, war aber bereits am 2. August 1916 wieder einsatzbereit.

Die »Queen Mary« wurde in dieser großen Seeschlacht von drei Granaten einer 30,5-cm-Vierersalve des Schlachtkreuzers »Derfflinger« sowie von zwei 28-cm-Granaten des Schlachtkreuzers »Seydlitz« getroffen. Von den nachfolgenden schweren inneren Detonationen wurde sie ebenfalls auseinandergerissen und sank.

Der britische Schlachtkreuzer »Lion« entging der Vernichtung, aber als dritter britischer Schlachtkreuzer wurde noch die »Invincible« von den deutschen Schlachtkreuzern »Lützow« und »Derfflinger« mit 30,5-cm-Granaten eingedeckt. Nach einer Explosion brach dieses Schiff in zwei Teile und sank. Insgesamt konnten von den über 3200 Soldaten, die auf diesen drei Schiffen standen, nur 16 Mann gerettet werden.

»Von der Tann« versenkte sich 1919 in Scapa Flow selbst, ebenso »Moltke« und »Derfflinger«. »Lützow« aber hatte im Gefecht mit der »Invincible« im Skagerrak 24 schwere Artillerietreffer und einen Torpedotreffer erhalten. Der Schlachtkreuzer trat mit 7500 Tonnen Wasser im Schiff den Rückmarsch an, war jedoch nicht mehr zu halten und wurde nach Übernahme der Besatzung von dem Torpedoboot G 38 durch zwei Torpedoschüsse versenkt.

Der Schlachtkreuzer »Goeben«, der seit 1912 im Mittelmeer stand, hatte auf dem Marsch nach den Dardanellen ein erstes Gefecht mit dem britischen Leichten Kreuzer »Gloucester« und lief am 14. August 1914 in Konstantinopel ein. Hier wurde er aus staatsrechtlichen Gründen zum Schein an die Türkei verkauft und auf den Namen »Jawus Sultan Selim« umgetauft. Am 29. Oktober 1914 beschoß er die russische Seefestung Sewastopol und unternahm dann am 18. November 1914 einen Vorstoß zur Krim, wo er in ein Gefecht mit Teilen der russischen Schwarzmeerflotte geriet, das russische Linienschiff »Svjatoj Evstafij« beschädigte und selbst einen Treffer erhielt. Beim Einlaufen in den Bosporus kamen zwei Minentreffer hinzu. Die dadurch entstandenen Lecks wurden mit Beton abgedichtet.

Nach mehreren weiteren Gefechten lief das Schiff am 2. Mai 1918 in Sewastopol ein und erreichte am 27. Juni 1918 Noworossijsk. Dieser Schlachtkreuzer überlebte den Ersten und auch den Zweiten Weltkrieg.

Die 1914 bestellten Schlachtkreuzer der Mackensen-Klasse mit »Mackensen«, »Prinz Eitel Friedrich«, »Graf Spee« und »Fürst Bismarck« wurden bis Kriegsende nicht mehr fertig. Die Aufträge für drei weitere Schlachtkreuzer der York-Klasse wurden im April 1915 vergeben. Sie waren bei Kriegsschluß erst halbfertig.

Auf der Gegenseite waren die beiden britischen Schlachtkreuzer »Invincible« und »Inflexible« gegen das deutsche Kreuzergeschwader unter Vizeadmiral Graf Spee bei den Falklandinseln erfolgreich. Dieses deutsche Kreuzergeschwader in Ostasien hatte am 1. November 1914 bei Coronel einen britischen Kreuzerverband besiegt. Am 8. Dezember aber kam es bei den Falklandinseln zum entscheidenden Gefecht, in dem alle Kreuzer vernichtet wurden — bis auf den Leichten Kreuzer »Dresden«, dem es gelang zu entkommen.

Für einen geplanten britischen Vorstoß mit leichten Seestreitkräften in die Ostsee wurde ein völlig neuer Schlachtkreuzer-Typ geschaffen, der diese leichten Seestreitkräfte begleiten und schützen sollte. Es waren die »Glorious«, »Courageous« und »Furious«, die mit größter Geschwindigkeit und schweren Geschützen ausgestattet waren und mit ihrem geringen Tiefgang auch in der Ostsee operieren konnten. Man nannte diese Schiffe »Large Light Cruisers«, jene überzüchteten Leichten Kreuzer mit geringer Panzerung. Doch über das Stadium der Planung kamen die weiteren Schiffe nicht hinaus. Ihre Fortsetzung fanden sie später als Flugzeugträger im Zweiten Weltkrieg. Mit ihren 30,5 Knoten Fahrt waren sie sehr schnell.

1916 entstanden in England die Pläne für vier Schlachtkreuzer der Hood-Klasse, weil man nach den Erfolgen im ersten und zweiten Kriegsjahr der Überzeugung war, daß allein Schlachtkreuzer die Wende im Seekrieg bringen und das einzige Mittel zum Sieg sein würden. Die als Schlachtschiffe begonnenen Großkampfschiffe »Repulse« und »Renown« wurden zu Schlachtkreuzern umgebaut und erhielten jeweils zwei Doppeltürme mit 38,1-cm-Geschützen.

Nach dem Skagerrak-Desaster jedoch, das drei Schlachtkreuzern zum Verhängnis geworden war, erkannte man die Schwächen dieser Typen, und nun wurden die bereits begonnenen Vorarbeiten an drei der vier in Bau gegebenen Schlachtkreuzer eingestellt. Lediglich die »Hood« wurde gebaut und galt nach ihrer Indienststellung am 22. August 1918 als größtes Kriegsschiff der Welt. Sie hatte eine Verdrängung von 48 000 Tonnen, und neben den neun Geschützen mit einem Kaliber von 40,6 cm in Drillingstürmen verfügte sie noch über ein ganzes Arsenal an weiteren Geschützen und zwei Flugzeugen.

Als man sah, daß deutsche Hilfskreuzer mit ihren 15-cm-Geschützen auch gegen englische Kreuzer bestanden, wurde gegen Ende des Ersten Weltkrieges aus der D-Klasse der Kreuzer die E-Klasse entwickelt. Diese hatte 7550 Tonnen und sieben 15,2-cm-Geschütze. Die gleichzeitig entwickelten Schiffe der Hawkins-Klasse waren mit sieben 19-cm-Geschützen armiert.

Bis Ende des Ersten Weltkrieges hatte die britische Royal Navy einen nennenswerten Bestand an neuen Kreuzern.

Die USA und Japan vom Ende des Krieges bis zum Washingtoner Flottenabrüstungsprogramm

Die USA nahmen gleich nach Kriegsende den bereits im August 1916 bewilligten, aber zurückgestellten Bau von zehn Kreuzern der Omaha-Klasse auf. Diese hatten 7050 Tonnen und zwölf 15,2-cm-Geschütze. Sie wurden zwischen Anfang 1923 und Frühjahr 1925 in Dienst gestellt.

Auch die japanische Marine hatte 1916 die ersten Aufträge für moderne Kreuzer vergeben, die als Führerschiffe für ihre Zerstörer-Flottillen eingesetzt werden sollten. Es waren die Schiffe der Tenryu-Klasse mit 3230 Tonnen, vier 14-cm-Geschützen und zwei Drillings-Torpedorohrsätzen. Sie waren ein Mittelding zwischen einem übergroßen Zerstörer und einem Kreuzer der britischen C-Klasse und kamen 1919 in Dienst.

Die aus dieser Klasse entwickelten Kreuzer der Kuma-Klasse, die ab Ende 1918 in Bau gingen, hatten eine Verdrängung von 5500 Tonnen und verfügten über sieben 14-cm-Geschütze. Sie wurden 1921/22 fertig. Es handelte sich um die »Kuma«, »Tama«, »Kitakami«, »Oi« und »Kiso«.

Ihnen folgten 1920 die sechs Einheiten umfassende Gruppe der Nagara-Serie mit den gleichen technischen Daten. Diese Kreuzer waren erstmals 36 Knoten schnell und hatten eine Seeausdauer von 9000 Seemeilen bei Zehn Knoten Fahrt.

Danach wurde noch eine Serie von sechs Kreuzern des Sendai-Typs aufgelegt, von denen nach der Washingtoner Konferenz allerdings nur drei gebaut wurden.

Dies war die Situation, die sich im Pazifik vor der Washingtoner Konferenz bot. In dieser Flottenkonferenz, die im Dezember 1921 begann, einigten sich Großbritannien, Japan und die USA darauf, daß die laufenden Bauprogramme aufgegeben und die Fertigstellung der im Bau befindlichen Großkampfschiffe abgebrochen wurden. Nur die Vollendung des Umbaus von je zwei Schlachtkreuzern zu Flugzeugträgern wurde zugestanden.

Als größten Erfolg wertete vor allem Großbritannien die vereinbarte zehnjährige Baupause für Großkampfschiffe. Die Konferenz sah folgende Tonnagebegrenzung der beteiligten Nationen für Großkampfschiffe vor:

USA und Großbritannien jeweils ... 500000 Tonnen,
Japan .... 300000 Tonnen,
Frankreich und Italien je .... 175000 Tonnen.

Nach dieser Konferenz verringerten die genannten Seemächte auf der Grundlage dieses Vertrages die Zahl ihrer vorhandenen Großkampfschiffe sogar über das geforderte Maß hinaus. Der Rüstungswettlauf auf dem Gebiet des Schlachtschiffsbaus war gestoppt. Gleichzeitig verlagerten sich jedoch die Anstrengungen der Seemächte auf die nächste Kriegschiffsgruppe, die Kreuzer. Der Kreuzerbau war zwar qualitativ begrenzt worden, jedoch nicht in seiner Quantität.

So stand nun der verstärkte Kreuzerneubau an erster Stelle. Und angeführt wurde diese Entwicklung von der Seemacht Japan. Das Land sah im Bau neuer kampfkräftiger Kreuzer, deren Zahl nicht begrenzt war, die Chance, aus dem vergleichsweise schlechten Verhältnis von 5 zu 3 zu Großbritannien und den USA herauszukommen. Japan stellte seine noch nicht begonnenen 5000-Tonnen-Kreuzer zurück und begann 1922 mit dem Bau der ersten sogenannten »Washingtoner-Kreuzer« der Kako-Klasse mit »Furutaka« und »Kako«, die allerdings mit ihren 7100 und 8700 Tonnen noch nicht die optimale Größe ausschöpften. Beide Kreuzer waren mit sechs 20-cm-Geschützen bestückt, die in sechs Einzeltürmchen untergebracht waren.

Mit der Aoba-Klasse (»Aoba« und »Kingusa«, 7100 und 9000 Tonnen mit jeweils sechs Seekanonen von 20 cm Kaliber), die zwischen 1924 und 1926 gebaut wurden, und den vier schweren Kreuzern der Nachi-Klasse, deren Bau ebenfalls 1924 begonnen wurde, schloß Japan rasch auf. Bei den Nachi-Kreuzern wurde mit 10 000 Tonnen die zugestandene Höchsttonnage für Kreuzer erreicht. Sie waren mit je zehn 20,3-cm-Geschützen bestückt, die in fünf Zwillingstürmen untergebracht waren. Die Namen dieser fünf lauteten: »Myoko«, »Nachi«, »Haguro« und »Ashigara«.

Als Antwort auf dieses japanische Kreuzerprogramm genehmigte US-Präsident Coolidge die Naval Act von 1924. Sie sah den Bau von acht 10 000-Tonnen-Washington-Kreuzern vor, die ebenfalls mit 20,3-cm-Geschützen bestückt werden sollten.

Während aber die Japaner ihre ersten acht Kreuzer bis 1925 in Bau gaben, zögerte sich der Baubeginn der acht US-Kreuzer dieser Kategorie zunächst noch hinaus.

Auch andere Seemächte nahmen jetzt den Bau von Washington-Kreuzern auf; so Frankreich, das 1922 drei Kreuzer der Duguay-Trouin-Klasse von 7249 Tonnen mit vier 15,2-cm-Zwillingstürmen begann und 1924 zwei davon auf die Washington-Tonnage vergrößerte und mit acht 20,3-cm-Geschützen in Doppeltürmen ausrüstete.

Ohne lange zu zögern, reagierte Italien auf diese französischen Kreuzerneubauten, indem es zwei Schwere Kreuzer der Trento-Klasse in Auftrag gab, deren Bau 1924 begann. Sie hatten eine Verdrängung von 10 000 Tonnen und waren mit acht 20,3-cm-Geschützen armiert.

Auch Großbritannien schloß sich an und gab 1924 die ersten fünf Washington-Kreuzer der Suffolk-Klasse mit 10 000 Tonnen und acht 20,3-cm-Geschützen in Bau; zwei weitere bestellte Australien.

Der britische Marinehaushalt für 1925 sah den Bau von vier weiteren Schweren Kreuzern der London-Klasse vor, und auch Frankreich plante ab 1925 jährlich den Bau eines 10 000-Tonnen-Kreuzers der verbesserten Suffren-Klasse.

Als Mitte 1926 die ersten beiden japanischen Schweren Kreuzer fertig waren und weitere sechs sich im Bau befanden, und als England sogar neun Schwere Kreuzer in Bau hatte, hatte die US-Schiffsbaukommission gerade die Modernisierung der älteren Schlachtschiffe der US-Navy und den Umbau großer Flugzeugträger durchgesetzt und damit das Neubauprogramm vor allem an Kreuzern blockiert. Erst Ende 1926 konnte der Start wieder für den Bau Schwerer Kreuzer freigegeben werden, und 1927 wurde der Bau der ersten beiden Washington-Kreuzer der Pensacola-Klasse in Angriff genommen, die ebenfalls 10 000 Tonnen hatten und mit zehn 20,4-cm-Geschützen armiert waren. Diese waren in zwei Zwillingstürmen vorn und achtern und zwei überhöhten Drillingstürmen untergebracht.

Eine neue, auf Vorschlag Präsident Coolidges im Jahre 1927 in Genf zustandegekommene Flottenabrüstungskonferenz, auf der das bekannte Stärkeverhältnis von 5 zu 5 zu 3 auch auf die Kreuzer ausgedehnt werden sollte, wurde ein Fehlschlag. Frankreich und Italien verweigerten die Teilnahme, und so ging sie ohne greifbares Ergebnis zu Ende.

Die Folge war ein neuer Wettlauf der fünf großen Seemächte im Kreuzerbau. Die USA legten 1928 die bereits vorher bewilligten sechs Schweren Kreuzer der Northampton-Klasse auf Stapel. Im folgenden Jahr wurde der Bau von sieben weiteren Washington-Kreuzern beschlossen; 1930 begann man mit dem Bau der ersten beiden Portland-Kreuzer. Diese Schiffe waren Weiterentwicklungen der Pensacola-Klasse. Man hatte diesmal lediglich die neun Geschütze in drei Drillingstürmen untergebracht und das damit eingesparte Gewicht zum Einbau einer bisher nicht üblichen Seitenpanzerung verwandt.

Japan begann ebenfalls bereits 1927 mit dem Bau von vier besonders kampfstarken Schweren Kreuzern der Takao-Klasse. Es waren die »Takao«, »Atago«, »Maya« und »Chokai«.

Frankreich und England setzten den Bau solcher Schwerer Kreuzer ebenfalls fort, und als erste der großen

Seemächte setzte Italien nach dem Bau der Schweren Kreuzer der Fiume-Klasse auch den Bau leichterer Kreuzer von 5000 Tonnen mit acht 15,2-cm-Geschützen fort. Diese Kreuzer erreichten unter Verzicht auf jede Panzerung eine Geschwindigkeit von 40 Knoten, die bislang im Kreuzerbau noch nicht erreicht worden war.

Die deutsche Reichsmarine und der Kreuzerbau nach dem Ersten Weltkrieg

Für das Deutsche Reich war aufgrund des Versailler Vertrages der Bau von Linienschiffen über 10 000 Tonnen verboten. So gelangte man zu der Überzeugung, daß unter den gegebenen Umständen ein Schiff entwickelt werden mußte, das schneller war als jedes an Bewaffnung stärkere Schiff, und zugleich auch stärker als alle schnellen Gegnerschiffe.

Es war dabei nicht möglich, auf die vorhandenen Kreuzer aufzubauen, weil diese ein besonderes Schicksal erlitten, das hier knapp skizziert werden soll.

Der Versailler Vertrag bestimmte, daß zehn Schlachtschiffe, sechs Schlachtkreuzer, sechs Leichte Kreuzer und fünfzig moderne Zerstörer der Kaiserlichen Marine umgehend interniert und alle U-Boote übergeben werden mußten. Die zu internierenden Schiffe waren die größten und modernsten der deutschen Hochseeflotte.

Am 21. November 1918 liefen die sechs Schlachtkreuzer, die zehn Schlachtschiffe und die leichten Kreuzer in Scapa Flow zur Internierung ein. Die Schlachtkreuzer waren »Seydlitz«, »Moltke«, »Derfflinger«, »Von der Tann«, »Hindenburg« und »Prinzregent Luitpold«.

Nach deutscher Meinung sollten diese Schiffe nur so lange als Geiseln in Scapa Flow bleiben, bis der Friedensvertrag abgeschlossen war. Als jedoch klar wurde, daß man die Schiffe nie zurückerhalten würde und daß England ein falsches Spiel gespielt hatte, entschloß sich Konteradmiral Reuter dazu, die Selbstversenkung zu befehlen. Am 21. Juni 1919 um 11.15 Uhr wurden auf ein Signal von der »Emden« hin auf allen Schiffen die Flutventile geöffnet. Die deutsche Hochseeflotte sank auf den Grund der Bucht von Scapa Flow.

Als »Sühne« dafür mußte Deutschland die fünf ihm verbleibenden Kleinen Kreuzer, ferner fast sämtliche Schwimmdocks, Bagger und großen Hafenanlagen abliefern. Auch Frankreich und Italien erhielten noch Kreuzer, Zerstörer und U-Boote als Beute.

Damit stand die Reichsmarine gewissermaßen vor dem Nullpunkt. Erst im Jahre 1921 wurde mit dem Ersatzbau für den Kreuzer »Emden« begonnen. Dies bedeutete zunächst die kontinuierliche Weiterentwicklung der letzten Kreuzer des Ersten Weltkrieges. Die vorgesehene Bewaffnung von acht 15-cm-Geschützen in Zwillingslafette durfte auf Befehl der Waffenstillstandskommission nicht eingebaut werden. Der Kreuzer erhielt Einzelgeschütze.

1925, im Jahr der Fertigstellung der »Emden«, wurde der Bau des ersten Kreuzers nach den Bestimmungen des Versailler Vertrages begonnen. Es war die »Königsberg« mit 6000 Tonnen und 15-cm-Geschützen als Höchstkaliber, die mit drei Drillingstürmen eine beachtliche Kampfkraft darstellte.

»Leipzig«, im Jahre 1928 gebaut, stellte eine Verbesserung dieses Typs dar, und nach einer längeren Kontroverse über die Art der neu zu bauenden Schiffe entschloß man sich im selben Jahr zum Bau der Panzerschiffe der Deutschlandklasse, die im Entwurf gerade vorgelegt worden waren. Bei dieser Konstruktion ging man dann davon aus, daß in solch ein 10 000-t-Schiff alles einzubauen sei, was dazu verhalf, es jedem 10 000-t-Washingtonkreuzer überlegen zu machen. Mit der Bewaffnung von sechs 28-cm-Geschützen in Drillingstürmen und einer Geschwindigkeit von 26 Knoten glaubte man, diese Forderungen erreicht zu haben.

Die in Deutschland eingeführte Verwendung von Dieselmotoren als Hauptantriebsanlage großer Kriegsschiffe war ein Novum. Dadurch wurde der Fahrbereich derart hinaufgeschraubt, daß solche Kreuzer mehrere Monate lang im Atlantik operieren konnten. In der Fachwelt wurden diese deutschen Schiffe zuerst etwas spöttisch, später aber mit größtem Respekt, »Taschen-Schlachtschiffe« genannt.

Diese Entwicklung wurde weitergeführt.

In der Sowjetunion war man nach dem Ende des Bürgerkrieges und als die Lage im Innern sich konsolidierte, bis 1926 mit dem Fertigbau von drei Schlachtschiffen der Marat-Klasse befaßt. 1928 wurden die Arbeiten an zwei Kreuzern abgeschlossen, die zur Profintern-Klasse gehörten. Ein dritter Kreuzer wurde 1931 im Schwarzen Meer in Dienst gestellt. Es war die »Krasnyj Kavkaz« mit vier 18-cm-Einzeltürmen.

Da auch die kleineren Marinen nunmehr intensiv Kreuzerbau betrieben, verlangte US-Präsident Hoover 1929 die Einberufung einer neuen Seeabrüstungskonferenz, die am 22. Januar 1930 in London begann. Sie hatte in der Hauptsache den Kreuzerbau zum Thema. Frankreich und Italien lehnten ihre Teilnahme ab und schickten nur Beobachter nach London. England, Japan und die USA führten bis zum 22. April eine begrenzte Einigung herbei.

Auch diesmal wurde, wie im vorangegangenen Abkommen in Washington, das Verhältnis zwischen Großbritannien, den USA und Japan mit 5 zu 5 zu 3 festgelegt. Japan sah in diesen beiden Flottenabkommen mehr eine Knebelung der eigenen Vormachtstellung im Fernen Osten als eine Sicherung und schloß in Zukunft keinen weiteren Flottenvertrag mehr ab.

Abermals mußten einige Schlachtschiffe Englands, der USA und Japans ausrangiert werden. Die drei Mächte und die beiden Beobachterstaaten erklärten sich bereit, von 1931 bis 1936 keine Schlachtschiffe mehr zu bauen.

Bei den Kreuzern entschloß man sich, von den vorhandenen 50 Einheiten in Großbritannien auszugehen, die eine Gesamttonnage von 339 000 Tonnen hatten. Die Zahl der Großen Kreuzer wurde auf 15 begrenzt. Für den Rest der Tonnage in Höhe von 192 000 Tonnen konnten Leichte Kreuzer mit einer Maximalbeschaffung von 15 cm Kaliber gebaut werden. Die USA durften 18 Washington-Kreuzer mit 20,3-cm-Geschützen bauen und behielten 143 000 Tonnen für den Bau leichter Kreuzer übrig.

Japan wiederum sollte neben seinen zwölf schweren Kreuzern noch für 100 450 Tonnen leichte Kreuzer bauen dürfen. Damit war das vereinbarte Soll von 15 zu 15 zu 9 erreicht.

Dieser Vertrag hatte zur Folge, daß England sofort alle veralteten Kreuzer der leichten Kategorie durch Neubauten von jeweils etwa 7000 t der Leander- und Sydney-Klasse in den Jahren 1932 bis 1934 ersetzte. Dazu wurden vier Einheiten der leichteren Arethusa-Klasse gebaut. Sie sollten Flottillenführer der Zerstörer werden und verfügten über acht 15,2-cm-Geschütze, die in Zwillingstürmen untergebracht waren.

Da die Größe der Leichten Kreuzer nicht reglementiert war, gab Japan den 1931 in Bau gegebenen Kreuzern der Mogami-Klasse eine maximale Bewaffnung mit, die in fünf Drillingstürmen mit 15,5-cm-Geschützen bestanden. Der nominell nur 8500 Tonnen große Kreuzer war damit effektiv auf 12 000 Tonnen angewachsen. Er entsprach damit, bis auf das kleinere Geschützkaliber, den Schweren Kreuzern.

Die USA antworteten 1933 darauf mit dem Bau der Kreuzer der Brooklyn-Klasse von fast 10 000 Tonnen als Leichte Kreuzer mit 15,2-cm-Drillingstürmen. Bis 1935 wurden davon neun Einheiten in Bau gegeben.

Dies ließ wiederum Japan nicht länger ruhen. Es zog mit dem Bau von zwei Leichten Kreuzern der Tone-Klasse nach, bei denen die gesamte Artillerie in vier 15,5-cm-Drillingstürmen auf dem Vorschiff untergebracht wurde, um auf dem Achterschiff Platz zu schaffen für eine umfangreiche Flugzeuganlage, die diese Kreuzer zum Prototyp des Aufklärers werden ließ.

Die Entwicklung zu »Schweren Leichten Kreuzern« hin mußte auch England nachvollziehen. Solcherart war das Seerüstungskarussell trotz der vielen Beschränkungs-Konferenzen wieder auf vollen Touren. Ab 1933 entstanden in England acht Kreuzer der Southampton-Klasse, die vorn und achtern je zwei Drillingstürme von 15,2 cm Kaliber erhielten.

Italien und Frankreich, die bis 1930 je sieben Kreuzer der Washington-Kategorie in Bau gegeben hatten, bauten nach der Londoner Konferenz ebenfalls »Leichte Kreuzer«. Bereits vorher hatte Italien den Bau von sechs ungepanzerten, dafür aber sehr schnellen Kreuzern von 5000 Tonnen begonnen. Ab 1930 ließ das Comando Supremo jährlich zwei weitere Leichte Kreuzer bauen, die etwas besser geschützt waren, aber auch nicht mehr die Spitzengeschwindigkeiten der schnellen Kreuzer von 40 Knoten erzielten. Es waren die Kreuzer der Condottieri-Klasse von 7000 Tonnen, die mit acht 15,2-cm-Geschützen, die letzte Zweiergruppe mit zehn 15,2-cm-Geschützen ausgestattet wurden.

Frankreich gab, nachdem der Bau eines Minen- und eines Schulkreuzers in Gang gesetzt worden war, in den Jahren 1931/32 sechs Kreuzer des Typs La Galissonnière mit je drei Drillingstürmen von 15,2 cm Kaliber in Bau.

Die deutsche Reichsmarine hatte nach dem Bau der »Emden« in den Jahren 1925 und 1926 die »Königsberg« und »Karlsruhe« in Bau gegeben, die mit 8130 und 8250 Tonnen und 30 bzw. 32 Knoten Fahrt den Washington-Kreuzern sehr nahe kamen. Beide liefen 1927 von Stapel.

Ein Jahr später folgte die »Köln« mit 8130 Tonnen und 32 Knoten Geschwindigkeit. Die »Leipzig«, die am 18. Oktober 1929 vom Stapel lief, lag mit 8290 Tonnen in der gleichen Größenordnung. Auch sie lief 32 Knoten. Alle diese Einheiten verfügten über neun 15-cm-Geschütze. Hinzu kamen an leichterer Artillerie die acht 8,8-cm-Flak in Zwillingslafetten und ebenfalls acht 3,7-cm-Flak in Zwillingslafetten, sowie diverse 2-cm-FlaMW. Damit war die Abwehrkraft dieser Kreuzer gegenüber Fliegerangriffen sehr stark.

Der Leichte Kreuzer »Nürnberg«, mit 8380 Tonnen der schwerste dieser Kreuzer-Kategorie der Reichsmarine, verfügte, wie alle vorher genannten Kreuzer auch, über zwölf Torpedorohre. (Ab 1941 hatten »Leipzig« und »Nürnberg« nur noch je sechs Torpedorohre. Die sechs der »Leipzig« wurden 1944 demontiert).

Diese Leichten Kreuzer, die in der Reichsmarinezeit entstanden, stellten neben den drei Panzerschiffen »Lützow« (ex »Deutschland«), »Admiral Scheer« und »Admiral Graf Spee«, die später in Schwere Kreuzer umbenannt wurden und von 1931 bis 1934 von Stapel liefen, die Aktivitäten auf dem Gebiet des deutschen Kreuzerbaus dar.

Unmittelbar nach der Machtübernahme Hitlers in Deutschland begann der Bau von Schlachtkreuzern und Schlachtschiffen auf den verschiedensten deutschen Werften.

Als erstes wurde 1933 der Bau des Schlachtkreuzers »Scharnhorst« in den Haushalt eingesetzt. Ein Jahr später war Baubeginn, und am 3. Oktober 1936 lief die »Scharnhorst« von Stapel. Sie wurde 1939 in Dienst gestellt. »Gneisenau«, obgleich erst im Haushalt von 1934 genannt, wurde bereits 1938 in Dienst gestellt. Die »Bismarck« kam 1940, die »Tirpitz« 1941 hinzu.

Zwei weitere geplante Schlachtschiffe, in den Bauplänen mit »H« und »J« angegeben, inoffiziell unter »Friedrich der Große« und »Großdeutschland« liefen, wurden noch 1939 begonnen. Vier weitere in Planung befindliche Schlachtschiffe erlebten nicht einmal mehr den Baubeginn. Es sollten Schlachtschiffe mit einer Vollverdrängung von 56 200 Tonnen werden, mit 29 Knoten Geschwindigkeit und mit acht 40,6-cm-Geschützen in Zwillingstürmen. Damit wären sie bedeutend kampfstärker geworden als die beiden vorhandenen Schlachtschiffe »Bismarck« und »Tirpitz«.

Am 16. März 1935 erklärte Hitler einseitig die Wiederherstellung der vollen Wehrhoheit Deutschlands und hob mit dieser Maßnahme die Bestimmungen des Versailler Vertrages auf. Die daraufhin einberufene Konferenz der Siegermächte in Stresa kam zu keinen Sanktionsmaßnahmen gegen Deutschland. Solcherart ermutigt, ließ Hitler am 7. März 1936 deutsche Truppen in das bis dahin entmilitarisierte Rheinland einmarschieren.

Bereits lange vorher, am 18. September 1931, war Japan in die Mandschurei eingefallen, und am 3. Oktober 1935 hatte das faschistische Italien mit dem Einfall in Äthiopien in Ostafrika ebenfalls den Frieden gebrochen.

Diese Staaten — Deutschland, Japan und Italien — waren also offenbar bereit, einen Krieg zu riskieren, um ihre Lage zu ändern.

Großbritannien, Frankreich und die USA aber, für die der bisherige Status quo zufriedenstellend war, verhielten sich passiv. Das System der kollektiven Sicherheit, das mit dem Völkerbund aufgebaut worden war, erwies sich als ohnmächtig.

Als man Italien wegen seines Einfalls in Äthiopien mit einem Waffenembargo belegte und ihm dann auch noch Ölsanktionen androhte, wandte sich Mussolini, der bis dahin kein Verhältnis zu Hitler gefunden hatte, diesem zu. Hitler gab Weisung, den neuen Bundesgenossen, der ihm von den Westmächten förmlich in die Arme getrieben wurde, mit allen Rohstoffen zu versorgen. Die Achse Berlin-Rom wurde geschmiedet, und am 25. November 1936 schlossen Deutschland und Japan den Antikominternpakt ab.

Am 18. Juli 1936 begann der spanische Bürgerkrieg, am 7. Juli 1937 der chinesisch-japanische Krieg.

Die Entwicklungen bis zum Jahre 1935 waren für Großbritannien ausschlaggebend für seine Bereitschaft, noch einmal zu einer kollektiven Begrenzung der Seerüstung durch multinationale und bilaterale Verträge zu gelangen. So kam es zunächst am 18. Juni 1935 zum Abschluß des deutsch-britischen Flottenvertrages. Trotz der Einführung der Allgemeinen Wehrpflicht im März 1935 verhandelten der britische Außenminister Sir John Simon und der Lordsiegelbewahrer Anthony Eden im selben Monat mit Hitler. Sie griffen dabei Hitlers Vorschlag auf. Entgegen den Beschlüssen von Stresa vom April des selben Jahres kam es am 18. Juni 1935 zur Unterzeichnung eines Flottenvertrages, der die deutsche Flottenstärke in allen Schiffsklassen auf 35 Prozent der britischen begrenzte. Lediglich für U-Boote wurden zunächst 45 Prozent festgesetzt. Später sollte Deutschland beim U-Bootbau bis auf 100 Prozent der englischen U-Boots-Tonnage aufstokken dürfen.

Damit hatte Großbritannien eindeutig gegen die Bestimmungen von Stresa verstoßen und quasi auch den Versailler Vertrag mit außer Kraft gesetzt. Außerdem hatte es die einseitige Verkündung der deutschen Wehrhoheit praktisch anerkannt.

Als Hauptgewinn konnte Hitler die ausdrückliche Bestätigung des Ausbaus der Kriegsmarine für sich verbuchen. Das Abkommen bedeutete nämlich, daß Deutschland in seinem sofort danach verkündeten Flottenbauprogramm noch zwei Schlachtschiffe von 52 000 Tonnen, zwei Schlachtkreuzer mit insgesamt 40 000 Tonnen und 16 Zerstörer bauen durfte. An Leichten Kreuzern war die Zahl mit sechs Einheiten von zusammen 59 400 Tonnen gegenüber den möglichen 67 270 Tonnen fast erreicht.

Die Bauvorbereitungen für diese Schiffe waren bereits 1934 — damals noch geheim — angelaufen. Das Neuprogramm von 1936 sah nun den Bau von zwei weiteren Schlachtschiffen, zwei Flugzeugträgern und je drei Kreuzern, U-Booten und Zerstörern vor.

Auf der Konferenz in London im Dezember 1935, bei der die Flottenrüstung weiter begrenzt werden sollte und die Großbritannien noch vor Ablauf der am 31. Dezember

1936 auslaufenden Verträge von Washington und London einberufen hatte, wurden nach langem Verhandeln die Größe der Schlachtschiffe und die verwendeten Kaliber begrenzt. Bis zum 31. Dezember 1942 durften demnach keine Kriegsschiffe zwischen 8000 und 17500 Tonnen mehr gebaut werden. Damit wollte Frankreich, als Initiator dieser Begrenzung, den Bau weiterer deutscher Panzerschiffe nach dem Typ »Deutschland« verhindern. Die Größe der Flugzeugträger wurde vermindert, und für die Kreuzer allgemein prägte man die Kategorie »Leichte Überwasserschiffe«, in die die Schweren und Leichten Kreuzer und die Zerstörer einbezogen wurden.

Für die Schweren Kreuzer von 10000 Tonnen mit einer maximalen Bewaffnung von 20,3-cm-Geschützen wurde ebenfalls eine Baupause bis zum 31. Dezember 1942 vereinbart. Leichte Kreuzer sollten nur noch bis zu 8000 Tonnen und mit einer Höchstbewaffnung von 15,5-cm-Geschützen gebaut werden dürfen.

Die Flottenverträge von 1937, bei denen es sich wieder um Kreuzer drehte, schließen diesen Überblick ab. In dem am 17. Juli 1937 zwischen Großbritannien und der UdSSR geschlossenen Vertrag erklärte sich letztere bereit, das Londoner Abkommen auch für sich als verbindlich zu betrachten. Die UdSSR verlangte jedoch für ihre Pazifik-Flotte eine Ausnahmeregelung, weil Japan sich dem Abkommen nicht angeschlossen hatte. Man erklärte, daß sieben Kreuzer gebaut werden dürfen, für die nur 18-cm-Geschütze vorhanden seien. Großbritannien akzeptierte.

Am selben Tag erfolgte die Unterzeichnung eines Zusatzprotokolls zwischen Großbritannien und Deutschland, nach dem Deutschland unter Hinweis auf die sowjetischen Kreuzerbauten mit ihren 18-cm-Geschützen nun auch seine Schweren Kreuzer, von denen drei eigentlich mit 20,3-cm-Geschützen und zwei mit 15-cm-Geschützen bestückt werden sollten, durchweg mit 20,3-cm-Geschützen ausrüsten durfte. Außerdem gestanden die Briten zu, daß die Deutschen im U-Bootbau nun bis zur 100-Prozent-Klausel gehen durften.

Nachdem in bilateralen Verhandlungen auch Dänemark, Polen und die Türkei das Londoner Abkommen als verbindlich anerkannt hatten, kam es am 16. April 1938 auch zwischen Großbritannien und Italien zu einem Übereinkommen. Damit waren die Weichen für den weiteren Kreuzerbau gestellt.

Erste Kreuzereinsätze in den Gewässern um Spanien

Mit dem Aufstand der spanischen Garnisonen in Marokko und Asturien unter ihren Generälen Mola und Franco am 18. Juli 1936 begann der spanische Bürgerkrieg. Die Nationalisten drangen kämpfend bis vor Madrid vor, wo sich der Krieg zu einem dreijährigen Stellungskampf entwickelte.

Auf nationaler Seite griff Deutschland, auf der republikanischen die UdSSR in diesen Bürgerkrieg ein. Die Republikaner verfügten zunächst über den größeren Teil der spanischen Kriegsschiffe, und zwar über das Linienschiff »Jaime«, drei Kreuzer, fünfzehn Zerstörer und zwölf U-Boote. Auf diesen Schiffen waren teilweise sowjetische Seeoffiziere als Berater eingesetzt.

Die Nationalisten hatten lediglich die in den nordwestspanischen Werften liegenden Schiffe, unter ihnen das zweite spanische Linienschiff »España«, einen Zerstörer und ein U-Boot zur Verfügung. Somit hatten die Republikaner in der Straße von Gibraltar die völlige Seeherrschaft, und die Nationalisten konnten zunächst nur mit deutscher Hilfe Truppen aus Nordafrika auf dem Luftwege in deutschen Ju 52 ins Mutterland transportieren.

Nachdem im September 1936 der erste der beiden Washington-Kreuzer, die »Canaris« (mit 10 000 Tonnen und 20,3-cm-Geschützen), fertig geworden war, hatten die

Nationalspanier ein sehr kampfkräftiges Schiff zur Verfügung. »Canaris« unternahm gemeinsam mit dem in der Zwischenzeit reparierten Leichten Kreuzer »Almirante Cervera« einen ersten Vorstoß und beschoß rotspanische Küstenbefestigungen.

Am 29. September 1936 stießen diese beiden Einheiten auf den Gegner. In dem entbrennenden Seegefecht wurden der republikanische Zerstörer »Juan Ferrandiz« versenkt und der Zerstörer »Gravina« beschädigt. Es war die erste erfolgreiche Kreuzeroperation des Bürgerkrieges.

Der Angriff der Republikaner auf den Balearenstützpunkt Mallorca wurde abgewehrt, das angreifende und Mallorca beschießende Linienschiff »Jaime I.« durch Luftangriffe außer Gefecht gesetzt.

Nachdem zwei rotspanische U-Boote versenkt worden waren, gelang es dem einzigen nationalspanischen U-Boot, in den Hafen von Cartagena einzudringen und den republikanischen Kreuzer »Miguel de Cervantes« zu torpedieren.

Als schließlich auch der zweite Schwere Kreuzer der Nationalisten im Januar 1937 einsatzbereit geworden war, ging die Seeherrschaft auf die Nationalspanier über. Mit diesen beiden Schweren Kreuzern wurden die republikanischen Häfen blockiert. Es gelang diesen beiden Kriegsschiffen, zwischen dem 30. Oktober 1936 und dem 10. April 1937 insgesamt 84 Schiffe verschiedenster Nationalität zu untersuchen und aufzubringen oder zu versenken, die Kriegsgut für die Republikaner an Bord hatten.

Um den Bürgerkrieg nicht zu einem gesamteuropäischen Krieg ausufern zu lassen, wurde am 19. April 1937 vom Nichteinmischungsausschuß in London, in dem 26 Staaten vertreten waren, eine internationale Seeüberwachung beschlossen. Großbritannien hatte den republikanischen Küstenabschnitt zu überwachen, der die Biskaya, die spanische Südküste und die Kanarischen Inseln umfaßte. Frankreich übernahm den Norden der spanischen Nordwestküste, Spanisch-Marokko und Mallorca. Deutschland kontrollierte die Südostküste von Spanien. Italien überwachte den Nordostabschnitt und die Balearen-Inseln. Die Sowjets konnten sich aus Mangel an dazu geeigneten Schiffen nicht an dieser Kontrolle beteiligen.

Nach einigen kleineren Unfällen, bei denen ein englischer Zerstörer und ein deutsches Torpedoboot angegriffen wurden, erfolgte am 27. Mai 1937 der regelrechte Angriff eines republikanischen Flugzeugverbandes gegen das auf der Reede von Ibiza liegende deutsche Panzerschiff »Deutschland«. Es fielen Bomben, von denen zwei die »Deutschland« trafen. Sie forderten 32 Tote und eine Reihe Verwundete.

Auf Weisung Hitlers wurde dem zweiten deutschen Panzerschiff, »Admiral Scheer«, und vier begleitenden Torpedobooten Befehl gegeben, den republikanischen Hafen Almeria zu beschießen. Diese Beschießung erfolgte am 31. Mai 1937. Außerdem verließen Deutschland und Italien die Seekontrolle, kehrten aber bereits am 12. Juni wieder zurück.

Der zweite Zwischenfall, in den ein Kreuzer verwickelt wurde, geschah am 15. Juni 1936, als der Kreuzer »Leipzig« von einem U-Boot unbekannter Nationalität angegriffen wurde. Der Angriff wiederholte sich am 18. Juni. Auch diesmal konnte die Identität des U-Bootes nicht festgestellt werden. Heute wissen wir, daß es italienische U-Boote waren. In den Jahren 1936 und 1937 unternahmen 55 verschiedene Boote insgesamt 65 Einsatzfahrten. Sie versenkten in den spanischen Küstengewässern 15 Nachschubschiffe. Der britische Zerstörer »Havock« wurde von einem italienischen U-Boot — es war die »Iride« wie später bekannt wurde — mit einem Torpedo nur knapp verfehlt.

Der nationalspanische Kreuzer »Almirante Cervera« versuchte am 23. April 1937, ein britisches Schiff, das in einen rotspanischen Hafen einlaufen wollte, zu stoppen und aufzubringen. Der britische Schlachtkreuzer »Hood«

kam noch rechtzeitig hinzu und richtete seine gewaltigen Doppeltürme auf den spanischen Kreuzer, der nun doch von seinem Vorhaben abließ. Minentreffer forderten weitere Opfer, unter denen sich jedoch kein Kreuzer befand.

Zu einem Seegefecht zwischen Kreuzern kam es am 6. März 1938 vor Cartagena, als die beiden auslaufenden rotspanischen Kreuzer »Libertad« und »Méndez Nuñez«, begleitet von drei Zerstörern, auf einen nationalspanischen Flottenverband stießen, in dem sich die Schweren Kreuzer »Baleares« und »Canaris« und der Leichte Kreuzer »Almirante Cervera« befanden. Die Republikaner griffen an. Ihr Zerstörer »Sanchez« schoß einen Torpedofächer auf das nationalspanische Flaggschiff. Der Schwere Kreuzer »Baleares« wurde voll getroffen und sank. Die übrigen nationalspanischen Schiffe liefen mit Höchstfahrt ab. Die englischen Zerstörer »Kempenfelt« und »Boreas« bargen 400 Schiffbrüchige. Alle übrigen Besatzungsmitglieder gingen mit ihrem Kreuzer unter.

Da das Londoner Flottenabkommen, mit dem der Bau von Schlachtschiffen gestoppt und der Run auf den Bau Schwerer Kreuzer eingeleitet worden war, Ende 1936 auslief, verlagerte sich danach das Schwergewicht wieder etwas mehr zum Schlachtschiffbau hin. Bis dahin aber hatten alle Marinen der Welt eine große Anzahl kampfstarker Kreuzer gebraucht, die im Zweiten Weltkrieg zum Einsatz kommen sollten.

Die letzten Anstrengungen vor Kriegsbeginn

Da die Baupause für Kreuzer im neuen Londoner Vertrag von 1936 bis 1942 verlängert worden war, Deutschland aber laut seinem Flottenvertrag mit Großbritannien noch weitere Tonnage verbauen durfte, um auf den abgeschlossenen Anteil von 35 Prozent zu kommen, baute zunächst nur Deutschland drei Kreuzer von jeweils 10000 Tonnen mit acht 20,3-cm-Geschützen. Diese Schiffe der Admiral-Hipper-Klasse waren mit ihren effektiven 14000 Tonnen wesentlich größer als die Schiffe gleicher Art der übrigen Marinen. Allerdings hatten sie einen großen Nachteil: ihr Aktionsradius war für die geplanten Aufgaben zu gering. Der vierte und fünfte Kreuzer dieses Typs, die ursprünglich mit jeweils vier Drillingstürmen von 15 cm Kaliber ausgestattet werden sollten, wurden während des Baues auf 20,3-cm-Zwillingstürme umgerüstet, nachdem die sowjetischen Absichten in dieser Hinsicht bekannt geworden waren.

In der UdSSR wurden im Rahmen des dortigen zweiten Fünfjahresplans von 1933 bis 1937 sechs Kreuzer mit je 8800 Tonnen gebaut. Und zwar nach italienischen Plänen, die man etwas frisiert hatte. Es waren die Kreuzer der Kirov-Klasse. Sie hatten drei Drillingstürme mit 18-cm-Geschützen, weshalb sie zu den Schweren Kreuzern gezählt wurden. Im dritten Fünfjahresplan, von 1938 bis 1942 sollten mit den Kreuzern der Capaev-Klasse Schiffe von 10500 Tonnen mit vier Drillingstürmen mit 15,2-cm-Geschützen gebaut werden, also Leichte Kreuzer.

Es war vor allem aber Großbritannien, das im Rahmen des uneingeschränkten Baues von Leichten Kreuzern unterhalb 8000 Tonnen daran ging, durch große Serienbauten seine veralteten Kreuzer auszurangieren, die noch aus der Zeit des Ersten Weltkrieges stammten. Man wollte in Großbritannien auf eine Anzahl von 60 bis 70 Kreuzern kommen, um die mannigfachen Aufgaben erfüllen zu können.

Noch vor Inkrafttreten des Abkommens von 1936 waren zwei Leichte Kreuzer von 10000 Tonnen mit zwölf 15,2-cm-Geschützen der Belfast-Klasse in Auftrag gegeben worden. Danach wandte man sich wegen der vertraglich nun festgeschriebenen Limitierung in den Bauprogrammen von 1937 und 1939 dem Bau von Leichten Kreuzern von 8000 Tonnen zu. Es waren die Kreuzer der Fiji-Klasse mit zwölf 15,2-cm-Geschützen in vier Drillingstürmen, von denen bis Kriegsbeginn elf Einheiten in Bau gegeben wurden.

Die zweite Typenserie wurde ein Flakkreuzer der Dido-Klasse, der bei 5450 Tonnen zehn neue Mehrzweckgeschütze Kaliber 13,2 cm in drei überhöhten Türmen und zwei weitere auf dem Achterschiff erhielt. Von diesen besonders zur Luftabwehr geeigneten Kreuzern wurden bis 1939 16 Einheiten in mehreren immer wieder verbesserten Ausführungen gebaut.

Daneben gab noch Frankreich 1937 einen und 1938 zwei Leichte Kreuzer der De Grasse-Klasse in Bau.

In Deutschland wurden für 1938 und 1939 vier, dann weitere zwei Leichte Kreuzer von 7800 Tonnen mit acht 15,2-cm-Geschützen auf das Programm gesetzt.

Italien wiederum beschritt einen anderen Weg, indem es als Antwort auf die französischen Großzerstörer im Jahre 1938 zwölf als Aufklärer bezeichnete Spähkreuzer der Regolo-Klasse in Auftrag gab. Sie verdrängten nur 3400 Tonnen und hatten vier Zwillingstürme mit den neuen Mehrzweckgeschützen Kaliber 13,5 cm. Sie machten bei einer Maschinenleistung von 120 000 PS die sagenhafte bis dahin nicht erreichte Fahrt von 41 Knoten.

Da bis zum Jahre 1938 von Hitler immer noch beabsichtigt war, mit Großbritannien zu einem Modus vivendi zu gelangen, hatte man in Deutschland bis dahin der Flottenrüstung nicht so große Aufmerksamkeit geschenkt, wie der Rüstung von Heer und Luftwaffe. Ende Mai 1938 erklärte Hitler aber dem überraschten Oberbefehlshaber der Kriegsmarine, Großadmiral Raeder, daß zwar noch immer ein Zusammengehen mit England, zumindest aber ein nützliches Verhältnis zu England angestrebt würde; dennoch müsse man auch mit einer künftigen Gegnerschaft Englands rechnen.

Hitler drängte auf die beschleunigte Fertigstellung der beiden deutschen Schlachtschiffe »Bismarck« und »Tirpitz« und befahl die Bereitstellung von sechs Hellingen für den Bau größerer Kriegsschiffe und die Forcierung des U-Bootbaues.

Dies zwang die Marine dazu, umzudenken. Im Sommer 1938 wurde die Studie »Seekriegführung gegen England« im Oberkommando der Marine ausgearbeitet. Im August desselben Jahres befahl Großadmiral Raeder, alle bisher geplanten Schiffe bis zum Jahre 1944 fertigzustellen.

Ende September 1938 setzte der Oberbefehlshaber der Kriegsmarine einen Planungsausschuß ein, der in kurzer Zeit die »Richtlinien für den weiteren Aufbau der Kriegsmarine bei operativer Einstellung auf einen etwaigen künftigen bewaffneten Konflikt mit England« erstellte (s. Raeder, Erich: Mein Leben, Tübingen 1957). Raeder sagte zu dieser Phase:

»Im Winter 1938/39 trug ich Hitler vor, daß zwei Wege beschritten werden könnten. Wenn man hauptsächlich U-Boote und Panzerschiffe baue, könne man schneller eine Flotte schaffen, die eine gewisse Bedrohung für die für England lebenswichtigen Zufuhren über See im Kriegsfalle darstellen würde. In einer solchen Zusammensetzung wäre sie aber einseitig, weil sie nicht für einen Kampf mit englischen Seestreitkräften geeignet sein würde.

Eine schlagkräftige Flotte jedoch, die auch über die stärksten Schiffstypen verfüge und daher sowohl die englische Seezufuhr bekämpfen, wie auch britischen Seestreitkräften mit Aussicht auf Erfolg gegenübertreten könne, brauche längere Zeit zum Aufbau; dafür hätte sie dann ein größeres militärisches und damit auch politisches Gewicht.

Ausdrücklich wies ich darauf hin, daß wir allerdings in diesem Falle nur über eine unfertige und wenig leistungsfähige Flotte verfügen würden, wenn es in den nächsten Jahren zum Krieg kommen würde.

Hitler betonte, daß er die Flotte bis 1946 nicht für seine

politischen Zwecke benötigen würde. Vielmehr könne er eine politische Entwicklung in Aussicht stellen, die der Marine die Voraussetzungen für einen ruhigen, langfristigen Aufbau schaffen würde. Er gäbe daher der stärkeren, aber erst später fertig werdenden Flotte den Vorzug. Die Pläne der Marine sollten dementsprechend aufgestellt werden.

Nach diesen Ausführungen Hitlers wurde ein Marinebauplan aufgestellt, der unter der Bezeichnung Z-Plan bekannt wurde. Den Kern dieses Plans bildeten sechs Schlachtschiffe. Als neuer Typ für den ozeanischen Zufuhrkrieg wurde ein Schlachtkreuzer von etwa 30000 Tonnen mit 34 Knoten Geschwindigkeit geplant, von dem drei Einheiten gebaut werden sollten. Sie waren allen schweren Kreuzern der Welt an Geschwindigkeit und, mit den vorgesehenen 38-cm-Geschützen, auch an Bewaffnung hoch überlegen.

Als Leichte Kreuzer für die Verwendung im Atlantik wurde ebenfalls ein Typ mit hoher Geschwindigkeit und großem Fahrbereich entwickelt. Hinzu kamen Neubauten aller kleineren Kriegsschiffe, einschließlich der U-Boote.

Diese Planung sah also auch den Einsatz von Schlachtkreuzern und anderen Kreuzern auf den englischen Überseeverkehr vor. Die schnellen deutschen Kreuzer würden in den schlagkräftigen Schlachtkreuzern eine gute Rückendeckung haben. Diese wiederum waren vermöge ihrer hohen Geschwindigkeit imstande, den britischen Schlachtschiffen davonzulaufen bzw. ihnen rechtzeitig auszuweichen. Für die Panzerkreuzer und Kreuzer würden schließlich die deutschen Schlachtschiffe mit ihrem großen Aktionsradius den festen Rückhalt bilden und, falls es notwendig werden sollte, auch die Schlachtschiffsicherung an feindlichen Geleitzügen niederkämpfen.

Der Z-Plan wurde Hitler von Großadmiral Raeder Mitte Januar 1939 vorgelegt. Er sollte bis zum Jahr 1948 voll erfüllt sein. Hitler erklärte sich einverstanden, forderte aber die Fertigstellung aller Schiffe in sechs Jahren. Dazu habe der Ausbau der Kriegsmarine Vorrang vor allen anderen Aufgaben.

Der Gesamtplan hätte die Deutsche Kriegsmarine auf folgenden Stand gebracht:

10 Großkampfschiffe (neben »Gneisenau«, »Scharnhorst«, »Bismarck« und »Tirpitz« sechs weitere Schlachtschiffe);
12 Panzerschiffe von 20 000 Tonnen (später dafür drei Schlachtkreuzer mit 29 000 Tonnen und 38-cm-Geschützen);
3 Panzerschiffe von 10 000 Tonnen (»Deutschland«, »Admiral Scheer«, »Admiral Graf Spee«);
4 Flugzeugträger von 20 000 Tonnen (»Graf Zeppelin«, »B«, »C« und »D«);
5 Schwere Kreuzer von 10 000 Tonnen (»Admiral Hipper«, »Blücher«, »Prinz Eugen«, »Seydlitz«, »Lützow«);
16 Leichte Kreuzer von 8000 Tonnen (K bis Z);
6 Leichte Kreuzer von 6000 Tonnen (»Emden«, »Königsberg«, »Karlsruhe«, »Köln«, »Leipzig«, »Nürnberg«);
22 Spähkreuzer von 5000 Tonnen.

Zerstörer, Torpedoboote und U-Boote, Minenschiffe und sonstige Fahrzeuge waren ebenfalls in großer Zahl geplant und auch schon in Auftrag gegeben. Am Ende hätte dieses Programm die Kriegsmarine auf eine Stärke von über 200 000 Mann gebracht, die auf 800 Einheiten stehen würden.

Die Weichen waren gestellt, nur daß plötzlich die Züge bedeutend eher abfuhren, als Hitler dies wünschen konnte, und daß demzufolge die Kriegsmarine weder über eine große Flotte an U-Booten und Panzerschiffen für den ozeanischen Zufuhrkrieg, noch über jene Schlachtflotte verfügte, mit der Englands Flotte besiegt werden konnte.

Als am 1. September 1939 der Zweite Weltkrieg begann, verfügte die Kriegsmarine über folgende Groß-kampfschiffe:

Schlachtkreuzer: »Scharnhorst« und »Gneisenau«;
Panzerschiffe: »Deutschland«, »Admiral Graf Spee«, »Admiral Scheer«;
Schwere Kreuzer: »Admiral Hipper«, »Blücher« (letzterer kam erst am 6. 9. 1939 in Dienst);
Leichte Kreuzer: »Emden«, »Königsberg«, »Karlsruhe«, »Köln«, »Leipzig«, »Nürnberg«;
Von diesen Einheiten waren die Panzerschiffe »Admiral Graf Spee« und »Deutschland« bereits vor Kriegsaus-bruch in den Atlantik ausgelaufen und warteten dort auf den Befehl zum Beginn der Kampfhandlungen.
Die beiden Schlachtschiffe »Bismarck« und »Tirpitz« befanden sich ebenso noch in der Ausrüstung, wie der Flugzeugträger »Graf Zeppelin« und die Schweren Kreuzer »Prinz Eugen«, »Seydlitz« und »Lützow«.

Nach der Kriegserklärung von England und Frankreich am 3. September 1939 an Deutschland erhielten alle in See stehenden deutschen Einheiten den Einsatzbefehl. England erklärte darüber hinaus noch am selben Tage die Blockade Deutschlands.

Der Kreuzerkrieg begann.

Die ersten Kreuzereinsätze
im Zweiten Weltkrieg

»Admiral Graf Spee« im ozeanischen Zufuhrkrieg

Als sich im August 1939 der dicht bevorstehende Krieg zunächst mit Polen abzeichnete, entsandte die Seekriegsleitung die Panzerschiffe »Admiral Graf Spee« und »Deutschland« noch während der Zeit der Ungewißheit über einen Kriegseintritt Englands und Frankreichs in ihre Operationsgebiete. Und zwar sollten die »Graf Spee« im Südatlantik, die »Deutschland« im Nordatlantik zum Einsatz kommen. Für beide Einheiten wurden Ausweichgebiete festgelegt.

Die vorbereitenden Maßnahmen der Seekriegsleitung für das Auslaufen begannen am 15. August 1939. Zwar wurde vom Oberkommando der Wehrmacht »eine Ausweitung des Konfliktes mit Polen auf den Westen als unwahrscheinlich« angesehen, doch die Seekriegsleitung war skeptisch und rüstete die beiden deutschen Panzerschiffe für den Handelskrieg aus. Das sollte sich als kluge Voraussicht erweisen.

Am 21. August 1939 verließ das Panzerschiff »Admiral Graf Spee« unter Kapitän zur See Langsdorff um 21 Uhr Wilhelmshaven und trat seinen Marsch zwischen den Färöer-Inseln und Island hindurch in den Atlantik an. Es erreichte am 29. August die Azoren, die es westlich passierte.

Das für die »Graf Spee« vorgesehene Troßschiff »Altmark« unter Kapitän Dau hatte bereits einige Wochen vorher Kiel verlassen. Es war mit Ersatzteilen für die »Graf Spee« vollgeladen und sollte vorher noch Dieselöl in Port Arthur an der texanischen Küste bunkern.

Bereits am 19. August, also noch vor dem Auslaufen des von ihr zu versorgenden Panzerschiffes, meldete die »Altmark« am frühen Morgen ihr Auslaufen aus Port Arthur an die Seekriegsleitung. Vier Tage später erhielt Kapitän Dau Weisung, sich zum Wartegebiet der »Admiral Graf Spee« zu begeben, das südlich der Kanarischen Inseln lag.

Am 1. September 1939, dem Tage des deutschen Überfalls auf Polen, wurde die »Admiral Graf Spee« das erste Mal von der »Altmark« versorgt. Am Tage zuvor hatte Kapitän z. S. Langsdorff einen Funkspruch der Seekriegsleitung erhalten, daß am nächsten Morgen der Krieg gegen Polen eröffnet werde und daß das Verhalten Englands und Frankreichs noch ungewiß sei. Alle Atlantikstreitkräfte hätten zunächst in ihren Wartepositionen zu bleiben und nicht einmal gegen polnische Handelsschiffe Kampfhandlungen einzuleiten.

Vier Tage darauf erklärten England und Frankreich Deutschland den Krieg, und die Gruppenkommandos der Kriegsmarine erhielten von der Seekriegsleitung folgenden FT-Spruch:

»England betrachtet sich im Kriegszustand mit Deutschland. Deutsche Streitkräfte Kriegshandlungen zunächst nur in Abwehr.«

An die beiden in See stehenden Panzerschiffe wurde um 12.15 Uhr folgender FT-Spruch getastet:

»Beginn der Feindseligkeiten mit England sofort!«

Vierdreiviertel Stunden darauf folgte ein zweiter FT-Spruch an die Panzerschiffe:

»Frankreich betrachtet sich ab 17.00 Uhr als mit Deutschland im Krieg befindlich. Eigene Kampfhandlungen auch bei Vorgehen gegen Handelsschiffe zunächst nur in Abwehr.« (Siehe KTB der 1. Abt. Skl, Teil A, Heft 1).

Inzwischen war aber bereits das zweite Panzerschiff, die »Deutschland«, ausgelaufen. Sie war am 24. August 1939 in Wilhelmshaven ankerauf gegangen. Das Schiff wurde von Kapitän z. S. Wennecker geführt. Zwei Tage vorher war das Troßschiff für die »Deutschland«, die »Westerwald«, ein Flottentanker unter Befehl von Kapitän Grau, der Korvettenkapitän d. Res. geworden war, aus Wilhelmshaven ausgelaufen.

Die »Deutschland« hatte ebenso wie die »Admiral Graf Spee« nachträglich ein Katapult erhalten. Da der Bau von Hangars aus Platzgründen an Deck nicht möglich war, standen die einsatzbereiten Bordflugzeuge ungeschützt auf ihren Katapulten.

Die Fliegende Besatzung bildeten Oberleutnant z. S. Kell als Beobachter und Feldwebel Haberkorn als Flugzeugführer. Für sie stand eine Arado 196 an Bord der »Deutschland« bereit. An Bord der »Westerwald« befand sich eine He 114, deren Fliegende Besatzung der Beobachter Oberleutnant z. S. Hesse und der Flugzeugführer Unteroffizier Gallinat.

Auch die »Deutschland« durchbrach ungesehen die Sperre des Gegners in der Dänemarkstraße; sie strebte ihrem Operationsgebiet entgegen und traf sich mit ihrem Versorgungstanker »Westerwald« am 30. August auf 57 Grad Nord und 37 Grad West, um Brennstoff und Proviant zu übernehmen. Das Schiff stand in den nächsten Tagen in befohlener Untätigkeit bei teilweisem Sturmwetter südostwärts von Grönland.

Beide Panzerkreuzer verloren durch die Wartezeit bis zu 25 Prozent ihres Treibstoffs, hinzu kam eine in etwa sechs Wochen notwendig werdende Maschinenüberholung, die nur in den Heimatwerften durchgeführt werden konnte.

Doch zurück zur »Admiral Graf Spee«. Das Panzerschiff lief aus dem Warteraum 600 sm westlich der Kapverdischen Inseln langsam in sein Hauptoperationsgebiet. Die »Altmark« marschierte in bestimmter Distanz

dazu mit. Am 5. September hatte Kapitän z. S. Langsdorff einen FT-Spruch der Kriegsleitung erhalten, nach
welchem der Einsatz der Panzerschiffe »zur Zeit un-
zweckmäßig« sei.

Erst am 14. September gab Hitler den Angriff auf
Schiffe im französischen oder gemischt englisch-französi-
schem Geleit südlich Brest frei. Bei der Lagebesprechung
der Seekriegsleitung vom 20. September war Raeder der
festen Meinung, daß nunmehr mit dem Einsatz der im
Nordatlantik und Südatlantik stehenden beiden Panzerschiffe nicht länger gewartet werden dürfe. Er versuchte
in Zoppot, wo er am 23. September mit Hitler zusam-
mentraf, diesen von der Notwendigkeit des Losschlagens
der Panzerschiffe zu überzeugen. Als er darauf verwies,
daß im Oktober noch keine deutschen U-Boote im Atlantik sein würden, erhielt er Hitlers Erlaubnis, die Panzerschiffe einzusetzen. Aber erst am 26. September erging
an die beiden Panzerschiffe der Befehl:

»Handelskrieg gemäß Operationsbefehl durch Vorstöße
in Operationsgebiete wieder aufnehmen. Bisherige
Sonderbefehle bezüglich Frankreich sind aufgehoben.«

»Admiral Graf Spee« hatte am 11. September, als das
neuerliche Treffen mit seinem Versorger stattfinden soll-
te, um 6.10 Uhr zur Sicherung dieses Unternehmens sein
Bordflugzeug gestartet. Oberleutnant z. S. Spiering, der
Beobachter der Maschine, sichtete 28 Minuten nach dem
Start in einer Position 30 sm nordostwärts des eigenen
Schiffes den britischen Kreuzer »Cumberland«, der sich
auf dem Marsch von Freetown nach Rio de Janeiro be-
fand. Die Arado 196 wurde vom Ausguck des feindlichen
Kreuzers aber nicht gesichtet, und so konnte »Admiral
Graf Spee« nach der Rückkehr des Bordflugzeuges unge-
sehen nach Osten ablaufen.

Die Südgrenze des Passats erreichte sie am 15. September. Zehn Tage später erhielt Kapitän z. S. Langsdorf
die Mitteilung, daß die Aufnahme des Handelskrieges

unmittelbar bevorstehe und daß an der Ostküste Süd-
amerikas eine britische Kampfgruppe mit den Kreuzern
»Cumberland«, »Ajax«, »Exeter« und »Despatch« mit
zwei Zerstörern und einem U-Boot stünden und vor der
westafrikanischen Küste eine zweite britische Kampfgruppe mit den Kreuzern »Neptun«, »Capetown« und
»Danae« mit zwei Kanonenbooten und einem U-Boot
operierte.

Mit der Erteilung der Operationsfreiheit am 26. September ließ Kapitän z. S. Langsdorff sein Schiff in den
Seeraum 10 Grad Süd und 30 Grad West vorstoßen. Von
dort aus suchte er mit Zickzackkurs den vermuteten
Dampferweg ab, wurde am 29. September noch einmal
von der Seekriegsleitung ermahnt, vorsichtig zu sein und
nicht den vollen Einsatz zu wagen. Allerdings wurde
auch die Bindung an bestimmte Operationsgebiete aufgegeben, womit Langsdorff volle Handlungsfreiheit hatte.

Der 30. September brachte die erste Sichtmeldung. Kapitän z.S. Langsdorff ließ das Bordflugzeug mit dem Befehl starten, diesen Dampfer zu stoppen. Durch mehrere
Salven aus den Bord-MG wurde der britische Frachter
»Clement« (5051 BRT) zum Anhalten gezwungen. Inzwischen hatte er jedoch über Funk seinen Namen und Standort mitgeteilt und den Gegner aufmerksam gemacht.

Langsdorff entschloß sich, den Dampfer zu versenken.
Während das erneut gestartete Bordflugzeug im Umkreis
von 30 sm um das Panzerschiff herum Aufklärung flog,
wurden der Kapitän des Schiffs und sein Chefingenieur
an Bord des Panzerschiffes geholt. Sie gaben zu Proto-
koll, daß sie Weisung hätten, bei Auftauchen eines deutschen Kriegsschiffs so lange wie möglich auf Kurz- oder
Langwelle zu funken.

Zwei abgeschossene Torpedos liefen vorbei. Danach
wurde die »Clement« durch die Artillerie der »Graf Spee«
versenkt. Um der schon vorher in die Boote gegangenen
Besatzung zu helfen, ließ Langsdorff auf der 600-m-Welle
einen FT-Spruch nach Olinda tasten:

»Please save lifeboats of ›Clement‹ 9.04 South, 34.04 West.«

Als Unterschrift benutzte er den internationalen Funknamen der »Admiral Scheer«, wie dies vorher festgelegt worden war, um den Gegner zu täuschen. Diese Kriegslist wirkte, denn sowohl Olinda wie die gerettete Besatzung erklärten, daß es die »Admiral Scheer« gewesen sei, die die »Clemente« versenkt habe.

Der ebenfalls am 30. September angehaltene Getreidedampfer »Papalemos« aus Chios wurde nach Untersuchung durch ein Prisenkommando wieder entlassen.

Nachdem die Meldung von der Versenkung der »Clement« bekanntgeworden war, wurden von der Britischen Admiralität nicht weniger als acht Suchgruppen aufgestellt. Es waren:

Kampfgruppe F: Schwere Kreuzer »Berwick« und »York«; Operationsgebiet: Nordamerika und Westindien;

Kampfgruppe G: Schwere Kreuzer »Cumberland«, »Exeter« und (später) Leichte Kreuzer »Ajax« und »Achilles«; Operationsgebiet: Südamerikanische Ostküste;

Kampfgruppe H: Schwere Kreuzer »Sussex« und »Shropshire«; Operationsgebiet: Kap der Guten Hoffnung;

Kampfgruppe I: Schwere Kreuzer »Cornwall« und »Dorsetshire«, Flugzeugträger »Eagle«; Operationsgebiet: Indischer Ozean und Ceylon;

Kampfgruppe K: Flugzeugträger »Arc Royal«, Schlachtkreuzer »Renown«; Operationsgebiet: Gebiet um Pernambuco;

Kampfgruppe L: Schlachtschiff (frz.) »Dunkerque«, Flugzeugträger »Bearn«, 3 Leichte Kreuzer; Operationsgebiet: Brest;

Kampfgruppe M: Schwerer Kreuzer »Dupleix« und »Foch« (frz.); Operationsgebiet: Dakar;

Kampfgruppe N: Schlachtschiff »Strasbourg« (frz.),

Leichter Flugzeugträger »Hermes«; Operationsgebiet: Westindien.

Die Kampfgruppen H, G und K wurden dem Commander-in-Chief Atlantic, Admiral G. H. d'Orly Lyon unterstellt und zu einer großangelegten Suchaktion gegen »Admiral Graf Spee« angesetzt.

Diese Maßnahmen wurden von der deutschen Seekriegsleitung sorgfältig registriert. Ihr Chef verlangte, daß nun zur Erzielung einer Diversionswirkung und zur gleichzeitigen Entlastung der beiden Panzerkreuzer, sowie zur Erleichterung ihrer Operationen, die übrigen Schweren deutschen Seestreitkräfte in Aktion treten müßten. Vorgeschlagen wurde »die Möglichkeit eines Durchbruchs weiterer stärkster Handelsstörer, beispielsweise der ›Admiral Scheer‹, der ›Scharnhorst‹, oder ›Hipper‹ und ›Gneisenau‹ durch die nördliche Nordsee in den Nordatlantik« (siehe KTB der Skl 1. Abt., Teil A, Heft 2). Diese Vorstellung wurde auch in die Tat umgesetzt, wie später dargestellt werden soll.

Am Morgen des 5. Oktober wurde auf 9.35 Grad Süd und 6.30 Grad West der britische Frachter »Newton Beach« mit 4651 BRT aufgebracht. Um dieses Schiff am Funken zu hindern, ließ Langsdorff sein Schiff immer nur mit dem Bug zu diesem Frachter laufen. Außerdem war der Turmmast an den Vorder- und Seitenwänden so bemalt worden, daß die Täuschung eines Dreibeinmastes hervorgerufen wurde. Solchermaßen getarnt, zusätzlich noch mit gesetzter französischer Flagge, kam das Schiff bis auf 1800 Meter unerkannt an den Frachter heran. Erst als um 7.42 Uhr die Reichskriegsflagge gehißt wurde und Flaggensignale jedes Funken verboten, war »Admiral Graf Spee« enttarnt. Trotz des Verbotes funkte dieses Schiff.

Die übergesetzte Prisenmannschaft konnte die Geheimsachen nicht mehr in die Hand bekommen. Lediglich im Funkraum des Schiffs wurde die Geheimvorschrift der Funkstation sichergestellt.

Panzerschiff »Deutschland« in See

»Admiral Graf Spee« in Ceuta während der Flottenausbildungsreise April–Mai 1939, rechts Kpt. z. S. Langsdorff

Leichter Kreuzer »Leipzig«

He 60 auf dem Leichten Kreuzer »Königsberg«

Bordflugzeug der »Admiral Graf Spee« vom Aufklärungsflug zurück

Schwerer Kreuzer »Lützow«

Untergang des Schweren Kreuzers »Blücher« am 9. 4. 1940 im Oslo-Fjord

Schwerer Kreuzer »Prinz Eugen«

Ein Dampfer hatte den Notruf der »Newton Beach« gehört und gab ihn an den Kreuzer »Cumberland« weiter. Doch der Kommandant der »Cumberland« wahrte die befohlene Funkstille, und so entkam die »Admiral Graf Spee«. Das Schiff, das 7000 Tonnen Mais geladen hatte, wurde als Prise übernommen.

Am 7. Oktober kam ein weiterer Dampfer in Sicht. Auch diesmal wurde das gleiche Täuschungsmanöver durchgeführt. Die Funkstation des britischen Dampfers »Ashlea« konnte besetzt werden, noch bevor der Funker das erste »did« herausbrachte. Das Schiff, das 7000 Tonnen Rohzucker an Bord hatte, wurde nach Übernahme von zwei Tonnen Lebensmitteln und einer Tonne Gebrauchsgütern durch angeschlagene und zur Zündung gebrachte Sprengpatronen versenkt, nachdem die Besatzung auf die »Newton Beach« übergestiegen war.

Am 8. Oktober wurde die zu langsame »Newton Beach« nach Übernahme der beiden Besatzungen auf das Panzerschiff versenkt.

Am 9. Oktober wurde im gleichen Seegebiet der englische Frachter »Huntsman« mit 8196 BRT gesichtet. Die »Huntsman« erkannte das Panzerschiff ebenfalls erst auf 4000 Meter Distanz und machte einen Notruf, daß es von einem deutschen Kriegsschiff angehalten werde.

Das an Bord gehende Prisenkommando stellte fest, daß dieser Dampfer 9400 Tonnen Rohgummi, Wolle, Sisal, Jute, Erz und Leder geladen hatte. Es gelang, das geheime Logbuch und andere Geheimunterlagen zu erbeuten. Aber die 84 Mann starke Besatzung war nicht mehr auf dem Panzerschiff unterzubringen. Aus diesem Grunde und um die wertvolle Ladung zu retten, wurde die »Huntsman« am 12. Oktober unter dem Kommando von Leutnant z. S. Sonderführer Schünemann entlassen, damit die Besatzung der Prise nicht die Wartestellung der »Altmarkt« erkannte, mit der sich Langsdorff zur Versorgung seines Schiffs treffen wollte.

Am Morgen des 14. Oktober wurde die »Altmark« erreicht, wo man die »Admiral Graf Spee« ebenfalls wegen der Tarnbemalung zunächst für ein feindliches Kriegsschiff hielt. Es wurde Öl ergänzt, und ein Arbeitskommando schuf auf dem Versorger Unterkünfte zur Aufnahme der Gefangenen. Am 16. Oktober begann dann die Übergabe der Gefangenen von der »Huntsman«. Von der Prise ließ Langsdorff noch für die indischen Seeleute — »Huntsman« kam von Kalkutta — Sonderproviant auf die »Altmark« schaffen. Schließlich mußte die »Altmark« noch einen Teil der wertvollen Ladung übernehmen. Danach wurde die »Huntsman« am Nachmittag des 17. Oktober versenkt.

Zur gleichen Zeit hatte die Maschinenüberholung mit Bordmitteln stattgefunden. Im Kriegstagebuch der »Admiral Graf Spee« steht unter dem 18. Oktober:

»Abgesehen von der unmittelbaren Schädigung des feindlichen Handels durch die Versenkung von Schiffen, soll der Feind gezwungen werden, möglichst große Teile seiner Streitkräfte zum Handelskrieg einzusetzen.«

Kapitän z. S. Langsdorff kam allerdings auch zu der Überzeugung, daß beim Einsatz jener Kräfte des Gegners, die für die Verteidigung der Handelsschiffsfahrt eingesetzt waren, die Konvois gegen einzelne Panzerschiffe hundertprozentig gesichert sein würden. In dieser Phase seines Einsatzes beschloß er, sich auf die Kaproute zu konzentrieren, und er wollte zwischen Walfischbay und St. Helena so operieren, daß die normalen Funksender der Schiffe, die er anhalten würde, bei Tag keine der Küstenfunkstellen erreichen konnten.

Auf dem Marsch in dieses neue Operationsgebiet erfuhr Langsdorff, daß sich die Kampfgruppen K und N zu einer Jagdgruppe auf sein Schiff vereinigt hatten. Am 22. Oktober wurde das englische Motorschiff »Trevanion« (5299 BRT) gesichtet. Einmal mehr hatte das Bordflugzeug diesen Erfolg erzielt. Das Panzerschiff lief mit 21

Knoten Fahrt auf den Gegner zu und bekam ihn um 13.47 Uhr in Sicht. Erst 300 Meter von dem Schiff entfernt drehte das Panzerschiff auf Parallelkurs und versuchte mit seiner 2-cm-FlaMW, den Funker am Tasten zu hindern. Dem gelang es jedoch, einen Hilferuf abzusetzen. Wenn auch nur einen unvollständigen: Er kam nicht mehr dazu, den Schiffsnamen anzugeben.

Die »Trevanion« hatte 8835 Tonnen Zinkerz an Bord und war von Australien zu den Britischen Inseln unterwegs. Als das Verkehrsboot der »Admiral Graf Spee« bei diesem Schiff längsseits ging, wurde oben vom Deck aus die Achterleine so unglücklich geworfen, daß sie sich in der Schraube des Verkehrsboots verfing. Der Matrosen-Obergefreite Stefanowski tauchte trotz eines gesichteten Hais mehrfach ab, bis er die Schraube wieder klar hatte.

Das Panzerschiff lief nun bei Nacht nach Osten ab. Das am folgenden Tag gestartete Flugzeug sichtete einen Dampfer, doch er konnte dann nicht gefunden werden.

Am 28. Oktober trafen Panzerschiff und Versorger westlich des Kaps der Guten Hoffnung zusammen. Danach lief es weit nach Süden ab, umrundete in sicherem Abstand von der südafrikanischen Küste das Kap und kreuzte im Seegebiet vor Madagaskar. Am 30. Oktober konnten hundert Eiserne Kreuze an die Besatzung verteilt werden.

Die Suche auf dem Dampfertrail Kapstadt-Australien, die am 4. November begann, brachte zunächst nichts. Fünf Tage lang durfte das Bordflugzeug wegen zu starker See nicht starten. Nach dem ersten Start kam es dann auch noch mit Rissen im Motorblock zurück. Kapitän z. S. Langsdorff ließ den Kurs auf den Mocambique-Kanal legen und erreichte am 14. November Lourenco Marques. In der kommenden Nacht, als man näher zur Küste lief, gelang es, den holländischen Küstenfrachter »Holland« zu sichten. Da die rauhe See eine Untersuchung jedoch nicht zuließ, passierte dieser Frachter unangefochten.

Am frühen Nachmittag des nächsten Tages wurde der

englische Motortanker »African Shell« gesichtet, angehalten und durch zwei angeschlagene Sprengpatronen versenkt. Die Besatzung durfte an Land rudern, während der Kapitän als Gefangener an Bord des Panzerschiffs ging.

Die japanische »Chifuku Maru« und der von einem Prisenkommando untersuchte holländische Dampfer »Mapia«, mit 9389 BRT ein fetter Bissen, mußten laufen gelassen werden.

Die »Admiral Graf Spee« umrundete das Kap der Stürme und lief in den Südatlantik zurück, um sich nordostwärts von Tristan da Cunha mit der »Altmark« zu treffen, aus der sie am 27. November Treibstoff übernahm. Danach wurde die fällige Motorenüberholung durchgeführt.

In den ersten Dezembertagen operierte das Schiff wieder erfolgreich im Südatlantik. Am 2. Dezember wurde der Turbinenfrachter »Doric Star« mit 10086 BRT aufgebracht. An Bord befanden sich Getreide, Wolle und Fleisch aus Australien für England. Er setzte noch folgenden Notruf ab:

»1417 RRR 19.15 h S 05 — 30 E Doric Star gunned — Battleship.«

Damit war die Britische Admiralität wieder eindeutig darüber im klaren, daß das Panzerschiff sich im Südatlantik bewegte. Die »Doric Star« widerstand den Sprengpatronen, und erst ein Torpedo und weiterer Artilleriebeschuß konnten sie versenken.

Das Bordflugzeug des Panzerschiffs, das um 12 Uhr zum zweitenmal gestartet war, fand während der Fahrmanöver nicht zur »Admiral Graf Spee« zurück. Es wurde nach der Versenkung der »Doric Star« zunächst vergeblich gesucht. Erst als der Beobachter und der Flugzeugführer bei Einsetzen der Dämmerung je einen weißen Stern schossen, wurden sie bemerkt und um 19 Uhr an Bord genommen. Die Maschine schwamm bereits seit

14.45 Uhr, und in der Zwischenzeit war der bei der Landung beschädigte Backbordschwimmer voll Wasser gelaufen. Es war nur noch eine Frage der Zeit, bis die Maschine sank.

In der Nacht lief das Panzerschiff mit 17 Knoten Fahrt nach Westen ab. Am frühen Morgen des nächsten Tages wurde ein Dampfer gesichtet. Es war der britische Frachter »Tairoa« mit 7983 BRT, der 12000 Tonnen Gefrierfleisch für England an Bord hatte. Auch dieses Schiff konnte noch vor seiner Aufbringung einen Warnspruch mit Positionsangabe absetzen. Es wurde um 9.20 Uhr durch Torpedotreffer und Artilleriebeschuß versenkt.

Am Mittag des 6. Dezember standen das Panzerschiff und sein Versorger mitten im Südatlantik beieinander. 144 Gefangene der versenkten Schiffe wurden an die »Altmark« abgegeben. Nur die Offiziere und Funker der versenkten Schiffe blieben auf dem Panzerschiff. Am Abend nach Ende einer abgehaltenen Nacht-Scheinwerferübung liefen das Panzerschiff und sein Versorger nach Westen, als um 22.42 Uhr Alarm gegeben wurde. An Steuerbord voraus kam ein abgeblendet laufendes Fahrzeug in Sicht. Da Langsdorff annahm, daß es sich um ein deutsches Schiff handeln könnte, das auf dem Wege in die Heimat war, ließ er nicht das Feuer eröffnen, wozu er nach der Prisenordnung berechtigt war. Er ließ es auch nicht anrufen, weil es sich, möglicherweise in englischer Sprache angerufen, selbst versenkt hätte; für nächtliches Anhalten waren englische Klartexte vorgesehen, um sich selbst zu tarnen. Das Fahrzeug kam bereits gegen 23 Uhr wieder außer Sicht und lief ab, ohne zu funken, was an Bord der »Admiral Graf Spee« mit Erleichterung aufgenommen wurde.

Am Abend des nächsten Tages wurde ein Weizenschiff angehalten. Die englische »Streonshalb« wurde versenkt, ihre 31köpfige Besatzung an Bord genommen.

An den folgenden Tagen lief das deutsche Panzerschiff in langen Suchschlägen die Wege an, die in Richtung La

Plata-Mündung führten. Eine Mitteilung der Seekriegsleitung besagte, daß ein englischer Konvoi mit vier
Dampfern, von einem Hilfskreuzer geleitet, aus Montevideo auslaufen werde. Der Einsatz des Bordflugzeugs am
11. Dezember — der beschädigte Schwimmer war mit
Bordmitteln repariert worden — brachte keine Sichtmeldung. Bei der Landung ging dafür der Motor endgültig
zu Bruch.

In der Nacht zum 13. Dezember stand die »Admiral
Graf Spee« vor der La Plata-Mündung. Es war gegen
Morgen, als das Schiff auf Ostkurs laufend sich der Mar-
ke näherte, wo es wieder auf Westkurs gehen sollte. Da
meldete der Ausguck:

»Backbord voraus zwei Mastspitzen!«

Das Panzerschiff drehte auf die Sichtung zu. Langsdorff war der Meinung, daß es sich hier um den gemeldeten Geleitzug handeln könnte, den er angreifen und
versenken wollte. Der Navigationsoffizier, Fregattenkapitän Wattenberg, machte den Kommandanten dabei auf
jenen Passus des Operationsbefehls aufmerksam, nach
dem man auch dem Schiff unterlegenen feindlichen
Kriegsschiffen ausweichen sollte, wenn dieser Einsatz für
die Hauptaufgabe des Schiffs nicht unbedingt erforderlich war.

Als das Schiff in Sicht kam, erkannte man den englischen Schweren Kreuzer »Exeter«. Kurz darauf kamen
noch zwei Leichte Kreuzer der »Achilles-Klasse« in Sicht,
und zwar die »Achilles« und die »Ajax«. Diese Kriegsschiffe waren von Vizeadmiral G. H. d'Orly Lyon, dem
Befehlshaber der Südatlantikstation in Freetown, unmittelbar nach Eingang des Notrufs der »Doric Star« in
Marsch gesetzt worden, und zwar in Richtung südamerikanische Küste, von wo aus die wichtigen Getreide- und
Fleischlieferungen für Großbritannien kamen und wo
nach seiner Meinung der deutsche »Handelskriegskreu-
zer« bald auftauchen werde.

Diese drei Kreuzer hatten über Funk von ihrem

Kampfgruppenchef, Commodore Harwood, folgenden Befehl erhalten:

> »Mein Verfahren lautet: Mit drei Kreuzern zusammen gegen ein Panzerschiff: sofort angreifen bei Tag oder Nacht. Bei Tag in zwei Gruppen kämpfen, die 1. Division und ›Exeter‹ auseinandergezogen, um Flankenbedrohung zu ermöglichen. 1. Division (›Achilles‹ und ›Ajax‹) gemeinsame Feuerleitung. Bei Nacht bleiben die Schiffe in geöffneter Ordnung zusammen.«

Da Langsdorff eine Abschüttelung der Verfolger für aussichtslos hielt, nahm er den Kampf an und eröffnete um 6.17 Uhr das Feuer aus den beiden 28-cm-Türmen auf »Exeter«. Drei Minuten später erwiderte »Exeter« das Feuer, während die beiden Leichten Kreuzer mit hoher Fahrt zur anderen Seite des Panzerschiffs liefen, um von beiden Seiten anzugreifen und damit dessen Feuerkraft zu halbieren. »Ajax« schoß eine Minute nach der »Exeter« ebenfalls, und als letzter Kreuzer fiel »Achilles« abermals drei Minuten später ein.

Langsdorff, der die Absicht seines Gegners erkannte, versuchte diese wenigstens zu erschweren, indem er die »Admiral Graf Spee« nach Backbord auf Westkurs drehte und langsam der »Exeter« nachlief. Dennoch war die Absicht des Gegners, nämlich eine Zersplitterung der Artillerie des Panzerschiffs, erreicht.

Mit der dritten Salve barst ein Volltreffer der »Admiral Graf Spee« in Höhe des Flugzeugkatapults der »Exeter«. Deren Steuerbord-Torpedorohrsatz fiel aus, die Befehlsübermittlung setzte ebenfalls aus. Der nächste Treffer setzte den Turm »B« des Schweren Kreuzers außer Gefecht. Splitter fetzten über die Brücke der »Exeter« und töteten oder verwundeten alle dort befindlichen Engländer. Lediglich der Kommandant blieb unverwundet. Captain F. S. Bell, der Kommandant der »Exeter«, eilte zum achteren Stand, um das manövrierunfähig gewordene Schiff weiterführen zu können. Es war 6.38 Uhr, als ein Volltreffer in den Turm »A« hineinschmetterte und ein weiterer mittschiffs einschlug und dort einen schweren Brand entfachte.

Es war Captain Bell gerade gelungen, seinen Kreuzer nach Steuerbord anzudrehen, um die Backbord-Torpedos schießen zu können. Er ließ feuern, doch die »Graf Spee« entkam diesen Torpedos, indem sie mit schnellen Manövern aus der Schußlinie hinausdrehte.

Auch die »Admiral Graf Spee« hatte schwere Treffer erhalten. Eine 15-cm-Granate hatte das 3. Geschütz an Backbord außer Gefecht gesetzt. Die Flak I wurde ebenfalls getroffen und fiel aus.

Die beiden Leichten Kreuzer waren inzwischen achteraus gefallen und versuchten nun, als sie die Flammen aus dem Schweren Kreuzer herausschlagen sahen, der »Exeter« mit Höchstfahrt zu Hilfe zu eilen. »Achilles« wurde als erster der beiden Leichten Kreuzer von der Artillerie der »Admiral Graf Spee« getroffen. Der vordere Leitstand fiel aus und die Feuerleitanlage ebenfalls, so daß »Achilles« jetzt nicht mehr nach der Feuerleitung von »Ajax« schießen, sondern sein Feuer selbständig leiten mußte.

Nun wurde das anfänglich gut liegende 15-cm-Feuer der beiden Leichten Kreuzer ungenau. Durch rasche Kursänderungen und Abblasen von Nebel gelang es der »Admiral Graf Spee«, das gegnerische Feuer weiter zu erschweren. Erst eine halbe Stunde nach Angriffsbeginn erzielten die beiden Leichten Kreuzer wieder den nächsten Treffer.

Inzwischen hatte die schwer getroffene »Exeter« ihr Feuer eingestellt und drehte ab. Nunmehr konnte sich der deutsche Panzerkreuzer voll auf die beiden anderen Gegner konzentrieren. Diese liefen sehr schnelle Ausweichmanöver, nebelten und zackten immer wieder mit Hartruderlegen weg. Als gegen 6.50 Uhr »Exeter« noch einmal mit ihrem achteren Turm in den Kampf eingriff, mußte das deutsche Panzerschiff einen neuen Zielwechsel vornehmen. »Exeter« wurde erneut stark eingedeckt.

Von ihrem achteren Turm schoß nur noch ein Rohr. Dann erhielt der Kreuzer starke Schlagseite und drehte qualmend und Nebel blasend ab. Er versuchte, nach Süden zu entkommen. Commodore Harwood ging nun daran, mit den beiden Leichten Kreuzern den Rückzug der »Exeter« zu decken. Er ließ Torpedos schießen, und wieder mußte Langsdorff mit schnellen Manövern den tödlichen Aalen ausweichen, was auch gelang. Daß es darüber hinaus gelang, trotz dieser heftigen Kursänderungen noch einen 28-cm-Treffer auf »Ajax« anzubringen, der dessen beide achterne Türme außer Gefecht setzten, war eine Meisterleistung. Darauf ließ Commodore Harwood abdrehen und im künstlichen Nebel ablaufen. Als »Ajax« gerade zur Drehung ansetzte, erhielt sie einen weiteren 28-cm-Treffer. Mit Donnergepolter stürzte der Mast ein und riß die Antennenanlage herunter.

Beide Leichten Kreuzer liefen nun auf Südkurs und legten sich zwischen die »Admiral Graf Spee« und die schwergetroffene »Exeter«. Torpedos schießend zwangen sie das deutsche Panzerschiff zu ständig neuen Kursänderungen und verhinderten so den tödlichen Schuß auf die »Exeter«. Um 7.40 Uhr brach Commodore Harwood das Gefecht ab, während das Feuer der »Admiral Graf Spee« noch immer sehr genau lag und weitere Treffer erzielte.

Welche Schäden das deutsche Panzerschiff hatte hinnehmen müssen, zeigte der FT-Spruch, den Kapitän z. S. Langsdorff an die Seekriegsleitung absetzen ließ:

»Die Aufnahme der Treffer ergibt, daß alle Kombüsen bis auf die Admiralskombüse ausgefallen sind. Reparatur mit Bordmitteln fraglich. Ein Wassereinbruch in die Mehllast stellt die Brotversorgung in Frage, während Treffer in die Back für den Winter im Nordatlantik das Schiff seeunfähig macht. Ein Treffer hat den Gürtelpanzer durchschlagen, das Panzerdeck ist an einer Stelle eingerissen. Beschädigungen im Achterschiff.

36 Tote, 6 Schwerverwundete, 53 Leichtverwundete. — Da Schiff mit Bordmitteln für Durchbruch in die Heimat nicht klargemacht werden kann, Entschluß, nach La Plata zu gehen, auf die Gefahr hin, dort eingeschlossen zu werden.«

Die Seekriegsleitung gab zu diesem Entschluß ihr Einverständnis.

Commodore Harwood ließ, nachdem er durch die Flugzeugbeobachtung festgestellt hatte, daß das Panzerschiff die Verfolgung abgebrochen hatte, wieder kehrt machen und durch die beiden Leichten Kreuzer Fühlung halten. Noch vor Sonnenuntergang griff er mit seinen beiden Kreuzern abermals an. »Admiral Graf Spee«, die die Hälfte ihres Munitionsbestands verschossen hatte, erwiderte das Feuer nur langsam, doch ihre Salven lagen so gut, daß beide Kreuzer schleunigst wieder abdrehten und sich einnebelten. Als beide Kreuzer noch einmal dicht herankamen und das Feuer eröffneten, wurden sie abermals mit einigen Salven zurückgetrieben. Von nun an folgte nur noch ein Leichter Kreuzer dem deutschen Panzerschiff, das Kurs auf Montevideo genommen hatte.

Es hätte sich in dieser Situation die Chance geboten, abzudrehen und in der Weite des Südatlantiks zu verschwinden. Da aber auch die Treiböl- und Schmierölleitungen nicht in Ordnung waren, wollte es der Kommandant nicht darauf ankommen lassen, wieder in See zu gehen, ohne alles zu überholen und auch die Motoren voll zu warten.

Er lief nach Montevideo ein und ankerte. Die Regierung von Uruguay schickte eine Kommission aus Sachverständigen auf das deutsche Panzerschiff, und obwohl diese eine Mindestliegedauer von 14 Tagen für notwendig hielt, um die Schäden auszubessern, genehmigte die Regierung nur 48 Stunden Liegezeit. Dem deutschen Gesandten gelang es, die Frist auf 72 Stunden zu verlängern. Diese Verlängerung kam schließlich dem Gegner zugute, denn in fieberhafter Eile ließ die Britische Admiralität alle möglichen Schiffe, die die La Plata Mündung in den nächsten drei Tagen erreichen konnten, dorthin in Marsch setzen. Als erster traf der Schwere Kreuzer »Cumberland« vom Hafen Port Stanley auf den Falklandinseln am späten Abend des 14. Dezember ein und verstärkte die beiden Leichten Kreuzer.

Die auf der »Admiral Graf Spee« sitzenden Gefangenen wurden entlassen, die Verwundeten in die Krankenhäuser geschafft, die Gefallenen unter großer Anteilnahme der Bevölkerung bestattet. Auch die entlassenen englischen Gefangenen nahmen vollzählig an der Trauerfeier teil.

Meldungen darüber, daß schwere britische Seestreitkräfte, darunter der Schlachtkreuzer »Renown« und der Flugzeugträger »Arc Royal«, bereits eingetroffen seien, stellten sich als falsch heraus. Lediglich »Cumberland« war pünktlich aufgetaucht, während die in Marsch befindlichen Schweren Kreuzer »Doretshire« und »Shropshire«, der Leichte Kreuzer »Neptune« und drei Zerstörer erst in den nächsten vier Tagen erwartet wurden.

Auf dem deutschen Panzerschiff waren nur noch für 50 Salven Munition für die Schwere Artillerie. So richtete Langsdorff über den deutschen Gesandten folgendes Telegramm an die Seekriegsleitung:

»Militärische Lage: Vor Montevideo außer Kreuzern, Zerstörern ›Arc Royal‹ und ›Renown‹, nachts englische Absperrung. Ausbruch in freie See und Durchbruch Heimat aussichtslos.
Beabsichtige Auslaufen bis zur Neutralitätsgrenze. Falls durch den Einsatz der Restmunition Buenos Aires erreicht werden kann, soll dies versucht werden.
Für den Fall, daß der Durchbruch zur sicheren Vernichtung der ›Graf Spee‹ ohne Möglichkeit der Schädigung des Feindes führt, erbitte ich Entscheidung, ob Versenkung trotz ungenügender Wassertiefe in der La Plata-

59

Mündung oder Internierung. Entscheidung durch Funkspruch erbeten.« (Siehe KTB der »Admiral Graf Spee«, S. 245)

Die Seekriegsleitung stimmte den Vorschlägen des Kommandanten zu und forderte ihn auf, so lange wie möglich in den neutralen Gewässern zu bleiben, um sich Handlungsfreiheit zu erhalten. Eine Internierung in Uruguay sollte aber unter allen Umständen vermieden werden.

Kapitän z. S. Langsdorff entschied sich schließlich dafür, das Schiff selbst zu versenken. Nachdem bei einem letzten Gespräch mit dem deutschen Gesandten keine Fristverlängerung mehr in Aussicht stand, ging der Kommandant am 17. Dezember 1939 um 3. Uhr an Bord seines Schiffes zurück und gab den Befehl, die Sprengung der »Admiral Graf Spee« vorzubereiten.

Eigentlich hätte das Schiff bereits am Abend zuvor in See gehen müssen. Da aber unmittelbar vor Ablauf dieser Frist der englische Dampfer »Dunster Grange« ausgelaufen war, durfte das Panzerschiff erst 24 Stunden darauf die Anker lichten. Um 18.20 Uhr lief die »Admiral Graf Spee« mit ihrem Kommandanten und den notwendigen 40 Mann Besetzung zur letzten Fahrt aus. Der Rest der Besatzung war auf den deutschen Dampfer »Tacoma« übergestiegen und folgte nach. Um 19 Uhr hatte das Schiff seinen alten Ankerplatz acht Seemeilen westlich der Hafeneinfahrt und etwa 1,2 Seemeilen außerhalb der uruguayischen Hoheitsgewässer erreicht. Die »Tacoma« stand etwa 3000 Meter weit ab. Nachdem die Restbesatzung von Booten aufgenommen worden war, stieß mit Sonnenuntergang eine Stichflamme aus der »Admiral Graf Spee« empor. Eine mächtige schwarze Rauchsäule stieg gen Himmel, und kurz darauf schien sich das Heck des Panzerschiffs in einen glühenden Feuerball zu verwandeln. In dicken Qualm gehüllt, verschwand die »Admiral Graf Spee«, die sich nach Steuerbord legte und mit dieser Seite dann unter Wasser lag. An der Backbordseite ragten der Achtere Turm und die gesamte Flanke bis nach vorn aus dem Wasser, das hier nur acht Meter tief war. Im Innern des Schiffs wüteten riesige Ölbrände.

Am Morgen des 20. Dezember 1939 fand man den Kapitän z. S. Langsdorff tot in seiner Unterkunft. Er lag in voller Uniform auf der Kriegsflagge der »Admiral Graf Spee«. Er hatte sich erschossen. In einem Brief an den deutschen Gesandten hatte er seinen Entschluß kundgetan, das Schicksal seines Schiffs zu teilen.

Nachdem die »Spee« neun Handelsschiffe versenkt hatte, war sie nun selbst untergegangen. Im Kriegstagebuch der Seekriegsleitung (Teil C, Heft 1) ist zu lesen:

> »Die Handelskriegsaufgaben sind durch das Panzerschiff gut gelöst worden.«

Sein Versorgungsschiff, die »Altmark«, erhielt am 19. Dezember Weisung, in die Heimat zurückzukehren. Das Schiff wurde von seinem Kapitän Dau ausgezeichnet geführt. Es passierte unentdeckt die Enge zwischen den Färöern und Island und meldete am späten Abend des 13. Februar 1940 die Absicht, im Laufe des folgenden Tages in Höhe Drontheim in das norwegische Schärenfahrwasser einzutreten. Zwei Tage später stand das Schiff nördlich von Bergen. In diesem Augenblick erfuhr auch der Gegner den augenblicklichen Standort des Schiffs. Er setzte eine Kampfgruppe mit dem Kreuzer »Arethusa« und fünf Zerstörern unter Führung von Captain Vian auf dem Zerstörer »Cossack« gegen die »Altmark« an.

Zunächst gelang es der »Altmark«, den Enterversuchen des Zerstörers »Intrepid« zu entgehen, indem es bei Egerö in den Fjord einlief. Zwei norwegische Torpedoboote legten sich hier zwischen die »Altmark« und ihre Jäger. Doch am 16. Februar 1940 lief gegen 22 Uhr der Zerstörer »Cossack« zwischen den beiden norwegischen Torpedobooten zur »Altmark« vor, enterte das Schiff, nahm 302 Gefangene und lief gegen Mitternacht wieder aus. Kapitän Dau hatte sein Schiff mit dem Heck auf einen Felsen gesetzt, um eine Kaperung zu verhindern. Acht Männer der »Altmark« fielen, fünf wurden schwer verwundet, einer blieb vermißt. Am 22. Februar kam das Schiff ohne fremde Hilfe und trotz beschädigter Schraube frei und erreichte nach einer Notreparatur in Sandefjord am 27. März 1940 Kiel. Der Einsatz der »Admiral Graf Spee« und seines Versorgers war zu Ende.

Das Panzerschiff »Deutschland« im Atlantik

In ihrem Operationsgebiet ging es dem Panzerschiff »Deutschland« unter Kapitän z. S. Wennecker und seinem Versorger, der »Westerwald« unter Korvettenkapitän Grau, darum, auf der Nordamerikaroute fahrende Handelsschiffe zu finden. Am Morgen des 5. September startete das Bordflugzeug des Schiffs mit der Besatzung Oberleutnant z. S. Kell als Beobachter und Feldwebel Haberkorn als Flugzeugführer um 6.06 Uhr zum ersten Aufklärungsflug. Die Maschine, die bis 7.30 Uhr zurück sein sollte, traf jedoch nicht wieder ein. Die Funker auf der »Deutschland« versuchten, Kontakt mit dem Bordflugzeug herzustellen, doch vergebens. Erst um 9.20 Uhr wurden Peilzeichen des Flugzeugs aufgenommen. Die Suche begann, und nach geraumer Zeit kam die Arado 196 in Sicht. Sie hatte wegen Brennstoffmangels wassern müssen und beim Aufsetzen das Höhenleitwerk beschädigt.

Auch die »Deutschland« erhielt von der Seekriegsleitung Weisung, den Handelskrieg noch nicht aufzunehmen. Kapitän z. S. Wennecker blieb zunächst nahe der Ostküste von Grönland, weil man ihn hier wohl nur durch einen Zufall entdeckt hätte. »Westerwald« blieb in der Nähe des Panzerschiffs, und am 9. September trafen beide Schiffe zur Ölversorgung des Panzerschiffs zusammen. Bei der groben See riß zweimal der Ölschlauch. Die Beölung mußte zunächst abgebrochen werden. Erst zwei

Tage später konnte die Ölübergabe erfolgen. Auch die Verproviantierung klappte, nachdem die »Westerwald« den Kampfgefährten mit zwei Knoten Fahrt quer zur See in Schlepp genommen hatte. Gleichzeitig wurde das Versorgungsschiff in einen »Norweger« umgetarnt.

Nach Freigabe der Handelskriegsführung am 26. September durch den FT-Spruch, den auch die »Admiral Graf Spee« erhalten hatte, entschloß sich Wennecker, auf den Seewegen zwischen den Golf-Mittelamerika-Kanalrouten zu operieren und die Hauptangriffsziele des Operationsbefehls zunächst auszusparen. Er hoffte, auf der Mittelamerika-Golfroute auf zahlreiche Tanker zu stoßen, die als »Edelwild« galten. Außerdem bestand dabei die Chance, auch für das Panzerschiff Treibstoff zu erbeuten. Das Schiff wich jedem Zusammentreffen mit anderen Schiffen während seines Marsches aus und erreichte am 1. Oktober das angestrebte Operationsgebiet.

Hier begann ein vier Tage dauerndes vergebliches Suchen. Der Kommandant entschloß sich, nur noch einen Tag anzuhängen. Dieser Entschluß sollte sich lohnen. Kurz vor Mittag dieses fünften Tages kam der englische Dampfer »Stonegate« (5044 BRT) in Sicht, der 8600 Tonnen Salpeter geladen hatte und von Tocopilla nach Alexandria unterwegs war. Es gelang diesem Dampfer noch, einen kurzen FT-Spruch abzusetzen: »Gefahr! Unbekanntes Kriegsschiff!« und auch seine eigene Position zu bezeichnen. Doch dieser Notruf wurde nicht aufgenommen. Nachdem die 37köpfige Besatzung an Bord genommen worden war, wurde die »Stonegate« durch Beschuß versenkt.

An diesem Abend wurden beide Panzerschiffe durch den FT Nr. 2115 davon unterrichtet, daß nach einer Meldung aus London drei englische Kreuzer den Befehl zur Jagd auf ein im Südatlantik operierendes deutsches Kriegsschiff erhalten hätten. Nach einer Nachricht aus Buenos Aires handelte es sich um die Schweren Kreuzer »York«, »Berwick« und »Exeter«.

Dieser FT-Spruch bestärkte Wennecker in seinem Entschluß, nach Norden zu laufen, weil die beiden zuerst genannten englischen Kreuzer bis dahin zur Kanada-Station gehört hatten, also dort abgerufen worden waren.

Am 9. Oktober erreichte die »Deutschland« dieses neue Operationsgebiet und sichtete am Nachmittag das US-Schiff »City of Flint« (4963 BRT). Das Schiff wurde aufgebracht, ohne daß es funkte. Das Prisenkommando stellte fest, daß die Hauptladung für England bestimmt war, dennoch entschloß sich der Kommandant dazu, das Schiff nicht zu versenken, sondern es als Prise nach Deutschland zu schicken. Die Besatzung der »Stonegate« und ein deutsches Prisenkommando wurden übergesetzt, das Schiff entlassen. Es erreichte am 20. Oktober Tromsö. Dort wurde es von den norwegischen Behörden beschlagnahmt, das deutsche Prisenkommando wurde interniert. Danach durfte die »City of Flint« wieder in die USA zurückkehren.

Am Nachmittag des 12. Oktober kam ein norwegisches Schiff in Sicht, das mit einer Kohleladung für Oslo beladen war. Es durfte passieren. Zwei Tage später aber wurde der norwegische Frachter »Lorentz W. Hansen«, der Holz für England geladen hatte, nach Übernahme der 21-köpfigen Besatzung gesprengt und — als er wegen seiner Holzladung nicht sank — durch einen Torpedo versenkt. Ein weiterer Norweger und ein japanisches Schiff durften am 14. und 15. Oktober passieren. Danach lief die »Deutschland« zur Überholung und Verproviantierung zur »Westerwald«, die weiter nördlich stand.

Durch einen starken Sturm stampfend, der sich bis zum 16. Oktober zum Orkan entwickelte und auf Stärke 12 anschwoll, erreichte die »Deutschland« am 20. Oktober den Treffpunkt. Die »Westerwald« war nicht zur Stelle, und erst zwei Tage danach wurde der erste Funkspruch der »Westerwald« aufgenommen. Drei Tage später kam der Versorger endlich in Sicht. Die Verspätung der »Westerwald« erklärte ihr Kommandant damit, daß sie im

Sturm beigedreht war und 150 Seemeilen vom vorgesehenen Treffpunkt nach Süden versetzt wurde.

Die Öl- und Proviantübernahme erfolgte ungestört. Auch die Maschinen wurden überholt.

Bis zum 31. Oktober waren alle Maßnahmen bis auf die Maschinenüberholung durchgeführt. Sie sollte noch zwei weitere Tage dauern. Am 1. November ging ein FT-Spruch der Seekriegsleitung bei der »Deutschland« ein, der Kapitän z. S. Wennecker mitteilte, er solle nicht — wie vorher geplant — gemeinsam mit der »Westerwald« zum Durchbruch ansetzen, sondern allein in der Nacht zum 12. November durch die Dänemarkstraße und in der folgenden oder übernächsten Nacht durch die Enge der Shetlands durchbrechen. Am 2. November entließ Wennecker daher die »Westerwald«, die so lange auf einem vereinbarten Punkt warten sollte, bis die »Deutschland« den Durchbruch geschafft hatte.

Hart an der Eisgrenze entlangsteuernd, passierte das Panzerschiff die Dänemarkstraße bereits am 8. November bei Tage, wobei wegen der sich bildenden Eisschicht das Schiff nur noch begrenzt gefechtsfähig war. Erst südlich von Jan Mayen konnte das Oberdeck vom Eis freigemacht werden.

Mit einem Funksignal forderte die »Deutschland« am 13. November nachmittags von der Seekriegsleitung leichte Seestreitkräfte zur Aufnahme an. Am frühen Nachmittag des folgenden Tages stieß das Schiff auf die Boote der 4. Zerstörer-Flottille unter Fregattenkapitän Bey, die nun U-Bootsicherung fuhren. Skagen und der Große Belt wurden am selben Tag passiert, und am folgenden warf die »Deutschland« in Gotenhafen Anker. Dort wurde das Schiff in »Lützow« umbenannt.

Völlig lautlos hatte das Schiff drei Schiffe aufgebracht, und als es längst in Gotenhafen lag, wurde es immer noch in See vermutet.

Die »Westerwald« erreichte wenige Tage später Deutschland. Auch sie hatte Schwierigkeiten und wurde von Norwegen festgehalten, mußte aber auf Einspruch Deutschlands am 18. November freigegeben werden.

Die erste Phase im Handelskrieg von Überwasserstreit-kräften gegen England war zu Ende gegangen. Leider hatten beide Panzerschiffe einen Teil ihrer Seeausdauer auf Wartepositionen verbringen müssen. Nicht weniger als 26 Tage des Krieges waren so nutzlos vertan worden.

Der Einsatz der Leichten Kreuzer

Zum deutschen Angriff auf Polen wurden Generaladmiral Albrecht, dem Befehlshaber des Marinegruppenkom-mandos Ost, folgende Marineeinheiten und Streitkräfte unterstellt:

1. der Befehlshaber der Aufklärungsstreitkräfte (BdA) Vizeadmiral Densch mit folgenden Einheiten: Leichte Kreuzer »Nürnberg«, »Leipzig«, »Köln«;
2. der Führer der Torpedoboote Konteradmiral Lütjens mit 9 Zerstörern;
3. die 1. Schnellboots-Flottille mit 6 Booten und
4. der Führer der Minensuchboote, Kapitän z. S. Ruge, mit der 1. M.-Flottille, Geleitbooten und Kleinkampf-booten.

Am 3. September 1939 begannen die deutschen Kreuzer, Zerstörer und Torpedoboote mit dem Legen der »West-wall-Minensperren«. Bis zum 20. September fuhren sie mehrere andere Unternehmungen, und der BdA, Vizead-miral Densch, lief mit den Kreuzern »Nürnberg«, »Leip-zig«, »Köln«, »Königsberg« und »Emden« sowie den ein-satzbereiten Torpedobooten zu weiteren Minenunterneh-mungen aus.

Am 7. Oktober erfolgte der erste Vorstoß des Flotten-chefs, Admiral Boehm, mit dem Schlachtkreuzer »Gnei-senau«, dem Leichten Kreuzer »Köln« und insgesamt neun Zerstörern gegen die südnorwegische Küste. Ziel dieses Flottenvorstoßes war es, die Home Fleet auf eine deutsche U-Boot-Aufstellung zu ziehen und dadurch die beiden operierenden Panzerschiffe durch das Binden schwerer Seestreitkräfte des Gegners zu entlasten.

Als dieser Verband am 8. Oktober durch ein Flugzeug der Squadron 224 der RAF gesichtet wurde, liefen zwei britische Kampfgruppen aus. Es waren die Humber Force mit den Leichten Kreuzern »Edinburgh«, »Glasgow« und »Southampton«, unterstützt durch die Schlachtkreuzergruppe mit den beiden Schlachtkreuzern »Hood« und »Repulse« und den Schweren Kreuzern »Sheffield« und »Aurora«. Vier Zerstörer dienten der U-Bootssicherung.

Als dritte Gruppe ging nun auch die Home Fleet ankerauf. In ihr standen derzeit die beiden Schlachtschiffe »Nelson« und »Rodney«, der Träger »Furious«, der Kreuzer »Newcastle« und acht Zerstörer.

Beide Seiten setzten auch Flugzeuge ein. Es kam zu keinen Kampfhandlungen. Der Versuch aber, einen Ausbruch weiterer Großkampfschiffe vorzutäuschen, gelang und band zusätzliche Feindkräfte in diesen Gewässern. Die massive Reaktion Englands veranlaßte die Seekriegsleitung dazu, diesen Versuch zur Entlastung der Panzerschiffe mit der »Scharnhorst« zu wiederholen.

Die Leichten Kreuzer des BdA nahmen nach den drei offensiven Minenunternehmungen der Zerstörer diese nach Erfüllung ihrer Aufgaben wieder auf. Beim erstenmal wurden die vier teilnehmenden Zerstörer am Morgen des 18. Oktober durch die Leichten Kreuzer »Nürnberg« und »Königsberg« aufgenommen. Beim zweiten Unternehmen dieser Art waren es abermals diese beiden Leichten Kreuzer. Die dritte offensive Minenunternehmung, die in der Nacht zum 19. November 1939 stattfand, sah den Leichten Kreuzer »Leipzig« mit vier Booten der 6. Torpedoboot-Flottille im Einsatz zur Aufnahme der heimkehrenden Zerstörer.

Damit waren die Einsätze der Leichten Kreuzer jedoch

noch nicht erschöpft. Mit dem Schweren Kreuzer »Lützow« unternahmen die Leichten Kreuzer »Köln« und »Leipzig« und drei Torpedo-Boote der 6. Flottille einen Handelskriegseinsatz im Skagerrak. Er begann am Abend des 21. November und wurde am frühen Morgen des anderen Tages erfolglos abgebrochen. Drei Tage später wurde er mit diesen Kreuzern und vier Torpedobooten wiederholt. Es ging abermals in das Skagerrak, doch auch diesmal brachte die Unternehmung keinen Erfolg.

Während einer Lagebesprechung der Seekriegsleitung am 12. November 1939 schien für die beratenden Seeoffiziere der Zeitpunkt gekommen, an dem eine »kurzfristige, jedoch weiträumige Unternehmung der Schlachtschiffe ausgesprochen günstig« zu sein schien, weil keines der im Heimatgebiet befindlichen britischen Kriegsschiffe mehr als 23 Knoten Fahrt machte. Die Operation wurde für eine Dauer von vier bis fünf Tagen geplant.

In seinem Vortrag beim Führer hatte Großadmiral Raeder am 10. Oktober bereits folgendes vorgetragen:

> »Ob. d. M. weist darauf hin, daß ›Gneisenau‹ und ›Scharnhorst‹, gemeinsam operierend, auch die drei englischen Schlachtkreuzer nicht zu fürchten haben, zumal sie sich ihnen, wenn nötig, entziehen können« (s. Wagner Gerhard: Lagevorträge des Oberbefehlshabers der Kriegsmarine vor Hitler, 1939—1945, S. 27).

Das erklärte strategische Ziel dieser Unternehmung war die Ausübung von Druck auf die Nordatlantikwege, um dadurch eine Diversionswirkung zu erzielen, die wiederum zur Entlastung der »Graf Spee« führen würde. Die Aufgabe, die den beiden Schlachtkreuzern (damals Schlachtschiffe genannt) gestellt war, lautete präzise:

> »Aufrollen der feindlichen Überwachung im Seegebiet zwischen Färöer und Island, möglicherweise auch in der Shetlandenge, und Bedrohung der gegnerischen Seeverbindungen im Nordatlantik durch scheinbares

Durchstoßen in diese Seegebiete« (s. KTB 1. Skl, Teil A, Heft 3, S. 167).

Die operative Leitung der Unternehmung lag bei der Marinegruppe West, unter Admiral Saalwächter. Die taktische Führung wurde vom Seebefehlshaber West, dem Flottenchef Vizeadmiral Marschall, übernommen, der sich auf »Gneisenau« eingeschifft hatte. Diese wiederum wurde von Kapitän z. S. Netzband geführt. Schlachtkreuzer »Scharnhorst« stand unter der Führung von Kapitän z. S. Hoffmann.

Gleichzeitig damit sollte unter Führung des Befehlshabers der Aufklärungsstreitkräfte (BdA), Vizeadmiral Lütjens, mit den Kreuzern »Leipzig« und »Karlsruhe« und von einigen Zerstörern begleitet, eine Handelskriegsoperation durchgeführt werden, die die mittlere Nordsee und das Skagerrak betraf.

Das X. Fliegerkorps war mit der Aufklärung nach feindlichen Streitkräften befaßt, konnte aber erst am 20. November mit nur drei Maschinen einige Sichtmeldungen geben, nach denen sowohl der Moray Firth als auch Scapa Flow nicht belegt waren und nur im Clyderaum drei Schlachtschiffe gesichtet wurden.

Am Mittag des 21. November liefen »Gneisenau«, »Scharnhorst«, »Leipzig« unter Kapitän z. S. Nordmann, und die »Köln« unter Kapitän z. S. Burchardi mit zwei Zerstörern aus den Flußmündungen aus, um nach ihrer Vereinigung am Nachmittag den gemeinsamen Vorstoß anzutreten, der infolge des stürmischen Wetters unbemerkt vom Gegner verlief. Die Shetlandenge wurde am Mittag des folgenden Tages passiert. Der Wind war auf Stärken zwischen 8 und 9 angeschwollen, die See ging mit Stärke 7, und die Sichtweite war auf etwa 5 sm angesunken. Der geplante Vorstoß gegen den im Raum Stadlandet-Shetland angenommenen Handelsschiffsverkehr wurde nicht durchgeführt, vielmehr liefen die Schiffe weiter, um den Einbruch in die Enge Island-Färöer zu gewinnen.

Am frühen Morgen des 23. November standen die Schlachtkreuzer etwa 30 Seemeilen nördlich der Färöer und liefen mit 15 Knoten Fahrt auf Westkurs. Hier würde die feindliche Bewachung stehen, die aufgerollt werden sollte. Der Wind hatte abgeflaut, die Sicht war bedeutend besser, als am Vortage. Erst gegen Mittag wurde auf der »Scharnhorst«, die nördlicher stand als die »Gneisenau«, eine Rauchwolke im Norden gesichtet. Da es sich um ein Fischerboot handelte, drehte die bereits in diese Richtung eingeschwenkte »Scharnhorst« auf den alten Kurs zurück. Um 16.07 Uhr wurde vom Vormars-Ausguck abermals eine Rauchwolke im Norden gesichtet.

Kapitän z. S. Hoffmann ließ auf Nordkurs drehen und lief mit aller Kraft auf die Rauchsäule zu. Beim Näherkommen wurde ein Hilfskreuzer vermutet. Ein Scheinwerfersignal, das ihn zum Stoppen aufforderte, beachtete der Dampfer nicht, sondern morste lediglich mit dem Scheinwerfer »Fam« zurück — wahrscheinlich das Erkennungszeichen dieses Tages. Als er dann abdrehte, wurde auf seinem Heck ein Geschütz erkannt. Schließlich warf er Nebelbojen, um in der nun einsetzenden Dämmerung zu entkommen.

Es war 17.03 Uhr, als Kapitän z. S. Hoffmann aus 75 hm (7500 m) das Feuer eröffnen ließ. Sofort wurde es von dem Dampfer erwidert, womit bestätigt war, daß es sich um einen Hilfskreuzer handelte. Die »Rawalpindi« unter Captain E. C. Kennedy, ein umgebautes Fahrgastschiff, wehrte sich verbissen und funkte derweilen die ersten Feindmeldungen in den Äther, die von dem Kreuzer »Newcastle« aufgenommen wurden, der sich in der Nähe befand. Er lief mit Höchstfahrt auf den Kampfplatz zu, wo um 17.08 Uhr die »Rawalpindi« bereits in hellen Flammen stand. Die Geschütze des Hilfskreuzers schossen weiter, ihre Aufschläge lagen etwa hundert Meter zu kurz. Das Schiff verschwand im Qualm und in künstlichem Nebel.

Inzwischen war auch »Gneisenau« auf dem Gefechtsplatz erschienen und eröffnete um 17.11 Uhr das Feuer. Wenige Minuten darauf ließ Admiral Marschall das Feuer wieder einstellen, und um 17.25 Uhr lief die »Scharnhorst« auf den brennenden Dampfer zu. Fünf Minuten später dröhnte aus dem Innern der »Rawalpindi« eine mächtige Explosion. Flammen stoben mittschiffs in die Höhe, und vom Heck wurde mit einem Handscheinwerfer gemorst:

»Please send boats!«

»Scharnhorst« erhielt von Admiral Marschall Befehl, zur Bergung von Überlebenden näher heranzugehen. Und erst jetzt stellte es sich für die Deutschen heraus, daß es sich um den Hilfskreuzer »Rawalpindi« mit 16.697 BRT handelte. Es gelang, einen Offizier und 27 Seeleute zu retten (es war übrigens die einzige Rettungsaktion, die ein so großes Schiff im Zweiten Weltkrieg überhaupt durchführte). Doch plötzlich befahl Admiral Marschall, die Unternehmung sofort abzubrechen und auf Ostkurs abzulaufen.

Nachdem bereits um 19.15 Uhr die »Scharnhorst« ein abgeblendetes Fahrzeug, »wahrscheinlich ein Zerstörer«, gemeldet hatte, gab der Flottenchef diesen Befehl und ließ anfragen, um was für ein Schiff es sich handele. »Scharnhost« gab die Meldung durch, daß es anscheinend ein größeres Kriegsschiff war. Daraufhin erhielt sie den Befehl zu nebeln. Erst um 19.37 Uhr kam dann das Kriegsschiff wieder außer Sicht.

Die Britische Admiralität hatte gleich nach der ersten Meldung der »Rawalpindi«, daß sie einen feindlichen Schlachtkreuzer gesichtet habe, die Heimatflotte alarmiert, die bereits wenige Stunden nach der ersten Meldung um 16.05 Uhr auslief. Einige dieser Schiffe liefen direkt in Richtung der Position, die der Hilfskreuzer gemeldet hatte, andere liefen nach Nordosten voraus, um eine Abfangposition zwischen den Shetlandinseln und Norwegen zu erreichen, die der gemeldete Gegner auf seiner Rückfahrt passieren mußte.

Der Chef der Home Fleet, Admiral Forbes, dessen Flotte auf dem Clyde vor Anker lag, hatte hier die Schlachtkreuzer »Nelson« und »Rodney« den Schweren Kreuzer »Devonshire« und 7 Zerstörer der 8. Z.-Flot. zur Hand. Die Leichten Kreuzer »Southampton«, »Edinburgh« und »Aurora« und zwei Zerstörer lagen in Rosyth, und nur die »Newcastle« war in See und sichtete denn auch die beiden deutschen Schlachtkreuzer, verlor sie aber, als sie nach Norden abliefen, wieder außer Sicht. Die Home Fleet lief um 20.30 Uhr aus. Weitere Schiffe, darunter der Schlachtkreuzer »Hood«, wurden von Plymouth aus am 25. November in Marsch gesetzt.

Die deutsche Kampfgruppe, die sich ins Nordmeer abgesetzt hatte, erfuhr, daß die britische Admiralität inzwischen drei Schlachtschiffe, drei Schlachtkreuzer, einen Flotten-Flugzeugträger, drei Schwere und acht Leichtere Kreuzer, außerdem noch acht alte Leichte Kreuzer auf sie angesetzt hatte. In den frühen Morgenstunden des 26. November trat sie bei schlechtem Wetter den Rückmarsch an. Unbemerkt vom Gegner wurde die Enge Shetland-Bergen durchbrochen, und am Mittag des folgenden Tages liefen sie in Wilhelmshaven ein.

Die »Rawalpindi« sank. Bei dem Gefecht hatte lediglich die »Scharnhorst« einen Treffer auf dem Achterdeck erhalten, der das Deck jedoch nicht durchschlug.

Zwar monierte man bei der Seekriegsleitung, daß Admiral Marschall sich die Gelegenheit, auch noch die »Newcastle« zu versenken, habe entgehen lassen, doch der britische Seekriegshistoriker Captain Roskill schreibt darüber:

>»Admiral Marschall handelte nun sehr umsichtig und verschwand in den Nebeln des Nordmeeres, bis ihm das Wetter den Durchbruch nach Deutschland erlaubte« (s. Roskill, S. W., Royal Navy).

Im übrigen war man auf britischer Seite zunächst der Meinung, daß es sich bei diesem Flottenmanöver um die

Rückkehr des Panzerschiffs »Deutschland« handele. Erst Mitte Dezember wurde dieser Irrtum erkannt.

Vom 4. bis 6. Dezember führte noch der Leichte Kreuzer »Nürnberg« unter Kapitän z. S. Klüber, eine Minenunternehmung vor Kristiansand durch.

Schließlich kam es im Dezember 1939 noch zu einem folgenschweren Einsatz der Kreuzer, als diese am 13. d. M. fünf deutsche Zerstörer aufnehmen wollten, die von einem Minenunternehmen vor Newcastle zurückkehrten. Das britische U-Boot »Salmon«, das mit einigen anderen in der Deutschen Bucht im Einsatz stand, hatte bereits am 3. Dezember das deutsche U 36 unter Kapitänleutnant Fröhlich versenkt. Am 13. sichtete es die drei Leichten Kreuzer, die gerade die fünf Zerstörer aufgenommen hatten. LtCdr. Bickford ließ einen Torpedofächer schießen. Die »Leipzig« erhielt einen schweren Treffer mitschiffs und »Nürnberg« einen ins Vorschiff, die »Köln« entging den Torpedos.

Beide Kreuzer konnten den Rückmarsch fortsetzen. Am nächsten Morgen griff ein weiteres U-Boot, »Ursula« unter LtCdr. Phillips, den Verband mit der beschädigten »Nürnberg« an. F 9, das als Flottenbegleiter mitlief, fing die Torpedos ab und sank. Der Chef der Geleit-Flottille, der auf F 9 eingeschifft war, Fregattenkapitän Pindter und ein großer Teil der Besatzung fielen.

Die ersten britischen Kreuzereinsätze

Als in Großbritannien Mitte Juni 1939 die Reserveflotte bemannt wurde und im August die Mobilmachung folgte, hatte die Royal Navy etwa 200 000 Soldaten auf ihren Schiffen und Booten. In der Home Fleet unter Admiral Sir Charles Forbes standen fünf Schlachtschiffe, zwei Schlachtkreuzer, zwei Flugzeugträger, drei Kreuzergeschwader mit insgesamt 15 Einheiten, zwei Zerstörer-

Flottillen mit acht bzw. neun Zerstörern und »etwa ein Dutzend U-Boote« (s. Roskill, S. W., a. a. O). Basis der Home Fleet war Scapa Flow.

Neben dieser Streitmacht standen im Kanalgebiet zwei Schlachtschiffe, zwei Flugzeugträger, drei Kreuzer und eine Zerstörer-Flottille. In Humber, an der Ostküste Englands, befanden sich zwei weitere Kreuzer und eine Zerstörer-Flottille. Geleitboot- und Minensuch-Flottillen lagen in fast allen britischen Kriegs- und Handelshäfen entlang der Küste.

Die unter dem Oberbefehl von Admiral Sir Andrew Cunningham stehende Mittelmeer-Flotte stützte sich auf drei Schlachtschiffe, einen Flugzeugträger, zwei Kreuzergeschwader mit insgesamt sechs Einheiten, vier Zerstörer-Flottillen und eine U-Flottille.

> »Es ist keine Übertreibung, wenn man sagt, daß diese Flotte zu jener Zeit der beste Flottenverband der Welt war, zu ihr gehörten unsere besten Schiffe« (s. Roskill, S. W., a. a. O.).

In Übersee standen in verschiedenen Hauptgebieten Kreuzergeschwader, wie dies bereits lange vorher geplant war, um zum einen den durch dieses Seegebiet laufenden Handelsschiffsverkehr zu sichern und, zum anderen, das Empire zu schützen.

Von Seekriegshistorikern Englands wurde immer wieder bedauert, daß von den 15 vorhandenen Schlachtschiffen der Royal Navy nur zwei nach dem Ende des Ersten Weltkriegs gebaut worden waren. Allerdings lagen vier neue Schlachtschiffe bei Kriegsbeginn auf den Hellingen. Sie konnten jedoch frühestens nach eineinhalb Jahren einsatzbereit sein.

Von den sechs Flugzeugträgern wurde nur die »Arc Royal« als hochwertig anerkannt, es war der einzige Träger, der als solcher auch gebaut worden war. Auch hier waren sechs neue Flotten-Flugzeugträger in Bau.

Einzig bei den Kreuzern war — infolge des erwähnten

Wettbewerbs der Staaten untereinander — die Lage besser. Großbritannien standen 25 Schwere und 38 Leichte Kreuzer zur Verfügung. Hinzu kamen sechs alte Kreuzer, die man in Flakkreuzer umgerüstet hatte. Bis auf 16 waren alle diese Einheiten nach dem Ersten Weltkrieg gebaut. 19 weitere modernste Kreuzer befanden sich im Bau.

Ganz besonders gut gerüstet war die Zerstörerflotte, von der 168 Einheiten in Dienst standen. An U-Booten waren 69 einsatzbereit, die meisten modern und erst in den letzten Jahren in Dienst gestellt.

Der große Vorteil aber, auf den die Flotte Großbritanniens zurückgreifen konnte, war seine Führung auf dem Gebiet des Radars, das ab 1939 sehr rasch in alle Großkampfschiffe und dann auch in die kleineren Einheiten eingebaut wurde.

In Großbritannien waren alle Überlegungen in bezug auf einen auszutragenden Seekrieg auf zwei Säulen gestellt. Die eine war die Tatsache, daß der Seekrieg mit Frankreich gemeinsam geführt werden würde, die andere, daß man Deutschland und Italien zum Gegner haben würde.

Als die stärkste Bedrohung der britischen Schiffahrt wurden die modernen deutschen Großkampfschiffe angesehen. Man wußte, daß die »Taschen-Schlachtschiffe« sehr gefährlich waren und daß die Schlachtkreuzer »Scharnhorst« und »Gneisenau« zu den stärksten Kriegsschiffen der Welt zählten.

Die ersten britischen Aktionen nach Kriegsbeginn galten der Blockade Deutschlands. Es waren die Verbände der Northern Patrol, die das Seegebiet zwischen den Shetland-Inseln und Island unter ständiger Kontrolle hielten. Hier standen einige der alten britischen Kreuzer im Einsatz. Die Home Fleet begann nach der Kriegserklärung mit der Überwachung der nördlichen Auslaufrouten in den Atlantik, während sich die britische Flotte im Mittelmeer abwartend verhielt, weil Italien sich für neutral erklärte. Im Zuge des britischen Handelskrieges eröffnete

der Kreuzer »Ajax« am 3. September 1939 die Feindseligkeiten gegen Deutschland, als er zwischen Rio Grande do
Sul und der Mündung des La Plata-Flusses zwei deutsche Frachter stoppte, die sich durch Selbstversenkung
der versuchten Aufbringung entzogen. Es war die »Carl
Fritzen« mit 6594 und die »Olinda« mit 4576 BRT.

Die Kreuzer »Glasgow« und »Southampton« der Hum-
ber-Force operierten ebenfalls bereits vom 3. September
1939 an mit acht Zerstörern vor der norwegischen Küste,
während die Home Fleet sich bemühte, den großen deutschen Passagierdampfer »Bremen«, der sich von New
York aus auf dem Heimweg befand, abzufangen. Die
»Bremen«, ein Schiff von 51731 BRT, hatte aber bereits
Murmansk erreicht und sich der Aufbringung entzogen.
Sie kehrte unbemerkt nach Deutschland zurück.

Am 6. September lief die Home Fleet unter Admiral
Forbes zu einer Operation gegen deutsche Blockadebrecher in Richtung norwegische Küste aus. Neben den
Schlachtschiffen »Nelson« und »Rodney« waren noch der
Schlachtkreuzer »Repulse« und die Kreuzer »Aurora«
und »Sheffield« sowie zehn Zerstörer aufgeboten worden. Am 10. September liefen die Schiffe wieder ein.

In der Island-Färöer-Enge kreuzten etwa zur gleichen
Zeit die Schlachtkreuzer »Renown« und »Hood« mit den
Kreuzern »Edinburgh« und »Belfast« und vier Zerstörern,
während der Träger »Arc Royal« durch seine im über-
schlagenen Einsatz startenden Trägermaschinen die Luftsicherung übernahm. Auch dieser Einsatz blieb erfolglos.

Das 7. und 12. Kreuzer-Geschwader, das am 6. September zur Northern Patrol zusammengestellt worden
war, setzte sich aus den Kreuzern »Diomede«, »Dragon«,
»Caledon«, »Calypso«, »Cardiff«, »Dunedin«, »Effingham« und »Emerald« zusammen. Es war geplant, ständig zwei Kreuzer zwischen den Shetland- und Färöer-Inseln patrouillieren zu lassen, während drei weitere ebenso ununterbrochen die Enge zwischen Island und den Färöern unter Kontrolle halten sollten.

Im ersten Kriegsmonat wurden von der Northern Patrol weit über hundert Handelsschiffe angehalten und davon 28 nach Kirkwall zur Untersuchung eingebracht. Die Blockade Deutschlands trug bereits ihre ersten Früchte. Nur wenigen Handelsschiffen mit Bannware gelang der Durchbruch in deutsche Häfen. Insgesamt, dies sei vorausgeschickt, verlor die deutsche Handelsschiffahrt im Jahre 1939 45 Schiffe mit 227 842 BRT.

Der am 4. September erfolgte britische Luftangriff auf deutsche Kriegsschiffe mit fünf Blenheim-Maschinen der 110. Squadron unter Flight Lieutenant Doran hätte um ein Haar ein weiteres Großkampfschiff tödlich getroffen. Die »Admiral Scheer«, die in der Deutschen Bucht lag, wurde von drei Bomben getroffen. Alle drei waren Blindgänger.

Die zur gleichen Zeit angreifende Squadron 107, die ebenfalls fünf Blenheim aufbot, erlebte über den deutschen Schiffen ein Desaster. Von diesen fünf Flugzeugen wurden vier abgeschossen. Eine der abgeschossenen Maschinen stürzte gegen die Bordwand des Leichten Kreuzers »Emden« und beschädigte diesen leicht. Unter der Besatzung gab es Verluste.

Auch bei britischen Minenaufgaben waren Kreuzer zum Einsatz gelangt. So, als die Minenleger »Adventure« und »Polver« in der Dover-Straße vom 11. bis 16. September etwa 3000 Minen legten. Dabei bildete der Kreuzer »Cairo« für diese Minenleger die Sicherung gegen leichte deutsche Seestreitkräfte.

Als das 2. Kreuzer-Geschwader eine Unternehmung in Richtung norwegische Küste begann, liefen die Kreuzer »Aurora«, »Glasgow«, »Sheffield« und »Southampton« mit acht Zerstörern aus. Es kam kurz nach dem Auslaufen zu einer Kollision zweier Zerstörer miteinander. Beide Einheiten wurden beschädigt. Der Raid wurde daraufhin abgebrochen. Der Verband kehrte zu seinen Liegeplätzen zurück und lief erst am 25. September wieder aus, diesmal mit nur sechs Zerstörern. Es galt, das in der mittleren Nordsee schwer beschädigt treibende U-Boot »Spearfish« zu bergen.

Als Unterstützungsgruppe lief die Home Fleet aus. Neben den Schlachtschiffen »Nelson« und »Rodney« waren es die Schlachtkreuzer »Hood« und »Renown«, der Träger »Arc Royal«, die Kreuzer »Edinburgh«, »Newcastle« und »Norfolk« und einige Zerstörer. Dieser Verband wurde von der deutschen Luftaufklärung erfaßt. Das I./KG 30 mit Horizontal- und Sturzkampfbombern wurde dagegen angesetzt. Leutnant Storp griff die »Hood« an und erzielte einen Treffer, der allerdings abprallte. Gefreiter Francke konnte bei der »Arc Royal« einen Nahtreffer anbringen. Die neun He 111 aber, die das 2. Kreuzer-Geschwader als Ziel angewiesen bekommen hatten, verfehlten den Verband — eine herbe Enttäuschung für die Flieger der 1./KG 26. So gelang es dem 2. Kreuzer-Geschwader, den »Spearfish« zu bergen.

Im Firth of Forth lief am 21. November der Kreuzer »Belfast« auf eine Mine, die von U 21, geführt von Kapitänleutnant Frauenheim, gelegt worden war. Er wurde schwer beschädigt.

Die im Kreuzerkrieg gegen deutsche Schiffe eingesetzten britischen Kreuzer erzielten einige Erfolge. So gelang es »Sussex«, im Südatlantik den deutschen Dampfer »Watussi« (9552 BRT) abzufangen. Als der ebenfalls hinzukommende Schlachtkreuzer »Renown« das Feuer eröffnete, setzte die Besatzung das Schiff in Brand und ging in die Boote.

Vor Bahia Blanca an der argentinischen Küste wurde am 5. Dezember 1939 der deutsche Frachter »Ussukuma« mit 7834 BRT von »Ajax« und »Cumberland« gestellt und versenkte sich selbst. Am selben Tag gelang es dem Kreuzer »Despatch«, vor Punta Caldera den deutschen Frachter »Düsseldorf« (4930 BRT) zu stellen und aufzubringen. Die »Düsseldorf« befand sich innerhalb der chilenischen Hoheitsgewässer. Am 9. Dezember ereilte es auch den deutschen Frachter »Adolf Leonhardt«, der durch den Kreuzer »Shropshire« gestoppt wurde und sich selbst versenkte.

Am 19. Dezember wurde der deutsche Frachter »Arauca« (4354 BRT), der gemeinsam mit dem Passagierdampfer »Columbus« (32 581 BRT) fünf Tage zuvor den Hafen von Veracruz verlassen hatte, von drei US-Marineflugzeugen entdeckt. Sie gaben seinen Standort bekannt und führten den britischen Kreuzer »Orion« heran. Die »Arauca«, die den Kreuzer rechtzeitig sichtete, konnte in die US-Hoheitsgewässer einlaufen und Port Everglades erreichen. »Columbus« allerdings mußte, als der britische Zerstörer »Hyperion« in Sicht kam, sich selbst versenken, um der Aufbringung zu entgehen.

Für die britische Kreuzerflotte ging das Jahr 1939 mit einer positiven Bilanz zu Ende: Sie hatte bis dahin keinen Verlust erlitten.

Das Jahr 1940 — Unternehmen Weserübung

Zwei Schlachtkreuzer im Einsatz

Im Vortrag des Oberbefehlshabers der Marine beim Führer am 26. Januar 1940 brachte Großadmiral Raeder zur Sprache, daß die augenblickliche Lage »nicht ungünstig für den Vorstoß unserer schweren Streitkräfte gegen Geleitzüge Bergen-Shetlands, über die laufend Nachrichten eingehen«, sei. Ferner wurde der Einsatz der »Lützow« für Anfang März 1940 angekündigt. Großadmiral Raeder erklärte Hitler, daß es weniger auf eine große Versenkungszahl, sondern mehr auf eine langandauernde Beunruhigung des englischen Handels ankomme. Dies bedeutete, daß so rasch wie möglich mit neuen Einsätzen der Gegner in Atem gehalten werden müßte. In diesem Sinne hatte die Seekriegsleitung der Marinegruppe West bereits am 21. Dezember 1939 die Weisung erteilt:

> »Nach Herstellung der vollen Fahr- und Kriegsbereitschaft der Schlachtschiffe ›Scharnhorst‹ und ›Gneisenau‹ sowie des Kreuzers ›Hipper‹ ist ein möglichst häufiger, erfolgversprechender Einsatz dieser schnellen und kampfkräftigen Einheiten außerhalb der Nordsee vorzusehen.«

Darüber hinaus forderte die Seekriegsleitung den massierten Einsatz von U-Booten, der allerdings aus Mangel an Masse nicht stattfinden konnte.

Der geplante Vorstoß mit der Codebezeichnung »Nordmark« sollte so rasch wie möglich erfolgen. Dabei legte Admiral Marschall besonderen Wert auf verstärkte Aktivitäten der Luftwaffe am Auslauftag, um in der Luft befindliche englische Aufklärer abzudrängen und das Auslaufen so lange wie möglich geheimzuhalten.

Außerdem sollte eine genügend große Anzahl U-Boote im Operationsgebiet stehen. Das ging nicht ohne Probleme ab und die Termine wurden vom 6. auf den 9. und noch einmal auf den 14. Februar verschoben, weil nicht genügend U-Boote einsatzbereit waren. Ein dritter Aufschub war fällig, als die Seitenschrauben der »Gneisenau« im Eis beschädigt wurden. Sie waren erst am 16. Februar ausgewechselt worden. Tags darauf mußte die Gruppe West schließlich wegen Nebels den Einsatz verschieben.

Als die Luftaufklärung am 17. Februar einen englischen Geleitzug an der Ostküste Englands auf Nordkurs erfaßte, der als Angriffsziel dienen konnte, lief bereits am Abend desselben Tages der gesamte Einsatzverband aus und ankerte im Wangerooger Fahrwasser. Als am frühen Morgen des nächsten Tages ein englischer Aufklärer in nur 300 Meter Höhe an dem ankernden Verband vorbeiflog, schien das Unternehmen abermals geplatzt. Doch das Flugzeug funkte anscheinend nicht, und so ging die Kampfgruppe um 11 Uhr ankerauf. Unter der Führung von Admiral Marschall auf »Gneisenau« (Kapitän z. S. Netzband) gehörten ihr an: die »Scharnhorst« (Kapitän z. S. Hoffmann), »Hipper« (Kapitän z. S. Heye) und drei Zerstörer der 3. Zerstörer-Flottille unter Kapitän z. S. Bey.

Der Flottenchef wollte den Geleitzug abfangen und vernichten. Die Kampfgruppe lief nach Norden. Am 19. Februar ließ Admiral Marschall die Bordflugzeuge seiner Schiffe Aufklärung fliegen. Er hatte das Operationsgebiet, in dem er auf den Geleitzug stoßen mußte, erreicht. Als dieser bis 15 Uhr nicht in Sicht kam, ließ der Admiral den Rückmarsch antreten. Ursache für das Ausbleiben des Konvois war das Flugzeug, das am Morgen des 18. Februar den deutschen Flottenverband gesichtet und auch gemeldet hatte, und Admiral Forbes war klug genug gewesen, den Geleitzug nach Scapa Flow zu beordern und dort so lange warten zu lassen, bis die Gefahr gebannt war. Als die deutschen Schiffe auf dem Rückmarsch waren, lief der Geleitzug wieder aus und erreichte Norwegen, während zur gleichen Zeit der Verband der Schlachtkreuzer in Wilhelmshaven einlief.

Großadmiral Raeder meldete Hitler am 23. Februar und erklärte, daß die Operation so rasch wie möglich wiederholt werden sollte. Doch schon wenige Tage darauf zeichnete sich eine Entwicklung ab, die eine Zusammenfassung aller Seestreitkräfte notwendig machte: das Unternehmen »Weserübung«, die Besetzung Dänemarks und Norwegens.

Das Unternehmen »Weserübung«

Die operative Führung des Unternehmens »Weserübung« unterstand der Seekriegsleitung. Ihre Aufmarschanweisung lautete:

Raum ostwärts der Skagerrak-Sperre: Marinegruppe Ost, Admiral Carls.

Raum westlich der Skagerrak-Sperre: Marinegruppenkommando West, Generaladmiral Saalwächter.

Deckungsverband für Kriegsschiffsgruppen 1 und 2: Vizeadmiral Lütjens mit »Scharnhorst«, Kapitän z. S. Hoffmann, »Gneisenau«, Kapitän z. S. Netzband.

Kriegsschiffsgruppe 1 (Narvik): Kommodore Bonte mit 10 Zerstörern.

Kriegsschiffsgruppe 2 (Drontheim): Kapitän z. S. Heye mit S. Kreuzer »Hipper« und 4 Zerstörern.

Kriegsschiffsgruppe 3 (Bergen): Konteradmiral Schmundt mit den Leichten Kreuzern »Köln«, Kapitän z. S. Kratzenberg, »Königsberg«, Kapitän z. S. Ruhfus und T.- und S.-Booten.

Kriegsschiffsgruppe 4 (Christiansand-Süd): Kapitän z.

S. Rieve mit L. Kreuzer »Karlsruhe«, Kapitän z. S. Rieve, T.- und S.-Booten.
Kriegsschiffsgruppe 5 (Oslo): Konteradmiral Kummetz mit S. Kreuzer »Blücher«, Kapitän z. S. Woldag, S. Kreuzer »Lützow«, Kapitän z. S. Thiele, L. Kreuzer »Emden«, Kapitän z. S. Lange, T.- und R.-Boote.
In den übrigen Kriegsschiffsgruppen standen keine Kreuzer.

Der Beginn einer so großen deutschen Flottenoperation konnte nicht verborgen bleiben. Als am 7. April 1940 in der Britischen Admiralität die Meldungen darüber einliefen, daß der Einsatz des größten Teiles der deutschen Flotte unmittelbar bevorstehe, ließ der Commander-in-Chief der Home Fleet, Admiral Forbes, die Flotte in Alarmzustand versetzen und lief am Abend desselben Tages aus Scapa Flow in Richtung Shetland-Norwegenenge aus. Er verfügte über die Schlachtschiffe »Rodney« und »Valiant«, den Schlachtkreuzer »Repulse«, die Kreuzer »Penelope« und »Sheffield« und zehn Zerstörer. Aus Rosyth lief eine Kampfgruppe unter Vizeadmiral Edward-Collins mit den Kreuzern »Arethusa« und »Galathea« und vier Zerstörern aus. Außerdem folgten noch der französische Kreuzer »Emile Bertin«, unter Konteradmiral Derrien, mit zwei Zerstörern.

Der deutsche Angriff war den Bemühungen der Franzosen und Engländer zuvorgekommen. Diese hatten bereits in einer Sitzung des Alliierten Obersten Rates am 28. März 1940 in Downing Street 10 unter Vorsitz von Sir Neville Chamberlain und unter Teilnahme von Lord Halifax, Winston Churchill und der Generäle und Admirale beider Länder »das skandinavische Problem nochmals und auf direkterem Wege anzupacken« beschlossen (s. Auphan, Paul und Mordal, Jacques: Unter der Trikolore).
Man war der Meinung, daß man nicht mehr ruhig zusehen könne, wie schwedisches Erz für die deutsche

Kriegsindustrie ungehindert die norwegischen Küstengewässer passiere. Man wollte ein oder zwei Minenfelder
auslegen, um diesen Schiffsverkehr zu unterbinden. Diese Minenfelder sollten dann auch von alliierten Kräften
bewacht werden, was soviel hieß, daß man sich Norwegens und der schwedischen Erzgruben bemächtigen
mußte. Man beschloß, einen bereits vorher ausgearbeiteten Plan für eine »Friedliche Landung« aus der Schublade
zu holen, und bestimmte den 2. April als »X-Tag Norwegen«. Als die französische Regierung am 30. März Ein-
sprüche gegen die von britischer Seite geplante Vermi-
nung des Rheins erhob, verschob diese wiederum das
Norwegenunternehmen. Nunmehr sollten am 8. April die
Botschafter der Alliierten die norwegischen Behörden
darüber unterrichten, daß Minenfelder gelegt würden
und daß die ersten Truppentransporte britischer Soldaten
nach Norwegen unterwegs seien. Diese Verzögerungen
führten dazu, daß die Deutschen in der Vorhand waren.

Von dem Konvoi ON 25, der zurückgerufen wurde,
stieß die Geleitsicherung unter Vizeadmiral Layton mit
den Kreuzern »Manchester« und »Southampton« und
vier Zerstörern als Verstärkung zur Home Fleet. Die in Rosyth mit Truppen für Norwegen beladenen Kreuzer »Berwick«, »Devonshire«, »Glasgow« und »York« unter Vizeadmiral Cunningham gingen, nachdem die Truppen wieder ausgeladen worden waren, ebenfalls ankerauf. Als
am selben Tag sich auch der Kreuzer »Aurora« mit 6 Zerstörern auf den Weg machte, war alles unterwegs, was
Dampf machen konnte.

Am 7. April ließ Vizeadmiral Horton, der Flag Officer
Submarines, sämtliche fahrbereiten englischen und französischen U-Boote auslaufen, um das britische Unternehmen »Wilfred« — die Landung in Norwegen — zu unterstützen.

Die deutschen Einheiten sammelten sich am 7. April beim
Feuerschiff »F« vor der Wesermündung. Hierher kamen

auch die von der Jade ankerauf gegangenen Schlachtkreuzer »Gneisenau« und »Scharnhorst«. »Admiral Hipper« lief, von vier Zerstörern begleitet, aus Cuxhaven
aus. Alle übrigen Zerstörer kamen aus Bremerhaven.

Am Abend stampften »Scharnhorst« und »Gneisenau«
mit den Kreuzern und insgesamt 14 Zerstörern bei
schwerer See in Richtung Norwegen. Um 22.28 Uhr erhielt Vizeadmiral Lütjens von der Gruppe West über
Funk die Meldung, daß der Gegner die nach Norden ge-
richtete Unternehmung erkannt habe und daß die Home
Fleet und andere Kampfgruppen inzwischen ausgelaufen
seien.

Am Morgen des 8. April kam es zum ersten Gefecht,
und zwar aufgrund eines Zufalls: Ein Mann der Decksbe-
satzung des Zerstörers »Glowworm« war über Bord gefallen, und »Glowworm« machte sich auf eine — vergeb-
liche — Suche. So kam er aus seinem Verband ab. Um
9 Uhr sichtete ihn der Zerstörer »Bernd von Arnim«, der
als U-Bootsicherung etwa 3000 Meter Steuerbord voraus
vor der »Gneisenau« lief. Korvettenkapitän Rechel gab
Alarm und erhielt nach kurzer Zeit vom E-Meßgerät die
Meldung, daß der Zerstörer die englische Flagge führe.
Rechel ließ etwas nach Steuerbord drehen, um die ganze
Batterie gleichzeitig ins Gefecht bringen zu können, und
setzte einen FT-Spruch ab:

»Bin im Gefecht mit englischem Zerstörer, Quadrat
5855, Bernd von Arnim.«

Zwei Minuten darauf wurde aus 60 hm das Feuer eröffnet. Es kam zu einem dauernd wechselnden Gefecht an
Backbord und Steuerbord. Das Gefecht dauerte bereits eine halbe Stunde, als an Backbord querab Mündungsfeuer
gesehen wurde. Das schießende Schiff wurde im E-Gerät
als »Hipper« ausgemacht.

Nach den ersten Salven der »Admiral Hipper« mit den
Türmen Anton und Berta erbrachte die 7. Salve einen
schweren Treffer auf dem britischen Zerstörer in Höhe

des vorderen Schornsteins. Dann erhielt Korvettenkapitän Busse Feuererlaubnis für seine 10,5-cm-Flak. Im Zeittakt von fünf Sekunden jagten die Flakgranaten hinaus und rissen Löcher in die Brücke der »Glowworm«. Das vordere Geschütz des Zerstörers wurde getroffen, Munition ging hoch. Weitere Treffer gingen in den vorderen Schornstein, aber noch einmal konnte LtCdr. Rope seinen Zerstörer aus der tödlichen Gefahr herausbringen. Er ließ sogar noch drei Torpedos schießen, die nur knapp vorbeiliefen. Ein 20,3-cm-Treffer riß dem Zerstörer die Back auf. Dann lief der Zerstörer in Kollisionskurs auf »Admiral Hipper« zu. (Erst später stellte sich heraus, daß er dem Ruder nicht mehr gehorchte und blind lief.) Der Bug des Zerstörers traf das Vorschiff der »Admiral Hipper« und brach ab. Der Zerstörer wurde bis in die Höhe des Steuerbord-Torpedorohrsatzes unter den Schweren Kreuzer gedrückt und riß die Außenhaut des Zerstörers auf etwa 40 Meter an Steuerbord auf.

Kapitän z. S. Heye befahl sofort, das Feuer zu stoppen, als der Gegner kampfunfähig war; brennend und langsam sinkend lag die »Glowworm« in der See. Wenig später explodierten ihre Kessel, und Sekunden darauf war sie von der Wasseroberfläche verschwunden. Von der »Admiral Hipper« wurden eine Reihe britischer Seeleute geborgen. Leider konnten keine Boote ausgesetzt werden. LtCdr. Rope, der an einem Tampen fast bis zur Höhe der Reling emporgezogen worden war, verließen plötzlich die Kräfte. Er ließ los und stürzte in die See zurück. Postum wurde er mit dem Victoria Cross ausgezeichnet. 40 Seeleute wurden gerettet und sofort im Schiffslazarett betreut. Um 11.14 Uhr mußte »Admiral Hipper« die Bergungsversuche abbrechen. Zwei der an Bord genommenen britischen Seeleute starben an den erlittenen schweren Verletzungen.

»Admiral Hipper« drehte nun mit seinen vier begleitenden Zerstörern nach Drontheim ab. Bis Mitternacht erreichte die Gruppe die Einfahrt zum Frohavet und passierte knapp drei Stunden später in Kiellinie den Krakvagfjord. Als sie ihn durchlaufen hatten, kam ein norwegischer Bewacher in Sicht. Die schwerste Bedrohung ging von den Stellungen bei der Enge zwischen Agdenes an Steuerbord und Brettingnes an Backbord aus — mit Scheinwerferbatterien und insgesamt 26 Geschützen auf beiden Seiten. Doch sie schossen nicht. Kapitän z. S. Heye ließ einen Morsespruch mit der Vartalampe absetzen: »Habe Befehl von Regierung nach Drontheim zu gehen. Keine feindlichen Absichten.« Der Text wurde in englischer Sprache abgesetzt, um einen englischen Verband vorzutäuschen.

Als sie aufgefordert wurden, zu stoppen, hatten sie die gefährliche Enge bereits passiert. Die Batterien wurden ebenfalls passiert. »Admiral Hipper« lief bereits in den Drontheimfjord ein, als sie das erste Feuer aus vier Geschützen der Batterie Hysnes erhielten. Das Feuer wurde sofort mit zwei Salven erwidert. Vier Explosionen blitzten drüben bei der Batterie auf. Dann waren »Admiral Hipper« und die Zerstörer durch. Die Zerstörer, die Gebirgstruppen an Land setzen sollten, um die Batterien niederzukämpfen, blieben zurück. »Admiral Hipper« und Zerstörer »Friedrich Eckoldt« liefen weiter, dem Hafen von Drontheim entgegen.

Um 5.25 Uhr fielen im Hafen von Drontheim die Anker. Die Ausschiffung der Stoßtrupp-Abteilung Hornack begann. Alle nichtdeutschen Schiffe im Hafen wurden durch Männer dieses Stoßtrupps besetzt. Die nachgelandeten Gebirgsjäger besetzten die Schlüsselpunkte der Stadt. Oberst Weiß nahm die Übergabe von Drontheim durch den norwegischen Stadtkommandanten entgegen.

Der Handstreich auf Drontheim war geglückt.

Der letzte Weg der »Blücher«

Die Kriegsschiffsgruppe 5, die für Oslo bestimmt war, erreichte am frühen Morgen des 9. April die Dröbakenge vor dem Hafen von Oslo. »Blücher« führte den Verband an. Der Schwere Kreuzer war an und für sich noch nicht einsatzbereit, aber Hitler hatte auch seinen Einsatz befohlen. »Lützow« war bereits am Vortag von dem britischen U-Boot »Trident« mit zehn Torpedos angegriffen worden. Sie hatten glücklicherweise ihr Ziel verfehlt.

Konteradmiral Kummetz, der noch vor Mitternacht von dem über Radio Oslo verbreiteten Befehl der norwegischen Admiralität zum Löschen aller Feuer unterrichtet worden war, wußte nunmehr, daß Norwegen Widerstand leisten würde. Kapitän z. S. Thiele, der Kommandant der »Lützow«, schlug vor, direkt mit großer Fahrt nach Oslo durchzubrechen. Doch Kummetz hatte Weisung, erst am 9. April um 5 Uhr einzulaufen.

Als die Kriegsschiffsgruppe 5 nun 25 Minuten nach Mitternacht zwischen den beiden Inseln Rauöy und Bolärne hindurchlief, die die Einfahrt nach Oslo merklich verengten, mußten sie eine dort eingebaute Lichtsperre durchlaufen. Die norwegischen Scheinwerferbedienungen erfaßten die »Blücher« mit ihren Scheinwerfern, und sogleich eröffneten die Batterien auf beiden Inseln ihr Feuer aus 15-cm-Geschützen.

»Dagegen leuchten! — Feuer zum Schweigen bringen!« befahl Kummetz. Im Strahlenglanz der Scheinwerfer eingefangen, wurden die Geschütze der Norweger mit gut plazierten Salven außer Gefecht gesetzt.

Aus der Dunkelheit stieß plötzlich der Bewacher »Pol III« vor und eröffnete das Feuer auf das deutsche Torpedoboot »Albatros«. Kapitänleutnant Strelow ließ das Feuer sofort erwidern. Mit einigen Salven wurde der Gegner versenkt; 14 Mann der Besatzung konnten aus dem eisigen Wasser gerettet werden.

Zwischen 1 Uhr und 3 Uhr stiegen Infanterie-Stoß-trupps auf die zu diesem Zweck mitlaufenden R-Boote über, um den Kriegshafen Horten und die beiden genannten Inseln in Besitz zu nehmen.

Die schweren Einheiten aber liefen mit kleiner Fahrt weiter fjordaufwärts und stießen um 4.50 Uhr auf zwei norwegische Bewacher, die mit Scheinwerfern leuchteten und dann — nachdem sie den Gegner erkannt hatten — Lichtsignale nach Dröbak hinüber absetzten.

Es war bereits 5.18 Uhr geworden, und langsam hellte sich der Himmel auf, als sich »Blücher« der Dröbak-Enge näherte und um 5.20 Uhr »Halbe Fahrt!« signalisierte. Aus dem Frühdunst tauchte an Steuerbord die Ortschaft Dröbak auf. An Backbord voraus kam die Insel Kaholm in Sicht, die als Festungsinsel ausgebaut war. Auf beiden Seiten war mittlere und auf Kaholm zudem noch schwere Artillerie gemeldet worden.

Zehn Sekunden nach dem Signalspruch der »Blücher«, auf halbe Fahrt zu gehen, blitzten Scheinwerfer auf, glitten über die See und fingen die »Blücher« voll ein. Sekunden darauf schossen die drei alten 28-cm-Geschütze der Festung Kaholm und trafen den in nur 600 Meter Entfernung passierenden Schweren Kreuzer voll. Eine Granate schlug in den Vormars und riß ihn herunter. Der Flak-Einsatzleiter, Kapitänleutnant Pochhammer, wurde mit allen dort eingesetzten Soldaten getötet. Die Flugzeughalle erhielt ebenfalls einen schweren Treffer. Eine hohe Benzin-Stichflamme stob aus der Halle heraus in die Höhe.

Beinahe zur gleichen Zeit brüllten auch die 15-cm-Geschütze auf Dröbak auf. Granaten orgelten zu dem Schweren Kreuzer herüber. Auch sie schmetterten in das Schiff hinein, das überhaupt nicht zu verfehlen war.

Mit dem Befehl zur Feuereröffnung schossen alle leichten FlaMW der »Blücher«, und die mittlere und schwere Flak fielen darin ein.

»AK voraus!« befahl Kapitän z. S. Woldag, und nun

zeigte sich, daß die Ruderanlage der »Blücher« ausgefallen war. Das Schiff lief aus dem Ruder.

»Mit Schrauben gegensteuern!« befahl der Kommandant. »Wir dürfen nicht auf die Felsen der Dröbakenge aufbrummen!«

Der erste Feuerschlag war eben erst sechzig Sekunden alt, als zwei dumpfe dröhnende Unterwasser-Detonationen den Morgen durchtosten.

»Es war so, als würde unser Kreuzer von der Faust eines Giganten durchgeschüttelt. Ich stürzte neben meinem Kameraden Wübbecke zu Boden«, berichtete Matrosen-Obergefreiter Beinecke.

»Minen, Herr Kapitän!« rief der I. Offizier, Korvettenkapitän Heymann, seinem Kommandanten zu, weil er im Feindnachrichtenblatt gelesen hatte, daß die Norweger elektrisch zu zündende Minen in der Dröbakenge verlegt hätten.

Es waren jedoch keine Minen, sondern zwei Torpedos, die aus einer unterirdischen Torpedobatterie auf Kaholm abgeschossen worden waren. Beide Torpedos trafen die Maschinenanlage der »Blücher«. Schlagartig blieben die Turbinen stehen. Der L.I., Fregattenkapitän (Ing.) Thannemann, meldete dies seinem Kommandanten über die Bordsprechverbindung.

»Wassereinbrüche in den Maschinenräumen!« gab ein Maat nach oben durch.

Drei Minuten nach Beginn dieses Feuerüberfalls verstummten schlagartig alle Geschütze. Mit starker Schlagseite, in helle, höher und höher emporwirbelnde Flammen gehüllt, trieb die »Blücher« aus der Enge von Dröbak heraus. Entsetzt starrten die Soldaten von den anderen Einheiten, vor allem von der »Lützow« und der »Emden«, die dichtauf folgten, auf dieses gespenstische Bild totaler Vernichtung. Die »Blücher«, das sahen alle, war zum Untergang verurteilt.

Kapitän z. S. Woldag ließ sofort einen Anker werfen, um zu verhindern, daß sein Kreuzer auf die Felsen von

Dröbak geworfen wurde. Die einlaufenden Schadensmeldungen wurden vom I. Offizier zusammengestellt. Sie waren niederschmetternd. Neben dem riesigen Leck an der Backbordseite, durch welches das Wasser ins Schiff drang, war nun das Feuer rund um die Flugzeughalle heftig aufgeflammt. Munition detonierte. Die Männer wuchteten unter Lebensgefahr die greifbare übrige Munition über Bord. Mit rasender Geschwindigkeit breitete sich das Feuer weiter aus.

Die nachfolgenden Schiffe hatten Befehl erhalten, die Enge nicht zu durchlaufen, denn die Torpedobatterie verfügte sicherlich noch über einige Aale, die jedes hier durchlaufende Schiffe mit Sicherheit tödlich treffen würden.

Die »Lützow« hatte ebenfalls um 5.20 Uhr die ersten Treffer der 28-cm-Geschütze erhalten. Einer davon traf genau das mittlere Rohr des vorderen Drillingsturmes. Der zweite schlug in das Schiffslazarett hinein, und der dritte traf den Bootskran an der Backbordseite.

Der Turm Anton war durch diesen Rohrtreffer außer Gefecht gesetzt worden. Fluchend hockte der I. Artillerie-Offizier, Korvettenkapitän Weber, im Vormars und war nicht in der Lage, das Feuer zu erwidern, weil das Ziel zu weit vorlich lag und der Turm Berta es nicht auffassen konnte.

Nur die Mittelartillerie und die Flak erwiderten das norwegische Feuer.

Kapitän z. S. Thiele ließ seinen Kreuzer nicht in den Gefahrenbereich der Dröbakenge laufen, sondern zog die »Lützow« über den Achtersteven mit »Beide Maschinen zurück« aus der Feuerzone hinaus. Für ihn war der Durchbruchsversuch durch die Enge bereits gescheitert, und er mußte nach dem für diesen Fall vorgesehenen und festgelegten Plan handeln und die auf seinem Schiff befindlichen Truppen ein paar Kilometer südlich von Dröbak, in Sons-Bukten, ausschiffen lassen. Auch die »Emden« mußte, dem Plan folgend, ihre Truppen dort an

Land setzen, weil an der Stelle keine Küstenartillerie stand.

Von der »Blücher« erhielt Thiele um 5.50 Uhr einen FT-Spruch, in dem ihm die Führung der Operationen im Raum Oslo übertragen wurden. Danach verstummte das FT-Gerät der »Blücher«.

Über Funk wurde um 6.26 Uhr das Torpedoboot »Möwe« längsseits der »Blücher« befohlen, um bei der Feuerbekämpfung zu helfen. Doch schon zwei Minuten darauf fragte Kapitänleutnant Neuss, der Kommandant der »Möwe«:

»Welcher Befehl gilt: Truppen landen, oder zur ›Blücher‹ gehen?«

Thiele befahl, zunächst die Truppen auszuschiffen, weil er befürchten mußte, daß »Möwe« beim Durchlaufen der Dröbakenge ebenfalls beschossen und mit Torpedos angegriffen werden würde; und ein einziger Torpedotreffer würde das kleine Boot mit einem Schlag vernichten, was auch das Ende für die Besatzung und die an Bord gegebenen Truppen bedeuten würde.

Es war genau 6.30 Uhr, als eine fürchterliche Explosion die »Blücher« erschütterte. Eine ihrer Munitionskammern war in die Luft geflogen. Ein gigantischer Ball aus Feuer und Qualm schoß in den Morgenhimmel empor. Der Schwere Kreuzer neigte sich weit über.

Noch immer hoffte Woldag, die »Blücher« halten zu können. Während fieberhaft versucht wurde, das Feuer unter Kontrolle zu bringen, war ein anderer Teil der Mannschaft ebenso verzweifelt darum bemüht, die Verwundeten zu versorgen und sie mit dem einzigen noch einsatzbereiten Kutter an Land zu bringen.

Die eintreffenden Schadensmeldungen, die immer größere Schlagseite und die Tatsache, daß der Kreuzer mehr und mehr voll lief, veranlaßten Woldag dann aber um 7 Uhr zu dem schwersten Befehl seiner militärischen Laufbahn:

»Alle Mann von Bord!«

Der Schwere Kreuzer »Blücher« war damit aufgegeben. Mit 45 Grad Schlagseite lag er auf der See. Die nicht verwundeten Soldaten, die über Bord sprangen oder abenterten, hatten nun 400 Meter im eiskalten Fjordwasser schwimmend zurückzulegen.

Sie erreichten das rettende Ufer, während um 7.32 Uhr der Schwere Kreuzer »Blücher« kenterte und von der Wasseroberfläche verschwand. Zehn Minuten nach dem Unterschneiden der »Blücher« dröhnte noch einmal eine gewaltige Unterwasser-Explosion. Aus einem Geysir aus Wasser und Qualm schoß eine mächtige Stichflamme empor. Das aus dem Schweren Kreuzer ausgelaufene Heizöl, das auf dem Fjord schwamm, geriet in Brand und markierte die Stelle, wo der Schwere Kreuzer »Blücher« gesunken war.

Die inzwischen von Kapitän z. S. Thiele befohlenen Landungsversuche blieben erfolglos. Lediglich außerhalb von Horten gelang es dem Torpedoboot »Kondor«, einige Züge Soldaten zu landen.

Der Vormittag des 9. April war vorübergegangen. Die Männer auf den übrigen Schiffen bei Oslo standen noch immer unter dem Schock, ihren neuesten Schweren Kreuzer binnen zweier Stunden vernichtet zu sehen. Die befohlene Hilfe kam um 13.15 Uhr, als die ersten Stukaangriffe auf die Festung Oskarsborg niederheulten und die Bombendetonationen mit hoch aufsteigenden Detonationswolken anzeigten, daß die Ziele getroffen waren.

Um 14.17 eröffnete die »Lützow« das Feuer auf Kaholm mit ihrer schweren Artillerie. Die Salveneinschläge wurden deutlich erkannt. Im pausenlosen Donner der Granaten lief das kleine deutsche Motorschiff »Norden« nun durch die Dröbakenge. Es sollte aufklären und melden. Das Schiff wurde nicht beschossen und meldete 20 Minuten nach dem Durchlaufen der Enge:

»»Blücher‹ bei Aksholmen gesunken. Wahrscheinlich zwei Torpedotreffer. Besatzung zum Teil auf Aksholmen und dem Festland.«

Wenig später wurde im Kriegshafen Horten die weiße Flagge gesetzt, und um 17.25 Uhr erhielt Kapitän z. S. Thiele von Admiral Carls aus Kiel den FT-Spruch:

»Fliegerkorps X angreift Dröbak. Gelegenheit für Durchbruch günstig!«

Doch Thiele war inzwischen darüber informiert worden, daß in der Torpedobatterie von Kaholm noch mindestens zwei einsatzbereite Torpedos lagen, und diese würden genügen, auch sein Schiff zu vernichten. So nahm er die Anregung aus Kiel nicht auf, sondern sann auf eine andere Möglichkeit. Er ließ Kapitänleutnant Freiherr von Schnurbein auf einem der R-Boote als Parlamentär in Richtung Kaholm laufen. Als das R-Boot unterwegs war, kam ihm ein norwegisches Boot mit weißer Flagge entgegen und geleitete das R-Boot zum Anlegeplatz von Kaholm. Drei Minuten später stand von Schnurbein Oberst Erichsen gegenüber. Der Kommandant von Kaholm erklärte sich zur Übergabe bereit, wenn er die Erlaubnis habe, ehrenvoll zu kapitulieren und morgen früh die Flagge setzen zu dürfen. Er gab darüber hinaus sein Ehrenwort, daß keine Minen ausgelegt seien. Von Schnurbein meldete Thiele, und dieser erklärte sich dazu bereit, die Bedingungen anzunehmen und das Setzen der Flagge zu gestatten.

Der Kampf um die gefährliche Enge bei Dröbak, die jedes Eindringen in den Hafen von Oslo verwehrt hätte, war zu Ende. Als deutsche Truppen wenig später die Torpedobatterie besetzten, fanden sie noch vier einsatzklare Torpedos, die sicherlich auch die »Lützow« vernichtet hätten, wenn sie den Durchbruch versucht hätte.

Am Morgen des 10. April liefen »Lützow« und »Emden« nach Oslo ein. Die norwegische Hauptstadt war bereits vorher durch deutsche Fallschirmjäger besetzt worden.

Von der Seekriegsleitung erhielt »Lützow« Befehl, den Rückmarsch anzutreten, um nach Ausbesserung der Schäden zum Kreuzerkrieg in den Atlantik anzutreten.

So lief die »Lützow« am 11. April eine Stunde nach Mitternacht wieder auf Heimatkurs. Sie steuerte Kap Skagen an, um von hier aus, dicht unter der dänischen Küste laufend, ins Kattegatt zu gelangen und den unterwegs lauernden britischen U-Booten zu entkommen.

Zwanzig Minuten nach eins meldete das De-Te-Radargerät der »Lützow« ein Objekt in 6 Grad Schiffspeilung und mit einer Entfernung von 15000 Meter. Die »Lützow« lief direkt darauf zu. Es war das britische U-Boot »Spearfish« unter LtCdr. Forbes, das um 1.29 Uhr einen Torpedofächer auf das Schiff abschoß. Der Schwere Kreuzer wurde voll getroffen. Ein Torpedotreffer riß dem Schiff beide Schrauben und das Ruder weg und machte es manövrierunfähig. Das ganze Achterschiff knickte ab. Kapitän z. S. Thiele gelang es unter Anspannung aller Reserven, das Schiff zu halten.

»Untere Decks räumen! — Schwimmwesten anlegen!« befahl er, und nun warteten sie auf den Fangschuß des britischen U-Boots. Aber der »Spearfish« hatte sich verschossen. Er hatte nicht einen Torpedo mehr in den Rohren, der, aus kurzer Distanz abgeschossen, genügt hätte, der »Lützow« den Garaus zu machen.

Es gelang, den Schweren Kreuzer nach Kiel einzuschleppen. Die Verluste dieser beiden Schweren Kreuzer waren für die Seekriegsleitung deshalb so besonders schwer, weil der Einsatz beider Schiffe überhaupt nicht notwendig gewesen wäre. Sie notierte denn auch in ihr Kriegstagebuch:

»Die Entsendung der beiden Schweren Kreuzer nach Oslo hat sich als ein schwerer Fehler erwiesen.«

Zwar war dieser Fehler von Hitler begangen worden, als er kategorisch den Einsatz der beiden Schiffe forderte. Doch die Seekriegsleitung hatte sich den Vorwurf zu machen, daß sie diesem widersinnigen Verlangen nicht widersprochen hatte.

Vor dem Westfjord kam es am 9. April zu einem kurzen Gefecht der »Gneisenau« und »Scharnhorst« mit dem britischen Schlachtkreuzer »Renown« unter Captain Simeon. Zwei Granaten der »Gneisenau« trafen diesen. Doch beide Granaten waren Blindgänger. Dagegen die »Renown« brachte drei 38-cm-Treffer auf der »Gneisenau« an, die erhebliche Beschädigungen erlitt.

Das auf die Home Fleet angesetzte Kampfgeschwader 30 der Luftwaffe griff mit 47 Ju 88 41 He 111 an. Es kam zu einem schweren Duell zwischen Schiffsflak und angreifenden Bombern. Der Zerstörer »Gurkha« wurde versenkt. Das Schlachtschiff »Rodney« erhielt schwere Treffer, ebenso der Schwere Kreuzer »Devonshire« und die Leichten Kreuzer »Glasgow« und »Southampton«. Der Schiffsflak gelang es, vier Ju 88 abzuschießen.

Während die Kriegsschiffsgruppe 1 nach Narvik einlaufen konnte, dort aber in den nächsten drei Tagen unablässig angegriffen wurde und alle zehn eingesetzten Zerstörer verlor, kam es bei der Kriegsschiffsgruppe 3 zu einem weiteren schweren Verlust.

Zur Kriegsschiffsgruppe 3, die am 7. April mit dem Ziel Bergen in See gegangen war, gehörten die Leichten Kreuzer »Köln« und »Königsberg«. Während die »Köln« über kein Bordflugzeug verfügte, waren an Bord der »Königsberg« eine Ar 196 mit zwei Mann Besetzung eingeschifft. An Bord dieser Gruppe hatten sich auch der Admiral Westküste Norwegen mit seinem Stab, der Hafenkapitän für Bergen, die Wasserschutzpolizei Bergen, der Stamm einer Marine-Artillerie-Abteilung und ein Infanterie-Regiment mit dem Divisionsstab eingeschifft. Im Verlauf des 8. April erfuhren Besatzung und »Passagiere«, daß es nach Norwegen gehe. Der Verband lief unangefochten durch die grobe See, und in der Nacht zum 9. April befand er sich in der südlichen Einfahrt von Bergen. Einige Fahrzeuge der norwegischen Marine wurden unbehelligt passiert. Dann eröffneten diese plötzlich das Feuer, und eine Landbatterie fiel darin ein.

»Lützow« nach dem Torpedotreffer am 9. 4. 1940

»Admiral Hipper« mit Bordflugzeug Ar 196

Schlachtkreuzer »Scharnhorst« schießt eine Vollsalve

Schlachtkreuzer »Gneisenau«

Die He 60 der »Admiral Scheer« wird eingesetzt
»Scharnhorst« (links) und »Gneisenau« mit He 115 auf Drontheim-
Reede

»Admiral Hipper« in Drontheim

Die »Königsberg« wurde von einer 21-cm-Granate getroffen, die auch das Bordflugzeug beschädigte. Starke Scheinwerfer flammten auf, und während das Feuer anschwoll, brachen »Köln« und das Artillerie-Schulschiff »Bremse« in den Hafen von Bergen durch, während die »Königsberg« Pionier-Stoßtrupps landete, welche die feuernde Batterie von Land aus nehmen sollten.

Nachdem die beiden deutschen Kriegsschiffe durchgebrochen waren, legte sich das Feuer. Auf der »Königsberg« war man der Annahme, daß der norwegische Widerstand nun gebrochen sei. Aber als sie wieder andrehend in den Feuerbereich der Batterie kam, wurde sie ein zweites Mal heftig beschossen. Nun erwiderte die Artillerie der »Königsberg« dieses Feuer. Ihre Salven lagen gleich deckend. Flammen und Rauch und grelle Explosionsblitze zuckten bei der Batterie in die Höhe. Nach einer Reihe gut und deckend liegender Salven schwieg diese Batterie.

Die Monteure an Bord der »Königsberg« konnten das Bordflugzeug wieder einsatzbereit machen, so daß die Ar 196 um 13 Uhr starten konnte, als der BdA eine Aufklärung der drei südlichen Einfahrten des Fjords von Bergen befahl. Der B-Dienst hatte nicht weniger als 13 Feindzerstörer gemeldet. Diese sollten gesucht und ihre Standorte durchgegeben werden. Die Ar 196 konnte jedoch keinen dieser Zerstörer feststellen. Nachdem ein zweiter Start um 18 Uhr ebenfalls keine Sichtung brachte, konnte die »Köln« am Abend mit zwei Torpedobooten nach Deutschland zurückkehren. Die »Königsberg«, die ebenfalls auslaufen sollte, mußte wegen eines Treffers in der Maschinenanlage 12 Stunden länger in Bergen liegenbleiben und lief in der Nacht zur Pier, wo sie anlegte.

Hier erfolgte am Morgen des 10. April ein Angriff britischer Sturzbomber des Typs Blackburn-Skua. Von den 15 angreifenden Sturzbombern konnten sich acht auf die »Königsberg« herunterstürzen. Fünf Bomben schmetterten in das Schiff hinein. Haushohe Flammen stoben an verschiedenen Stellen empor. Munition detonierte, Verwundete schrien um Hilfe. Die »Königsberg« legte sich weit über, und um 10.50 Uhr kenterte das Schiff. Ein weiterer deutscher Kreuzer war der Operation »Weserübung« zum Opfer gefallen.

Doch dies sollte noch nicht das letzte Opfer sein, das die Kreuzerwaffe zu bringen hatte. In der Kriegsschiffsgruppe 4, die den Auftrag erhalten hatte, Christiansand und Arendal in Besitz zu nehmen, gehörte auch der Leichte Kreuzer »Karlsruhe«. Er war am 8. April aus Wesermünde ausgelaufen. Am Morgen des folgenden Tages gegen 6 Uhr erreichte »Karlsruhe« mit den eingeschifften Landungstruppen den Bereich der Küstenbatterien vor dem Hafen Christiansand. Als diese das Feuer eröffneten, erwiderte »Karlsruhe« mit allen Waffen, drehte dann aber ab, um einen neuen Anlauf zu fahren und alle Geschütze ins Ziel bringen zu können. Auch dieser neue Anlauf führte nicht zur Niederringung dieser Batterie, die nach wie vor aus allen Rohren auf die »Karlsruhe« schoß. Das von der »Karlsruhe« gestartete Bordflugzeug mit der Besatzung Oberleutnant z. S. Hesse und Leutnant z. S. Luther flog die Feindbatterie an und fungierte von nun an drei Stunden lang als Artilleriebeobachter für das Schiff. Als die Batterie niedergekämpft war, flog die Ar 196 die noch arbeitende norwegische Funkstation an und warf die einzige mitgeführte 50-kg-Bombe auf diese Station.

Die Norweger zeigten die weiße Fahne und ergaben sich. Nun lief die Kriegsschiffsgruppe 4 nach Christiansand ein. Die Truppen wurden gelandet und entwaffneten mehrere Boote und zwei norwegische U-Boote. Als alle Einheiten ausgeschifft waren, lief die »Karlsruhe« um 18.30 Uhr aus, um den Rückmarsch nach Deutschland anzutreten.

Es war genau 20 Uhr, als es U-Bootalarm gab. Es war das britische U-Boot »Truant«, das hier unter Führung von LtCdr. Hutchinson auf der Lauer gelegen hatte. Der von ihm geschossene Torpedofächer traf die »Karlsruhe«. Die Marschturbinen fielen sofort aus. Die begleitenden Torpedoboote kamen längsseits und nahmen die Besatzung auf, weil einwandfrei feststand, daß die »Karlsruhe« nicht mehr zu halten war. Um 23 Uhr wurde der Leichte Kreuzer durch einen Torpedo des Torpedoboots »Greif« versenkt.

Der Norwegeneinsatz hatte den Verlust von drei Kreuzern und die schwere Beschädigung eines vierten gefordert.

Einsätze britischer Kreuzer während des Norwegen-Unternehmens

Nachdem am 10. April das Schlachtschiff »Warspite« und der Träger »Furious« zur Home Fleet gestoßen waren, die noch immer im Raume westlich Norwegen nach der deutschen Flotte suchte, mußten einen Tag später die Leichten Kreuzer und Zerstörer zur Brennstofferganzung entlassen werden.

Mit »Rodney« und »Valiant«, der »Warspite« und »Furious« sowie den Schweren Kreuzern »Berwick«, »Devonshire« und »York« stieß nun Admiral Forbes in Richtung Drontheim vor. Die drei Schweren Kreuzer wurden im Verlaufe des Tages zwischen Drontheim und dem Vestfjord zur Suche nach deutschen Seestreitkräften ausgesetzt. »Glasgow« und »Sheffield« erhielten Weisung, nach vollzogener Brennstofferganzung die Inner Leads abzusuchen. Bei Angriffen zweier deutscher U-Boote auf Schiffe der Home Fleet blieb der Erfolg versagt, weil die geschossenen Torpedos versagten.

Erst am 12. April wurden »Scharnhorst« und »Gneisenau« und die »Admiral Hipper« auf ihrem Rückmarsch von der britischen Luftaufklärung erfaßt. Zu diesem Zeitpunkt hatten sie jedoch bereits den Sperr-Riegel der Home Fleet umlaufen und konnten nicht mehr eingeholt werden. Unangefochten kamen alle drei Großkampfschiffe wieder in den Heimathäfen an.

Neben den genannten britischen Kreuzern standen noch weitere im Einsatz; so beispielsweise, als vom Clyde und aus Scapa Flow der Truppenkonvoi für Norwegen NP 1 in Richtung Harstad auslief, wohin er die 146. Infanterie-Brigarde auf zwei Transportern bringen sollte. Die Kreuzer »Manchester« (mit Vizeadmiral Layton an Bord), »Birmingham« und »Cairo« sicherten mit weiteren drei Zerstörern. Der zweite Teil dieses Geleitzugs wurde von den Kreuzern »Glasgow« und »Sheffield« mit sechs Zerstörern gesichert. Dieser Teil hatte Vorausabteilungen für Namsos an Bord, wo auch das Gros gelandet werden sollte.

Der Rest des Geleitzugs lief nach Harstad weiter. Er wurde durch die Leichten Kreuzer »Aurora« und »Southampton« gedeckt. An Bord des ersten befand sich der Admiral of the Fleet, Lord Cork. Auch diese beiden Kreuzer wurden von deutschen U-Booten beschossen, allerdings mit dem gleichen Mißerfolg, der durch Torpedoversager verursacht wurde. Viele andere Truppentransporter und Kriegsschiffe wurden ebenfalls ergebnislos angegriffen. Das Schlachtschiff »Warspite« stand nicht weniger als achtmal in den Zielausblicken der Sehrohre deutscher U-Boote, wurde torpediert und konnte wegen Versagens der Torpedos entkommen.

Mit diesen Einsätzen waren die Kreuzer jedoch noch nicht aus dem Ringen um Norwegen heraus. Die Operation »Sickle«, die vom 16. bis 18. April lief, sah den Truppentransport von 700 Soldaten des Vorkommandos und anschließend der gesamten 148. Infanterie-Brigade nach Andalsnes. Vizeadmiral Edward-Collins führte diese Unternehmung mit den Kreuzern »Arethusa«, »Carlisle«, »Curacoa« und »Galathea«, dazu zwei Zerstörern und vier Sloops, durch. Durch diesen Truppentransport geriet Drontheim in Gefahr von Norden und Süden angegriffen zu werden.

Der Schwere Kreuzer »Suffolk« wiederum griff am 17. April den soeben eingerichteten deutschen Seefliegerhorst Stavanger an. Hier wurden durch die Beschießung vier Seeflugzeuge der 1./Küstenfliegergruppe 106 und eine Reihe Anlagen vernichtet. Das mit Alarmstart angesetzte KG 30 kam indessen mit seiner II. Gruppe zum Angriff auf die »Suffolk«. Der britische Schwere Kreuzer erhielt einige schwere Bombentreffer. Mit letzter Kraft und überflutetem Achterdeck gelang es ihm, nach Scapa Flow einzulaufen.

Am 18. April erreichte auch ein französischer Konvoi mit der 5. Alpenjäger-Brigade, im Konvoi FP 1 zusammengefaßt und von Konteradmiral Cadart geführt, den norwegischen Seeraum vor Namsos, wo die eingeschiffte Hälfte der Brigade gelandet werden sollte. Drei Zerstörer sicherten diesen Truppentransport, während der gleichzeitig im Konvoi FP 1 B mitlaufende Materialtransport ebenfalls von drei Zerstörern und dem Kreuzer »Emile Bertin«, auf dem Konteradmiral Derrien eingeschifft war, gesichert wurde. Die Ferndeckung hatte der britische Schlachtkreuzer »Repulse« übernommen.

U 46, das den französischen Kreuzer angriff, erzielte keinen Erfolg.

Bei der Anlandung wurde vor Namsos der Gesamtkonvoi von dem Flakkreuzer »Orion« aufgenommen.

Am Nachmittag des 19. April wurde die »Emile Bertin« während der Ausladung von Ju 88 der II./KG 30 angegriffen. Der französische Kreuzer erhielt Bombentreffer, konnte aber aus eigener Kraft den Rückmarsch antreten. Der Angriff von U 51 auf den im Rückmarsch begriffenen Konvoi schlug ebenfalls fehl. An diesem Tag waren auch U 38 auf den Kreuzer »Effingham«, U 47 auf die »Warspite« und U 65 auf den Kreuzer »Enterprise« zum Schuß gekommen. Es ist wahrscheinlich, daß diese deutschen Mißerfolge einen durchschlagenden Sieg gegenüber der britischen Flotte verhindert haben und daß die Torpedokrise den großen Sieg kostete.

Lediglich bei einem der Nachschubkonvois, die zwischen dem 21. und 25. April Andalsnes anliefen, konnte ein U-Boot einen Versenkungserfolg erzielen. Es war U 26, das den Transporter »Cedarbank« versenkte.

Auch hier waren Kreuzer im dauernden Einsatz. So karrte »Arethusa« am 22. April Truppen und Material, sowie Personal für die Errichtung eines RAF-Flugplatzes nach Andalsnes, und am nächsten Tag landeten dort »Galathea« (mit Vizeadmiral Edward-Collins an Bord), »Glasgow«, »Sheffield« und sechs Zerstörer den ersten Teil der 15. Infanterie-Brigade. 24 Stunden später waren »Birmingham«, »Manchester« und »York« mit dem Rest dieser Brigade zur Stelle. Die Luftüberwachung wurde durch die Träger »Arc Royal« und »Glorious« sichergestellt, während die Flakkreuzer »Carlisle« und »Curacoa« mit vier Sloops den Flakschutz übernahmen. Auch hier erhärtete sich die Tatsache, daß Kreuzer aufgrund ihres Fassungsvermögens, der Seestandfestigkeit und der hohen Geschwindigkeit, natürlich im Verein mit ihrer großen Bewaffnung, für solche Blitz-Truppentransporte vorzüglich geeignet waren.

Auch die französische Marine war in diesem Frühjahr sehr aktiv und beteiligte sich vor allem während des Norwegen-Unternehmens intensiv an den Truppen-Hin- und Rückführungen. Darüber hinaus standen sie mehrfach in Spezialeinsätzen; so, als die 8. Zerstörer-Division unter Kapitän z. S. Barthes mit den Torpedokreuzern »L'Indomptable«, »Le Malin« und »Le Triomphant« in das Skagerrak liefen und dort die 2. deutsche Vorposten-Flottille angriffen. Der Gegenangriff deutscher Bomber schlug fehl.

Der Versuch, am 24. April Truppen in Narvik zu landen, schlug jedoch fehl. Admiral of the Fleet Lord Cork auf »Warspite« war mit den Kreuzern »Aurora«, »Effingham« und »Enterprise« und dem Zerstörer »Zulu« dorthin unterwegs. Narvik wurde von allen Schiffen beschossen. Der weiter achteraus zum Durchbruch nach Narvik und zur Landung von Truppen bereitgehaltene Schulkreuzer »Vindictive« konnte jedoch nicht eingesetzt werden.

Bereits wenige Tage nach den mühevollen Truppenlandungen bei Andalsnes mußte die »Sickle Force« von dort wieder aufgenommen und evakuiert werden. Zu diesem schwierigen Einsatz lief der Kreuzer »Glasgow« nach Molde, wo der norwegische König und Kronprinz Olaf an Bord genommen und zunächst nach Tromsö geschafft wurden.

In der Nacht zum 1. Mai nahmen »Galathea« mit Vizeadmiral Edward-Collins an Bord, »Arethusa«, »Sheffield« und »Southampton« in Andalsnes und Molde 2200 Mann britischer Truppen auf. Daran beteiligt waren ferner sechs Zerstörer und zwei Transporter.

Als die Maurice-Force am 1. Mai versuchte, die britischen Truppen von Namsos zu evakuieren, kamen ihre Schiffe wegen des dichten Nebels nicht durch den Fjord. Lediglich die Zerstörer drangen in den Fjord ein, mußten aber umkehren, als deutsche Flugzeuge angriffen.

In der Nacht zum 3. Mai gelang das Wagnis jedoch, und Captain Vian drang mit zwei Zerstörern und dem Kreuzer »York« in den Hafen ein. Die drei französischen Hilfskreuzer unter Konteradmiral Cadart folgten. 5400 Soldaten wurden aufgenommen, bevor man den Rückmarsch antrat. Als Schutz gegen deutsche Angriffe standen während dieser Zeit unter Führung von Vizeadmiral Cunningham die Schweren Kreuzer »Devonshire« und »Montcalm« (unter Konteradmiral Derrien) mit drei Zerstörern einsatzbereit. Als Flakschutz im Hafen war Flakkreuzer »Carlisle« unter Konteradmiral Vivian eingelaufen.

Schlag auf Schlag folgten weitere britische Kreuzereinsätze, wobei sich zeigte, daß die Kreuzerwaffe Großbritanniens wirklich auf der Höhe war und auch zahlenmäßig den vielen Anforderungen gerecht werden konnte.

»Birmingham« unternahm in der Nacht zum 10. Mai mit sieben Zerstörern einen Vorstoß gegen deutsche Minenschiffe. Der norwegische Dampfer »Norge«, der 300 deutsche Gebirgsjäger nach Hamsesberg geschafft hatte, wurde nach Erfüllung seiner Aufgabe vom Kreuzer »Carlisle« gestellt und versenkt.

Einer der stärksten Einsätze war die Landung zweier Bataillone der französischen Fremdenlegion vom 12. bis 13. Mai im Raum Narvik. 1500 Legionäre wurden von den Kreuzern »Aurora« und »Effingham« an Land gesetzt. »Enterprise« lief mit fünf Zerstörern zur Feuerunterstützung hinzu, um auch die »Resolution« zu decken, die zwei Landungsboote mit jeweils zwei Panzern landete.

Bei dem Versuch, am 17. Mai Verstärkungen nach Bodö zu bringen und dort zu landen, lief der Kreuzer »Effingham« auf ein Riff und kenterte. In einer dramatischen Rettungsaktion wurden die im Wasser schwimmenden Seeleute durch die beiden Kreuzer »Coventry« und »Cairo« und zwei Zerstörer geborgen.

Zu einem weiteren Einsatz kamen die beiden Kreuzer »Arethusa« und »Galathea«, als sie von See her mit sieben Zerstörern die Verteidiger der Seefestung Calais vom 24. bis zum 26. Mai unterstützten. Einer der Zerstörer wurde durch die Luftwaffe versenkt.

Am 26. Mai wurde vor Scaanland der Flakkreuzer »Curlew«, der als Flaggschiff für Admiral Lord Cork vorgesehen war, durch Ju 88 des KG 30 versenkt.

In der Nacht zum 28. Mai griffen die Flakkreuzer »Cairo« und »Coventry« mit fünf Zerstörern und mehreren Sloops Narvik an. Ihr Feuer galt der Unterstützung der französischen Fremdenlegionäre über den Rombaksfjord hinweg und der Unterstützung ihres Panzerangriffs (mit den vier gelandeten Panzern) entlang der Erzbahn nach Narvik. Gleichzeitig gab der Kreuzer »Southampton« der polnischen Brigade westlich von Narvik Feuerunterstützung. Die »Cairo« wurde durch einen Bombentreffer beschädigt.

Der Bereitschaftszustand der Home Fleet sah am 31. Mai so aus:

2. Schlachtschiffgeschwader mit »Rodney«, »Valiant« und »Resolution«. In Reparatur: »Barham« und »Nelson«.
Schlachtkreuzergeschwader: mit »Renown« und »Impulse«. In Reparatur: »Hood«.
Flugzeugträger: mit »Arc Royal«, »Glorious«, »Furious« und Zerstörer »Westcott«. Zugeteilte Kreuzer »Cairo« und »Enterprise« in Reparatur.
1. Kreuzergeschwader mit: »Devonshire«, »Sussex«. In Reparatur: »Berwick«, »Norfolk« und »Suffolk«.
2. Kreuzergeschwader mit: »Arethusa«, »Galathea«. In Reparatur: »Aurora« und »Penelope«.
18. Kreuzergeschwader mit: »Southampton«, »Sheffield«, »Birmingham« und »Manchester«. In Rosyth: »York«, in Tyne: »Newcastle«. In Reparatur: »Glasgow«.
Hinzu kamen die 3., 5., 6., 8. und 9. Zerstörer-Flottille.

Noch einmal wurde für das Norwegen-Unternehmen eine große Zahl britischer Zerstörer, Kreuzer und anderer Schiffe benötigt, als es galt, die Evakuierung der britisch-französischen Truppen aus Narvik zu organisieren und durchzuführen. Von dem Schulkreuzer »Vindictive« geleitet, verließen am 4. Juni mehrere große Truppentransporter Harstad und erreichten 48 Stunden darauf Scapa Flow. Als durch eine Falschmeldung eines Schiffs beim Commander-in-Chief der Home Fleet der Eindruck entstand, als würden deutsche Schlachtkreuzer in den Atlantik durchbrechen, wurden am 5. Juni die Schlachtkreuzer »Renown« und »Repulse«, die Kreuzer »Newcastle« und »Sussex« sowie fünf Zerstörer von dem Rückführungskonvoi abgezogen und in die Auffangposition umdirigiert. Nur »Valiant« blieb zurück. Am 7. Juni liefen zwei weitere Konvois aus Harstad aus. Der erste setzte sich aus sieben Großtransportern mit den Kreuzern

»Southampton«, »Coventry« und fünf Zerstörern zusammen; der zweite aus acht Transportern, die nur leicht gesichert waren. Von Tromsö aus ging zur gleichen Zeit der Kreuzer »Devonshire« ankerauf. An Bord befand sich der norwegische König mit seinem Gefolge. Die Träger »Arc Royal« und »Glorious« hielten sich in der Nähe auf, um jederzeit mit ihren Flugzeugen eingreifen zu können, falls ein deutscher Angriff erfolgen würde. Doch beide Großtransporte erreichten unangefochten England.

Der Norwegenfeldzug, der so viele Kreuzereinsätze gesehen hatte, war zu Ende gegangen. Die deutsche Wehrmacht war siegreich geblieben, obgleich der Sieg mehr als einmal nur noch an einem seidenen Faden gehangen hatte und schon Erwägungen angestellt wurden, ob man nicht das Unternehmen, das so hohe Opfer an Kreuzern und Zerstörern gekostet hatte, aufgeben sollte.

Norwegen sah einen glänzenden und opfervollen Einsatz der Kreuzerwaffe, die ihre Schlagkraft und Beweglichkeit mehr als einmal in einem Feldzug unter Beweis stellte, in dem sie oftmals »Mädchen für alles« war.

Das Unternehmen »Juno«

Ohne von den alliierten Rückführungsunternehmungen Kenntnis zu haben, wurde von der Seekriegsleitung das Unternehmen »Juno« befohlen, mit dem der Gruppe Dietl in Narvik Entlastung gegeben werden sollte.

Mit einem starken Flottenverband unter Führung des Flottenchefs, Admiral Marschall, sollten der Hauptnachschubhafen der Alliierten, Harstad, angegriffen und die im Nordmeer angetroffenen britischen Seestreitkräfte bekämpft werden. Der dort vermutete Seenachschub der Briten galt ebenfalls als Ziel.

Am 4. Juni aus Kiel auslaufend, standen dem Flottenchef die »Gneisenau« (Kapitän z. S. Netzband), »Scharnhorst« (Kapitän z. S. Hoffmann und mit dem BdA, KAdm. Schmundt, an Bord), »Admiral Hipper« (Kapitän z. S. Heye) zur Verfügung. Diese drei großen Schiffe wurden von den Zerstörern »Hans Lody«, »Hermann Schoemann«, »Karl Galster« und »Erich Steinbrinck« unter Führung des Führers der Zerstörer, Kapitän z. S. Bey, und bis zum Passieren der Skagerraksperre auch noch von den Torpedobooten »Jaguar« und »Falke« geleitet.

Auf dem Vormarsch wurde im Seegebiet westlich der Lofoten am 8. Juni der leere britische Truppentransporter »Orama« mit 19400 BRT von den Schlachtkreuzern durch einen kurzen Feuerschlag versenkt. Der Tanker »Oilpioneer« und der Trawler »Juniper« kamen hinzu.

Nachdem am 9. Juni »Admiral Hipper« mit den Zerstörern zur Brennstoffergänzung nach Drontheim detachiert worden war, stießen die beiden Schlachtkreuzer auf den britischen Flugzeugträger »Glorious«, der von drei Zerstörern gesichert wurde. Aus einer Distanz von über 30 Kilometern um 17.15 Uhr bei der ersten Sichtung gelang es, dem mit Höchstfahrt ablaufenden Träger auf 26 Kilometer nahe zu kommen. Admiral Marschall ließ um 17.32 Uhr das Feuer eröffnen. Die ersten beiden Salven aus den beiden vorderen Drillingstürmen Anton und Berta benötigen 52 Sekunden, ehe sie zu kurz zur »Glorious« in die See schlugen. Die zweite Salve fiel um 17.38 Uhr, und nach den Aufschlägen wurden die ersten Treffer auf dem Flugzeugträger gemeldet.

Um 17.46 Uhr war auch »Gneisenau« in günstige Schußposition gekommen, die seit einer Viertelstunde den Zerstörer »Ardent« unter Feuer genommen und ihn derart zerschossen hatte, daß er wenig später, immer noch kämpfend, sank. Auf dem Zerstörer fand LtCdr. Barker mit einem Großteil seiner Soldaten den Tod.

Nun schoß auch »Gneisenau« auf den britischen Flugzeugträger. Die »Glorious« lief in Flammen und dicken Rauch gehüllt weiter. Schwere Treffer ließen sie langsamer werden, bis sie schließlich stoppte und manövrierunfähig, mit starker Schlagseite zum Untergang verurteilt, liegenblieb. Um 19 Uhr sank sie.

Nachdem der Zerstörer »Ardent« gesunken war, blieb nur noch der Zerstörer »Acasta« übrig, der unter Kommando von Commander Glasfurd plötzlich mit Höchstfahrt von Backbord nach Steuerbord vor der »Scharnhorst« lief und alle vier Torpedos gegen das deutsche Schiff abfeuerte. Sie waren aus spitzer Position geschossen und hatten normalerweise keine Chance, den deutschen Schlachtkreuzer zu treffen. Dennoch ließ Kapitän z. S. Hoffmann den Kurs korrigieren.

Die 15-cm-Türme der »Scharnhorst« eröffneten nun das Feuer auf den Zerstörer. Und als die »Scharnhorst« auf ihren alten Kurs zurückdrehte, weil die Torpedogefahr vorüber schien, dröhnte plötzlich um genau 18.39 Uhr an Steuerbord achtern ein Torpedotreffer. Eine masthohe Wassersäule schoß dort in die Höhe. Nach neun Minuten Laufzeit hatte einer der von der »Acasta« geschossenen Torpedos sein Ziel erreicht und ein großes Leck unter dem achteren Drillingsturm gerissen. Als die Detonation verhallt war, hatten 48 Seeleute der »Scharnhost« ihr Leben verloren.

Admiral Marschall brach nunmehr diese Flottenunternehmung ab, nachdem auch die »Acasta«, von den schweren Kalibern der »Scharnhorst« in Fetzen geschossen, gesunken war.

Der nun 80 Seemeilen entfernt stehende Schwere Kreuzer »Devonshire« verdankt diesem Torpedo des Zerstörers »Acasta« wahrscheinlich sein Überleben. Er lief weiter, ohne der bereits sinkenden »Glorious« zur Hilfe zu eilen, weil er einen besonderen Auftrag hatte. An Bord befand sich König Haakon von Norwegen. Mitglieder der Königlichen Familie begleiteten ihn, und außerdem war noch der norwegische Staatsschatz eingeladen worden.

Admiral Marschall hatte sich durch den Angriff auf die »Glorious« von seiner Hauptaufgabe ablenken lassen.

Das hatte jedoch einen besonderen Grund gehabt: In der Einsatzbesprechung am Abend des 7. Juni an Bord der »Gneisenau« zwischen Admiral Marschall und seinem Chef des Stabes, Konteradmiral Backenköhler, dem BdA, Konteradmiral Schmundt, den Kommandanten Netzband, Hoffmann und Heye, dem FdZ, Kapitän z. S. Bey und dessen I. Asto und anderen Stabsoffizieren, war erkannt worden, daß der Gegner sich aus Norwegen absetzte. Nach den Ergebnissen der Luftaufklärung befanden sich drei Kriegsschiffsgruppen mit Westkurs in See; es waren die britischen Konvois.

Diese große Chance, einen der Rückführungskonvois zu stellen und zu vernichten, ließ sich Admiral Marschall nicht entgehen, zumal ein noch später eingehender FT-Spruch bei ihm die Überzeugung nährte, daß in Harstad nichts mehr zu holen sei. Er entschied sich dazu, auf eine der Gruppen mit zwei großen Transportern und einer Kreuzer- und Zerstörersicherung zu operieren. Als er diesen Entschluß am Morgen des 8. Juni der Marinegruppe in Kiel meldete, ließ der Oberbefehlshaber, Generaladmiral Saalwächter, mit KR folgenden FT-Spruch absetzen:

»An Seebefehlshaber: Falls hier unbekannte Gründe für den geplanten Angriff nicht vorliegen, an der Hauptaufgabe Harstad festhalten. — Gruppe West.«

Inzwischen hatte »Admiral Hipper« den ersten Tanker gesichtet und Generaladmiral Saalwächter, der noch einmal bei der Seekriegsleitung in Berlin nachgefragt hatte, ließ einen zweiten FT-Spruch an die Kampfgruppe absetzen:

»Anheimstelle Angriff auf den Geleitzug durch ›Hipper‹ und Zerstörer. Danach Drontheim. Hauptaufgabe bleibt Harstad.«

Als dieser FT-Spruch einging, stand der Verband bereits im vorher geschilderten Gefecht, und Admiral Marschall ließ es nicht abbrechen, weil er der Überzeugung war, daß Harstad leer sein mußte. So wurden die »Orama«, die »Oilpioneer« und der Trawler »Juniper« versenkt.

Nach einigen weiteren Sichtungen hatte Admiral Marschall »Admiral Hipper« und die Zerstörer nach Drontheim entlassen und lief mit seinen beiden Schlachtkreuzern nach Norden. Um 16.45 Uhr wurden Rauchwolken gesichtet, und dann tauchte die »Glorious« über der Kimm auf. Sie wurde im Gefecht versenkt, und von ihr überlebten nur 43 Mann. Von den beiden Zerstörern konnten ganze drei Soldaten gerettet werden. Die Evakuierungskonvois wurden aber nicht erfaßt und erreichten am 10. Juni Scapa Flow. »Scharnhorst« und »Gneisenau« liefen nun ebenfalls zur Ölergänzung nach Drontheim. Aber als sie von dort aus wieder in See gingen, waren die Konvois ihnen entwischt.

Inzwischen befand sich auch der Leichte Kreuzer »Nürnberg« in See. Er lief am 17. Juni in Narvik ein. Er war das erste Kriegsschiff, das nach dem Untergang der zehn deutschen Zerstörer den Hafen ansteuerte. Während dieser Zeit waren »Gneisenau« und »Hipper« als »Fleet in being« in Drontheim geblieben. Ihre Bordflugzeuge wurden vom Admiral Nordküste Norwegen, Kapitän z. S. Thiele, zur U-Bootjagd eingesetzt.

Damit gingen die Kreuzereinsätze im Großraum Norwegen zu Ende. Seeherrschaft war hier durch Überraschungstaktik ersetzt worden.

Inzwischen hatte auch der Frankreich-Feldzug begonnen, der nach einem weiteren Blitzfeldzug aussah.

Die französische Marine hatte bis zum Mai 1940 über 50 Angriffe auf U-Boote durchgeführt und sich auch im Norwegenfeldzug engagiert; außerdem war sie mit einigen Kreuzern und Schlachtschiffen auch an der Suche nach deutschen Überwasserfahrzeugen beteiligt, die Kreuzerkrieg führten. Ihre U-Boote hatte sie ausnahmslos England zur Verfügung gestellt.

Mit Beginn des Westfeldzuges aber und dem raschen

Durchbruch der deutschen Panzerdivisionen zur Kanalküste galt es nun, mit der »Pas-de-Calais-Flottille« unter Konteradmiral Landriau die im Großraum Dünkirchen sich zusammenballende britische Expeditionsarmee nach England zu schaffen. Am 29. Mai 1940 begannen die Evakuierungsfahrten. An ihnen waren in der Hauptsache Frachtschiffe und schnelle Zerstörer eingesetzt und beteiligt. Das Wunder von Dünkirchen gelang.

Was aber war mit den französischen Großkampfschiffen? Nach wie vor ging es darum, die Seewege nach Frankreich offen zu halten. Admiral Darlan sah in den Tagen zwischen dem 10. und 14. Juni alle Bastionen und Häfen fallen. Am 14. Juni erließ er einen Befehl, der das Auslaufen der Flotte nach England oder in die französischen Kolonialhäfen vorsah. Dieser Befehl sollte an die Flotte hinausgehen, sobald die Regierung Weisung dazu erließ. Diese Weisung erging nicht. Am 15. Juni erließ Admiral Darlan einen weiteren Befehl, der die beiden in Bau befindlichen Schlachtschiffe »Richelieu« und »Jean Bart« betraf. Ersteres unternahm bereits von Brest aus Probefahrten, das andere lag in St. Nazaire noch im Werftbassin. Beide sollten nach England in Marsch gesetzt werden, bevor sie den Deutschen in die Hände fielen.

Am 17. Juni wurde im französischen Rundfunk die Bildung einer neuen Regierung unter Marschall Pétain bekanntgegeben: der Marschall habe Deutschland um einen Waffenstillstand gebeten. Admiral Darlan ließ den Kampf dennoch fortsetzen, so daß Cherbourg erst am 19. Juni fiel .

Admiral Laborde, Befehlshaber des Marinebezirks Brest, ließ bereits am 16. Juni alle in Brest und Lorient lagernden Goldreserven der Banken von Belgien und Polen auf einen Hilfskreuzer laden und nach Dakar in Französisch Westafrika schaffen.

Zehn Stunden vor dem Einmarsch deutscher Panzer in Brest gingen die hier liegende Flotte und zivile Einheiten, insgesamt 159 Schiffe, ankerauf. Alle Werkstätten wurden einschließlich der Schleusentore gesprengt, die Ölvorräte in Brand gesetzt.

Unter den 83 Kriegsschiffen befand sich auch der U-Kreuzer »Surcouf« und die »Richelieu«.

Von Lorient aus waren am 18. Juni bereits 15 größere Kriegsschiffe und 35 Minensuchboote in See gegangen. Auch das Schlachtschiff »Jean Bart« erreichte bis zum 22. Juni Casablanca. Von Bordeaux aus liefen insgesamt 30 Schiffe in Richtung Casablanca. Eines der letzten war der Kreuzer »Primauguet«, der die letzte Goldladung nach Nordafrika brachte.

Nun begann ein besonderer Krieg, der in der Geschichte nur wenige Parallelen hat. Er spielte sich auf dem neuen Kampffeld Mittelmeer ab, wo Italien ab dem 10. Juni an die Seite Deutschlands trat und damit die Zeit gespannter Erwartung im Mittelmeer beendete, in der sowohl französische als auch britische Seestreitkräfte bereitstanden, den Kampf zu eröffnen.

Kriegsschauplatz Mittelmeer

Französische Anstrengungen

Am 28. Mai 1940 hatte Admiral Darlan seinem Chef des Stabes, Konteradmiral Luc, ein handgeschriebenes Memorandum überreicht, in dem es unter anderem hieß:

>»Falls die militärischen Ereignisse zu einem Waffenstillstand führen, dessen Bedingungen die Deutschen festsetzen, und wenn diese Bedingungen die Auslieferung der Flotte enthalten sollten, bin ich nicht gesonnen, einen solchen Befehl auszuführen« (s. Auphan und Mordal a. a. O.).

In diesem Schriftstück gab der Admiral auch Weisungen, was in einem solchen Falle zu geschehen habe. In der festen Zuversicht, daß die Regierung den Krieg in und von Übersee aus fortsetzen werde, hatte Darlan vorsorgliche Maßnahmen zur Überführung der Flotte in französische und englische Überseehäfen getroffen. Doch die Regierung Reynaud, in der General de Gaulle Unterstaatssekretär für die Armee war, gab diesen Befehl nicht, sie trat einfach zurück. Die neue Regierung, der nun auch Admiral Darlan angehörte, war fest entschlossen, keinen Waffenstillstand abzuschließen, der eine Übergabe der Flotte einschloß.

Am 10. Juni 1940 hatte Benito Mussolini, der Duce Italiens, auf dem Balkon des Palazzo Venezia in Rom den Eintritt Italiens in den Zweiten Weltkrieg verkündet. Dies kam nicht so sehr aus heiterem Himmel, wie man behauptet hat. Immerhin wurden italienische Schiffe, die Kohlen aus Deutschland beförderten, auf See von französischen und englischen Schiffen angehalten, untersucht und aufgebracht. Doch dies allein hätte Mussolini nicht dazu gebracht, einen so schwerwiegenden Schritt zu tun, zumal die öffentliche Meinung in Italien gegen einen Eintritt in den Krieg war. Aber nachdem Frankreich an den Rand einer vernichtenden Niederlage gebracht worden war und Deutschland auch den Norwegenfeldzug gewonnen hatte, schien es ihm opportun, in den schon gewonnenen Krieg einzutreten, um sich ohne großen Einsatz einen tüchtigen Batzen aus der Beute herausschneiden zu können. Er dachte an Nizza, an Korsika und auch an Tunis.

Das Mittelmeer, von England nach Frankreich in zwei Zonen aufgeteilt, für deren westliche Frankreich und für die östliche England verantwortlich war, war schon einige Zeit vorher mit Einheiten beider Marinen regelrecht vollgestopft worden. Von Brest aus war die »Force de Raid« ins Westliche Mittelmeer verlegt worden. Am 27. April lief das Geschwader von Admiral Gensoul mit den Schlachtschiffen »Dunkerque« und »Strasbourg« und leichteren Einheiten nach Mers el Kebir. Eine aus verschiedenen Einheiten zusammengestellte »Gruppe X« mit den alten Linienschiffen »Lorraine«, »Bretagne« und »Provence«, von mehreren Schweren Kreuzern und leichten Seestreitkräften begleitet, liefen zur Unterstützung der britischen Mittelmeerflotte nach Alexandria. Sie wurde von Vizeadmiral Godfroy geführt. Zwei der drei Linienschiffe kehrten wenig später ins westliche Mittelmeer zurück, während »Lorraine« dort blieb.

Damit standen gegen die italienische Flotte folgende Kampfverbände:

Toulon: 3. Französisches Geschwader mit vier Schweren Kreuzern und 12 Zerstörern;
Mers el Kebir und Algier: Schlachtschiffe »Dunkerque« und »Strasbourg« unter dem Befehl von Admiral Gensoul, zwei alte Linienschiffe, geführt von Konteradmiral Bouxin, zwei Kreuzer-Divisionen und eine Reihe Zerstörer;

Bizerta: sechs U-Boot-Divisionen;
Malta: eine U-Boot-Flottille der Engländer;
Alexandria: das britische Geschwader und die Gruppe X mit französischen Kriegsschiffen unter dem Oberbefehl von Admiral Cunningham.

Der französische Admiral Süd, Admiral Esteva in Bizerta, war ein Freund von Admiral Cunningham in Alexandria. Für den Fall eines Krieges, den man von französischer Seite nicht ausgeschlossen hatte, war bereits ein strategischer Plan entworfen worden, der auf das Stichwort »Vado« in Kraft treten sollte. Als erste Aktion sollte das 3. Kreuzergeschwader im Golf von Genua befindliche Tank- und Raffinerieanlagen beschießen.

Am 11. Juni um 8.50 Uhr ließ die französische Admiralität »Vado« befehlen. Admiral Duplat, Führer des 3. Kreuzergeschwaders, erhielt Weisung, den Angriff vorzubereiten. Sein Kreuzerverband, der auf der Reede von Salins d'Hyères lag, machte Dampf auf. Am Nachmittag erhielt er jedoch den Gegenbefehl, der von der Regierung, nicht von der Admiralität kam.

Auch die Luftgeschwader der RAF, die diesen Angriff unterstützen sollten, mußten angehalten werden. Erst als italienische Bomber am 12. Juni Bizerta angriffen, gelang es Admiral Darlan, einen Widerruf des Haltebefehls zu erreichen. »Vado« sollte jetzt in der Nacht zum 14. Juni anlaufen.

Darauf lief das 3. Kreuzergeschwader nun in zwei Gruppen in Richtung Golf von Genua und führte die Beschießung planmäßig durch. Es erhielt nur sporadisch Gegenfeuer, durch das der Zerstörer »Albatros« einen Treffer in den Kesselraum erhielt.

In dieser Nacht griff die RAF in Norditalien Industriezentren an. Eine viermotorige Verkehrsmaschine, die »Jules Verne«, die einen Aktionsradius von 6000 Kilometer hatte, griff Venedig an und bombardierte die Öltanks bei Mestre.

Italiens Flotte, die ausschließlich im Mittelmeer stand, von einigen Ausnahmen im Roten Meer und vor der ost-afrikanischen Küste abgesehen, verfügte über folgende Einheiten:

6 Schlachtschiffe, davon z. Zt. zwei einsatzbereit
7 Schwere, 12 Leichte Kreuzer
59 Zerstörer, 67 Torpedoboote
116 U-Boote

Ihnen standen auf alliierter französisch-britischer Seite folgende Einheiten im Mittelmeer gegenüber:

Ostmittelmeer (britischer Sektor)
4 Schlachtschiffe, ein Flugzeugträger
9 Leichte Kreuzer
21 Zerstörer (4 weitere im Roten Meer)
6 U-Boote
Französische Einheiten
1 Schlachtschiff
3 Schwere und 1 Leichter Kreuzer
1 Zerstörer und 6 U-Boote

Westmittelmeer (französischer Sektor)
2 neue und 2 alte Schlachtschiffe
4 Schwere und 6 Leichte Kreuzer
37 Zerstörer und 6 Torpedoboote
56 U-Boote
Britische Streitkräfte in Gibraltar
1 Schlachtschiff
1 Flugzeugträger
1 Leichter Kreuzer
9 Zerstörer

Die britische Mittelmeerflotte unternahm bereits am 11. Juni einen Vorstoß gegen den italienischen Schiffsver-kehr nach Libyen, mit Kernpunkten Bengasi und Tobruk. Es waren die beiden Schlachtschiffe »Warspite« und »Malaya« mit dem Träger »Eagle« und dem 7. Kreuzergeschwader unter Vizeadmiral Tovey, zu dem die Kreuzer »Gloucester«, »Liverpool«, »Neptune« und »Orion« gehörten. Hinzu kamen neun Zerstörer und die beiden alten Kreuzer »Caledon« und »Calypso«.

Diesem ersten Einsatz gegen Italiens Flotte schlossen sich die französischen Seestreitkräfte an, die von Vizeadmiral Godfroy auf dem Kreuzer »Duquesne« geführt wurden. Die Kreuzer »Tourville«, »Duguay«, »Suffren« und »Trouin« sowie drei Zerstörer gehörten zu dieser Gruppe, die sich bald von der britischen Gruppe trennte, um in Richtung Ägäis und Dodekanes zu laufen.

Der alte Kreuzer »Calypso« wurde am 12. Juni von dem italienischen U-Boot »Bagnolini« unter dem Kommando von Korvettenkapitän Tosoni-Pittoni durch Torpedofächer versenkt. »Liverpool« und »Gloucester« beschossen mit vier zu ihnen laufenden Zerstörern den italienischen Afrikahafen Tobruk. Ihr Feuer wurde von dem als Schwimmende Batterie im Hafen liegenden alten Panzerkreuzer und von vier Hilfsminenbooten erwidert. Eines dieser Boote erhielt einen Volltreffer der »Liverpool« und sank.

Als die ersten Luftaufklärermeldungen beim Comando Marina über diesen Verband eintrafen, setzte dieses seine 3. Kreuzer-Division mit den Kreuzern »Bolzano«, »Pola« und »Trento« dagegen in Marsch. Hinzu kamen die 11. und 12. Zerstörer-Flottille. Dieser Gesamtverband lief aus Messina aus, während aus Tarent die 1. und 8. Kreuzer-Division mit »Duca degli Abruzzi«, »Fiume«, »Garibaldi« und »Gorizia« und der 9. und 16. Zerstörer-Flottille dazustießen. Zu Kampfhandlungen zwischen den neuen Gegnern im Mittelmeer kam es indessen nicht. Beide Flotten liefen wieder in ihre Stützpunkte zurück.

Als am 16. und 17. Juni die letzten französischen Kriegsschiffe aus den bis dahin noch gehaltenen Häfen nach Oran ausgelaufen waren, kam es am 20. Juni noch einmal zu einer gemeinsamen britisch-französischen Flottenoperation im Mittelmeer. Unter Führung von Vizeadmiral Tovey liefen das französische Schlachtschiff »Lorraine« und die britischen Kreuzer »Neptune«, »Orion« und »Sydney«, von vier Zerstörern als U-Bootsicherung begleitet, vor die Küste Afrikas bei Bardia, um diese Stadt zu beschießen. Als eine Luftaufklärermeldung in Alexandria einging, wonach italienische Seestreitkräfte in See stünden, liefen auch noch die beiden französischen Kreuzer »Suffren« und »Duguay Trouin« aus Alexandria aus. Ihnen wurden drei britische Zerstörer als Flankensicherung beigestellt. Aber auch dieser kleine britisch-französische Kampfverband kehrte unverrichteter Dinge wieder zurück.

Am 22. Juni 1940, dem Tag, an dem der deutsch-französische Waffenstillstandsvertrag in Compiègne unterzeichnet wurde, trat auch eine darin verankerte Vereinbarung über die Abrüstung großer Teile der französischen Flotte in Kraft. Es wurden jedoch keinerlei Auslieferungen vereinbart. Von der französischen Flotte lagen zu dieser Zeit in Plymouth und Portsmouth zwei Schlachtschiffe, zwei Torpedokreuzer, acht Zerstörer und Torpedoboote, sieben U-Boote und zirka 200 weitere Kleinfahrzeuge.

Die französische Regierung unter Staatspräsident Pétain und Pierre Leval als leitendem Minister Frankreichs hatte das schier Unmögliche geschafft und nicht nur die Flotte, sondern auch noch die Kolonien behalten.

Der Einsatz des alliierten Geschwaders in Alexandrien am Abend des 22. Juni zur Beschießung Augustas wurde von Admiral Cunningham auf Befehl aus London abgeblasen. Churchill wollte offenbar keinerlei Risiko eingehen. Er war dafür, die Kampfgruppe X der Franzosen in Alexandria sofort unter britische Kontrolle zu bringen. Und ebenso wie Admiral Cunningham wurden auch die Kommandierenden Admirale in Portsmouth und Plymouth zur gleichen Stunde auf diese Haltung vergattert.

Die neue Regierung Pétain war in der Nacht zum 17. Juni 1940 gebildet worden. Admiral Darlan, der Oberbefehlshaber der französischen Flotte, wurde zum Marineminister ernannt. Er ließ alle Seeoperationen mit der gleichen Intensität fortführen. In Bordeaux gab Admiral Darlan im Gespräch mit dem Ersten Lord der Britischen Admiralität, Alexander, und Admiral Pound sein Ehrenwort, daß die französische Flotte auf keinen Fall an Deutschland ausgeliefert werden würde. Auch Konteradmiral Auphan, der von französischer Seite aus dieser Unterredung beiwohnte, tat dies gleicherweise.

Bei dem ausgehandelten Waffenstillstand wurde denn auch eine Übergabe der Flotte vermieden. Es hieß dazu in der Vereinbarung:

»Die Flotte muß in noch festzulegenden Häfen zusammengezogen und desarmiert werden. Die deutsche Regierung erklärt feierlich, daß sie eine Verwendung der französischen Kriegsschiffe für eigene Zwecke nicht beabsichtigt. Sie erklärt feierlich und förmlich, daß sie nicht beabsichtigt, irgendeinen Teil der französischen Flotte bei Friedensschluß zu beanspruchen« (s. Auphan/Mordal, a. a. O.).

In England war man über den deutsch-französischen Waffenstillstand zu diesem Zeitpunkt nicht entzückt, ganz im Gegenteil. Der Ausfall der französischen Flotte im Mittelmeer bedeutete eine gewaltige Schwächung der Gesamtkampfkraft der Alliierten. Die endgültigen Artikel 8 und 9 des Waffenstillstandsvertrags, die sich mit der französischen Flotte befaßten, beunruhigten England, denn nach deren Buchstaben mußte die Flotte nach Brest laufen, das sich in deutscher Hand befand. In Brest aber schien sie dem direkten Zugriff der Deutschen ausgeliefert.

In Verhandlungen der französisch-deutschen und der französisch-italienischen Kommissionen in Wiesbaden und Turin stimmten sowohl Deutschland als auch Italien dem vorgetragenen französischen Grundsatz zu, daß die französische Flotte auch in der Zone des Freien Frankreich oder in Übersee demobilisiert werden könnte.

Dieses Ergebnis wurde von der französischen Admiralität an den Vertreter Frankreichs bei der Britischen Admiralität, (Vizeadmiral Odend'hal,) durchgegeben. Der Text dieses Telegramms lautete:

>Italienische Regierung gestattet Stationierung der Flotte mit halben Besatzungen in Toulon und Nordafrika. Habe die feste Hoffnung daß die Deutschen, deren Antwort ich erwarte, ebenso entscheiden werden. Unter diesen Umständen sind alle britischen Vorwände für Zurückbehaltung unserer Streitkräfte unbegründet. Ich bitte Sie, darauf zu bestehen, daß unsere Kriegs- und Handelsschiffe freigegeben werden« (s. Auphan/ Mordal, a. a. O.).

Auch die deutsche Delegation stimmte dem noch an diesem Tage zu. Aber der Funkspruch erreichte den französischen Vertreter nur verstümmelt. Die Weichen waren gestellt zum Drama von Mers el Kebir.

Mers El Kebir — Grab der französischen Flotte

England erteilte am 27. Juni den Kommandierenden Admiralen in Portsmouth und Plymouth Befehl, die französischen Schiffe in den Häfen in Besitz zu nehmen, während man zur gleichen Zeit die französischen Marinedienststellen zu überreden versuchte, die in Afrika und anderen Überseehäfen liegenden französischen Schiffe an England zu übergeben. Bereits am 24. Juni war Admiral Sir Dudley North mit einem britischen Zerstörer nach Oran gekommen, um Admiral Gensoul, den Befehlshaber des französischen Atlantikgeschwaders in Mers el Kebir, zur Übergabe der Flotte an Großbritannien zu überreden. Admiral North erhielt lediglich die Zusage, daß die französischen Kriegsschiffe weder an Deutschland, noch an Italien übergeben werden würden.

Nunmehr ergriff die Britische Admiralität die Initiative zu einer Nacht- und Nebelaktion gegen die französische Flotte. Durch einen Befehl wurden alle französischen Kriegsschiffe in englischen Gewässern nach Plymouth oder Portsmouth gelotst. Dort wurden sie im Morgengrauen des 3. Juli 1940 handstreichartig von britischen Truppen in Besitz genommen. In Portsmouth ging dieser Handstreich unblutig vonstatten, während in Plymouth Schüsse fielen, als die Besatzung des U-Bootes »Surcouf« sich wehrte. Es gab vier Tote. Wachen brachten nun ihre Gefangenen mit aufgepflanztem Bajonett in ein nahe Liverpool gelegenes Lager, das schließlich bis auf 10000 Mann Stärke anwuchs.

Damit war etwa ein Zehntel der französischen Flotte in englischer Hand. Der größte Teil der Flotte aber lag in afrikanischen Häfen, vor allem im Hafen Mers el Kebir, auf französischem Hoheitsgebiet.

Unter der Führung von Admiral Somerville wurde am frühen Morgen des 3. Juli 1940 das Unternehmen »Catapult« gestartet: der Angriff auf die in Mers el Kebir liegende französische Flotte. Unter dem Kommando des Admirals standen der Schlachtkreuzer »Hood«, die Schlachtschiffe »Resolution« und »Valiant«, der Flugzeugträger »Arc Royal«, die Leichten Kreuzer »Arethusa« und »Enterprise« und elf Zerstörer.

In Mers el Kebir, in der weiten Bucht, die nur wenige Meilen westlich Oran am Fuße des Djebel Murdjadjo lag, befanden sich das Schlachtschiff »Dunkerque« (Kapitän z. S. Barrois), »Strasbourg« (Kapitän z. S. Collinet), »Provence« mit dem Befehlshaber der 2. Schlachtschiffs-Division, Konteradmiral Bouxin, an Bord, »Bretagne« (Kapitän z. S. Pivain), dazu eine Zerstörer-Flottille unter Konteradmiral La Croix mit sechs Großzerstörern. Hinzu kam das Flugzeugmutterschiff »Commandant Teste« unter Kapitän z. S. Lemaire.

Die Schlachtschiffe lagen mit dem Heck zur Mole verankert, was sich als äußerst ungünstig erweisen sollte, da ja alle Geschütze auf der Back standen.

In Oran selbst lagen Zerstörer und kleinere Einheiten und in Algier noch sechs Leichte Kreuzer.

Am Morgen des 3. Juli lief der britische Zerstörer »Foxhound« mit Captain Holland — er war vorher britischer Marine-Attachè in Paris gewesen — an Bord in Mers el Kebir ein. Captain Holland brachte ein Ultimatum mit, das einfach unannehmbar war, weil es den Bestimmungen des Waffenstillstands widersprach. Admiral Gensoul ließ den Unterhändler wissen, nach wie vor dürften auf keinen Fall französische Schiffe in die Hand der Briten fallen; die Flotte werde sich vielmehr verteidigen, wenn die britische Flotte versuchen würde, sie zu entern.

Nach einigem Hin und Her und nachdem Admiral Le Luc alle französischen Flottenverbände im Mittelmeer und Nordafrika alarmiert hatte (er war allein in der französischen Admiralität erreichbar, Admiral Darlan war bei der Regierung in Clermont-Ferrand) und sein Befehl: »Auslaufen, klar zum Gefecht! Beim Admiral auf der ›Dunkerque‹ in Oran melden«, diese erreicht hatte, eröffnete das britische Flottengeschwader um 16.56 Uhr das Feuer auf die französischen Schiffe. In Kiellinie laufend, schossen alle schweren britischen Einheiten gleichzeitig. Als die erste Salve bereits dicht an der Mole einschlug, erhielten auch die französischen Schiffe Erlaubnis zur Feuereröffnung.

Das Schlachtschiff »Provence« schoß als erstes, genau 90 Sekunden nach Feuereröffnung des ehemaligen Verbündeten.

Die Schlachtschiffe erhielten den Auslaufbefehl. Die Spitze übernahm »Strasbourg«, die gerade ihren Platz an der Mole verlassen hatte, als dort schwere Granaten einschlugen. »Strasbourg« kam frei. »Dunkerque« aber wurde beim Losmachen von einer 38-cm-Granate getroffen und danach von einer ganzen Salve des gleichen Kalibers. Diese Treffer setzten das Schiff sofort außer Gefecht. Dennoch gelang es ihm, insgesamt 40 Schüsse auf den britischen Schlachtkreuzer »Hood« abzufeuern.

Das Schlachtschiff »Bretagne« erhielt ebenfalls noch vor dem Infahrtkommen die ersten Treffer und begann sofort über das Heck zu sinken. Feuer breitete sich binnen Sekundenschnelle über das ganze Schiff aus. Dann kenterte die »Bretagne« und nahm 977 Mann ihrer Besatzung mit zur letzten Fahrt in die Tiefe.

»Provence« erhielt den ersten Treffer um 17.03 Uhr, der ein großes Leck riß. Feuer schlug achtern hoch, und Konteradmiral Bouxin ließ das Schiff auf der Zehn-Meter-Marke auf Grund setzen. »Commandante Teste« aber war dem Feuerorkan entgangen und lief zur Rettung der Schiffbrüchigen zur »Bretagne« hinüber.

Bis um 17.11 Uhr, dem Zeitpunkt der Feuereinstellung der Angreifer, war ein Großteil der französischen Flotte von Mers el Kebir bereits tödlich getroffen. Die »Strasbourg« und die Zerstörerführer, die inzwischen abgelaufen waren, konnten jedoch vom Gegner nicht mehr abgefangen werden. Flugzeuge der »Arc Royal« griffen das Schlachtschiff dreimal an, ohne es zu treffen. Der Gegner zog sich nach Gibraltar zurück, und am 4. Juli um 20.10 Uhr liefen »Strasbourg«, »Volta«, »Tigre« und »Terrible« in Toulon ein, wo sie vom Jubel der dort liegenden Marinesoldaten empfangen wurden. Kurze Zeit darauf trafen auch die sechs französischen Kreuzer aus Algier hier ein.

Admiral Darlan wandte sich nun an Deutschland, und bereits am 3. Juli um 20 Uhr erklärte sich die deutsche Waffenstillstandskommission damit einverstanden, daß die Desarmierung der französischen Schiffe aufgehoben werde.

Am 6. Juli kehrte die Force H unter Admiral Somerville wieder nach Mers el Kebir zurück. Zunächst griffen Torpedoflugzeuge des Trägers »Arc Royal« in drei Wellen an, die ein kleines beim Schlachtschiff »Dunkerque« längsseits liegendes Boot trafen. Die Detonation riß ein Loch in die Bordwand der »Dunkerque«. Wieder fielen auf diesem Schiff 150 Soldaten. Die Zahl der getöteten französischen Seeleute stieg auf 1297.

In Alexandria war es nach dem heimtückischen Überfall von Mers el Kebir ebenfalls kritisch geworden. Hier war es allein Admiral Cunningham zu verdanken, daß es zu keinem Kampf kam. Er verhinderte ein Blutvergießen.

Weitere britische Angriffe auf französische Schiffe sollten folgen (wie in einem späteren Abschnitt dargelegt werden soll). Der Bruch zwischen Frankreich und England aber war bereits perfekt. Er nützte allein Deutschland, auch wenn Winston Churchill, der britische Kriegspremier, am 4. Juli nach dem Überfall bei Mers el Kebir verkünden ließ, daß er damit diese Sache als abgeschlossen betrachte — für Frankreich war sie dies nicht.

Das Gros der französischen Streitkräfte lag nunmehr in Toulon, denn sie erneut in afrikanische Häfen zu verlegen, wo jederzeit britische Flottenverbände auftauchen und sie vernichten konnten, kam nun überhaupt nicht mehr in Frage. Es sollte bis zum 27. November 1942 dauern, ehe Deutschland der Verlockung nachgab, sich diese Schiffe anzueignen.

Britische gegen italienische Schiffe im Mittelmeer

Die weiteren Einsätze der Kreuzer im Mittelmeer lagen beinahe ausschließlich im Rahmen der britischen Konvoisicherung zwischen Gibraltar und Malta und zwischen Malta und Alexandria. Die von den Dardanellen und den griechischen Häfen ab Ende Juni nach Port Said laufenden britischen Geleitzüge wurden von den Kreuzern »Capetown«, »Caledon« und vier Zerstörern geleitet und passierten unbemerkt die italienischen U-Boot-Aufstellungen.

Die beiden britischen Konvois MA 3, die Ende Juni von Alexandria aus nach Malta liefen, wurden durch eine starke Deckungsgruppe unter Vizeadmiral Tovey mit dem 7. Kreuzergeschwader geschützt. In diesem Verband standen die Kreuzer »Gloucester«, »Liverpool«, »Neptune«, »Orion« und »Sydney«, während die Ferndeckungsgruppe aus zwei Schlachtschiffen, einem Träger und acht Zerstörern bestand.

Diese starke Sicherungsgruppe zeigte bereits an, daß die Mittelmeerkonvois, die über Sein oder Nichtsein der britischen Bastionen im Mittelmeer entschieden, mit der größtmöglichen Feuerkraft geschützt wurden, um sie möglichst unversehrt durchzubringen.

Als die britische Luftaufklärung Ende Juni drei italienische Zerstörer sichtete, die Nachschubgüter nach Tobruk schafften, ging das 7. Kreuzergeschwader ankerauf, um diese drei Zerstörer auf dem Rückmarsch zu stellen und zu versenken. Der italienische Zerstörer »Espero«, der den Rückmarsch der beiden anderen Boote decken wollte, griff den Kreuzerverband mit Torpedos an und wurde von den Granatsalven des Kreuzers »Sydney« förmlich überschüttet. Aufflammende Brände und grelle Detonationsblitze zeigten an, daß der Zerstörer schwer getroffen wurde. Sekunden später brach er auseinander und versank.

Die Seeschlacht bei Punto Stilo Calabria, die am 6. Juli begann, sah den ersten ernsthaften Zusammenstoß der beiden im Mittelmeer nun übriggebliebenen Flotten. Ein italienischer Konvoi, der am Abend des 6. 7. aus Neapel mit fünf Fahrgastschiffen auslief, auf denen 2000 Soldaten, 300 Panzer und Lastwagen und 16000 Tonnen Nachschubgüter für die italienischen Afrikaverbände geladen waren, wurde nach der Meldung, daß ein britischer Kreuzerverband in Malta eingelaufen sei, am 7. Juli von Supermarina, dem italienischen Marine-Oberkommando, durch die 2. Kreuzer-Division mit den Kreuzern »Giovanni delle Bande Nere« und »Bartolomeo Colleoni« und vier Zerstörer als Sicherung zusätzlich zu den 6 Torpedobooten verstärkt.

Um auch gegenüber den von Malta auslaufenden Feindeinheiten gesichert zu sein, wurde die Fernsicherung mit der 1. und 3. Kreuzer-Division mit den Schweren Kreuzern »Bolzano«, »Fiume«, »Gorizia«, »Pola«, »Trento«, »Trieste« und »Zara« und zwölf Zerstörer aufgeboten. Darüber hinaus wurde zur Abschirmung nach Osten die 7. Kreuzer-Division unter Divisions-Admiral Sansonetti mit den Leichten Kreuzern »Eugenio di Lavoia«, »Muzio Attendolo«, »Filiberto Duca d'Aosta«, »Raimondo Montecuccoli« und vier Zerstörern aufgeboten.

Das Gros der Flotte aber, mit der 4., 5. und 8. Kreuzer-Division unter Führung der Divisions-Admirale di Moriondo, Brivonesi und Legnani bildete unter der Oberleitung von Geschwaderadmiral Campioni die Rückhaltgruppe. In ihr waren die Schlachtschiffe »Giulio Cesare« und »Conte di Cavour«, die Leichten Kreuzer »Giuseppe Garibaldi«, »Luigi di Savoia Duca degli Abruzzi«, »Armando Diaz«, »Luigi Cadorna«, »Alberto di Giussano«, »Alberico di Barbiano« und 13 Zerstörer vereinigt. Nicht weniger als 24 U-Boote wurden von Supermarina an den verschiedenen Auffangstellungen aufgestellt.

Noch niemals vorher hatte das Mittelmeer eine solche Zusammenballung von Seestreitkräften gesehen. Alle Voraussetzungen für eine große Seeschlacht waren gegeben, denn auch der Gegner hatte nicht nur die Force A unter Vizeadmiral Tovey mit den Kreuzern »Orion«, »Gloucester«, »Liverpool«, »Neptune« und »Sidney« aufgeboten, dem sich noch der australische Zerstörer »Stuart« zugesellte, sondern auch die Force B unter Admiral Cunningham mit der »Warspite«, fünf Zerstörern, die Force C unter Konteradmiral Pridham-Wippell mit den Schlachtschiffen »Malaya« und »Royal Souvereign«, dem Träger »Eagle« und elf Zerstörern und die Force H, die am Morgen des 8. Juli mit den Schlachtschiffen »Valiant« und »Resolution«, dem Schlachtkreuzer »Hood«, dem Träger »Arc Royal« und den Kreuzern »Arethusa«, »Emerald« und »Enterprise« sowie zehn Zerstörern aus Gibraltar ausgelaufen war.

Am selben Tag erreichte der italienische Geleitzug Bengasi. Im Jonischen Meer sammelte sich zur gleichen Zeit die italienische Flotte, um einen Vorstoß gegen die britische Mittelmeerflotte zu unternehmen. Im Laufe des Tages griffen als erste 72 italienische Maschinen an und warfen 102 Bomben von 250 kg und 331 von 100 kg. Doch nur der Kreuzer »Gloucester« wurde getroffen. Der Kommandant und neun Soldaten des Kreuzers fielen.

Die britische Luftaufklärung sichtete am Morgen des folgenden Tages den Gegner. Der Angriff einer Reihe Trägerflugzeuge von der »Eagle« blieb erfolglos. Am Nachmittag, als die Kreuzer einander zuerst in Sicht bekamen, begann das Gefecht, das 105 Minuten andauerte. »Guilio Cesare« erhielt von der »Warspite« einen Treffer, der die Geschwindigkeit des Schiffes auf 18 Knoten herabsetzte. »Bolzano« wurde von mehreren Granaten britischer Kreuzer getroffen. Admiral Campioni befahl den Angriff sämtlicher zur Verfügung stehender Zerstörer mit Torpedos. 17 schnelle Zerstörer versuchten anzugreifen, mußten aber im Granatenhagel der englischen Schiffe abdrehen. Ihre Torpedoschüsse fielen aus viel zu großer Entfernung, keiner traf. Das, was ein gewaltiges Seegefecht zu werden versprach, wurde nur ein Geplänkel, mehr nicht.

Ebenfalls am 8. Juli liefen der Träger »Hermes« und die beiden Schweren Kreuzer »Australia« (RAN) und »Dorsetshire« nach Dakar in Westafrika, um das dorthin verbrachte französische Schlachtschiff »Richelieu« auszuschalten. Mit einem Motorboot, das die Balkensperre überlief, wurden Wasserbomben unter das Heck des französischen Schlachtschiffs geworfen. Sechs Swordfish-Torpedoflieger griffen anschließend an und erzielten einen Torpedotreffer. Der hier liegende Leichte Kreuzer »Primauguet« wurde nicht getroffen.

Als Malta dringend neue Hurricane-Jäger brauchte,

liefen zwei Gruppen der britischen Force H mit zwei Schlachtschiffen, drei Kreuzern und zwölf Zerstörern zusammen mit dem alten Träger »Argus« von Gibraltar in den Seeraum südwestlich Sardinien, wo die zwölf Jäger gestartet wurden, die Malta sicher erreichten.

Die Italiener wiederum begannen mit dem Minenlegen, woran auch Kreuzer beteiligt waren. »Da Barbiano« und »Di Giussano« legten in der Nacht zum 6. August mit zwei Zerstörern als U-Bootssicherung 394 Minen.

Der Kampf im Mittelmeer stellte sich mehr und mehr als eine Reihe von Nadelstich-Operationen heraus. Küstenbeschießungen, Geleitzugsicherung, Transport- und Mineneinsätze wechselten auf beiden Seiten einander ab. Einer der interessantesten Einsätze im August-September war die Überführung eines britischen Flottenverbands durch das gesamte Mittelmeer nach Alexandria. Daran beteiligt waren das Schlachtschiff »Valiant«, der Träger »Illustrious«, die Flakkreuzer »Calcutta« und »Coventry«. Die Force H übernahm im Westlichen Mittelmeer die Geleitaufgaben für diesen Verband. Südlich Sizilien wurde diese Deckungsgruppe noch durch die Mittelmeerflotte mit zwei Schlachtschiffen, einem Träger und den Kreuzern »Gloucester«, »Kent«, »Liverpool«, »Orion« und »Sydney« verstärkt, die gleichzeitig einen für Malta bestimmten Versorgungskonvoi sicherte.

Die mit insgesamt fünf Schlachtschiffen, 12 Kreuzern und 39 Zerstörern aus Tarent und Messina auslaufende italienische Flotte kam nicht an die britischen Verbände heran.

In dem vorangegangenen Seegefecht bei Kap Spada am 19. Juli wurden zwei italienische Kreuzer, die sich auf dem Verlegungsmarsch von Tripolis nach Leros befanden, von dem australischen Kreuzer »Sydney« und sechs Zerstörern abgefangen. Der Leichte Kreuzer »Colleoni« erhielt einen Treffer, der ihn manövrierunfähig machte. Nach Treffern von Torpedos der beiden Zerstörer »Havock« und »Ilex« sank er. »Giovanni delle Bande Nere«

unter Kapitän z. S. Maugeri führte den Kampf weiter und brachte »Sydney« einen schweren Treffer bei, der diesen Kreuzer zum Abdrehen zwang. Die britischen Zerstörer konnten 525 schiffbrüchige Italiener der »Colleoni« bergen. Unter ihnen war auch der Kommandant, Kapitän z. S. Novaro. Dieser erlag in Alexandria den erlittenen Verwundungen und wurde am 24. Juli in Anwesenheit von Captain Collins, dem Kommandanten des Kreuzers »Sydney«, in aller Form und mit militärischen Ehren beigesetzt.

Ein Vorstoß der italienischen Flotte am 6. September mit sechs Kreuzern und 19 Zerstörern galt der Force H, die südlich von Sardinien auf dem Wege von Alexandria nach Malta entdeckt worden war. Doch die Force H hatte bereits den Raum um Gibraltar erreicht und verließ das Mittelmeer.

Damit ging im Mittelmeer das erste Kriegsjahr zu Ende, ohne daß es zu irgendeiner größeren Schlacht gekommen wäre, in der beide Seiten unter Einsatz ihrer Großkampfschiffe die Entscheidung herbeizuführen versucht hätten.

Der Handelskrieg im Ozean

Die allgemeine Lage

Nach dem Sieg in Norwegen und der Niederringung Frankreichs im Frühjahr und Sommer 1940 boten sich für Deutschland einige gute Wege zur Ausnutzung der günstigen strategischen Lage an. Es wäre sogar ein Friedensschluß möglich gewesen, wie dies in der Reichstagsrede Hitlers vom 19. Juli 1940 angeklungen war, nur daß Hitler selbst dieses Angebot durch seine Forderungen zunichte machte.

Der größte Schlag hätte die Landung auf den Britischen Inseln sein können. Doch das »Unternehmen Seelöwe« fand nicht statt, weil die von Hitler verlangte absolute Luftherrschaft über England nicht erreichbar war. Während die Luftschlacht über England tobte, mit der diese Herrschaft erreicht werden sollte, ließ die Seekriegsleitung ihre eigenen Pläne nicht aus dem Auge. Für sie war der Angriff auf die feindlichen Seeverbindungen vordringlichstes Anliegen, was sie durch die Entsendung der ersten Hilfskreuzer im März, April und Juni 1940 unter Beweis stellte. Diese Hilfskreuzer waren nichts anderes als Lückenbüßer, weil alle schweren Überwasserstreitkräfte im Norwegenfeldzug gebraucht (und vier von ihnen versenkt oder schwer beschädigt) wurden. Die Seekriegsleitung bemühte sich, die beiden Panzerschiffe so rasch wie möglich wieder zum Einsatz zu bringen. Aber, »Lützow« war auf dem Rückmarsch vom Norwegenunternehmen zusätzlich durch U-Boottorpedos schwer getroffen worden und fiel bis auf weiteres für den Handelskriegseinsatz aus. Auch »Gneisenau« war durch jenen U-Boot-Torpedo, der sie am 26. Juni vor der norwegischen Küste getroffen hatte, für mehrere Monate außer

Gefecht gesetzt. Übrig blieb also nur der Schwere Kreuzer »Admiral Hipper«. Dennoch wurde der Krieg zur Störung des Handels fortgesetzt, und auch »Hipper« mußte sich in den Kreuzerkrieg zur Verhinderung des Zufuhrverkehrs nach England einschalten. Als die »Gneisenau« am 25. Juli — behelfsmäßig nach dem Torpedotreffer wiederhergestellt — in Drontheim ankerauf ging, um nach Kiel zu laufen, wozu der BdA auf dem Leichten Kreuzer »Nürnberg« mit vier Zerstörern Sicherung fuhr, lief auch »Admiral Hipper« aus Drontheim aus, um im Nordpolarmeer zwischen Nordnorwegen und der Bäreninsel Handelskrieg zu führen.

Der Schwere Kreuzer sichtete keine britischen Schiffe. Alle angehaltenen Schiffe waren Neutrale, die — bis auf die russischen — nach Bannware durchsucht wurden. Ein einziger kleiner finnischer Dampfer hatte Bannware geladen und wurde als Prise aufgebracht.

Dies war, da zur Sommerzeit die hellen Nächte jeden Durchbruch in den Atlantik verboten, der einzige größere Einsatz. Die Seekriegsleitung setzte auf die »Admiral Scheer«, die in Wilhelmshaven gerade ihre Reparatur beendete. Doch während der folgenden Gefechtsausbildung im Oktober mußte Kapitän z. S. Krancke nicht nur Kolbenstangenbrüche, sondern auch Risse an den Haupt- und Hilfsmotoren melden, die das Auslaufen des Schiffs weiter verzögerten. Das Auswechseln der Kolben würde weitere 21 Tage benötigen. Das geschah in der Werft zu Danzig, wo die »Admiral Scheer« in Tag- und Nachtschichten wieder einsatzbereit gemacht wurde.

»Admiral Scheer« im Handelskriegseinsatz

Mit dem Auslaufen des Flottentankers »Nordmark« unter Korvettenkapitän Grau aus Gotenhafen kündigte sich der Wiedereinsatz der in Schwerer Kreuzer umbenannten »Admiral Scheer« an. Am 23. Oktober ging der Kreuzer dann selbst in Gotenhafen ankerauf und lief durch die Ostsee in den Kaiser-Wilhelm-Kanal. »Admiral Scheer« hatte folgenden Operationsbefehl erhalten:

»1. Nordatlantik:
a) Operieren auf der Kanada-Route zwischen Halifax und dem Nordkanal.
b) Operieren auf der Westindien-Route (Verkehrswege zwischen den Westindischen Inseln und Freetown bzw. Nordkanal.
2. Südatlantik:
a) Operieren auf den Verkehrswegen zwischen dem La Plata und Freetown bzw. auf der Kap-Freetown-Route.
b) Auftreten auf der Kap-Freetown-Route.
3. Eventuell Operieren in der Antarktis während der Walfangperiode von Dezember bis Februar.
4. Ausweichgebiet sollte der Indische Ozean sein.«
(S. KTB der Skl, Teil A, Heft 12)

»Admiral Scheer« hatte am 24. Oktober gerade den Gro-ßen Belt erreicht, als sie von der Marinegruppe Nord, General-Admiral Carls, im Einverständnis mit der Seekriegsleitung zurückgerufen wurde. Es lagen triftige Gründe zu der Annahme vor, daß das Auslaufen des Schweren Kreuzers der Gegenseite bekannt geworden war. Da zudem eine außergewöhnlich gute Sicht herrschte, schien das Durchbruchsrisiko zu hoch. »Admiral Scheer« lief nach Brunsbüttel zurück. Drei Tage später ging sie erneut ankerauf. Zwar war die Sicht noch immer nicht bedeutend schlechter geworden, aber nun versuchte Kapitän z. S. Krancke, sich durch einen schnellen Nachtmarsch der Sicht des Gegners zu entziehen.

Beim Dämmern des nächsten Morgens lief der Kreuzer in einen einsamen Fjord bei Stavanger ein. Von hier aus sollte der Marsch um 18.30 Uhr weitergehen. Als der Kreuzer das Schärenfahrwasser verließ, wurde durch den Funkbeobachtungsdienst ein Feindflugzeug 65 Seemeilen westlich von Stavanger erfaßt. Krancke ließ wieder kehrt machen und lief erst um 19.10 Uhr mitten in einer Regenbö aus, als das Flugzeug bereits nach Westen abgedreht hatte. In schneller Fahrt auf Nordkurs versuchte er, aus dem Bereich der gegnerischen Luftaufklärung herauszukommen.

Als am Nachmittag dieses Tages eine deutsche Do 18 die »Admiral Scheer« als »Schlachtschiff« meldete und kurz darauf die Meldung berichtigte, schien ein unerkanntes Auslaufen endgültig vorbei zu sein. Doch der Gegner hatte diese Funkmeldung offenbar nicht aufgefangen.

Am 30. Oktober trat dann jene Wetterverschlechterung ein, die für den Durchbruch des Schweren Kreuzers durch die Dänemarkstraße Bedingung war. Mitten im ausbrechenden Orkan stampfte die »Admiral Scheer« nach Norden. Bei der schweren See wurden zwei Soldaten des Schiffs über Bord gerissen, ohne daß man sich um sie hätte kümmern können, zumal einer der beiden unbeobachtet über Bord ging.

Zwei kleine Bewacher, die als Sicherung in See standen und wegen des schweren Wetters beigedreht hatten, wurden umlaufen. Der Durchbruch in den Atlantik war unbemerkt gelungen. Am 1. November notierte Kapitän z. S. Krancke in sein Kriegstagebuch:

»Ich beabsichtige zunächst einen Punkt anzusteuern auf etwa 53 Grad Nord, 35 Grad West und von hier mit Kreuzschlägen das Gebiet abzusuchen.«

Nachdem das Schiff um 23.16 Uhr durch Kurzsignal das Überschreiten des 60. Breitengrads gemeldet hatte, ging die operative Führung des Kreuzers von der Marinegruppe Nord auf die Seekriegsleitung über.

Bis zum 3. November durfte ein Geleitzug erwartet werden, der Halifax am 27. Oktober verlassen hatte. Auf ihn richtete Krancke seine Operationen aus. Das schlechte Wetter erlaubte keinen Flugzeugeinsatz, doch ohne ihn war das Erfassen des Geleitzugs Glückssache.

Erst am 5. November hatte sich das Wetter derart gebessert, daß das Bordflugzeug starten konnte. Fliegende Besatzung waren auf »Admiral Scheer« Oberleutnant z. S. Pietsch als Beobachter und Oberfeldwebel Gallinat als Flugzeugführer. Sie starteten um 9.40 Uhr und hatten Weisung, nur im äußersten Notfall zu funken. Als sie um 12.15 Uhr landeten, meldete Pietsch noch vor dem Einsetzen der Maschine:

»Acht Dampfer gesichtet!«

Als er an Bord gekommen war, folgten die Details: Kurs, Geschwindigkeit und weitere Dampfer hinter der ersten Gruppe.

Krancke entschloß sich, sofort auf diese Sichtmeldung zuzuhalten. Mit 23 Knoten Fahrt lief »Admiral Scheer« der Beute entgegen. Nach zwei Stunden Fahrt kam eine Rauchwolke in Sicht. Da der Dampfer mehrere Kursänderungen durchführte, kam die Vermutung auf, daß es sich um einen Hilfskreuzer handeln könnte. »Admiral Scheer« drehte auf ihn zu und befahl ihm, zu stoppen, und der Besatzung, in die Boote zu gehen und die Papiere des Schiffs mitzubringen.

Es war der bewaffnete Dampfer »Mopan«. Nachdem die 68köpfige Besatzung aufgenommen worden war, wurde die »Mopan« durch Schüsse mit dem 10,5-cm-Geschütz unterhalb der Wasserlinie versenkt.

Noch während dieses Einsatzes erschienen im Süden Rauchfahnen, dann tauchten auch Mastspitzen auf, und bald darauf konnte man 27 Fahrzeuge des erwarteten Geleitzugs erkennen. Mit großer Fahrt drehte der Schwere Kreuzer darauf zu. Als er auf 250 hm herangekommen war, wurde er von einem Hilfskreuzer aufgefordert, das Erkennungssignal zu geben. »Admiral Scheer« antwortete nicht und drehte, inzwischen auf 170 hm herangekommen, zum laufenden Gefecht auf.

Es war 16.40 Uhr, als die Schwere Artillerie den Hilfskreuzer und die Mittelartillerie einen Tanker rechts dahinter unter Feuer nahm. Der Hilfskreuzer schoß nun rote Sterne, was bedeutete, daß sich der Geleitzug aufzulösen habe. Die Dampfer drehten einzeln auf südliche Kurse ab und begannen mit dem Abblasen von künstlichem Nebel.

Der Hilfskreuzer, der nach Backbord herauslief, erwiderte das Feuer des Schweren Kreuzers. Seine Schüsse lagen zu kurz, während die Schüsse des deutschen Kreuzers bereits sehr schnell im Ziel lagen. Die Brücke der »Jervis Bay«, so hieß der Hilfskreuzer, stand bereits nach den ersten Salven in hellen Flammen. Auch der anvisierte Tanker hatte durch die Mittelartillerie Treffer erhalten. Brände brachen aus, und wenig später war er in einer Wolke künstlichen Nebels versunken. Der Hilfskreuzer, der nach dem schweren Brückentreffer den Kampf einstellte, sank wenig später.

Auf der »Admiral Scheer« wurde nun in schneller Folge Zielwechsel vorgenommen und auf etwa zehn Schiffe geschossen, die man einzeln aus dem Nebel herauspicken mußte; die Artillerie traf immer wieder. Brände loderten hell aus dem künstlichen Nebel empor. Einer der Dampfer wurde durch einen Torpedoschuß versenkt, während die übrigen, die schwer getroffen worden waren, sinkend hinter dem Schweren Kreuzer zurückblieben, der bei einfallender Abenddämmerung das Feuer einstellte und mit Westkurs ablief. Ein Drittel der schweren Artilleriemunition und die Hälfte der Vorräte für die Mittelartillerie waren verschossen worden. Kapitän z. S. Krancke wollte noch genügend Munition zur Verfügung haben für den Fall, daß feindliche Kriegsschiffe auftauchen sollten, denn er konnte erst in einer Woche von der »Nordmark« neue Munition erhalten.

Dieses überraschende, schnelle Hineinpreschen in einen Geleitzug, das gezielte Feuer, das nach den Erkenntnissen des Kommandanten insgesamt neun Schiffe tödlich getroffen hatte, zeigte, welch tödliche Bedrohung ein solches Schiff für einen Geleitzug bedeutete. Dem furiosen Auftakt des Einsatzes der »Admiral Scheer« fielen, wie sich später herausstellte, sieben Schiffe mit 52 884 BRT zum Opfer. Eines der vermeintlich versenkten Schiffe, ein Tanker, war zweimal angegriffen und schwer getroffen worden. »Admiral Scheer« hatte keinen einzigen Treffer erhalten.

Die Britische Admiralität wurde durch dieses plötzliche Auftreten des Schweren Kreuzers derart aufgeschreckt, daß zwei weitere britische HX-Konvois sofort zurückgerufen wurden. Captain Roskill schrieb darüber:

> »Der Verlust an Importen, der durch das plötzliche Auftreten der deutschen Taschen-Schlachtschiffe auf unserer Haupt-Geleitzugsroute verursacht wurde, war weit größer, als die Ladung, die wirklich durch diese Schiffe versenkt wurde.«

Admiral Forbes schickte die Schlachtkreuzer »Hood« und »Repulse« mit drei Einheiten des 15. Kreuzergeschwaders und sechs Zerstörern von Scapa Flow aus zur Überwachung der Zufahrten nach Brest und Lorient in See, weil er der Annahme war, daß dieses Schiff bald wieder irgendwo einlaufen werde. Er selbst lief mit den Schlachtschiffen »Nelson« und »Rodney« nach Norden, um die Sicherung des Seegebiets zwischen Island und den Färöern zu übernehmen.

Kapitän z. S. Krancke ließ nun seinen Mast zur Täuschung des Gegners ebenso anmalen, wie es auf der »Admiral Graf Spee« geschehen war. Durch die Seekriegsleitung erhielt er per FT-Spruch Anweisung, zur Ölergänzung mit dem Tanker »Eurofeld« zusammenzutreffen. Mit der »Eurofeld« marschierte »Admiral Scheer« sodann zum Treffpunkt mit der »Nordmark«, aus der sich beide versorgten. Außerdem wurden die 68 Gefangenen der »Mopan« an die »Nordmark« abgegeben.

Über FT meldete Krancke am 20. November, daß er nun sein neues Operationsgebiet in den Raum der Antillen verlegen werde. Er hoffte, dort Tanker fassen zu können, die ihm zur Zeit am wertvollsten erschienen, und wollte etwa 14 Tage in diesem Seegebiet bleiben, um sodann wieder nach Osten zu marschieren und auf der Route Kapverdische Inseln-England aufzutauchen.

Die Seekriegsleitung war mit diesem Vorgehen einverstanden. »Admiral Scheer« erreichte die Antillen am 23. November. Am nächsten Vormittag kam bereits die erste Rauchwolke in Sicht, und nach 90 Minuten, die der Kreuzer mit 23 Knoten Fahrt rasch auf das Ziel zujagte, wurde der englische Dampfer »Port Hobart« gestellt. Er hatte in der Zwischenzeit zwei Funksprüche abgesetzt und gemeldet, daß er verfolgt und beschossen werde. Nachdem die Passagiere und die Besatzung übernommen worden waren, wurde das Schiff, das Stückgut und fünf Flugzeuge geladen hatte, versenkt.

Da der Standort der »Admiral Scheer« aber nun so rasch bekannt geworden war, beschloß Krancke, das Ausweichziel westlich der Kapverdischen Inseln anzusteuern. Noch am selben Tage ließ die Britische Admiralität, die durch eine Unterlassung des Funkers der »Port Hobart« nicht wußte, ob es sich bei dem Angreifer um einen Hilfskreuzer oder ein Panzerschiff gehandelt hatte, drei Jagdgruppen bilden. Es waren:

Force K: Träger »Formidable«, Schwere Kreuzer »Berwick« und »Norfolk«;
Gebiet St. Helena: Träger »Hermes«, ein Kreuzer der D-Klasse;
Verstärkung der Südamerikanischen Division: Schwerer Kreuzer »Cumberland«, Leichter Kreuzer »Newcastle«.

Die erste Gruppe erreichte das Einsatzgebiet jedoch erst Anfang 1941.

Als »Admiral Scheer« am 30. November das neue Einsatzgebiet erreichte und am nächsten Nachmittag die erste Rauchwolke gesichtet wurde, entschloß sich Krancke, um den Überraschungsfaktor nicht auch hier sogleich aufzugeben, dieses Schiff erst in der kommenden Nacht und möglichst lautlos zu stellen. Bis zum Einfall der Abenddämmerung hielt der Schwere Kreuzer Fühlung und schloß dann heran, um dem Gegner um 20.52 Uhr einen Schuß vor den Bug zu setzen und ihn zum Stoppen zu veranlassen.

Als man beobachtete, daß ein Geschütz auf der Back des Dampfers besetzt wurde, ließ Krancke eine 15-cm-Salve schießen. Der Dampfer erwiderte das Feuer, und die nächsten drei Salven der »Admiral Scheer« erzielten Treffer. Die Besatzung verließ das Schiff, der Dampfer stoppte. Es war die 6252 BRT große »Tribesman«, die glücklicherweise nicht gefunkt hatte. Die Besatzung — sieben Engländer und 69 Inder — wurde von dem Schweren Kreuzer übernommen. Da ein Boot mit dem Kapitän und etwa 20 Besatzungsmitgliedern geflohen war, mußte »Admiral Scheer« das Gebiet jedoch wieder räumen, da man damit rechnete, daß dieses Boot spätestens in 48 Stunden gefunden sein würde.

Zunächst aber traf der Kreuzer am 14. Dezember wieder mit der »Nordmark« zusammen. Es wurden 1385 cbm Öl übernommen und 150 Gefangene abgegeben. Diesmal konnten auch die beschädigten Tragflächen der Ar 196 ausgetauscht werden.

Am 18. Dezember sichtete das Bordflugzeug einen auf Nordkurs laufenden bewaffneten Dampfer. »Admiral Scheer« hielt darauf zu und versuchte, das Schiff durch einen Schuß vor den Bug anzuhalten. Der »Duquesa«, einem Kühlschiff von 8651 BRT, gelang es aber, ihren Standort zu funken und zu melden, daß sie von einem deutschen Kriegsschiff beschossen würde. Für die »Admiral Hipper«, die sich gerade auf dem Ausmarsch ins Operationsgebiet befand, war dieser Notruf günstig, denn der Gegner wurde von dem Durchbruchsgebiet abgelenkt.

Unter Führung von Lt. z. S. (S.) Goetsch wurde die

»Duquesa« mit einem Prisenkommando besetzt und in's Wartegebiet »Andalusien« im Südatlantik verlegt, wo sie als »Verpflegungsstation Wilhelmshaven-Süd« zur Verproviantierung der im Südatlantik operierenden Hilfskreuzer, Versorgungsschiffe und Blockadebrecher diente. Ihre Ladung bestand nämlich aus 3539 Tonnen Gefrierfleisch und 15 Millionen frischen Eiern, die aus Argentinien nach England transportiert werden sollten.

Admiral Raikes, Stationschef in Freetown, der westafrikanischen Flottenbasis der Briten, ließ sofort eine neue Suchaktion starten. Die Kreuzer »Dorsetshire« und »Neptune« klärten in dem Seegebiet bis 500 Seemeilen südlich Freetown auf, während Träger »Hermes« mit dem Leichten Kreuzer »Dragon« und dem Hilfskreuzer »Pretoria Castle« von St. Helena aus nach Norden aufklärten.

Wieder nach Norden marschierend, sichtete »Admiral Scheer« erst wieder am Morgen des 18. Januar 1941 eine Rauchwolke. Kapitän z. S. Krancke entschloß sich, nach Einfall der Dunkelheit anzugreifen, um ein Funken des Dampfers zu verhindern. An der Grenze der Sichtweite mitlaufend, ließ er am Nachmittag das Bordflugzeug starten, das einen Tanker meldete, der offenbar schwer beladen war. Bei der Landung des Flugzeugs wurden erneut die Tragflächen und zudem der Backbordschwimmer beschädigt.

Nach Einbruch der Dunkelheit begann der Angriff. Als der Kreuzer bis auf 2200 Meter herangekommen war, ließ Krancke auf den Tanker aus vier Rohren der 10,5-cm-Geschütze das Feuer eröffnen. Dabei bediente er sich der Zeitzündergranaten, die über dem Schiff auseinanderkrachten und eine starke »moralische« Wirkung hatten, ohne das Schiff selbst zu gefährden.

Der Tanker funkte nicht, ließ aber ein Boot zu Wasser, in dem sich 15 Mann der Besatzung befanden. Krancke ließ das Feuer sofort einstellen. Das an Bord gehende Prisenkommando meldete, daß es sich um den norwegischen Motortanker »Sandefjord« handele, der 11 000 Tonnen Rohöl geladen hatte. Da dieser Tanker Unterbringungsmöglichkeiten für etwa 200 Mann hatte, ließ Krancke das Prisenkommando unter Leutnant z. S. Goetsch an Bord bleiben und schickte den Tanker zum Treffpunkt mit der »Nordmark«. Hier sollte er die 200 Gefangenen übernehmen und alle in die Heimat schaffen.

Am 20. Januar wurde der niederländische Dampfer »Barneveld« gesichtet. Zunächst kamen gegen 14.30 Uhr nur zwei Mastspitzen in Sicht. Als eine Stunde später ein zweiter Dampfer auf Gegenkurs in Sicht kam, mußte Krancke, wenn er beide erwischen wollte, nun doch noch am Tage angreifen und nicht erst in alter Manier nach Einbruch der Dunkelheit.

Als um 16 Uhr der nach Süden marschierende Dampfer nach Westen wegzackte, lief der deutsche Kreuzer mit großer Fahrt hinterher und rief den Dampfer an, wobei er sich als englisches Kriegsschiff ausgab. Der Dampfer machte kehrt und lief direkt auf die »Scheer« zu, um die Kontrolle zu erleichtern. Als er bis auf 4000 Meter herangekommen war, ließ Krancke ein Prisenkommando übersetzen und gab dem Dampfer die Weisung, ihm zu folgen.

Es war der Niederländer »Barneveld« der sechs Jagdflugzeuge, 86 Kraftfahrzeuge und 1000 Tonnen Munition geladen hatte und von Freetown nach Kapstadt unterwegs war. Der Kapitän des Schiffs hatte drei an Bord befindliche englische Seeoffiziere auf die Brücke rufen lassen, die ihm bestätigt hatten, daß es sich bei dem näherkommenden Kreuzer um die »Cumberland« handeln müsse.

Es war genau 17 Uhr, als die »Admiral Scheer« drehte und mit großer Fahrt auf den zweiten Dampfer zulief, der nun in 275 hm Distanz ebenfalls auf Westkurs ging und zu entkommen trachtete. Der deutsche Kommandant eröffnete in englischer Sprache einen Morseverkehr, und da der Kapitän des Dampfers sah, daß die »Barneveld« dem

Kreuzer folgte, war er auch davon überzeugt, von einem englischen Kreuzer angehalten zu werden. So drehte er ebenfalls auf »Admiral Scheer« zu. Es war der englische Dampfer »Stanpark«, der mit 7700 Tonnen Baumwollsaat und 250 Sack Frischkartoffeln von Port Sudan nach England unterwegs war und in Freetown zur Zwischenlandung einlaufen wollte.

Die Ladung — auch die Kartoffeln — ließ Krancke kalt. Er ließ Sprengpatronen anschlagen und danach einen Torpedofangschuß schießen, der das auslaufende Heizöl entzündete. Da dieser hell auflodernde Brand in der inzwischen einfallenden Dunkelheit weit zu sehen sein mußte, lief die »Admiral Scheer«, gefolgt von der »Barneveld«, ab. Dieser Dampfer wurde am nächsten Tag durch Sprengpatronen versenkt, nachdem man seine Besatzung übernommen hatte. Damit waren auf der Route Freetown-Kapstadt drei Dampfer spurlos verschwunden.

Da Krancke für den 26. Januar einen Gedankenaustausch mit dem Kommandanten des HK »Thor« vereinbart hatte, mit dem zusammen er ja im Südraum operierte, und da außerdem die »Admiral Scheer« nunmehr 142 Gefangene an Bord hatte, trat das Schiff am Mittag den Marsch nach Süden an.

Im Weddellmeer hatte Schiff 33, HK »Pinguin«, eine ganze Walfangflotte aufgebracht. Da dieses neue Einsatzgebiet ergiebig zu sein schien, gab die Seekriegsleitung am 23. Januar den Befehl an »Admiral Scheer« heraus, ebenfalls in dieses neue Operationsgebiet vorzustoßen.

Als gegen Abend des 24. Januar eine US-Funkstelle an die norwegischen Walkochereien die Warnung durchgab, möglichst den nächsten südamerikanischen Hafen anzulaufen, da ein deutscher Handelszerstörer in der Antarktis stehe, gab Krancke aber das Vorhaben auf, ebenfalls dorthin vorzustoßen. In seinem Kriegstagebuch begründete er diesen Entschluß damit, daß es nunmehr zwecklos sei, in die Antarktis zu gehen. Er wollte erst später, nach einem Zwischeneinsatz im südlichen Indischen

Ozean, in der letzten Hälfte des Februar in die Antarktis marschieren.

Am 24. Januar entließ Krancke den Tanker »Eurofeld« mit 105 Gefangenen und am 28. auch die Prise »Sandefjord«, die am 25. Januar eingetroffen war. Diese hatte 241 Gefangene übernommen und sollte damit nach Westfrankreich gehen.

Die Seekriegsleitung war mit dem neuen Operationsgebiet einverstanden, grenzte es aber gegenüber dem Hilfskreuzer »Atlantis« ab, der bis zum 15. Februar nur nördlich 20 Grad Süd operieren sollte.

Der Höhepunkt des ozeanischen Zufuhrkrieges stand nunmehr unmittelbar bevor, denn auch »Scharnhorst« und »Gneisenau« waren zu ihrer großen Atlantikunternehmung ausgelaufen. Doch hier folgen wir zunächst den weiteren Unternehmungen der »Admiral Scheer«, die in dem neuen Operationsgebiet Indischer Ozean zu neuen Erfolgen zu kommen trachtete.

Die am 7. Februar beginnende Suche nach Einzelfahrern, die auf der Australien-Südafrika-Route vermutet wurden, brachte keine Sichtmeldung. Trotz eines Orkans, in dessen Randgebiet der Schwere Kreuzer geriet, übernahm »Admiral Scheer« am 14. Februar Öl aus der »Ketty Brövig« und gab Proviant an »Atlantis« ab, mit denen sie sich vor Madagaskar traf. Nach drei Tagen trennten sie sich wieder und marschierten auf entgegengesetzten Kursen in ihre Operationsgebiete.

Am Morgen des 20. Februar startete das Bordflugzeug zu einem Erkundungsflug. Es meldete nach kurzer Zeit einen Frachter mit weißen Aufbauten, was auf ein neutrales Fahrzeug hinwies. »Admiral Scheer« fand den Dampfer aber nicht, und so startete das Bordflugzeug um 13.40 Uhr ein zweitesmal. Als es noch in der Luft war, kamen im Norden Mastspitzen über der Kimm empor. Sofort drehte »Admiral Scheer« darauf zu, trickste den Tanker — es war die »British Advocate« — mit englischem Funkverkehr aus und überrumpelte ihn. Von der

44köpfigen Besatzung wurden 24 Engländer übernommen, der Rest blieb mit der deutschen Prisenmannschaft an Bord, denn der Tanker hatte jeweils etwa 5000 Tonnen Rohöl und Petroleum geladen, die Krancke sicherstellen wollte.

Während der Übernahme der Besatzung kehrte das Bordflugzeug von seinem zweiten Erkundungsflug zurück. Es hatte den Dampfer wiederentdeckt, der am Vormittag gesichtet worden war. »Admiral Scheer« nahm ab 16.45 Uhr Kurs auf diesen neuen Dampfer zu und griff ihn nach Sonnenuntergang an, indem zunächst nur der Schiffsname durch englisch gehaltenen Morsespruch erfragt wurde. Es war ein griechischer Dampfer »Grigorios C II« von 2456 BRT, der mit Stückgut aus New York nach Piräus, dem Hafen von Athen, unterwegs war. Die Untersuchung erbrachte die Tatsache, daß Kisten mit 190 Tonnen »Rotkreuz-Material« — in Wirklichkeit Schlagbolzen, Gewehr- und MG-Schlösser — enthielten. Das Schiff wurde am Morgen des 21. Februar gesprengt.

Das nach dem Sinken dieses Frachters abermals gestartete Bordflugzeug brachte eine weitere Sichtmeldung mit. Als Krancke diesen Dampfer am Abend stellte, sah er, daß das Fahrzeug abgeblendet fuhr. Nach einem Anruf gab es sich als Amerikaner aus und protestierte gegen das Angehaltenwerden. »Admiral Scheer« ging nahe heran und leuchtete mit den Scheinwerfern. An der Bordwand waren die amerikanischen Farben zu erkennen, und nun setzte der Dampfer auch Lichter und die US-Flagge. Als zudem noch auf der Brücke ein Transparent mit der Aufschrift »USA« aufleuchtete, schien das doch ein wenig zu dick aufgetragen. Schließlich begann der Dampfer noch zu funken und lief dann wieder mit AK an. Doch da erhielt er ein paar scharfe Granaten hinterhergejagt und stoppte. Es war ein Engländer, der den Namen »Canadian Cruiser« führte. Nach Übernahme der Besatzung wurde der Dampfer gesprengt. Aber sein Funken hatte die Funkstation Mauritius alarmiert.

Am nächsten Morgen um 9.02 Uhr kam ein weiterer Dampfer in Sicht, der aber sehr bald vor dem mit AK anrauschenden Kreuzer abdrehte und einen Notruf funkte. Aus 18 000 Meter wurde das Feuer auf ihn eröffnet. Nach zwei Salven tauchte der Dampfer in einer Regenbö unter und kam um 9.45 Uhr noch einmal kurz in Sicht. Eine weitere Salve erzielte Treffer. Der Dampfer stoppte. Es war der Niederländer »Rantaupandjang«, der mit 3000 Tonnen Steinkohle von Durban nach Singapore unterwegs war.

Die B-Dienstgruppe auf der »Admiral Scheer« erfaßte am 23. Februar um 7.35 Uhr eine Meldung aus Mauritius, nach der ein unbekanntes Kriegsschiff in Sicht sei. Da es sich nur um ein Feindschiff handeln konnte, wich »Admiral Scheer« nach Osten aus. An die Seekriegsleitung wurde folgender Funkspruch abgesetzt:

»1. Habe Prise ›British Advocate‹ in Marsch gesetzt.
2. Rogge Prise ›British Advocate‹ von Treffpunkt aus nach Heimat in Marsch setzen.
3. Habe insgesamt 151 000 BRT aufgebracht. Habe Aufgabe durchgeführt, bis auf Rückmarsch nach Wartegebiet ›Andalusien‹, eintreffe dort 7. 3. ›Ermland‹ soll warten.«

Ein britisches Flugzeug hatte am Mittag des 22. Februar den deutschen Kreuzer gesichtet. Es war von dem Leichten Kreuzer »Glasgow« aus gestartet. Auf seine Meldung hin liefen von allen Seiten Schiffe auf den deutschen Kreuzer zu. Es kamen der Träger »Hermes«, die Schweren Kreuzer »Canberra« und »Australia« sowie der Schwere britische Kreuzer »Shropshire«. Darüber hinaus liefen auch die Leichten Kreuzer »Capetown«, »Emerald« und »Enterprise« in Richtung der angegebenen Sichtungsposition.

Doch bis zum Abend des 24. Februar gab der Gegner die Jagd nach dem deutschen Kreuzer wieder auf, und

Links oben:
Vizeadmiral Sir Frederick
Edward-Collins, Führer
eines Kreuzerverbandes
im Norwegenunternehmen

Rechts oben:
Admiral Layton führte den
Sicherungsverband bei den
Evakuierungen von Norwegen

Rechts:
Konteradmiral McCarthy,
Kommandant auf »Ajax«,
im Mittelmeer

Links oben: Vizeadmiral Sir Henry D. Pridham-Wippell, Chef des 1. Schlachtschiff-Geschwaders im Mittelmeer. Rechts oben: Admiral Cunningham (Andrew Browne), bis Oktober 1943 OB-Mittelmeer. Unten: Der König besucht seine Offiziere und spricht mit ihnen vor den Unterkünften der Vereinigten Marinen in Devenport

Admiral Sir John Cunningham, Kommandant Kreuzer »Devonshire«,
Befehlshaber des 1. Kreuzergeschwaders, letzter Oberbefehlshaber der
Mittelmehrflotte bis Kriegsschluß

Von links: Konteradmiral Mack, Admiral Tovey und Konteradmiral Denny im Gespräch. Es geht um die Sicherung der Nordmeerkonvois nach Rußland

Konteradmiral C. S. Holland mit Commander Joel während einer Inspektion bei den Signalstationen in Schottland

»Admiral Scheer« drehte nun auf Südwestkurs und umrundete am 2. März das Kap der Guten Hoffnung.

Am 16. März traf der Kreuzer noch einmal mit dem Hilfskreuzer »Kormoran« und U 124 zusammen, weil U 124 aus der Heimat für »Admiral Scheer« und »Kormoran« wichtiges Material mitgebracht hatte. Für den Schweren Kreuzer war es das benötigte DT-Quarz, das auch sofort eingebaut wurde, womit das ausgefallene Funkmeßgerät wieder klar war.

Um Mitternacht wurde der Nordmarsch fortgesetzt. Als sich »Admiral Scheer« am 23. März der Dänemarkstraße näherte und Krancke die Wetterlage günstig fand, wollte er sofort durchbrechen. Doch tags darauf mußte das Schiff wegen der groben See beidrehen. Gegen Mitternacht traf ein Spruch der Seekriegsleitung ein, daß der Durchbruch frei sei. Aber in den ersten Morgenstunden des 25. März wehte noch immer ein Nordostwind mit Stärke 10. Da der Meteorologe an Bord der Ansicht war, daß der Sturm bald abflauen, es dabei aber diesig bleiben werde, trat das Schiff mit kleiner Fahrt den Marsch in die Dänemarkstraße an. Als es dann aber aufklarte, brach der Kommandant den Durchbruchsversuch ab und ließ das Schiff in Richtung zur Eisgrenze ablaufen, um am 27. März bei Schneetreiben mit 18 Knoten Fahrt den Durchbruch zu wagen. Zwei Sichtmeldungen wurden empfangen, und eine davon führte zur Sichtung eines Kreuzers. Aber der deutsche Kreuzer erhöhte auf 24 Knoten und lief weiter. In nördlicher Richtung kam gegen 19.50 Uhr ein weiterer Kreuzer in Sicht. Es hatte sich bei den beiden Sichtungen um die Leichten Kreuzer »Fiji« und »Nigeria« gehandelt.

Als die Britische Admiralität am 28. März durch die Funkbeobachtung den Durchbruch eines deutschen Kreuzers bestätigt sah, war es für eine Reaktion zu spät geworden. Das Schlachtschiff »King George V« und vier Kreuzer erreichten das betreffende Seegebiet erst, als der deutsche Kreuzer bereits vor der norwegischen Küste stand. Der Durchbruch war gelungen. Am 30. März ankerte »Admiral Scheer« im Grimstadfjord. Von hier aus ging er um 19 Uhr ankerauf und lief mit einer Zerstörersicherung in Richtung Deutschland. Der Schwere Kreuzer erreichte am achten Jahrestag seines Stapellaufs Kiel.

In 161 Tagen eines sagenhaften Raids hatte der Kreuzer über 46 000 Seemeilen zurückgelegt, 16 Schiffe des Gegners mit insgesamt 110 175 BRT versenkt, zwei Tanker mit insgesamt 15 032 BRT als Prisen eingebracht und einige weitere Schiffe mit geschätzten 28 000 Tonnen schwer beschädigt.

Damit hatte »Admiral Scheer« die erfolgreichste Feindfahrt einer schweren Kriegsmarineeinheit hinter sich gebracht. Großadmiral Raeder kam am 1. April 1941 persönlich an Bord des Schiffes und gratulierte dem Kommandanten zur Erringung des Ritterkreuzes, das ihm bereits am 22. Februar, als er noch in See stand, verliehen worden war.

Mit »Admiral Hipper« im Atlantik

Am Freitag, dem 13. September 1940, einem für jeden Seemann eigentlich unmöglichen Auslauftag, machte sich der Schwere Kreuzer »Admiral Hipper« durch die Ostsee und den Nord-Ostseekanal in Richtung Norwegen auf den Marsch. Wegen eines Maschinenschadens mußte er vorübergehend Kristiansand anlaufen, von wo er am 27. September wieder zu seiner Unternehmung auslief. Bereits nach kurzer Zeit wurden im Bereich der Steuerbordturbine starke Erschütterungen festgestellt. Unter dieser ständigen Belastung brach am Abend die Turbinenölleitung. Mit explosionsartigem Druck spritzten die Ölmassen auf die heißen Turbinenteile und gerieten sofort in Brand. Sekunden später stand der Raum der Steuerbordturbine in Flammen und es bestand die Gefahr, daß der Brand auch zur Backbordturbine übergriff, weil beide Turbinen sich im selben Raum befanden und nicht durch Schotten voneinander getrennt waren.

Durch Schnellschluß wurde die Steuerbordturbine gestoppt und der Brand mit allen verfügbaren Feuerlöschmitteln angegangen. Der LI, Fregattenkapitän Moritz, mußte wenig später auch die Backbordturbine durch Schnellschluß stoppen. Nun lief »Admiral Hipper« mit der Mittelmaschine nur noch höchstens 15 Knoten Fahrt. Drei Stunden dauerte die Brandbekämpfung, dann war es geschafft. Die Feuerursache wurde beseitigt, und »Admiral Hipper« konnte vom LI wieder für 27 Knoten fahrbereit gemeldet werden.

Die Seekriegsleitung wurde sofort durch FT-Spruch in Kenntnis gesetzt, so daß die bereits eingeleiteten Rettungsmaßnahmen — den in der Ostsee stehenden Leichten Kreuzern »Emden«, »Köln« und »Nürnberg« war sofortiges Auslaufen befohlen worden — wieder aufgehoben werden konnten.

»Admiral Hipper« lief in Bergen ein. Als der Kreuzer dort festmachte, lag bereits die Weisung der Seekriegsleitung vor, in die Heimat zurückzukehren, bei Blohm & Voss in die Werft zu gehen und nach Reparatur und Erprobung der Maschinenanlage erneut auszulaufen.

Der von der Marinegruppe West gemachte Vorschlag, die »Admiral Hipper« erst mit den beiden Schlachtkreuzern gemeinsam einzusetzen, wurde von der Seekriegsleitung verworfen, denn das hätte eine weitere Hafenliegezeit bis Ende Dezember bedeutet.

Am 18. November lief der Schwere Kreuzer in Kiel ein. Hier sollten die Restarbeiten durchgeführt werden. Am 21. November erklärte der neue Kommandant, Kapitän z. S. Meisel, daß der Ausbildungsstand der Besatzung nach dem starken Personalwechsel aller Dienstgrade während der Werftliegezeit zwar befriedigend, doch für den geplanten Einsatz nicht ausreichend sei. Er tat dies aufgrund einer diesbezüglichen Anfrage des OKM, A I.

Das Schiff sei »am 25. November wieder einsatzbereit«, fügte er noch hinzu.

Großadmiral Raeder gab aufgrund dieser Meldung das Auslaufen noch nicht frei, weil er der richtigen Meinung war, daß bei den sonstigen Mängeln für eine weitreichende Atlantikunternehmung das Schiff wenigstens ausbildungsseitig voll auf der Höhe sein müsse. Er bat um den persönlichen Vortrag von Kapitän z. S. Meisel.

Am 23. November waren die Maschinen klar. Drei Tage später fand eine Lagebesprechung beim Chef der Seekriegsleitung statt, die zu folgender Beurteilung der Lage für den Vorstoß der »Admiral Hipper« kam:

»Skl sieht gegenwärtige Feindlage, besonders auf die Dislokation der gegnerischen schweren Seestreitkräfte, als noch ausgesprochen günstig an. Der Gegner ist nicht in der Lage, alle Geleitzüge mit Kreuzern zu sichern, und beschränkt sich auf eine offenbar sehr lose Überwachungstätigkeit auf den Nordatlantikrouten mit Kreuzern und Hilfskreuzern ...
Der augenblickliche Zeitpunkt wird für ein Auftreten des ›Hipper‹ in Nordatlantik auch mit Rücksicht auf ›Scheer‹ im Mittelatlantik für besonders erwünscht angesehen, um eine Entlastung der Operationsführung der ›Scheer‹ im Mittelatlantik herbeizuführen, gegen den die Britische Admiralität verschiedene Kampfgruppen aufzustellen und anzusetzen im Begriff steht« (s. KTB 1. Skl, Teil A, Heft 16).

Aufgrund dieser günstigen Lagebeurteilung gab Großadmiral Raeder das Auslaufen des Schweren Kreuzers »Admiral Hipper« für den 27. November frei.

Noch am selben Tag verließ der Kreuzer Kiel, wurde aber in Brunsbüttel wegen der schlechten Wetterlage von der Marinegruppe Nord angehalten und mußte dort weitere 48 Stunden bleiben. Am 29. November wurde er in Brunsbüttel von einem britischen Aufklärer fotografiert.

Doch der Gegner veranlaßte offenbar nichts, den Schweren Kreuzer zu stoppen.

Am nächsten Tag trat er den Ausmarsch an und ankerte am 1. Dezember zur Brennstoffergänzung im Hjeltefjord bei Bergen aus dem Tanker »Wollin«. Um 17 Uhr lief er aus und mußte 90 Minuten später die U-Bootsicherung fahrenden Torpedoboote wegen des schweren Seegangs, der ihre Geschwindigkeit auf 15 Knoten herabsetzte, entlassen und allein mit 27 Knoten Fahrt weiterlaufen. Am frühen Nachmittag des nächsten Tages traf er mit dem Tanker »Adria« zusammen und übernahm Brennstoff. Er nahm jeden Tag Brennstoff auf, um jederzeit zum Einsatz bereit zu sein, wenn der Startschuß durch die Marinegruppe Nord gegeben wurde. Das geschah am 5. Dezember um 18.55 Uhr mit den lakonischen drei Worten:

»›Hipper‹ Durchbruch frei!«

»Admiral Hipper« hatte Weisung erhalten, im Operationsgebiet auf Geleitzüge zu operieren. Kapitän z. S. Meisel trat zum Durchbruch an und passierte unentdeckt die Islandenge, immer entlang der Eisgrenze laufend, wo Nebel die Sicht bedeutend verschlechterte und damit die Durchbruchschancen erhöhte.

Bis zum 7. Dezember war dieser Durchbruch geschafft, und im Orkan des folgenden Tages, der aus West gegen das Schiff antoste, mußte der Schwere Kreuzer beidrehen. Es wurden Wellenhöhen von 15 Meter gemessen. Das Schiff holte bei schweren Brechern um 30 Grad über. 38 Stunden lang galt es, diesem Orkan zu trotzen, und schon stellten sich die ersten Brennstoffsorgen ein. Seeschäden galt es rasch zu beheben, und als schließlich die »Admiral Hipper« am 10. Dezember das Operationsgebiet erreichte, stoppten plötzlich von selbst beide Seitenmaschinen. Die Beschädigungen, die von dem LI festgestellt wurden, zwangen »Admiral Hipper« dazu, nach einer Brennstoffergänzung in die Werft nach Brest zu laufen. Auf dem Weg zu seinem Versorger »Friedrich Breme«

wollte Meisel versuchen, den gemeldeten Konvoi HX 93 zu erreichen.

Nach dreistündiger Reparaturarbeit war das Schiff wieder für 27 Knoten klar. Die nun gesteuerten Suchkurse nach dem Konvoi erbrachten nichts. Auch der erwartete Tanker wurde erst nach vierzehnstündiger Suche am 11. Dezember gegen 22.10 Uhr gefunden. Die Ölübernahme dauerte bis 11 Uhr des nächsten Vormittags und eine Viertelstunde darauf ging der Kreuzer wieder auf die Suche nach dem HX 94 und geriet abermals in einen Orkan, der das Schiff am Mittag des 14. Dezember zum Beidrehen zwang. Am nächsten Tag ersoffen durch haushohe See die Luftschächte des Kesselraums 1. In die Maschinenräume drang ebenfalls Wasser ein und verursachte den Ausfall einiger Hilfsmaschinen. Diesmal holte das Schiff gar um 33 Grad über.

Am 16. Dezember wurde abermals Brennstoff von »Friedrich Breme« übernommen. »Admiral Hipper« erwies sich als Brennstoffsäufer. Abermals stieß Meisel in den vorgesehenen Operationsraum vor und wurde dort am 18. Dezember von einem neuen Orkan erwischt und so durchgeschüttelt, daß der Kommandant die Operation abbrechen mußte.

Am 20. Dezember wurde ein weiteres Mal bei Windstärken von 5 bis 6 von der »Friedrich Breme« Brennstoff übernommen. Kapitän z. S. Meisel notierte in sein Kriegstagebuch:

»Ich muß mich davon frei machen, einen Prestigeerfolg für das eigene Schiff durchaus erzwingen zu wollen, in der Annahme, daß es mir ähnlich wie ›Scheer‹ gelingt, einen schwach gesicherten Geleitzug auf der HX-Route zu finden und zu vernichten. Das Risiko steht nicht im Einklang mit dem zu erhoffenden Erfolg, der zu unsicher ist. Meine Aufgabe ist es, gemäß Operationsbefehl der Marinegruppe West das Schiff voll operationsfähig nach Brest zu bringen.«

Der Kommandant entschloß sich nunmehr, gegen die SL-Geleitzugroute und einzeln fahrende Dampfer auf der NS-Route zu operieren. Das Schiff suchte bis zum 22. Dezember das Gebiet, in dem die Geleitzüge SL 58 und SLS 58 vermutet wurden, ab. Da das Wetter erstmalig auch einen Flugzeugeinsatz gestattete, wurde um 6.30 Uhr die Arado 196 mit der Bezeichnung T3 + KH (Besatzung: Lt. z. S. Nowrat und FW. Schürmann) gestartet. Das Flugzeug kehrte nicht zum Kreuzer zurück. Es blieb auf immer verschollen. Der Versuch, die zweite Arado auf das Katapult zu bringen, um nach der vermißten Maschine suchen zu können, endete mit einer schweren Beschädigung derselben. Bis zum Abend dieses Tages ließ Kapitän z. S. Meisel nach der vermißten Maschine suchen, ehe er die Suche einstellen mußte.

Die Seekriegsleitung, die Ende Dezember die beiden Schlachtkreuzer »Scharnhorst« und »Gneisenau« in den Nordatlantik entsenden wollte und von »Admiral Hipper« seit beinahe zwei Wochen nichts mehr gehört hatte, ließ »Hipper« ein anderes Operationsgebiet zuweisen. Diese Weisung erfolgte an die Marinegruppe West, die die »Hipper« führte.

Am Heiligen Abend hatte »Admiral Hipper« mit dem Funkmeßgerät einige Ziele aufgefaßt, die sich als ein Geleitzug erwiesen. Dieser steuerte Südsüdostkurs und lief etwa 10 Knoten. Ein Torpedoangriff auf einen im Geleit laufenden Hilfskreuzer mit drei Torpedos lief vorbei.

In der Morgendämmerung des ersten Weihnachtstages ließ Meisel zum Angriff andrehen. Es herrschte mittlere Sicht bei leichtem Regenwetter. Um 6.38 Uhr kam das erste Ziel in Sicht: ein Schwerer Kreuzer. »Admiral Hipper« eröffnete mit den 20,3-cm-Geschützen das Feuer auf ihn, während die 10,5-cm-Geschütze auf zwei zusätzlich entdeckte Dampfer schossen.

Der befohlene Torpedoangriff mit einem Dreierfächer auf den Kreuzer kam nicht heraus, weil aufgrund der Erschütterung der ersten Salve der schweren Artillerie der vordere Rohrsatz verklemmt wurde und nicht mehr geschwenkt werden konnte. Als gegen 6.40 Uhr zwei Zerstörer in Sicht kamen, ließ der Kommandant den Kreuzer abdrehen und mit großer Fahrt ablaufen. Im Heckgefecht gegen die verfolgenden Schiffe erzielte »Hipper« beim Gegner mehrere Treffer, ohne selbst getroffen zu werden. Bis 7.20 Uhr hatte »Admiral Hipper« dank ihrer hohen Geschwindigkeit den Gegner abgeschüttelt. Mit seinen 33 Knoten war der Schwere Kreuzer dem Gegner weit überlegen.

Das Schiff hatte den Konvoi WS 5 A erwischt, der wegen seiner Wichtigkeit von dem Schweren Kreuzer »Berwick«, den leichten Kreuzern »Bonaventure« und »Dunedin« und dem Flugzeugträger »Furious« geschützt wurde. »Berwick« war von »Hipper« mit mehreren Granaten getroffen worden und hatte neben fünf Toten und einigen Verwundeten noch Schäden erhalten, die sein Einlaufen nach Alexandria notwendig machten. Der Kreuzer »Naiad« wurde als Ersatz zum Geleitzug geschickt.

Wenn auch ohne zählbaren Erfolg, hatte die »Admiral Hipper« dennoch den gegnerischen Handel erneut beunruhigt und damit die erhoffte Diversionswirkung für »Admiral Scheer« und die beiden zum Auslaufen bereitliegenden Schlachtkreuzer erreicht.

Nunmehr ließ Kapitän z. S. Meisel in direkter Fahrt Brest ansteuern. Er hielt dabei zunächst auf Bordeaux zu und lief dann, unter der Küste bleibend, von Süden her nach Brest. Am 27. Dezember wurde er von deutschen Aufklärern erfaßt und gesichert. Er hatte noch auf diesem Weg den Einzelfahrer »Juma« gestellt und mit wenigen Schüssen versenkt.

Der Gegner hatte das Einlaufen dieses Kreuzers nicht bemerkt und wähnte ihn noch bis zum 4. Januar 1941 in See.

Nun wandte sich alle Aufmerksamkeit dem unmittelbar bevorstehenden Einsatz der beiden Schlachtkreuzer zu. Zuvor sollte »Admiral Hipper« noch einmal auslaufen.

»Admiral Hipper« auf neuer Feindfahrt

Nachdem der deutsche Schwere Kreuzer am 4. Januar 1941 in Brest erkannt worden war, erfolgte eine Reihe von Luftangriffen auf Brest mit dem Ziel, dieses Schiff auszuschalten. Nicht weniger als 175 Maschinen warfen insgesamt 85 Tonnen Bomben, um es kampfunfähig zu schlagen. Doch »Admiral Hipper« wurde nicht getroffen. Die dringend notwendige Maschinenreparatur war bis zum 31. Januar durchgeführt, und nach einer Probefahrt und Schießübungen konnte Kapitän z. S. Meisel die Kriegsbereitschaft melden. Er erhielt sofort den Einsatzbefehl.

Am Abend des 1. Februar lief der Schwere Kreuzer aus Brest aus. Am 4. Februar versorgte er aus dem Motortanker »Spichern« beim nördlichen Azoren-Versorgungspunkt und stand seitdem weitab von den Dampferstraßen auf und ab, um die Ausbildung der zum Teil neuen Besatzung voranzutreiben. Erst am Morgen des 9. Februar wurde dem Kreuzer »Ansatz frei für ›Hipper‹« gefunkt. Die Seekriegsleitung hatte die Force H im Mittelmeer bei der Beschießung von Genua festgestellt. Das bedeutete, daß sie nicht so schnell zur Stelle sein konnte, wenn sie alarmiert wurde. Darüber hinaus hatten U 37 und wenig später auch Flugzeuge Fühlung an einem Geleit in der Höhe von Gibraltar bekommen. Es war der HG 53, ein Konvoi, der von Gibraltar nach England lief.

Als Meisel am nächsten Tage eine Fühlunghaltermeldung von U 37 zuging, entschloß er sich, auf diesen Konvoi zuzuhalten. Fünf Stunden später, der Chronometer zeigte 15.46 Uhr an, empfing seine Funkstelle einen FT-Spruch der Seekriegsleitung:

> »›Hipper‹ auf von U 37 gemeldeten Geleitzug anstreben. U-Boot hat Weisung zum Fühlunghalten, ist vom möglichen Auftreten ›Hipper‹ unterrichtet.«

Mit erhöhter Fahrtstufe lief nun der Schwere Kreuzer in Richtung dieses Geleitzugs.

Inzwischen hatte der Konvoi bereits durch Flugzeuge des KG 40 und durch U 37 acht Schiffe verloren; einige weitere waren beschädigt worden. Der Befehlshaber der U-Boote ließ über FT-Spruch an U 37 tasten, daß dieses Boot die restlichen Schiffe versenken solle. Doch U 37 verlor in der Nacht zum 11. Februar die Fühlung an dem Konvoi.

Am Mittag dieses Tages wurde die erste Sichtmeldung auf »Hipper« gegeben. Durch einen Schuß vor den Bug forderte der Kreuzer das Schiff zum Stoppen auf. Das Schiff hißte die englische Kriegsflagge, setzte aber nach dem zweiten Schuß aus der Zehnfünf des Kreuzers Boote aus und stoppte. Es war der englische Dampfer »Iceland«, der um 15 Uhr durch einen Torpedo der »Hipper« versenkt wurde, nachdem die Besatzung an Bord genommen worden war. Der Dampferkapitän hatte die »Hipper« für einen englischen Kreuzer gehalten. Es war ein Schiff des anvisierten Konvois, der sich nach den Angriffen des U 37 und der Focke-Wulf des KG 40 aufgelöst hatte.

»Admiral Hipper« erbat nun Handlungsfreiheit, die ihm von der Gruppe West erteilt wurde. Kapitän z. S. Meisel wollte auf den SLS 65 operieren, mit dem sich der auseinandergesprengte Konvoi North 33 (HG 53) am 12. Februar vereinigen sollte.

Es war gegen Mitternacht, als die »Hipper« über das Funkmeßgerät zwei Ziele auffaßte. Der Kreuzer lief einen großen Bogen um den Gegner und stellte fest, daß es mindestens sieben Dampfer waren, die hier einen Konvoi bildeten.

Mit Aufzug der Morgendämmerung des 13. Februar griff »Admiral Hipper« an. Kapitän z. S. Meisel hatte sein Schiff bis dahin vor den Geleitzug gesetzt. Sehr bald schon wurde bei aufklarendem Himmel eine große Dampferansammlung von mindestens 18 Fahrzeugen erkannt. Um 6.18 Uhr erhielt die Schwere Artillerie den Befehl zur Feuereröffnung. Zwei Minuten darauf kam der

Befehl für alle anderen Waffen, einschließlich der Torpedowaffe.

Abschüsse, Einschläge und Explosionen verwandelten die See in ein tödliches Inferno. Die Leichte Artillerie zerschoß die Aufbauten und Brücken der Dampfer, von denen einige wenige das Feuer zu erwidern versuchten. Die 20,3-cm-Granaten hämmerten unterhalb der Wasserlinie in die Schiffe hinein, und die Torpedowaffe nahm jene Dampfer aufs Korn, die bewegungslos liegengeblieben waren, und machte ihnen mit Fangschüssen den Garaus.

Mehr und mehr Schiffe sanken, andere lagen mit starker Schlagseite brennend auf der See. Zwei Dampfer, die an der äußersten nordwestlichen Flanke liefen, konnten entkommen, und den letzten noch schwimmenden Dampfer ließ Kapitän z. S. Meisel ungeschoren. Er ließ hinübermorsen:

»Save the crews!«

In einem Gefecht, das nicht länger als 80 Minuten dauerte, hatte der Schwere Kreuzer »Admiral Hipper« den Großteil dieses Konvois vernichtet oder schwer beschädigt. Im Kriegstagebuch vermerkte der Kommandant:

> »Es wurden einwandfrei vernichtet und unter Wasser gebracht: 13 Dampfer zwischen 10 000 und 3500 BRT. Durchschnittliche Größe der Dampfer 6000 BRT. Insgesamt geschätzte vernichtete Tonnage 75 000 BRT. Festgestellte Namen von Dampfern: ›Perseus‹, 10 000 BRT, ›Borgstad‹, 3924 BRT, ›Shrewsbury‹, 4542 BRT, ›Oswestry Grange‹, 4648 BRT.«

Des weiteren wurde im Kriegstagebuch der Abschuß von 12 Torpedos vermerkt, von denen 11 Treffer waren. Bei dem Gefecht hatte das Schiff alle Torpedos bis auf vier und einen Großteil seiner Munition verbraucht. Der Vorrat an Treibstoff war stark abgesunken, und da man nicht schnell genug nach Nordwesten laufen konnte, weil eine starke Dünung dagegen stand, entschloß sich Meisel, wieder nach Brest zurückzumarschieren.

Mit 30 Knoten Fahrt lief der Schwere Kreuzer in der Nacht Brest entgegen, und eine Stunde nachdem er Kap Finisterre passiert hatte, tauchten dort einige englische Zerstörer auf, die offenbar den Befehl erhalten hatten, das Schiff abzufangen und mit Torpedos zu versenken. Mit dem letzten Rest an Brennstoff erreichte »Admiral Hipper« am 14. Februar Brest und ging um 16 Uhr ins Dock.

Damit war auch die zweite Operation der »Admiral Hipper« beendet, nur daß der Schwere Kreuzer diesmal glücklicher operiert hatte, als während seines ersten Einsatzes. Doch nun zum Einsatz der beiden deutschen Schlachtkreuzer, der den absoluten Höhepunkt des ozeanischen Zufuhrkrieges darstellte.

»Scharnhorst« und »Gneisenau« und die Operation »Berlin«

Nachdem bereits Mitte Oktober 1940 jene Bindungen entfallen waren, die durch die geplante Operation »Seelöwe« bestanden hatten, mußte die Seekriegsleitung den Kampf gegen die feindlichen Seeverbindungen wieder voll aufnehmen. Am 14. Oktober 1940 erließ sie die »Grundsätzliche Weisung für die Seekriegsleitung der Überwasserstreitkräfte im Winter 1940—1941«. In dieser Weisung wurde der »Einsatz der Flottenstreitkräfte gegen den feindlichen Überseeverkehr« an erster Stelle genannt.

Der Flottenchef, Admiral Lütjens, erhielt von der Marinegruppe Nord den Auslaufbefehl für den 28. Dezember aus Kiel. Auf der »Gneisenau« (Kapitän z. S. Fein) eingeschifft, verließ er gemeinsam mit der »Scharnhorst« (Kapitän z. S. Hoffmann) Kiel und passierte mit einer starken Sicherung durch die 1., 2. und 5. Torpedoboot-Flottille, voran die 18. Minensuch-Flottille, am Mittag des 29. Dezember die Sperre bei Skagen. Zwei Me 110 flogen Jagdschutz.

Wegen der groben See mußten die Torpedoboote nach Bergen entlassen werden. Auf der »Gneisenau« entstanden ebenfalls Seeschäden, während die »Scharnhorst« diese große See unbeschädigt überstand.

Admiral Lütjens ließ am 30. Dezember in der Kalvesnaes-Bucht bei Bergen ankern. An Bord gerufene Sachverständige erklärten, daß die erlittenen Schäden in Drontheim binnen drei Tagen repariert werden könnten. Um 17 Uhr ließ Admiral Lütjens daher nach Drontheim marschieren, doch inzwischen hatte sich Großadmiral Raeder für den Rückruf der Schiffe und die Reparatur der »Gneisenau« in der Heimat entschieden, obgleich das zweimalige Passieren des Küstenvorfeldes große Gefahren barg, auf die auch der Chef der Operationsabteilung, Vizeadmiral Fricke, hinwies. Aber Großadmiral Raeder bestand auf einer gründlichen Untersuchung der Schäden und einwandfreie Ausbesserung. Am 2. Januar 1941 waren beide Schiffe wieder zurück, und »Gneisenau« lief nach Gotenhafen zur Reparatur ein.

Am 22. Januar 1941 liefen die beiden Schlachtkreuzer abermals aus. Südlich der Skagerraksperre mußten sie ankern, weil die schwere Eislage das rechtzeitige Herankommen der 1. Torpedoboot-Flottille verhindert hatte. Erst als die Boote am frühen Morgen des 25. Januar in Sicht kamen, wurde der Marsch in Richtung Färöer-Island-Enge fortgesetzt, die durchbrochen werden sollte. Beide Schiffe liefen in das Gebiet südlich Island, wo am 27. Januar die Chancen für einen Durchbruch bei trübem Wetter und Nieselregen günstig waren. Im Abstand von 50 Seemeilen an der isländischen Südküste vorbeilaufend, stieß der Verband am Morgen des 28. Januar auf eine englische Kreuzerpatrouille. Es handelte sich nach der Auswertung aufgefangener FT-Sprüche durch den deutschen Beobachtungs-Dienst um den Kreuzer »Naiad«, der zwei »verdächtige Schiffe« meldete.

Admiral Lütjens ließ sofort mit Hartruder Steuerbord nach Norden drehen und wich bis in das Seegebiet nordöstlich Jan Mayen aus. Aus dem nordöstlich von Island stehenden Tanker »Adria« wurde bis zum 2. Februar Brennstoff ergänzt. Die Übernahme war wegen des Nordweststurms, der mit Stärken zwischen 7 und 9 wehte, und wegen der Kälte — es herrschten hier 18 Grad unter Null — sehr schwierig und forderte den letzten Einsatz jener Männer, die dafür verantwortlich waren.

Vorsorglich hatte Admiral Lütjens den Treffpunkt mit der »Adria« weiter nach Norden verlegt. Dieser Umstand bewahrte beide Schlachtkreuzer davor, der Home Fleet unter Admiral Forbes zu begegnen, die am 26. Januar aufgrund einer Agentenmeldung um 0.00 Uhr mit den Schlachtschiffen »Nelson«, »Repulse« und »Rodney«, acht Kreuzern und elf Zerstörern zur Aufklärung ausgelaufen war. Von dieser gewaltigen Streitmacht hatte nur die »Naiad« die beiden deutschen Schiffe gesichtet, war aber auch von diesen gesehen worden, was das Ausweichen nach Norden notwendig gemacht hatte.

Nun hieß es, durch die Dänemarkstraße durchzubrechen. Entlang der Eisgrenze laufend, erreichten beide Schiffe am Morgen des 3. Februar die Einfahrt zur Dänemarkstraße und passierten um 21 Uhr Kap Nord im Abstand von 20 Seemeilen, womit sie die engste Stelle überwunden hatten. Am frühen Morgen des anderen Tages wurde ein in See liegender britischer Hilfskreuzer umlaufen, und jetzt befanden sich beide Schlachtkreuzer das erstemal im Atlantik.

Der Versorger »Schlettstadt« wurde am Nachmittag gefunden und daraus versorgt. Von hier aus liefen die Schlachtkreuzer nach Südosten, weil sie auf der Route Halifax-England operieren wollten, die von den meisten und größten Geleitzügen befahren wurde. Regen-, Schnee- und Hagelböen wechselten einander ab. Westliche Winde, meistenteils um Stärke 7, grobe See, die jeden Einsatz der Bordflugzeuge verhinderte, schränkte auch die Waffenverwendung ein und minderte die Höchstfahrt.

Am Morgen des 8. Februar hatten sich beide Schiffe entsprechend der Absprache auseinandergezogen und suchten die Geleitzugroute ab. Um 8.35 Uhr kamen auf »Gneisenau« Mastspitzen in Sicht. Wenig später tauchten weitere Mastspitzen über der Kimm auf, und »Scharnhorst« wurde verständigt, daß ein Geleitzug gefunden sei. Während »Gneisenau« von Süden angreifen wollte, sollte »Scharnhorst« aus Norden kommen.

Als »Scharnhorst« aber um 9.58 Uhr ein feindliches Schlachtschiff am Geleitzug meldete, befahl Admiral Lütjens, den eingeleiteten Angriff abzubrechen und hinter dem Geleitzug zu sammeln. Dieser Befehl entsprach der Weisung der Seekriegsleitung, sich nicht mit gleichstarken Gegnern in ein Gefecht einzulassen.

Das englische Schlachtschiff »Ramillies«, das den HX 106 begleitete, meldete einen Schweren Kreuzer vom Typ »Admiral Hipper«, eventuell die »Admiral Scheer«, auf dem Rückmarsch nach Norden. Drei englische Suchgruppen liefen aus, um dem vermeintlichen Panzerschiff den Rückmarschweg abzuschneiden. Währenddessen liefen beide Schlachtkreuzer ins Seegebiet südlich Grönlands zurück. Hier wurde für »Gneisenau« am 14. und 15. Februar eine neuerliche Treibölversorgung aus der »Schlettstadt« notwendig. Der Motortanker »Esso Hamburg« versorgte die »Scharnhorst«.

Nachdem man am 12. Februar bereits die Erfolgsmeldung der »Admiral Hipper« aufgenommen hatte, war für Admiral Lütjens die Voraussetzung zum neuen Angriff auf einen HX-Geleitzug wieder günstig. In einer Besprechung auf der »Gneisenau« erklärte Admiral Lütjens seinen beiden Kommandanten, daß er sich auf den Konvoi HX 111 konzentrieren wolle, der vom deutschen Marine-Attaché in Washington an diesem Tage 200 Seemeilen ostwärts Halifax gemeldet worden war. Der Flottenchef hoffte, diesen Konvoi auf etwa 45 Grad West abfangen zu können. Das war fünf Grad weiter im Westen, als die britische Schlachtschiffsicherung einsetzte.

Die Hoffnung, den HX 111 abfangen zu können, trog. Aber am 22. Februar konnte die »Gneisenau« mit Hilfe ihres Bordflugzeugs (Besatzung: Lt. z. S. Mechel und Fw. Schmid) einige Einzelfahrer stellen. Die Ar 196 hatte nach dem gegen Mittag erfolgten Start den britischen Frachter »Harlesden« gestellt und diesen, als er die abgeworfene Kursanweisung nicht respektierte, mit Bomben und Bordwaffen angegriffen und anschließend im Tiefflug die Antenne abgerissen, um ihn am Funken zu hindern. Als die Besatzung wieder landete, erteilte Admiral Lütjens ihr einen Verweis, denn das Flugzeug sollte aufklären und möglichst ungesehen bleiben und nicht auch noch Kreuzerkrieg aus der Luft führen.

In der Vormittagsaufklärung waren bereits vier Einzelfahrer entdeckt worden, die nacheinander versenkt wurden. Unter ihnen befand sich auch die »Harlesden«, die erst nach Einfall der Dunkelheit mit dem Funkmeßgerät der »Gneisenau« eingefangen und versenkt wurde. Währenddessen hatte »Scharnhorst« einen Einzelfahrer, den mit Ballast nach Curacao laufenden Tanker »Lustros«, gestellt und vernichtet.

Die Besatzung aller fünf Schiffe, insgesamt 180 Mann, wurde gerettet; insgesamt fielen auf diesen Schiffen elf Seeleute. Der Notruf des Dampfers »Trelawny« (4689 BRT) war von Cape Race aufgefangen worden, und wenig später war die Britische Admiralität darüber orientiert, daß schwere deutsche Seestreitkräfte auf der HX-Route operierten.

Admiral Lütjens ließ sofort das Operationsgebiet seiner beiden Schlachtkreuzer nach Süden auf die Route Sierra Leone-Kapstadt verlegen. Am 27. Februar erfolgte die nächste Brennstoffversorgung aus dem Motortanker »Friedrich Breme«. Die Gefangenen wurden an das Motorschiff »Ermland« abgegeben, das ebenfalls auf dem Treffpunkt »Lolo« stand.

Erst am 4. März wurde die Ar 196 der »Scharnhorst« erneut gestartet. Als das Flugzeug nicht zurückkehrte, startete gegen Mittag die zweite Ar 196 der »Scharnhorst«, und der gelang es, das auf See niedergegangene Flugzeug zu finden und das Schlachtschiff dorthin zu dirigieren, damit es aufgenommen werden konnte.

Die Suchflüge der Bordmaschinen beider Schlachtkreuzer verliefen sowohl am 5. als auch am 6. März ergebnislos. Statt dessen machte eine Maschine der »Scharnhorst« eine Bruchlandung. Es war die Ar 196 T3 + HH, die dabei zu 80 Prozent zerstört wurde. Am 7. März aber war das Glück den Schlachtkreuzern hold. Sie entdeckten das Schlachtschiff »Malaya«, das Sicherung für den SL 67 fuhr. Ein Kurzsignalspruch »Sehr stark gesicherter Geleitzug Quadrat DT 9919« wurde an die führende Gruppe West abgegeben, und die Seekriegsleitung setzte sofort die beiden nahebei stehenden Boote U 124 (Kptlt. Schulz) und U 105 (Kptlt. Schewe) auf den Konvoi an.

U 124 versenkte am Tag darauf in einem großartigen Anlauf fünf Schiffe aus diesem Konvoi, und U 105, das zwei Stunden später herangeschlossen hatte, konnte ein weiteres versenken. An und für sich sollte versucht werden, das Schlachtschiff mit den beiden U-Booten anzugreifen und zu torpedieren. Dann hätten beide Schlachtkreuzer freie Wahl gehabt und würden sicherlich dem SL 67 große Verluste zugefügt haben. Mangelnde Koordination zwischen der Marinegruppe West und dem BdU hatte diesen Versuch vereitelt.

Admiral Lütjens hielt bis zum späten Nachmittag des 8. März Fühlung am Geleitzug, und um 17.45 Uhr war die »Gneisenau« bis auf 256 hm an die »Malaya« herangekommen. Als aber das Bordflugzeug des englischen Schlachtschiffs den deutschen Verband sichtete und meldete, verließ Admiral Lütjens diese Route und lief nach Nordwesten ab. Er wollte auf dem vereinbarten Treffpunkt aus dem Flottentanker »Uckermark« Treiböl übernehmen. Auf dem Marsch dorthin wurde am 9. März der griechische Frachter »Marathon« mit 7926 BRT von der »Scharnhorst« gestellt und nach Übernahme der 38köpfigen Besatzung versenkt. Die Distanz von 900 Seemeilen, die zwischen dem Versorger und der Schlachtkreuzergruppe lag, war am Nachmittag des 10. März durchmessen.

In einer Besprechung, die am 12. März um 16 Uhr auf der »Gneisenau« stattfand, eröffnete Admiral Lütjens den anwesenden Kommandanten und Kapitänen der »Uckermark« und der hinzugekommenen »Ermland«, daß er noch einmal gegen die HX-Geleitzugroute vorstoßen wolle. Beide Troßschiffe sollten gewissermaßen als Aufklärer jeweils 30 Seemeilen von den Schlachtkreuzern abgesetzt auf beiden Flügeln mitlaufen, um so einen möglichst breiten Streifen der See aufklären und Schiffe finden zu können.

Gegen 21 Uhr dieses Tages wurde der Marsch nach Nordwesten angetreten. Am nächsten Abend wurde dann die besprochene Formation zum Suchstreifen eingenommen und auf einer Breite von 120 Seemeilen die See voraus abgesucht. Der nächste Tag verging ohne eine Sichtung. Aber am Vormittag des 15. März sichtete die auf der linken Flanke laufende »Uckermark« einen Tanker. Wenig später meldete sie einen zweiten Tanker, und immer mehr Schiffe kamen hinzu. Die Aufklärerformation war mitten in einen Schwarm von Einzelfahrern hineingeraten. Von den ersten vier gesichteten Tankern wurden drei, mit einem Prisenkommando versehen, nach Frankreich in Marsch gesetzt. Der vierte, der funkte, wurde von der »Gneisenau« versenkt.

»Scharnhorst« konnte am selben Tag die beiden englischen Motortanker »Athelfoam« und »British Strength« versenken. Am nächsten Tag wurden weitere zehn Einzelfahrer gestellt und durch »Gneisenau« (6) und »Scharnhorst« (4) versenkt. Es waren Schiffe von einem aufgelösten Konvoi, wie sich später herausstellte, von denen mehrere bis zu ihrem Untergang funkten. Einige schossen zurück und versuchten, unter Nebeln zu entkommen. Der Dampfer »Chilean Reefer«, der als letzter gestellt wurde, schoß auf die »Gneisenau«. Er erhielt eine Reihe schwerer Treffer und stand bald über alles in Flammen gehüllt, während »Gneisenau« versuchte, die nun in die Boote gegangene Besatzung zu retten.

Eines der Boote war bereits an dem Schlachtkreuzer längsseits gegangen und die ersten Seeleute waren übernommen worden, als auf einer Distanz von 200 hm das englische Schlachtschiff »Rodney«, das bei dem Konvoi HX 114 Sicherung fuhr, in Sicht kam und »Gneisenau« anmorste: »What ship?« »Gneisenau« ließ sofort das Rettungsboot treiben, ging mit der Maschine an und lief mit Höchstfahrt ab.

Der Signalgast hatte vorher die Antwort herübergegeben: »HMS ›Emerald‹!«

Über Funk wurden »Scharnhorst« und die beiden Troßschiffe über den nächsten Treffpunkt verständigt, und alle setzten sich in das Gebiet 300 Seemeilen nordwestlich der Azoren ab. Das heißt, daß sie auf Ostsüdostkurs durch schweres Wetter dem Sammelpunkt entgegenstrebten, den am 18. März alle vier Einheiten binnen einer Stunde erreichten.

Bis zum frühen Morgen des 19. März dauerte die Brennstoffergänzung. Die insgesamt auf über 400 Köpfe angewachsene Gefangenenzahl wurde an die Troßschiffe abgegeben. Admiral Lütjens gab an die Marinegruppe West anschließend den Kurzspruch durch: »Gehe nach Brest!«

Nachdem die Versorger entlassen worden waren, traten die beiden Schlachtkreuzer den Rückmarsch nach Brest an. Am 20. März gegen 21 Uhr wurde 20 Grad West nach Osten hin überschritten. Dreieinhalb Stunden vorher waren sie von einem englischen Aufklärer gesichtet worden. Er gehörte zur Force H, die von Gibraltar aus nach Norden in Marsch gesetzt worden war und im Moment der Sichtung nur 160 Seemeilen südostwärts stand. Doch die Flugzeugbesatzung konnte erst nach ihrer Landung Meldung erstatten, weil ihr Funkgerät defekt war.

Die beiden Schlachtkreuzer liefen einen Täuschungs-
kurs und näherten sich in der kommenden Nacht der Küste. Am 22. März 1941 standen sie um 3 Uhr vor der An-
steuerung von Brest, ohne gesichtet worden zu sein, liefen hinter den Speerbrechern 8, 1 und 9 ein und gingen in
Brest vor Anker. Englische Aufklärer suchten noch mehrere Tage vergebens auf See nach den beiden Schiffen.

Zwar war es nicht gelungen, einen geschlossen laufenden Konvoi zu vernichten, weil an den gesichteten jeweils Schlachtschiffe standen, aber sie hatten abermals
unter Beweis gestellt, daß es sehr leicht möglich war, die
gegnerischen Seeverbindungen nachhaltig zu beunruhi-
gen und alle vorhandenen Seestreitkräfte Englands in
See zu binden. Daß es darüber hinaus gelungen war, den
Gegner von den beiden in die Heimat zurückkehrenden
deutschen Schweren Kreuzern »Admiral Scheer« und
»Admiral Hipper« abzulenken und diesen das Einlaufen
zu erleichtern, war ein zusätzlicher Erfolg. Captain Roskill würdigte diesen Einsatz mit folgenden Worten:

»Die beiden deutschen Schlachtkreuzer versenkten
oder kaperten nicht nur 22 Schiffe mit 115622 BRT,
sondern brachten auch für einige Zeit unseren atlanti-
schen Geleit-Zyklus völlig durcheinander, und dies mit
ernsten Auswirkungen auf unsere wesentlichen Einfuhren« (s. Roskill, S. W., The War at Sea, Bd. 1).

Großadmiral Raeder schickte an Admiral Lütjens eine
Glückwunschbotschaft, in der die Freude der Seekriegsleitung über diesen gelungenen Einsatz zum Ausdruck
kam.

Diese Phase des Seekrieges mit Hilfskreuzern, Kreuzern und Schlachtkreuzern war für die Britische Admiralität ein schwerer Schock. Aber auch von deutscher Seite
waren diese Einsätze oftmals mit Bangen verfolgt worden. Das Glück stand jedoch auf der Seite der deutschen
Überwasserschiffe, denen es trotz der großen Minderzahl
gelang, dem Gegner zur See Paroli zu bieten.

Erst der nächste Großeinsatz sollte für die Kriegsmarine zu einem schweren Verlust führen.

Unternehmen »Rheinübung«. Das Ende der »Bismarck«

Der Schwere Kreuzer »Prinz Eugen«, der am 1. August 1940 in Dienst gestellt worden war, hatte ebenso wie das am 24. August 1940 in Dienst gestellte Schlachtschiff »Bismarck« die Erprobungsfahrten und die Gefechtsausbildung gerade hinter sich gebracht, als die Seekriegsleitung auch schon den baldigen Einsatz dieser beiden Einheiten bekanntgab.

Das zweite deutsche Schlachtschiff, die »Tirpitz«, sollte ebenfalls noch vor Jahresende 1940 einsatzbereit sein. Nach den Plänen der Seekriegsleitung sollten »Bismarck« und »Prinz Eugen« in der zur zweiten Aprilhälfte eintretenden Neumondperiode den Ausbruch in den Atlantik wagen. Bis zu diesem Zeitpunkt hoffte man auch, die in Brest liegenden Schlachtkreuzer »Scharnhorst« und »Gneisenau« wieder voll einsatzbereit zu haben und sie mit diesen beiden Schiffen operieren zu lassen.

Von dieser Zusammenstellung schwerer Überwasserstreitkräfte versprach man sich nicht nur eine gute Diversionswirkung, sondern auch einen kräftigen Schlag gegen den Geleitzugsverkehr und die alliierten Nachschubwege im Atlantik. Da jedoch die Maschinenschäden, die an der »Scharnhorst« festgestellt worden waren, nicht so rasch repariert werden konnten, kam ihr Einsatz zu diesem Zeitpunkt nicht in Frage.

In der Weisung der Seekriegsleitung an die Marinegruppen West und Nord, den Flottenchef und den BdU, wurde folgendes bekanntgegeben:

»Die Kriegführung im vergangenen Winterhalbjahr hat mit den ersten längeren Schlachtschiffunternehmungen (gemeint ist der Einsatz der beiden Schlachtkreuzer) im freien Seeraum des Atlantiks ihren Abschluß gefunden.

Diese Schlachtschiffunternehmungen sowie die Unternehmungen des Kreuzers ›Hipper‹ haben neben beträchtlichen taktischen Erfolgen gezeigt, welche erheblichen strategischen Auswirkungen durch einen derartigen Einsatz der Überwasserstreitkräfte erreicht werden können. Diese strategischen Wirkungen erstrecken sich nicht nur auf den zum Operationsgebiet gewählten Seeraum, sondern greifen auch auf andere Kriegsschauplätze (Mittelmeer, Südatlantik) über.

Es muß das Bestreben der Seekriegführung sein, durch möglichst häufige Wiederholung derartiger Operationen ihre Wirkung zu erhalten und zu vertiefen. Hierzu müssen die bisher gewonnenen Erfahrungen ausgenutzt und die Operationen noch weiter ausgebaut werden.

Als entscheidendes Ziel im Kampf gegen England muß im Auge behalten werden, daß es darauf ankommt, die englische Zufuhr vernichtend zu treffen. Dieses Ziel läßt sich am besten und wirkungsvollsten nur im Nordatlantik erreichen, wo alle englischen Zufuhren zusammenlaufen und wo die nötigste Zufuhr — auch bei Ausfall von Zufuhrwegen in weiter abgesetzten Meeren — England auf dem unmittelbaren Weg von Nordamerika her noch immer erreichen kann. Der Einsatz und das Operationsgebiet der Schlachtschiffe und Kreuzer muß diesem Gesichtspunkt Rechnung tragen« (s. *Operation und Taktik*, Heft 3: »Die Atlantikunternehmung der Kampfgruppe ›Bismarck‹ — ›Prinz Eugen‹«).

Der Operationsbefehl für »Rheinübung« sah für diese neue Kampfgruppe folgende Aufgaben vor:

»1. Auslaufen durch Belt und Nordsee in den Nordatlantik.

2. Angriff auf die durch den Nordatlantik laufende Zufuhr.

3. Nach Durchführung der Aufgabe 2. Einlaufen in westfranzösischen Hafen zur Ergänzung von Munition und Verbrauchsstoffen. Falls längere Reparaturen oder Planüberholung erforderlich, nach Möglichkeit Rückmarsch in die Heimat.«

Es wurde mit einer Vielzahl feindlicher Großkampfschiffe beim Durchbruch in den Atlantik gerechnet. In seinen taktischen Grundsätzen, die der Flottenchef in seinem Operationsbefehl vom 22. April niederlegte, wurde erneut festgelegt, daß seine beiden Schiffe möglichst von zwei Seiten gegen einen angetroffenen Konvoi operieren würden.

Der Beginn des Unternehmens wurde für die Neumondperiode im April — Neumond war am 26. — festgesetzt. Dieser Termin verzögerte sich durch einen Grundminentreffer, den »Prinz Eugen« am 23. April im Fehmarnbelt erhielt und der einen Kupplungsschaden verursachte.

Der Flottenchef, Admiral Lütjens, erwog in der Besprechung bei der Seekriegsleitung in Berlin am 25. April den Aufschub dieser Operation, bis die »Scharnhorst« wieder einsatzbereit sein würde. Möglicherweise war sogar schon die »Tirpitz« gefechtsklar? Doch mit der Gefechtsbereitschaft der in Brest liegenden Schlachtkreuzer war nicht vor dem Sommer zu rechnen, und die »Tirpitz« gar würde erst im Herbst gefechtsklar werden.

Die Seekriegsleitung war aber für eine möglichst schnelle Wiederaufnahme des Zufuhrkrieges, um den Gegner nicht mehr zu Atem kommen zu lassen. Vor allem war ein Durchbruch schwerer Seestreitkräfte in den Atlantik im Sommer ungleich gefährlicher als noch im April/Mai. Man kam zu der Überzeugung, daß es notwendig sei, die Operationen im Atlantik so rasch wie möglich wieder aufzunehmen.

Das Flottenkommando meldete die Kampfgruppe zum 18. Mai um 0.00 Uhr einsatzbereit, und so gab die Marinegruppe Nord am 17. Mai das Stichwort, nach welchem die Kampfgruppe am 19. Mai mit Dunkelwerden in den Großen Belt einlaufen sollte.

In der Nacht zum 20. Mai liefen »Bismarck« und »Prinz Eugen« durch den Großen Belt und erreichten bis zum Abend Kristiansand. Die Luftaufklärung hatte die Home Fleet in Scapa Flow festgestellt. Bereits am Nachmittag war die Kampfgruppe von Schweden aus im Kattegat erfaßt worden und am selben Abend gab der englische Marineattaché in Stockholm die Meldung darüber nach London.

Bei Tagesanbruch am 21. Mai lief die Kampfgruppe zu einer Ölergänzung in den Kafjord bei Bergen ein, wo ein Luftaufklärer beide Schiffe erkannte. Da sie den Aufklärer jedoch nicht gesichtet hatte, ging sie um 23 Uhr wieder in See und lief dem Gebiet nördlich Island entgegen. Von dort steuerten die beiden Großkampfschiffe mit Südkurs in Richtung Dänemarkstraße.

Am 23. Mai wurden sie im Nordeingang der Dänemarkstraße von dem britischen Kreuzer »Suffolk« auf Südwestkurs gesichtet. Wenig später stellte auch die »Norfolk« Kontakt zu den beiden deutschen Schiffen her. Nun wurde die Kampfgruppe also von zwei britischen Kreuzern beschattet, die deren Kurs, Geschwindigkeit und alle übrigen Daten natürlich weitermeldeten, um zusätzliche schwere Schiffe und möglichst auch Schlachtschiffe gegen sie zu mobilisieren.

»Norfolk«, das Flaggschiff des 1. britischen Kreuzergeschwaders, und »Suffolk« hatten durch ihre Meldungen den Chef der Home Fleet, Admiral Sir Tovey, dazu veranlaßt, noch um 22.45 Uhr mit dem Schlachtschiff »King George V«, dem Flugzeugträger »Victorious« und dem 2. Kreuzergeschwader mit vier Kreuzern und sieben Zerstörern aus Scapa Flow auslaufen zu lassen.

Das Schlachtkreuzergeschwader unter Führung von Vizeadmiral Holland mit den Schlachtkreuzern »Hood« und »Prince of Wales«, das auf dem Marsch nach Island noch etwa 220 Seemeilen von der Südwestspitze dieser Insel entfernt stand, drehte sofort auf Anfangskurs und lief mit Höchstfahrt dem Kollisionspunkt entgegen. Man mußte nach den Berechnungen und Meldungen der beiden Kreuzer am frühen Morgen des 24. Mai auf die deutsche Kampfgruppe stoßen.

Da die beiden Kreuzer in der Nacht die Fühlung zueinander verloren, herrschte zunächst Ungewißheit, bis gegen 2.47 Uhr »Suffolk« die beiden deutschen Schiffe erneut sichtete und meldete, daß der deutsche Verband seinen Kurs in der Nacht nicht geändert hatte. Daraus resultierte, daß die Deutschen infolge der Kursänderung der britischen Schlachtkreuzer auf Nordkurs einen weiteren Vorsprung erzielt hatten.

Die als Bewacher in der Enge zwischen Island und den Färöen stehenden Kreuzer »Birmingham« und »Manchester« wurden durch den Kreuzer »Arethusa« verstärkt, der sich auf dem Marsch nach Island befand, um einen britischen Admiral zur Besichtigung dorthin zu bringen.

Als am Abend des 23. Mai die »Norfolk« für kurze Zeit aus den beginnenden Schneeschauern heraus sichtbar wurde, ließ Admiral Lütjens das Feuer eröffnen. Doch Minuten später war der Kreuzer wieder im Dunst verschwunden.

Währenddessen lief die Kampfgruppe Holland mit »Norfolk« und »Suffolk« unter Wahrung völliger Funkstille auf dem neuen Kollisionskurs weiter, und am Morgen des 24. Mai um 5.35 Uhr wurden die beiden deutschen Schiffe von ihr gesichtet. Da der führende Schlachtkreuzer »Hood« und die ihr folgende »Prince of Wales« im spitzen Winkel auf den deutschen Verband zuliefen, um so schnell wie möglich in günstige Schußposition zu gelangen, konnten sie bei der Feuereröffnung um 5.52 Uhr vorerst lediglich ihre beiden vorderen Türme A und B einsetzen, während »Bismarck« und »Prinz Eugen«

den Gegner so ins Visier bekamen, daß alle acht 38-cm-Geschütze der »Prinz Eugen« zum Schuß kamen.

Binnen einer Minute waren alle vier Einheiten in den Kampf eingetreten. Die dritte Salve der »Bismarck« traf den britischen Schlachtkreuzer »Hood«, als er gerade eine Drehung vollendete, um seine gesamte Hauptartillerie in Schußposition zu bringen. Die 38-cm-Granaten des deutschen Schlachtschiffs schmetterten in die »Hood« hinein. Zwischen dem achteren Schornstein und dem Mast des Schlachtkreuzers zuckten Explosionsblitze und eine mächtige Feuersäule empor.

Admiral Lütjens, der sein Glas auf die 15 Kilometer entfernt liegende »Hood« gerichtet hielt, sah, wie das gesamte Achterschiff des Schlachtkreuzers sich in ein Flammenmeer verwandelte. Einer der achteren Geschütztürme wurde durch die unerhörte Gewalt einer weiteren Explosion losgerissen, emporgeschleudert und in die See geworfen.

Im Kommandostand des Schweren Kreuzers »Prinz Eugen« rief in diesem Augenblick Kapitän z. S. Brinkmann:

»An alle: Der vordere Gegner fliegt in die Luft!«

Eine der einschlagenden Granaten der »Bismarck« hatte die achtere Munitionskammer der »Hood« voll getroffen und die darin lagernden 112 Tonnen Pulver detonieren lassen, die das Schiff in Stücke rissen. Mit einer schnellen Ruderkorrektur entging die »Prince of Wales« dem Zusammenstoß mit der sinkenden »Hood«. Es war 6.01 Uhr, als der britische Schlachtkreuzer von der Wasseroberfläche verschwunden war. Er nahm 1416 Besatzungsmitglieder, einschließlich des Kommandanten, mit in die Tiefe; nur drei Soldaten der »Hood« entgingen diesem Inferno, das den Schlachtkreuzer so eilig verschlang.

Zwei Minuten darauf erhielt die abgedrehte »Prince of Wales« die ersten schweren Treffer. Ein Volltreffer traf ihre Brücke, und von allen, die sich auf ihr befanden, überlebten nur der Kommandant, Captain Leach, und ein Signalmeister. Drei weitere 38-cm-Treffer und drei 20,3-cm-Treffer forderten neue Opfer. Captain Leach befahl um 6.13 Uhr, hinter einer künstlich gezogenen Rauchwand abzudrehen. Allerdings hatte dieses Schiff seinem großen Gegner, der »Bismarck«, ebenfalls zwei 35,6-cm-Treffer beigebracht, von denen einer die Treibstofftanks des deutschen Schlachtschiffs beschädigte, so daß es von nun an eine gut sichtbare Ölspur hinter sich herzog, als der deutsche Verband nach Süden abdrehte.

Auf britischer Seite übernahm nun Admiral Wake-Walker auch das Kommando über die »Prince of Wales«. Es sah so aus, als sei auch dieser Schlachtkreuzer dem Untergang geweiht. Es konnte nur noch eine Frage der Zeit sein, bis »Bismarck« und »Prinz Eugen« auch dieses Schiff vernichtend getroffen hätten. Die Schiffe der Home Fleet, die einzig Hilfe hätten bringen können, standen noch immer etwa 300 Seemeilen entfernt.

Doch was tat die »Bismarck«? Lief sie hinter dem angeschlagenen britischen Schlachtkreuzer her, um ihm den Garaus zu machen? Nein! Beide Schiffe behielten ihren alten, bisher gelaufenen Kurs bei. Auch die Bitte des Kommandanten der »Bismarck«, Kapitän z. S. Lindemann, nachsetzen zu dürfen, wurde von Admiral Lütjens abgeschlagen. Warum, das wird auf immer ein Geheimnis bleiben, das der Flottenbefehlshaber, der mit der »Bismarck« wenige Tage später untergehen sollte, mit an den Grund der See nahm.

Längst hatten die beiden Kreuzer von KAdm. Wake-Walker gemeldet, daß »Bismarck« mit seiner Fahrt auf 24 Knoten heruntergegangen war und auf Südkurs gedreht hatte.

Admiral Lütjens, das wird den Fachleuten klar gewesen sein, hatte seine Hauptaufgabe nicht aus den Augen verloren, und die lautete: »Kampf gegen die ozeanische Zufuhr der Britischen Inseln.« Dies war einer der Gründe, daß der Flottenchef den angeschlagenen Gegner nicht verfolgte. Der zweite rührte daher, daß die »Bismarck« in ihrer Geschwindigkeit eingeschränkt war.

Auch Hitler fragte bei der Seekriegsleitung nach, warum denn die beiden Großkampfschiffe nach der Vernichtung der »Hood« nicht auch die »Prince of Wales« angegriffen und vernichtet hätten. Selbst bei Verlust der »Bismarck« wäre das Ergebnis der Versenkung zweier englischer Großkampfschiffe schließlich günstiger gewesen. Doch diese Einstellung lief den Plänen von Großadmiral Raeder zuwider, der sie auch Admiral Lütjens klargemacht hatte.

Die ablaufende »Bismarck« hatte zwei schwere und einen leichten Treffer erhalten. Dies hatte zum einen die Herabsetzung der Geschwindigkeit und zum anderen eine deutliche Ölspur zur Folge. »Prinz Eugen« war unbeschädigt aus dem Kampf herausgekommen.

Für die Briten galt es nun, ein dichtes Netz um diese beiden deutschen Großkampfschiffe zu ziehen, durch das sie nicht mehr entkommen konnten. So wurde von der Admiralität in den frühen Morgenstunden des 24. Mai die nördlich Gibraltar stehende Force H unter Admiral Somerville mit den Schlachtschiffen »Rodney« und »Ramillies« von den durch sie gesicherten Geleitzügen abgezogen. Um 2.40 Uhr dieses Tages hatte Admiral Tovey den Träger »Victorious« mit vier Leichten Kreuzern auf eine Position angesetzt, die den deutschen Schiffen voraus lag. Von diesem Träger wurden dann um 22 Uhr die Swordfish-Torpedoflugzeuge gestartet. Sie fanden trotz des schlechten Wetters den Gegner und erzielten einen Treffer, der aber gegen die Seitenpanzerung der »Bismarck« ging und das Schiff nicht sehr beschädigte.

In der Nacht zum 25. Mai entließ Admiral Lütjens die »Prinz Eugen« zur selbständigen Handelskriegführung in den Atlantik. Hinter dem ablaufenden Schweren Kreuzer herdrehend, nahm die »Bismarck« Kurs auf Brest, und die Verfolger verloren nun den Anschluß. Es sah so aus, als sollte es der »Bismarck« gelingen, Brest zu erreichen, als sie hinter den suchenden Feindzerstörern her nach Südosten ablief.

Am Morgen des 26. Mai, als keiner der Verfolger mehr wußte, wo sich die »Bismarck« nun befand, wurde das deutsche Schlachtschiff von einem Catalina-Flugboot gesichtet und über Funk gemeldet. Sofort schwenkte die Force H auf den entsprechenden Kurs ein, und gegen Mittag gewannen auch Flugzeuge des Trägers »Arc Royal« Fühlung an dem Schlachtschiff, das eine Stunde darauf von dem Kreuzer »Sheffield« gesichtet wurde. Dieser englische Kreuzer hatte alle Mühe, den geworfenen Torpedos der Torpedoflugzeuge der »Arc Royal« zu entkommen, die diese versehentlich auf den eigenen Kreuzer abschossen.

Am Nachmittag des 26. Mai wurde die »Bismarck« ein zweitesmal angegriffen. 15 Swordfishes der »Arc Royal« unter Führung von LtCdr. Coode stürzten sich in das Abwehrfeuer der Flak. Zwei ihrer abgefeuerten Torpedos trafen die »Bismarck«, und einer davon legte ihre Ruderanlage lahm. Das deutsche Schlachtschiff lag manövrierunfähig in der See, und damit war sein Schicksal besiegelt.

In der Nacht zum 27. Mai wurde die »Bismarck« von fünf Zerstörern der 4. britischen Zerstörer-Flottille unter Captain Vian angegriffen. Dieser Angriff wurde von dem deutschen Schlachtschiff abgewehrt. Am Vormittag dieses entscheidenden Tages nahte dann das Ende, als Admiral Tovey mit den Schlachtschiffen »King George V« und »Rodney« in Schußposition gekommen war. Sie eröffneten das Feuer auf »Bismarck« um 8.45 Uhr aus einer Entfernung von 174 hm.

Mit allen Waffen erwiderte diese das Feuer, doch da sie nicht manövrieren konnte, wurde sie mehr und mehr von Treffern eingedeckt. Bis 10.20 Uhr hämmerten Dutzende Granaten in das deutsche Schlachtschiff hinein. Von der Back bis zum Heck stand die »Bismarck« über alles in Flammen, und aus diesen Flammen blitzten noch die Abschüsse der Geschütze, ohne daß das Schiff merklich tiefer sackte.

Nachdem die beiden britischen Schlachtschiffe wegen Brennstoffmangels und nach Verschuß der Munition bis auf die notwendige Reserve abdrehten, schwamm die »Bismarck« immer noch. Nun liefen die Kreuzer »Norfolk« und »Dorsetshire« unter Captain Martin zum Torpedoangriff an. Sie torpedierten die inzwischen kampflos auf der See treibende »Bismarck« zweimal und schossen sich dann auf das hilflos in der See treibende Wrack ein. Es war genau 10.36 Uhr, als die »Bismarck« auf 48.10 Grad Nord und 16.12 Grad West sank. Von ihrer über 2000 Mann starken Besatzung wurden nur 110 gerettet. Mit dem Schiff ging auch Admiral Lütjens und sein Flottenstab mit dem eingeschifften Beobachtungs-Dienst unter.

Hitler gegenüber erklärte Großadmiral Raeder, daß es der »Bismarck« sicher gelungen wäre, den Gegner abzuschütteln und Brest zu erreichen, wenn nicht der schwere Rudertreffer das Schiff manövrierunfähig gemacht hätte.

Hitler selbst war es, der nach dem Untergang der »Bismarck« keine weitere Möglichkeit mehr sah, den ozeanischen Zufuhrkrieg gegen England in der alten Art und Weise weiterzuführen. Der Angriff gegen die Sowjetunion stand kurz bevor, und alles andere war für Hitler von nebensächlicher Bedeutung geworden.

Während der Zeit des Endkampfes der »Bismarck« war die »Prinz Eugen« unter Kapitän z. S. Brinkmann in Richtung Azoren abgelaufen, um an dem dort stehenden Tanker »Spichern« oder der ebenfalls in diesem Raum auf Warteposition liegenden »Esso Hamburg« zu versorgen. Der Schwere Kreuzer erreichte am 26. Mai um 6.06 Uhr den Tanker »Spichern« — mit nur noch 250 cbm Öl in den Tanks.

Danach setzte der Kommandant gemäß dem Befehl der Seekriegsleitung den Vorstoß auf den südlichen Teil der HX-Geleitzugrouten fort. Dieser Vormarsch wurde am nächsten Tag jedoch abgebrochen, als ein U-Boot in dem betreffenen Planquadrat gemeldet wurde. Von der Gruppe West erhielt das Schiff dann eine Warnung:

»Italienische U-Boot-Meldung: 5 Schlachtschiffe im Quadrat BE 5568, 220 Grad, hohe Fahrt.«

Diese Meldung deutete darauf hin, daß schwere Seestreitkräfte auf die »Prinz Eugen« angesetzt worden waren. Brinkmann wich nun nach Süden aus und erhielt wenig später die Weisung, nur gegen Einzelfahrer zu operieren.

Nach einer neuerlichen Brennstoffergänzung am 28. Mai und einem Treffen mit dem Spähschiff »Kota Penang« wurde für den Kommandanten der »Prinz Eugen« jeder Gedanke an eine Fortsetzung des Unternehmens hinfällig, weil die Maschinenanlage nur noch eine Höchstfahrt von 28 Knoten gestattete. Es waren verschiedene Schäden an allen Maschinen aufgetreten, die den Kommandanten zum Abbruch seiner Operation zwangen. Er ließ den Kurs auf Kap Finisterre legen, lief dann zur Biskayamitte und meldete seine Absicht, einen französischen Hafen anzulaufen. Es kam Kursanweisung für Brest. Die beiden Zerstörer, die den Kreuzer am 1. Juni bei Hellwerden erfaßten, nahmen diesen auf und geleiteten ihn, U-Bootsicherung fahrend, nach Brest, wo »Prinz Eugen« um 19.30 Uhr eintraf.

Von seiten der Britischen Admiralität wurde nun den ganzen Juni hindurch mit dem Schlachtschiff »Nelson«, den beiden Trägern »Eagle« und »Victorious« und den Kreuzern »Aurora«, »Dunedin«, »Kenya«, »London«, »Neptune« und »Sheffield« nach jenen Troßschiffen und Versorgern gesucht, die die Operationen der deutschen Großkampfschiffe durch Treibölversorgung, Verproviantierung und Materialnachschub erst ermöglicht hatten.

Als erster wurde am 3. Juni der deutsche Tanker »Belchen« erwischt, und ihm folgten bis zum 23. Juni nicht weniger als acht weitere Versorger. Das deutsche Versorgungssystem war zerschlagen. Ein Neuaufbau war aus Mangel an geeigneten Schiffen und erfahrenen Besatzungen nicht mehr möglich.

Schlachtschiff »Bismarck« war nicht mehr zu seiner eigentlichen Bestimmung, der Führung eines Handelskrieges gegen England, gekommen. 8 Schlachtschiffe, 2 Flugzeugträger, 4 Schwere und 7 Leichte Kreuzer, 21 Zerstörer und eine Vielzahl an Flugzeugen waren notwendig gewesen, um dieses Schiff zur Strecke zu bringen. Niemand anderer als der Chef der Britischen Home Fleet widmete der »Bismarck« folgenden Nachruf:

> »Gegen eine unüberwindliche Übermacht hat die ›Bismarck‹ einen außerordentlich tapferen Kampf gekämpft und sich der Tradition der alten Kaiserlichen Marine würdig erwiesen: Sie ist mit wehender Flagge gesunken« (s. Aßmann, Kurt: Deutsche Seestrategie in zwei Weltkriegen).

Aber auch nach dem Untergang der »Bismarck« setzte die Seekriegsleitung den Zufuhrkrieg auf den Ozeanen weiter fort. Der Schwere Kreuzer »Lützow« sollte nun auslaufen, die See-Engen durchbrechen und diesen Kampf eines Einzelnen gegen eine vielfache Übermacht aufnehmen. Denn die Britische Admiralität hatte in der Zwischenzeit nicht nur die Versorger aufgespürt und versenkt, sondern auch die Luftaufklärung über dem Skagerrak deutlich verstärkt. Diese Luftaufklärung entdeckte am 20. Juni das Auslaufen eines deutschen Großkampfschiffs durch die Ostsee und den Kaiser-Wilhelm-Kanal. Es war der Schwere Kreuzer »Lützow«. Als er sich dann auf dem Marsch nach Norden zu den norwegischen Ausgangshäfen befand, wurde er in den ersten Stunden des 23. Juni von Torpedoflugzeugen angegriffen. Der Schwere Kreuzer erhielt einen Torpedotreffer und mußte den Rückmarsch in die Werft antreten.

Die Seekriegsleitung plante nunmehr den Einsatz der

»Tirpitz« und »Hipper« mit den in Brest liegenden beiden Schlachtkreuzern »Gneisenau« und »Scharnhorst«. »Scharnhorst« hatte ihre Maschinenreparatur im Juli beendet. Als sie zur ersten zwei bis drei Tage veranschlagten Übungsfahrt auslief, die nach La Pallice führen sollte, wurde sie am ersten Morgen in See von feindlichen Bombern angegriffen. Trotz der massiven Luftabwehr, bei der einige Flugzeuge abgeschossen wurden, gelang es den zäh und verbissen angreifenden Bombern, drei schwere Bomben auf der »Scharnhorst« zu plazieren, die glücklicherweise Blindgänger waren, aber dennoch Schäden verursachten, indem sie das Schiff durchschlugen. Zwei weitere leichte Bomben detonierten und verursachten einige Schäden. Mit 3000 Tonnen Wasser im Schiff und starken Kabelschäden mußte der deutsche Schlachtkreuzer wieder in die Werft von Brest zurücklaufen.

Jetzt wurden die feindlichen Luftangriffe auf Brest so massiv, daß es nur noch eine Frage der Zeit schien, bis die beiden deutschen Schlachtkreuzer und der Schwere Kreuzer »Prinz Eugen« diesen Bombenmassen zum Opfer fielen. Als Gegenmaßnahme wurde die Flakabwehr um Brest herum verstärkt. Nebelanlagen bliesen bei gemeldeten Anflügen dicke Nebelschwaden ab.

Raeders Vortrag vor Hitler zielte darauf ab, die Schweren Einheiten aus Brest abzuziehen. Hitler entschied nach dem Vortrag, daß das Geschwader, stark gesichert und in der Luft von Fliegerkräften abgeschirmt, durch den Englischen Kanal nach Deutschland durchbrechen sollte. Dieses Unternehmen sollte Anfang 1942 durchgeführt werden. Dann würde neben der im Dezember gefechtsbereiten »Tirpitz« wieder eine Schlachtflotte bereitstehen, die unter dem Befehlshaber der Schlachtschiffe (BdS), Vizeadmiral Ciliax, zu neuen Einsätzen starten sollte.

Doch wenden wir uns zunächst wieder jenem Seekriegsschauplatz zu, auf dem Kreuzer aller Art im Einsatz standen, dem Mittelmeer.

Kreuzerkämpfe im Mittelmeer

Britische Einsätze von September bis Dezember 1940

Nachdem in Nordafrika am 13. September 1940 die italienische Offensive begonnen hatte und die italienischen Truppen binnen dreier Tage Sidi Barrani erreichten und dann stehenblieben, um den Nachschub nachrollen zu lassen, war es das oberste Bestreben der britischen Führung im Mittelmeer, diese Nachschubhäfen auszuschalten. Einer der wichtigsten Häfen war Bengasi. Zur Beschießung dieses Hafens liefen am 15. September das Schlachtschiff »Valiant«, der Flugzeugträger »Illustrious«, der Kreuzer »Kent« und sieben Zerstörer aus.

Am 16. September vereinigte sich dieser Verband westlich Kreta mit dem 3. Kreuzergeschwader, zu dem die Flakkreuzer »Calcutta« und »Coventry« gehörten, und liefen zum Startplatz für die Flugzeuge des Trägers, die in der kommenden Nacht den Hafen von Bengasi verminen und mit Lufttorpedos die im Hafen liegenden italienischen Schiffe angreifen sollten. Der schlagartige Überfall gelang. Minen ließen einen italienischen Zerstörer sinken. Die Lufttorpedos vernichteten einen zweiten und dazu zwei Frachter.

Anschließend wurde der Kreuzer »Kent« mit zwei Zerstörern zur Küstenbeschießung von Bardia detachiert. Hier wurde er von italienischen Torpedofliegern angegriffen, die den Feuervorhang durchstießen und aus niedrigster Höhe ihre Torpedos warfen. Einer der Torpedos detonierte achtern bei der »Kent« und riß ein großes Loch. Nur dem unermüdlichen Einsatz der beiden Zerstörer gelang es, den Kreuzer am 19. September nach Alexandria einzuschleppen.

Der Angriffsversuch italienischer U-Boote auf Schlachtschiff und Flugzeugträger schlug fehl.

In diese Zeit hinein fiel der Abschluß des Dreimächtepakts Deutschland-Italien-Japan am 27. September in Berlin. Der Zweck dieses Pakts war es, ein Eingreifen der USA in den Krieg durch die Drohung mit einem Zweifrontenkrieg im Atlantik und im Pazifik zu verhindern. Die Beziehungen der drei Mächte zur UdSSR, mit der sich Deutschland seit dem 22. Juni im Kriegszustand befand, sollte von diesem Pakt unberührt bleiben.

Ein britischer Versorgungskonvoi, bestehend aus vier hoch beladenen Dampfern und durch die Flakkreuzer »Calcutta« und »Coventry« sowie vier Zerstörer gesichert, lief am 8. Oktober in Alexandria aus. Zielhafen war Malta, dessen Versorgung unter allen Umständen sichergestellt werden mußte, weil diese Insel vor der italienischen Haustür eine ständige Bedrohung der italienischen Flottenbasis war und dies auch bleiben sollte.

Um diesen Schiffen auch vor Angriffen schwerer italienischer Überwasserstreitkräfte Deckung zu bieten, wurde die Mittelmeerflotte unter Admiral Cunningham mit vier Schlachtschiffen, zwei Trägern und den Kreuzern »York«, »Gloucester« und »Liverpool« des 3. Kreuzer-Geschwaders und den Einheiten »Ajax«, »Orion« und »Sydney« des 7. Kreuzer-Geschwaders nebst 16 Zerstörern aufgeboten.

Der Konvoi erreichte unbemerkt Malta. Der wieder nach Alexandria zurückmarschierende Verband wurde von einem Zivilflugzeug gesichtet und gemeldet. Supermarina setzte nun die 1. Torpedoboot-Flottille an. Korvettenkapitän Banfi fuhr mit seinen drei schnellen Booten einen Torpedoangriff gegen den Kreuzer »Ajax«. Captain McCarthy ließ aus allen Waffen auf die angreifenden Boote schießen. Die ersten Treffer mußte »Ariel« nehmen, der bald darauf in hellen Flammen stand. Die geschossenen Torpedos wurden ausmanövriert. Dann geriet auch der zweite Angreifer in den Wirbel der einschlagenden

Granaten. Die Brücke wurde mit einem Volltreffer vernichtet. Drei Granaten einer Salve schmetterten dicht hinter der Brücke ein und verwandelten das Torpedoboot in einen auseinanderberstenden Feuerball. Der überlebende Angreifer, die »Alcione«, rettete die Besatzung des zweiten sinkenden Torpedoboots und entkam den ihr nachgeschickten Salven durch rasantes Zacken.

Die in diesem Augenblick auf dem Kampfplatz auftauchenden Zerstörer der 11. Zerstörer-Flottille unter Kapitän z. S. Margottini wurden im ersten Anlauf zum Torpedoschuß ebenfalls vom Abwehrfeuer der »Ajax« erfaßt und abgedrängt. Die geschossenen Torpedos liefen weit vorbei. Zwei Zerstörer wurden beschädigt; davon »Artigliere« so schwer, daß er von »Camincia Nera« abgeschleppt werden mußte. Als diese beiden Zerstörer von drei Torpedoflugzeugen der »Victorious« angegriffen wurden, konnten sie diesen Angriff abwehren. Doch danach tauchte der Kreuzer »York« auf, und »Camincia Nera« mußte, wenn, er entkommen wollte, den geschleppten Zerstörer hinter sich zurücklassen. Die Besatzung stieg aus, und »Artigliere« wurde versenkt.

Aus Messina war die 3. italienische Kreuzer-Division ausgelaufen. Sie hatte »Trieste«, »Bolzano« und »Trento« zur Verfügung; drei Zerstörer der 14. Zerstörer-Flottille kamen als Sicherung hinzu. Dieser Verband konnte jedoch nicht mehr in das Kampfgeschehen eingreifen, da die englischen Kreuzer abgelaufen waren. Das Lazarettschiff »Aquileja« konnte 225 Überlebende des italienischen Zerstörers retten.

Die Swordfishes des Trägers »Illustrious« griffen auf dem Rückmarsch nach Alexandria Leros an. Am 14. Oktober erreichten einige italienische Torpedoflieger den Verband und griffen an. Die »Liverpool« erhielt einen Torpedotreffer ins Vorschiff, konnte aber aus eigener Kraft Alexandria erreichen.

Das Mittelmeer war zu einem der härtest umkämpften Seekriegsschauplätze geworden, und nach Frankreichs

Ausscheiden aus diesem Kampf hatte Großbritannien die Hauptlast zu tragen. Wie hart dieser Kampf werden sollte, das sollte sich gerade in dieser Phase des Ringens um das Mittelmeer zeigen.

Nachdem italienische Truppen am 28. Oktober die griechisch-albanische Grenze überschritten hatten und nach Griechenland einmarschiert waren, mußte England sofort und entschlossen handeln, eine neue »Balkanfront« aufzubauen.

Griechenland betrachtete sich nach dem italienischen Einfall als Bundesgenosse Englands und nahm unmittelbar britische Hilfe in Anspruch. Die vorbereiteten Stützpunkte wurde von britischen Fliegerverbänden belegt. Kreta erhielt eine britische Besatzung und durfte als Flottenstützpunkt von England benutzt werden.

Um dieses alles schnellstmöglich durchführen zu können, wurden die ersten Konvois nach Griechenland in Marsch gesetzt. Am 29. Oktober unternahm die Mittelmeerflotte unter Admiral Cunningham mit vier Schlachtschiffen, zwei Flugzeugträgern, vier Kreuzern und einigen Zerstörern einen Vorstoß in das Ionische Meer, um einen der ersten nach Griechenland marschierenden Großkonvois zu decken. Der Konvoi kam durch — trotz der italienischen U-Boot-Linie mit vier Booten, die südlich Kreta standen, aber nicht an den Konvoi heranschließen konnten.

In einer Reihe britischer Flottenoperationen, die am 6. November begannen, lief die Force H mit einem Träger, dem Kreuzer »Sheffield« und fünf Zerstörern aus, um die Force F bis südlich Sardinien zu begleiten. Diese bestand aus dem Schlachtschiff »Barham«, den Kreuzern »Berwick« und »Glasgow« und vier Zerstörern. Am Vortag waren bereits mit vier Versorgungsdampfern für Malta wieder die beiden Flakkreuzer »Calcutta« und »Coventry« und vier Zerstörer ausgelaufen, während die unter Befehl von Admiral Cunningham stehende Mittelmeerflotte, die britische Hauptstreitmacht, mit vier Schlachtschiffen, einem Träger und den Kreuzern »Gloucester« und »York« und das 7. Kreuzer-Geschwader mit »Orion«, »Ajax« und »Sydney« und insgesamt 13 Zerstörern einen Konvoi zur Sudabucht auf Kreta geleiten sollten.

Diese Operation wurde nicht gestört. Am 11. November drehte dann der Träger »Illustrious« mit den Kreuzern »Gloucester«, »Berwick«, »Glasgow«, »York« und vier Zerstörern zum Angriff auf Tarent ein, während die Kreuzer »Orion«, »Ajax« und »Sydney« mit zwei Zerstörern nach Norden schwenkten, um einen schnellen Raid in die Otrantostraße durchzuführen.

In der Nacht zum 12. November starteten von der »Illustrious« zehn Torpedoflugzeuge und vier Bomber, um die im Hafen von Tarent liegenden italienischen Kriegsschiffe anzugreifen. In zwei Wellen anfliegend, gelang es den Swordfishes, das Schlachtschiff »Littorio« mit drei Treffern zu erwischen. Zwei weitere ältere Schlachtschiffe erhielten jeweils einen Torpedotreffer. Die »Conte di Cavour« sank. Der Schwere Kreuzer »Trento« und ein Zerstörer wurden durch Blindgänger der Bomber leicht beschädigt. Zwei Flugzeuge bezahlten diesen Angriff mit ihrem Abschuß.

In der Otrantostraße gelang es in dieser Nacht den unter dem Befehl von Vizeadmiral Pridham-Wippell stehenden Kreuzern, einen italienischen Nachschubkonvoi mit vier Schiffen zu stellen, der nur von einem Hilfskreuzer und einem Torpedoboot geleitet wurde. Die Kreuzer schossen in einem kurzen, schnellen Schußwechsel alle vier Dampfer zusammen, die brennend sanken.

Nunmehr liefen die Überführungsfahrten der britischen Flotte nach Griechenland und Kreta an. In dieser Situation zeigte sich, daß auch hier Kreuzer die wichtigsten Träger der Transportunternehmen und ihrer Sicherung waren, so z. B., als eine Kreuzergruppe mit »Berwick«, »Glasgow«, »Sydney« und »York« vom 14. bis 16. November 3400 Mann britischer Truppen von Alexandria nach Piräus überführten. Schnell und von großer

Kampfkraft, waren sie für solche Fahrten bestens geeignet. Entdeckt wurden sie immer erst, wenn sie ihre Ziele bereits erreicht hatten und sich schon wieder auf dem Rückmarsch befanden. Erst dann konnte die italienische Seite ihre Gegenaktionen starten.

Immer wieder mußte auch der Bestand an Jagdflugzeugen für die Insel Malta ergänzt werden. Zu diesem Zweck lief in der Operation »White«, die am 15. November begann, die Force H mit dem Schlachtkreuzer »Renown«, dem Träger »Arc Royal«, den Kreuzern »Birmingham« und »Delhi« und acht Zerstörern aus und brachte den Träger »Argus« in das Seegebiet südwestlich Sardiniens. Von dort aus starteten von »Argus« zwölf Hurricane-Jagdflugzeuge und zwei Skua-Bomber zum Flug nach Malta. Nur vier Jäger und ein Bomber erreichten jedoch die Insel.

Italienische U-Boote, die in letzter Sekunde auf diesen Verband angesetzt wurden, waren nicht rechtzeitig herangekommen.

Am 24. November begann dann jene Operation, die als »Seeschlacht bei Cap Teulada« in die Seekriegsgeschichte des Mittelmeers einging. Die Operation erhielt den Codenamen »Collar«. Von Alexandria aus lief die Force D mit dem Schlachtschiff »Ramillies«, den Kreuzern »Berwick« und »Newcastle« zum Marsch in Richtung Gibraltar aus, während der Kreuzer »Coventry« und sechs Zerstörer zur Aufnahme eines aus Gibraltar kommenden Konvois in den Seeraum südlich Sardinien marschierten. Sie wurden bis in den Seeraum südlich Malta von der Force C mit zwei Schlachtschiffen und einem Träger begleitet. Der Träger sollte am 26. November einen Angriff gegen Tripolis starten.

Am nächsten Tag lief aus Alexandria auch noch die Mittelmeerflotte unter Admiral Cunningham aus. Zu ihr gehörten zwei Schlachtschiffe, der Träger »Illustrious« und das 7. Kreuzer-Geschwader mit »Ajax«, »Orion«, »Sydney« und einigen Zerstörern. Sie sollte einen Konvoi decken, der abermals zur Sudabucht nach Kreta lief. Dabei erhielt »Illustrious« noch den Auftrag, am 26. November »Rhodos mit seinen Flugzeugen anzugreifen«.

Als dann auch noch ein Versorgungskonvoi in Richtung Malta in See ging, der vom 3. Kreuzer-Geschwader gesichert wurde, in dem die Kreuzer »Glasgow«, »Gloucester« und »York« standen, war fast die gesamte Mittelmeerflotte Englands im Einsatz, denn auch die Force F mit den Kreuzern »Manchester« mit Vizeadmiral Holland an Bord, und »Southampton« brachte je 700 Soldaten von Gibraltar aus ins Mittelmeer und auf drei großen Transportern Material und Waffen. Die Deckungsgruppe für diesen wichtigen Konvoi setzte sich aus der Force B mit dem Schlachtkreuzer »Renown« mit Vizeadmiral Somerville an Bord, den Kreuzern »Despatch« und »Sheffield« und neun Zerstörern zusammen.

Am 25. November meldete ein italienisches Zivilflugzeug das Auslaufen schwerer Seestreitkräfte aus Gibraltar. Es handelte sich um die Force B. Auch die Force D wurde südlich Malta durch ein solches Flugzeug erkannt. Supermarina stellte sofort südlich Sardinien eine Kette von vier und vor Malta eine von zwei U-Booten auf.

Der italienische Flottenchef, Geschwaderadmiral Campioni, lief am 26. November mit zwei Schlachtschiffen und der 7. und 13. Zerstörer-Flottille, Geschwaderadmiral Iachino mit der 1. Kreuzer-Division mit dem Führerkreuzer »Pola«, »Fiume«, »Gorizia« und der 9. Zerstörer-Flottille aus Neapel aus. In Messina ging die 3. Kreuzer-Division unter Divisionsadmiral Sansonetti mit »Trieste«, »Trento« und »Bolzano« und der 12. Zerstörer-Flottille aus, um die von Westen kommenden britischen Verbände abzufangen.

Am Morgen des 27. November wurden von Aufklärern der »Arc Royal« Teile der italienischen Flotte gesichtet. Zwei Stunden darauf vereinigte sich die Deckungsgruppe Force B unter Vizeadmiral Somerville mit der von Osten herankommenden Force D. Nunmehr marschierten die drei Transporter des Konvois mit vier Korvetten und zwei Zerstörern und dem von der Force D detachierten Kreuzer »Coventry« und den zu dieser Force gehörenden fünf Zerstörern allein nach Südosten weiter, während Somerville selbst mit seinem Schlachtkreuzer »Renown« und dem von der Force D hinzugekommenen Schlachtschiff »Ramillies« und den Kreuzern »Berwick«, »Manchester«, »Newcastle«, »Sheffield« und »Southampton« der italienischen Flotte entgegensteuerte, um sie zum Kampf zu stellen.

Flugzeuge der »Arc Royal« eröffneten die Angriffe gegen das italienische Schlachtschiff »Vittorio Veneto« und den Kreuzer »Pola«. Aber sie erzielten keinen Treffer, weil die geworfenen Torpedos ausmanövriert werden konnten.

Wenig später standen die Kreuzer und Schlachtschiffe miteinander im Gefecht. 60 Minuten lang war die Luft vom Orgeln der schweren Granaten, vom Dröhnen der Detonationen und von den Feuerwänden der Abschußsalven erfüllt. »Berwick« erhielt einen schweren Treffer, ebenso der italienische Zerstörer »Lanciere«, der danach in Schlepp genommen werden mußte. Admiral Campioni brach dann das Gefecht ab. Er war der Annahme, daß er an Feuerkraft stärkeren Gegnern gegenüberstünde. Die Seeschlacht bei Cap Teulada war zu Ende gegangen, und bis zum 30. November hatten sämtliche Schiffe ihre Häfen wieder erreicht.

Nach der Ablösung von Admiral Forbes als Commander-in-Chief der Home Fleet durch Admiral Tovey am 2. Dezember verfügte diese Hauptstreitmacht Großbritanniens über drei Schlachtschiffe, zwei Schlachtkreuzer und elf Kreuzer. Im Mittelmeer hingegen war eine bedeutend größere britische Streitmacht konzentriert.

Die italienische Flotte, die bei Cap Teulada keinen guten Eindruck hinterlassen hatte, wurde weiter reorganisiert. Admiral Cavagnari, Unterstaatssekretär und Chef von Supermarina, wurde durch Admiral Riccardi abgelöst, der bis dahin Chef des 2. Schlachtschiffgeschwaders gewesen war. Flottenchef Admiral Campioni, der bei Cap Teulada kein Glück gehabt hatte, wurde durch Geschwaderadmiral Iachino abgelöst. Schließlich präsentierte sich die italienische Flotte in folgender neuer Aufstellung:

Flaggschiff Vittorio Veneto

5. Division: Divisionsadmiral Brivonesi mit den Schlachtschiffen »Giulio Cesare« und »Andrea Doria« sowie einer Zerstörer-Flottille

1. Division: Divisionsadmiral Cattaneo mit den Schweren Kreuzern »Zara«, »Fiume«, »Gorizia«, »Pola« und zwei Zerstörer-Flottillen

3. Division: Divisionsadmiral Sansonetti mit den Schweren Kreuzern »Trieste«, »Bolzano«, »Trento« und einer Zerstörer-Flottille

7. Division: Divisionsadmiral Casardi mit den Leichten Kreuzern »Eugenio di Savoia«, »Duca d'Aosta«, »Raimondo Montecuccoli« und zwei Zerstörer-Flottillen

8. Division: Divisionsadmiral Legnani mit den Leichten Kreuzern »Duca degli Abruzzi«, »Giuseppe Garibaldi«, »Muzio Attendolo Sforza« und einer Zerstörer-Flottille

4. Division: Divisionsadmiral Marenco mit den Leichten Kreuzern »Bande Nere«, »Armando Diaz« und zwei Zerstörer-Flottillen

Diese 4. Division wurde Supermarina direkt unterstellt.

Auf britischer Seite wurde im Mittelmeer zwischen dem 9. und 17. Dezember ein Unterstützungsverband für die Western Desert Force gebildet, der unter dem Kommando von Konteradmiral Rawlings in vier Gruppen zusammentrat. Es waren dies:

Force A: Monitor »Terror« und 3 Kanonenboote
Force B: 4 Zerstörer
Force C: Schlachtschiffe »Barham« und »Malaya«, 1 Kreuzer und 7 Zerstörer
Force D: Träger »Eagle«, 3 Kreuzer und 3 Zerstörer

Diese Gruppen führten vor allem auch Küstenbeschießungen an der nordafrikanischen Küste durch. Um sie zu vernichten, wurden ab dem 13. Dezember drei italienische U-Boote eingesetzt. Von diesen gelang es der »Neghelli« unter Kapitänleutnant Ferracuti am 13. Dezember, den Kreuzer »Coventry« zu torpedieren. »Coventry« sank auf 32.27 Grad Nord, 26.44 Grad Ost. Eines der italienischen U-Boote, »Naiade«, wurde am 14. Dezember durch zwei britische Zerstörer versenkt.

Seit dem 16. Dezember stand dann wieder die gesamte Mittelmeerflotte unter Admiral Cunningham im Einsatz. Es galt, die wichtigsten Konvois MC 2 und MC 3 nach Malta durchzubringen. Am Nachmittag dieses Tages gingen die Schlachtschiffe »Malaya«, »Valiant« und »Warspite« ankerauf, um mit dem Träger »Illustrious«, den Kreuzern »Gloucester« und »York« und 14 Zerstörern zur Sicherung dieser Konvois auszulaufen. Beide Konvois erreichten unbelästigt ihren Zielhafen, und die Schlachtschiffe beschossen den albanischen Hafen Valona, in dem italienische Transportschiffe lagen, während die Trägerflugzeuge der »Illustrious« Flugplätze der Italiener auf Rhodos und Stampalia angriffen.

Gleichzeitig damit war auch das 7. Kreuzer-Geschwader unter Vizeadmiral Pridham-Wippell mit »Orion«, »Ajax« und »Sydney« sowie drei Zerstörern in die Straße von Otranto eingedrungen. Das Unternehmen endete mit dem Verlust des Zerstörers »Hyperion«, der beim Marsch durch die Sizilienstraße auf eine Mine lief.

Im Gegenzug zu diesen Operationen griffen die italienischen Leichten Kreuzer »Eugenio di Savoia« und »Montecuccoli« mit vier Zerstörern griechische Stellungen und Küstenbatterien bei Lukova, 30 Kilometer nördlich des Kanals von Korinth, an.

Mit diesen Einsätzen ging das Jahr 1940 im Mittelmeer zu Ende. Es hatte viele Kreuzeroperationen gesehen, wenn auch ein großes Kreuzergefecht nicht stattgefunden hatte.

Das erste Halbjahr 1941 im Mittelmeer

Am 6. Januar 1941 begann die Operation »Exzess«, die der Verstärkung Maltas galt, das als Pfahl im Fleische italienischer Seegebiete so stark wie möglich gehalten werden mußte. Neben Munition und Hurricane-Jägern wurden unter anderem in diesem Geleitzug auch 3000 Tonnen Saatkartoffeln für die Bauern Maltas transportiert, die damit die britischen Soldaten versorgen sollten.

Diesmal war ein Großaufgebot an Kreuzern dabei, um die Operation ohne Verluste durchzuführen. Sicherung bildeten die Force F mit dem Leichten Kreuzer »Bonaventure« und vier Zerstörern, die von Gibraltar aus mitliefen, und die Force B unter Konteradmiral Renouf mit den beiden Leichten Kreuzern »Gloucester« und »Southampton«. Letzterer hatte 500 Mann Ersatz für die Besatzung von Malta an Bord.

Am 7. Januar liefen die Kreuzer »Orion« und »York« mit einem Tanker zur Sudabucht auf Kreta. Dort vereinigten sie sich mit den Leichten Kreuzern »Ajax« und »Perth« zur Force D unter Vizeadmiral Pridham-Wippell. Noch am selben Tag lief ein zweiter Verband aus Alexandria aus. Es war die Force A, Admiral Cunninghams Mittelmeerflotte, mit zwei Schlachtschiffen, einem Flugzeugträger und sieben Zerstörern, die dem Malta-Konvoi MW 5,2 mit zwei großen Transportschiffen und deren Sicherung, bestehend aus Kreuzer »Calcutta« und zwei Zerstörern, sowie vier Korvetten, als Fernsicherung dienten. Aus Gibraltar lief außerdem die Force H unter Vizeadmiral Somerville aus, mit dem Schlachtkreuzer »Renown«, einem Schlachtschiff, einem Träger, dem Kreuzer »Sheffield« und fünf Zerstörern.

Am 8. Januar landete die Force B die eingeschifften Soldaten auf Malta und ging sofort wieder auf Westkurs in See, um die von dort kommenden Schiffe des Konvois aufzunehmen. Kreuzer »Sydney« marschierte mit einem Zerstörer von Malta nach Osten, und am 9. Januar vereinigte sich dieser Kreuzer mit den Forces A und D 210 Seemeilen südöstlich von Malta.

Die Force H und der Konvoi »Exzess« wurden etwa 100 Seemeilen südwestlich von Cap Spartivento von der italienischen Luftaufklärung entdeckt. Am 10. Januar wurde der Konvoi südlich Pantelleria von zwei Torpedobooten angegriffen. Das Torpedoboot »Vega« wurde von dem Kreuzer »Bonaventura« mit einigen Salven in Brand geschossen und blieb manövrierunfähig auf der See liegen. Der Zerstörer »Hereward« gab ihm mit einem Torpedo den Fangschuß. Den italienischen Streitkräften gelang dagegen kein einziger Erfolg. Das U-Boot »Settimo« verfehlte mit einem Fächerschuß die britischen Schiffe.

Erst als die Force B Malta am 11. Januar wieder verließ, wurde sie von Ju 87 der 2./Sturzkampf-Geschwader 2 angegriffen. Der Kreuzer »Gloucester« erhielt einen schweren Bombentreffer. Die Bombe war zum Glück für den Kreuzer ein Blindgänger, sonst hätte sie wahrscheinlich sein Schicksal ebenso besiegelt wie jene Bomben, die die »Southampton« trafen; sie mußte am Abend aufgegeben werden.

Die Force H erreichte Gibraltar, und am 12. Januar waren »Orion« und »Gloucester« mit »Perth« und den Zerstörern am Treffpunkt mit der Force A und einem zweiten Verband, der aus Alexandria ausgelaufen war und in dem sich das Schlachtschiff »Barham«, der Träger »Eagle«, der Kreuzer »Ajax« und Zerstörer befanden. Diese letzte Gruppe sollte ursprünglich einen Raid gegen den Dodekanes unternehmen, mußte aber wegen schlechten Wetters umkehren. Alle Einheiten der britischen Mittelmeerflotte kehrten bis zum 17. Januar 1941 nach Alexandria zurück.

Am Vortag wurde vom X. Fliegerkorps ein Luftangriff auf Malta durchgeführt, der Erfolg hatte. Kreuzer »Perth« wurde schwer getroffen, ein Frachter ebenfalls. Der vorher bereits getroffene Flugzeugträger »Illustrious« wurde bei diesem Angriff ebenfalls mehrfach getroffen.

Als am 29. Januar 1941 die britisch-amerikanischen Besprechungen über eine gemeinsame Kriegführung im Falle eines amerikanischen Kriegseintritts in Washington stattfanden, machte US-Präsident Roosevelt seinen Gesprächspartnern klar, daß nur ein gewaltiges Erdbeben die amerikanische Nation in den Krieg eintreten lassen könne. Er sicherte jedoch jede Unterstützung zu. (Ein solches Erdbeben wurde schließlich noch im selben Jahr in Szene gesetzt, wie in einem späteren Abschnitt dargelegt werden soll.)

Das Gibraltargeschwader, die Force H unter Vizeadmiral Somerville, unternahm mit einem Schlachtschiff, einem Träger, dem Leichten Kreuzer »Sheffield« und zehn Zerstörern einen Raid gegen Sardinien, der am 31. Januar 1941 begann. Die versuchte Vernichtung des Staudamms von Tirso auf der Insel schlug fehl. Der auch gegen Genua geplante Angriff konnte wegen einer Schlechtwetterfront nicht durchgeführt werden. Am 4. Februar lief die Force H wieder in Gibraltar ein.

Der erneute Angriff gegen Genua begann am 6. Februar mit dem Auslaufen der Force H in drei Gruppen aus Gibraltar. Die Aufteilung der Gruppen lautete:

1. Gruppe: Schlachtkreuzer »Renown«, Schlachtschiff »Malaya«, Träger »Arc Royal«, Leichter Kreuzer »Sheffield«
2. Gruppe: sechs Zerstörer
3. Gruppe: vier Zerstörer

Eine Meldung über britische Trägerflugzeuge brachte das italienische Marinehauptquartier zu der Überzeugung, daß ein neuer Versorgungskonvoi für Malta unterwegs sein müsse. Unter Admiral Iachino wurde ein starker Flottenverband in Marsch gesetzt. Er bestand aus drei Schlachtschiffen und acht Zerstörern, die aus La Spezia ausliefen, und den Schweren Kreuzern »Trieste«, »Bolzano« und »Trento«, die mit zwei Zerstörern von Messina aus in See gingen. Südlich Sardinien vereinigten sich diese beiden starken Gruppen. Das war am Abend des 9. Februar. Bereits zwölf Stunden vorher hatte der britische Beschießungsverband mit »Malaya«, Schlacht-kreuzer »Renown« und Kreuzer »Sheffield« den Hafen von Genua unter Feuer genommen. Im Hafen wurden von den dort liegenden 55 Schiffen vier Frachter und ein altes Schulschiff versenkt. In der Stadt selbst entstanden starke Schäden.

Die italienische Flotte machte in Höhe der Bonifazio-straße kehrt, um die Force H abzufangen. Dichter Nebel verhinderte jedoch eine Luftaufklärung, so daß die italie-nische Flotte am Gegner vorbeistieß. Am 11. Februar lief die Force H wieder in Gibraltar ein.

Auch die im Indischen Ozean stationierten britischen Kreuzer kamen in diesen Tagen zum Einsatz, als es dar-um ging, italienische Truppenbewegungen und Nach-schubkolonnen an der Küste von Italienisch-Somaliland zu bekämpfen. Unter Führung des Seebefehlshabers der Ostindischen Streitkräfte, Vizeadmiral Leatham, liefen die Kreuzer »Shropshire«, »Ceres« und »Capetown« mit zwei Zerstörern parallel zur Küste auf Beschießungskurs und eröffneten das Feuer. Flugzeuge des Trägers »Her-mes« unterstützten und schützten die Kreuzer.

An Land hatten am 14. Februar Truppen Großbritan-niens die Stadt Chisimaio erobert. Zur Sturmreifschie-ßung dieser Hafenstadt, die dicht mit italienischen Trup-pen belegt und von einer Reihe italienischer Frachter mit Nachschubmaterial angelaufen worden war, war die For-ce T mit den Kreuzern »Shropshire«, »Ceres«, »Cape-town« und »Hawkins«, dem Zerstörer »Kandahar« und dem Träger »Hermes«, der wieder die Unterstützungs-einsätze der Flugzeuge leitete, angelaufen und hatte die Schiffe im Hafen unter Feuer genommen. Drei italieni-sche Frachter wurden durch Volltreffer versenkt, einige andere gerieten in Brand.

Immer wieder gelang es der britischen Flotte, auch ge-gen Afrikageleite zum Erfolg zu kommen. Die ersten deutschen Soldaten-Geleitzüge für Afrika, die im Februar 1941 von süditalienischen Häfen aus unterwegs waren, wurden gestellt und Schiffe daraus vernichtet.

Am 24. Februar wurde in Neapel ein Großgeleit nach Tripolis in Marsch gesetzt. Es bestand aus drei großen Fahrgastschiffen, die von zwei Zerstörern und einem Torpedoboot geleitet wurden. Die Fernsicherung wurde von den Leichten Kreuzern »Bande Nere« und »Armando Diaz« mit zwei Zerstörern übernommen. Auch diesmal war, gemessen am Wert dieses Geleitzugs, viel zuwenig aufgeboten, um ihn auch sicher durchzubringen. Ein Boot der 10. Malta-U-Flottille, »Upright« unter Leutnant Norman, stoppte den Kreuzer »Armando Diaz« mit einem Torpedotreffer. Der Kreuzer sank. Ein Teil der Besatzung wurde von den übrigen Geleitschiffen gefischt.

Immer wieder sollte es sich bei den Überführungsfahrten deutsch-italienischer Truppen zeigen, daß man mit Torpedobooten und Zerstörern keine wirksame Deckungsstreitmacht bilden kann. Die italienischen Großkampfschiffe blieben aber im Hafen.

Gänzlich anders sah es auf der Gegnerseite aus, die am 5. März damit begann, in der Operation »Lustre« vier britische Divisionen von Alexandria nach Griechenland zu schaffen. Diese Operation dauerte knapp einen Monat. Während dieses Zeitraums wurden 58000 britische Soldaten mit nur geringen Verlusten durch das Mittelmeer transportiert, das der Duce Benito Mussolini »Mare nostro — unser Meer!« genannt hatte, nur daß Fremde darin das Sagen hatten und den Gang der Ereignisse bestimmten.

Die Luftsicherung an diesen Geleiten wurde von den Flakkreuzern »Calcutta«, »Carlisle« und »Coventry« übernommen. Sie hatten die Aufgabe, deutsche und italienische Flugzeuge durch ihr geballtes Feuer abzuweisen. Es gelang jedoch, aus den leer zurücklaufenden Geleitzügen insgesamt 25 Schiffe zu versenken. Nur sieben Schiffe gingen während der Konvoifahrten mit diesem

Konteradmiral Tennant, Kommandant des Schweren Kreuzers »Newcastle«, mit seinem Stab

Der Kreuzer »Delhi«

Minenkreuzer »Manxman«

»Cleopatra« im Einsatz

Kreuzer »Cleopatra«

Kreuzer »Glasgow« beschießt Cherbourg

»Manchester«

»Fiji« im Mittelmeer, aus der Luft gesehen

starken Flakschutz verloren. Die südlich von Kreta stehenden italienischen U-Boote kamen nicht zum Schuß. Erst am 31. März konnte »Ambra« unter Kapitänleutnant Arillo den britischen Kreuzer »Bonaventure« stellen. Ein Torpedofächerschuß ließ den schwer getroffenen Kreuzer rasch sinken.

Der am 12. März in Neapel ankerauf gehende italienische Truppentransport mit drei Fahrgastschiffen und drei Zerstörern als Nahsicherung wurde wenigstens von den drei Schweren Kreuzern »Bolzano«, »Trento« und »Trieste« in der Fernsicherung geschützt. Diese schweren Kreuzer übernahmen auch für einen Konvoi des Deutschen Afrika-Korps die Fernsicherung. Ein gleichzeitig von Tripolis nach Neapel zurückmarschierender Leerkonvoi konnte unter diesem Schutz ebenfalls unangefochten die Heimat erreichen.

In Italienisch-Ostafrika waren die britischen Truppen auf dem Vormarsch. Ein Transport mit indischen und somalischen Truppen wurde am 16. März in einem Sonderraid bei Berbera gelandet. Zu seiner Sicherung hatte die Britische Admiralität die Kreuzer »Caledon« und »Glasgow« mit zwei Zerstörern zur Verfügung gestellt. Die Stadt Berbera wurde mit Hilfe der gelandeten Truppen von den britisch-somalischen Streitkräften zurückgewonnen.

Ende März sollte es dann zu einem größeren Duell zwischen britischen und italienischen Seestreitkräften im Mittelmeer kommen. Der britische Funkentschlüsselungsdienst hatte am 25. März deutliche Anzeichen dafür erhalten, daß die italienische Flotte doch noch einen Großangriff gegen die Schiffe der »Lustre-Konvois« beabsichtigten. Admiral Cunningham, der britische Oberbefehlshaber im Mittelmeer, war entschlossen, diesen Kampf anzunehmen, und bereitete alles zu einem entscheidenden Seegefecht vor. Die Haupteinheiten wurden aus dem in Frage kommenden Kampfgebiet herausgezogen, um dem Gegner vorzugaukeln, daß es ein Kinderspiel sein müsse, einen der Konvois zu packen und zu vernichten.

Die italienische Flotte, die aufgrund einer deutlichen deutschen Aufforderung, nun endlich einzugreifen, am 26. März in See ging, wurde von Admiral Iachino an Bord des Flaggschiffs »Vittorio Veneto« geführt, die mit vier Zerstörern aus Neapel auslief. Von Tarent aus ging die 1. Division unter Divisions-Admiral Cattaneo mit den Schweren Kreuzern »Zara«, »Fiume« und »Pola« sowie mit vier Zerstörern in See. Brindisi sah das Auslaufen der 8. Division unter Divisions-Admiral Legnani mit den Leichten Kreuzern »Duce degli Abruzzi«, »Giuseppe Garibaldi« und zwei Zerstörern, und in Messina startete die 5. Division unter dem Kommando von Divisions-Admiral Sansonetti mit den Schweren Kreuzern »Bolzano«, »Trento« und »Trieste«, denen drei Zerstörer beigegeben wurden.

Alle Divisionen vereinigten sich am 27. März südlich der Messinastraße. Die längst erkannten und über Funk georteten Verbände lösten verstärkte Aktivitäten der britischen Marine aus. Von Piräus war Vizeadmiral Pridham-Wippell mit seinen vier Kreuzern »Ajax«, »Gloucester«, »Orion« und »Perth« sowie die ihm unterstellte 2. Zerstörer-Flottille unter Captain Nicolson ausgelaufen und strebten dem befohlenen Einsatzort südlich von Kreta entgegen, den sie mit Tagesanbruch des 28. März erreichen sollten. In Griechenland, auf Kreta und in Alexandria wurden weitere Flotteneinheiten und Luftstreitkräfte in Bereitschaft gehalten.

Am Mittag des 27. März wurden drei italienische Kreuzer von britischen Flugbooten 320 Seemeilen westlich von Kreta auf Südostkurs gesichtet. Admiral Cunningham lief am Abend dieses Tages mit seinen drei Schlachtschiffen, einem Träger und neun Zerstörern aus Alexandria aus und marschierte die ganze Nacht hindurch nach Nordwesten. Er peilte einen Treffpunkt mit den Leichten Seestreitkräften südlich von Kreta an und gab dies auch über Funk an Vizeadmiral Pridham-Wippell bekannt.

Als Admiral Iachino die Meldung von der Sichtung seines Verbandes durch britische Seeaufklärer erhielt, war der Überraschungsfaktor dahin, und er gab sein Vorhaben, in die Ägäis einzudringen und dort alle angetroffenen britischen Schiffe zu versenken, auf.

Aufklärungsflugzeuge des Trägers »Formidable« sichteten im ersten Büchsenlicht des 28. März südlich von Kreta einen feindlichen Kreuzerverband; wenig später wurde auch der Zerstörerverband erkannt. Vizeadmiral Pridham-Wippell bekam wenig später ebenfalls diese Verbände in Sicht und meldete dies an Admiral Cunningham. Um 11 Uhr meldete er dann auch noch die Sichtung zweier Schlachtschiffe. Da die Kreuzer an seiner Steuerbordseite, die Schlachtschiffe hingegen an der Backbordseite standen, steckte Pridham-Wippell mit seinen Kreuzern und Zerstörern in der Zange. Unter Abblasen künstlichen Nebels drehte er deshalb nach Südosten ab, während die Flugzeuge der »Formidable« den Befehl des Oberbefehlshabers erhielten, zu starten und die italienischen Schlachtschiffe anzugreifen.

Es war 11.30 Uhr, als sechs Torpedobomber ihren Angriff gegen die »Vittorio Veneto« flogen. Im massierten Flakfeuer wurden sie aus dem zu fliegenden Kurs abgedrängt. Ihre Lufttorpedos gingen sämtlich vorbei. Dennoch bewirkte dieser Angriff, daß die Schlachtschiffe abdrehten. Admiral Iachino brach die Verfolgung der leichten Feindkräfte ab und drehte auf Nordwestkurs.

Die englischen Seeaufklärer hatten in der Zwischenzeit einen dritten italienischen Schiffsverband mit zwei Schlachtschiffen und drei Kreuzern im Norden gemeldet. Es waren jedoch nur die Schweren Kreuzer und einige Zerstörer.

Bis 12.30 Uhr war es Vizeadmiral Pridham-Wippell gelungen, seine Kampfgruppe mit der Hauptstreitmacht zu vereinigen. Er war etwa 30 Minuten durch die »Vittorio Veneto« beschossen worden, wurde aber nicht getroffen.

Admiral Cunningham gab nun Befehl zur Verfolgung der italienischen Verbände. Um sie zu erreichen, mußte die Luftwaffe Treffer erzielen, welche die Geschwindigkeit der schnellen italienischen Schiffe herabsetzte. Swordfishes der »Formidable« erhielten den neuen Einsatzbefehl und griffen die ablaufenden italienischen Schiffe der Hauptgruppe an. Sie kamen in Wurfposition, und fünf Flugzeuge warfen ihre Lufttorpedos, von denen einer das Schlachtschiff »Vittorio Veneto« traf, deren Geschwindigkeit sofort rapide absank, doch wenig später wieder auf 19 Knoten gebracht werden konnte. Angriffe der Blenheim-Bomber von ihren Stützpunkten auf Kreta und einiger ebenfalls dort gestarteter Marineflugzeuge führten zu keinem Erfolg. Nunmehr mußte Admiral Cunningham den dritten Angriff der Torpedobomber befehlen. Er gab darüber hinaus den schnelleren leichten Seestreitkräften Befehl, den Kontakt wiederherzustellen und zum Torpedoangriff anzulaufen.

Um 19.30 Uhr hatte eine Beobachtungsmaschine der »Warspite« den Gegner wieder erfaßt und gab eine Reihe von präzisen Meldungen, nach denen Admiral Cunningham seine Torpedobomber ansetzen konnte. Die »Vittorio Veneto« lief nach diesen Meldungen in der Mitte eines Schirms aus Kreuzern und Zerstörern, und nur die Torpedobomber waren imstande, dorthin durchzudringen und zum Schuß zu kommen.

Es waren zehn Swordfishes, denen es im Sonnenuntergang gelang, das massierte Flakfeuer aller Kriegsschiffe um die »Vittorio Veneto« zu durchbrechen und ihre Torpedos zu werfen. Sie trafen aber die »Vittorio Veneto« nicht, wie dies fälschlich in mehreren deutschen Veröffentlichungen genannt wird. Lediglich der Schwere Kreuzer »Pola« wurde von einem Torpedo so schwer getroffen, daß er gestoppt auf der See liegenblieb.

Es war 20.30 Uhr, als Admiral Iachino den Schweren Kreuzern »Fiume« und »Zara« mit vier Zerstörern befahl, zur Hilfeleistung zur »Pola« zurückzulaufen.

Als um 21.11 Uhr Admiral Cunningham von den vorauslaufenden und sichernden Zerstörern erfuhr, daß ein unbekanntes Kriegsschiff (es handelte sich um die »Pola«) südlich seines Kurses gestoppt liege, entschloß er sich, dorthin zu marschieren. Es dauerte eine Stunde, bevor das Radargerät der »Valiant« dieses Schiff auffaßte. Admiral Cunningham drehte darauf zu, weil er der Meinung war, daß dies nur die »Vittorio Veneto« sein könne und er diesem Schlachtschiff mit seinen beiden einsatzbereiten Schlachtschiffen den Garaus machen könne.

Es war genau 22.25 Uhr, als aus anderer Richtung zwei große Schiffe geortet wurden. Es waren »Fiume« und »Zara« mit ihren Zerstörern, von denen ebenfalls einer erkannt wurde, während drei weitere achteraus nach Backbord herausgestaffelt liefen. Sofort erhielt der Träger »Formidable« Befehl, den eigenen Verband zu verlassen und abzulaufen, um ihn nicht zu gefährden. Die beiden Schlachtschiffe aber richteten ihre Waffen auf die neu auftauchenden italienischen Schweren Kreuzer, die nichts davon ahnten, daß ihnen bald britische Schlachtschiffe gegenüberstehen würden.

Die erste Breitseite der »Warspite« galt der »Fiume«. Ein Zerstörer, der vorausgelaufen war, fing diesen Kreuzer mit seinen Scheinwerfern ein. Die 38,1-cm-Salven der schweren Schiffsartillerie fanden sehr schnell ihr Ziel. Die beinahe unvorbereitet in diese Salven hineinlaufenden Schweren Kreuzer »Fiume« und »Zara« erhielten sofort schwere Treffer. Erste Brände flammten auf; bald brannten die beiden Schiffe von Heck bis Bug in Flammen gehüllt und standen als lodernde Fackeln der Vernichtung auf der nächtlichen See.

Die vier Zerstörer der Italiener erwiderten ebenso wie die beiden Kreuzer das Feuer. Sie waren nicht so voll eingedeckt worden und kamen, immer wieder rochierend, schnell aus den Einschlagwirbeln heraus.

Ein Befehl von Admiral Cunningham ließ dann die englischen Zerstörer anlaufen, die ihre Torpedos auf die hell lodernden Wracks der beiden Kreuzer abschossen. »Fiume« und »Zara« traten ihren letzten Weg in die Tiefe an.

Im Gefecht mit den vier Zerstörern, die die beiden Schweren Kreuzer begleiteten, konnten die englischen Zerstörer noch zwei italienische Zerstörer versenken. Der dritte italienische Zerstörer, es war die »Oriani«, konnte schwer getroffen ablaufen, und nur der vierte entkam ohne Treffer. Die beiden gesunkenen Zerstörer waren die »Alfieri« und die »Carducci«. Die »Pola«, die bereits von der Hälfte der Besatzung verlassen worden war, wurde von dem englischen Verband noch vor Tagesanbruch entdeckt. Die beiden Zerstörer »Jervis« und »Nubian« liefen auf den Schweren Kreuzer zu und versenkten ihn durch jeweils einen gleichzeitig abgeschossenen Torpedofangschuß. Von diesen Zerstörern wurde der Kommandant der »Pola«, Kapitän z. S. da Pisa, mit 22 Offizieren und 236 Soldaten geborgen.

Die italienische Marine mußte den Verlust von fünf ihrer modernsten Schiffe, darunter der drei Kreuzer, bekanntgeben. Insgesamt waren 3000 italienische Marinesoldaten mit ihren Schiffen gesunken. Unter den Toten befand sich auch Divisions-Admiral Cattaneo.

Insgesamt wurden von allen gesunkenen italienischen Kriegsschiffen 55 Offiziere und 850 Soldaten gerettet. Das italienische Lazarettschiff »Gradisca« konnte weitere 13 Offiziere und 147 Soldaten retten.

Diese Niederlage der italienischen Flotte bei Kap Matapan war ein schwerer Schock für die oberste Marineführung. Zum erstenmal hatten deutsche Stellen die Italiener zu einer offensiven Kampfhandlung gedrängt, und schon war es zu einer solchen Katastrophe gekommen. Wenn bis dahin Supermarina vorsichtig gewesen war, so wurde sie von nun an supervorsichtig. Der britische Seekriegshistoriker Captain Roskill bemerkte dazu (s. Royal Navy a. a. O.):

»Die Seeschlacht bei Kap Matapan war ein bedeutender Sieg; er bewies, daß die Royal Navy mit vollem Recht Wert auf die bestmögliche Ausbildung für Nachtgefechte legte. Zudem kam dieser Sieg zur rechten Zeit; unsere Herrschaft über das östliche Mittelmeer, von der das Schicksal unserer in Griechenland kämpfenden Armee abhing, mußte im vollen Umfang aufrechterhalten bleiben« (s. Roskill S. W., a. a. O.).

Als am 30. März das Gros dieser siegreichen Flotte wieder in Alexandria einlief, wurden die Schiffe und Besatzungen mit lauten Freudenkundgebungen empfangen. Doch das verleitete die Führung im Mittelmeer nicht dazu, sich im Ruhm dieses Sieges zu sonnen und auf dessen Lorbeeren auszuruhen.

Auf der politischen Bühne waren in diesem Monat zwei Ereignisse eingetreten, die dem aufmerksamen Beobachter zeigten, daß die Vereinigten Staaten von Amerika die längste Zeit neutral gewesen waren. Am 11. März 1941 unterzeichnete US-Präsident Roosevelt das Pacht- und Leihgesetz, aufgrund dessen die USA im Krieg die Alliierten mit wichtigen Kriegsgütern, wie Waffen, Flugzeuge, Schiffe, versorgte, und zwar ohne Bezahlung.

Die britisch-amerikanischen Stabsbesprechungen in Washington am 27. März gingen noch weit darüber hinaus. Hier wurden die grundsätzlichen strategischen Konzeptionen für den Fall eines Kriegseintritts der USA im »ABC-1 Staff Agreement« festgelegt.

Damit zeichnete sich bereits der US-Kriegseintritt ab, und die in diesem Jahr noch erfolgenden Einzelheiten bestätigten die Richtigkeit der Prognosen deutscher Politiker und Kriegsgeschichtler, die ebenfalls darauf hinwiesen, daß man sehr bald mit den USA als Kriegsgegner würde rechnen müssen.

Doch zurück zum Mittelmeereinsatz, der schon auf einen neuen Höhepunkt zusteuerte. Zunächst jedoch war die Landfront in Nordafrika in Bewegung geraten. Das Deutsche Afrika-Korps war zum Angriff nach Osten angetreten; es hatte Bengasi erobert und schien noch weiter vorrücken zu wollen. Daher richteten sich die englischen

Anstrengungen zur See auf Unterstützungseinsätze für die schwer ringende Landfront und nicht zuletzt gegen die deutschen Nachschub-Geleitzüge für Afrika.

Am 15. April beschossen der Kreuzer »Gloucester« und der Zerstörer »Hasty« das Fort Capuzzo. Einen Tag später gelang es vier britischen Zerstörern, einen italienischen Geleitzug mit fünf Frachtern zu vernichten. Von den an Bord befindlichen 3000 Soldaten konnten nur 1248 gerettet werden.

Der Leichte Kreuzer »Dido« wurde mit sechs Zerstörern nach Malta entsandt, und am 18. April lief die britische Mittelmeerflotte unter Admiral Cunningham zu einer großen Flottenoperation aus. Es ging hierbei um sicheres Geleit für den Großtransporter »Breconshire« nach Malta. Aus Alexandria auslaufend, wurde dieser Transporter von den drei Alexandria-Schlachtschiffen, dem Träger »Formidable« und den leichten Flakkreuzern »Calcutta« und »Phoebe« geleitet. Mit dem neu zum Verband gestoßenen Leichten Kreuzer »Gloucester« marschierten die Schlachtschiffe in der Nacht zum 21. April nach Tripolis, das mit allen Kalibern beschossen wurde. Öllager gingen in Flammen auf. Auf dem Rückmarsch wurde »Valiant« durch einen Minentreffer beschädigt. Am 23. April lief das Geschwader wieder in Alexandria ein.

Am 21. April hatte das Britische Kriegskabinett auch dem Rückzug der britischen Truppen aus Griechenland zugestimmt. Deutsche Truppen hatten — nachdem sie am 6. April 1941 zum Balkanfeldzug aufgebrochen waren — bis zu diesem Tage die Hauptbefestigungen Griechenlands hinter sich gelassen, und die Eroberung des letzten Teils war nur noch eine Frage der Zeit.

Es galt, bei der beherrschenden deutschen Luftüberlegenheit die vom Festland abzuholenden Truppen bei Nacht einzuschiffen. In der Nacht zum 25. April begann eine entsprechende dramatische Rückführungsoperation, an der alle Kreuzer und Zerstörer der Mittelmeerflotte beteiligt waren. Es gelang, aus den acht Häfen insgesamt

51 000 Soldaten nach Kreta oder Alexandria zurückzuschaffen.

Unmittelbar davor hatten die Italiener die Verlegung einiger Minensperren östlich von Cap Bon begonnen, die in der Nacht zum 24. April beendet wurde. Beteiligt waren alle Einheiten der 7. Kreuzer-Division unter Divisions-Admiral Casardi, mit »Eugenio di Savoia«, »Duca d'Aosta«, »Attendolo«, »Montecuccoli« und den Zerstörern dieser Division, insgesamt sechs Einheiten. Die Leichten Kreuzer »Giovanni delle Bande Nere« und »Luigi Cadorna« sicherten mit zwei Zerstörern einen Nachschubkonvoi für das Deutsche Afrika-Korps, der von Neapel und Palermo am 21. April ankerauf ging und am 24. April Tripolis erreichte.

Der nächste Nachschubgeleitzug für das Deutsche Afrika-Korps verließ am 30. April Messina und Augusta mit Ziel Tripolis. Den fünf deutsch-italienischen Dampfern wurden als Nachsicherung zwei Zerstörer und vier Torpedoboote beigegeben, während die Kreuzer »Bolzano«, »Eugenio di Savoia« und drei Zerstörer als Ferndeckungsgruppe fungierten. Trotz Luftangriffen und U-Bootansätzen erlitt dieser Geleitzug keinen Verlust. Lediglich aus einem am selben Tag aus Tripolis zurückkehrenden leeren Geleitzug konnte »Upholder« unter LtCdr. Wanklyn zwei Schiffe versenken.

Eine weitere Minenoperation unternahmen die Kreuzer der 7. Division unter Führung von Divisions-Admiral Casardi am 1. Mai mit »Eugenio di Savoia«, »Duca d'Aosta«, »Attendolo« und sechs Zerstörern, die nördlich Tripolis jene Minensperren legten, die diesen wichtigen Hafen vor der Beschießung durch feindliche Kriegsschiffe sichern sollten.

Das Großgeleit, das schließlich am 4. Mai nach Afrika auslief und mit dem Motorschiff »Victoria« mit 13 098 BRT einen fetten Bissen für den Gegner bedeutete, wurde von drei Zerstörern und drei Torpedobooten gesichert. Die Ferndeckungsgruppe bestand wiederum aus den

Kreuzern »Eugenio di Savoia«, »Duca d'Aosta« und »Attendolo«, denen noch fünf Zerstörer beigegeben waren. Das britische U-Boot »Usk«, das zum Schluß herandrehte, wurden von zwei Zerstörern geortet, angegriffen und durch Wasserbomben versenkt. Britische Luftangriffe auf diesen Konvoi verliefen erfolglos. Auf dem Rückmarsch deckte die Fernsicherung auch einen deutschen Afrikakonvoi nach Italien.

Auf britischer Seite begann am 6. Mai die Operation »Tiger«. Ein Geleitzug von fünf schnellen Handelsschiffen hatte Panzer und Hurricane-Jagdflugzeuge für die Afrikastreitkräfte an Bord, mit denen die neue Sommeroffensive gestartet werden sollte. Dieser Konvoi sollte sicher durch das Mittelmeer geleitet werden. Zur gleichen Zeit sollte das Schlachtschiff »Queen Elizabeth« mit zwei Leichten Kreuzern — »Fiji« und »Naiad« — aus England zur Mittelmeerflotte stoßen.

Am 6. Mai passierte dieser Konvoi Gibraltar. Die Force H brachte ihn zu einem Punkt südlich von Malta. Hier wurden die Schiffe von dem aus Alexandria kommenden Verband aufgenommen. Außer einem Schiff, das auf eine Mine lief, konnten alle übrigen nach Alexandria geleitet werden. Sie brachten der Wüstenarmee 238 Panzer und 43 Hurricane-Jäger.

Zur gleichen Zeit aber lief auch noch ein Nachschubkonvoi von Alexandria nach Malta, der ebenfalls von den in See stehenden Einheiten der Mittelmeerflotte gesichert wurde.

In der Nacht zum 8. Mai beschoß der Leichte Kreuzer »Ajax« mit drei Zerstörern den Hafen von Bengasi und brachte zwei kleine italienische Frachter zum Sinken.

Am Morgen wurden beide Verbände dann von der deutschen Luftaufklärung erfaßt. Die Angriffe auf sie blieben jedoch erfolglos. Auch die zwei italienischen U-Boote, die vor der tunesischen Küste standen, kamen nicht zum Erfolg.

Erst am 10. Mai konnte bei einem neuerlichen Luftangriff gegen die ablaufende Force H der Kreuzer »Fortune« mit einer Bombe getroffen werden. Er lief nach Alexandria zurück.

Britische Kreuzer im Kampf um Kreta

Am 20. Mai 1941 begann das Unternehmen »Merkur«: die deutsche Luftlandeunternehmung gegen die griechische Insel Kreta. Unmittelbar nachdem die ersten deutschen Fallschirmlandungen auf Kreta bekannt wurden, liefen sämtliche einsatzbereiten britischen Seestreitkräfte aus. Es galt, diese deutschen Angriffe, soweit sie auch von See aus erfolgten, zu stoppen und möglichst zu unterbinden. Es waren die beiden Leichten deutschen Schiffsstaffeln, die den Einsatz der Mittelmeerstreitkräfte der Britischen Navy zuerst verspürten.

Zuerst traf es die erste Leichte Schiffsstaffel, die am Mittag des 21. Mai vom Hafen von Milos aus in See ging. Sie setzte sich aus etwa 25 kleinen Schiffen zusammen. Diese Einheiten, zumindest griechische Motorkutter und Motorsegler, führten Teile der 5. Gebirgs-Division nach Kreta. Als sie sich am Abend des 21. Mai Kap Spatha näherten, schien die Gefahr gebannt. Aber gegen 22.50 Uhr wurde plötzlich Alarm gegeben. Voraus flammten Scheinwerfer auf. Sekunden später wurde die nächtliche Finsternis vom Mündungsfeuer britischer Zerstörer durchbrochen. Es war die Kampfgruppe unter Konteradmiral I. G. Glennie in Stärke von drei Kreuzern und vier Zerstörern, die die deutsche erste Leichte Schiffsstaffel gesichtet und das Feuer eröffnet hatte. Bald waren die ersten kleinen Schiffe vernichtet. Schiffbrüchige schwammen im Wasser, und das italienische Torpedoboot »Lupo« beeilte sich, den Verband einzunebeln. Es eröffnete auch das Feuer auf die vielfache Übermacht, wurde getroffen und wieder getroffen, lief hakenschlagend zur Seite und kämpfte allein gegen drei Kreuzer und vier Zerstörer. Die »Lupo« erhielt nicht weniger als 18 schwere Treffer, aber sie hatte unter Beweis gestellt, daß italienische Marinemänner zu kämpfen verstanden.

Der Großteil der Schiffsstaffel wurde versenkt, und man kann es einen besonderen Glücksumstand nennen, daß es gelang, von den 2300 eingeschifften Gebirgsjägern alle bis auf 297 Mann zu retten.

Für die britische Seite war es ein guter Auftakt der Seekämpfe während der Schlacht um Kreta. Aber noch am Vormittag des 22. Mai zeigte sich, daß das verbissene Versenken all dieser Nußschalen zu einem großen Zeitverlust geführt hatte, der sofort von der deutschen Luftwaffe ausgenutzt wurde. Die noch vor Beginn der Morgendämmerung gestartete deutsche Frühaufklärung erfaßte nach dem Bericht der Luftflotte 4 »einen großen Teil der englischen Flotte im Seegebiet nördlich Kreta. Im ganzen wurden drei schwere und mittlere Kräftegruppen mit mindestens 33 Einheiten erkannt«.

Nun begann ein rollender Luftangriff aller verfügbaren Verbände und Einheiten des VIII. Fliegerkorps. Es galt, jene Einheiten zu versenken, die seit dem 15. Mai in See standen. Dies waren: die Schlachtschiffe »Queen Elizabeth«, »Barham«, »Valiant«, »Warspite«, der Träger »Formidable«, die Kreuzer »Gloucester«, »Ajax«, »Calcutta«, »Carlisle«, »Dido«, »Fiji«, »Naiad«, »Orion«, »Perth« und »Phoebe«, der Minenkreuzer »Abdiel«, insgesamt 37 Zerstörer, zwei Sloops und ein Netzleger.

Als in den ersten Morgenstunden des 22. Mai die Force D unter Konteradmiral Glennie mit den Kreuzern »Ajax«, »Dido« und »Orion« und ihren vier Zerstörern ihr Vernichtungswerk getan hatte, war bereits die zweite Leichte Schiffsstaffel der Deutschen im Anmarsch. Sie bestand aus 22 Fahrzeugen, die von dem italienischen Torpedoboot »Sagittario« (Fkpt. Cigala) geleitet und gesichert wurden. Diese zweite Schiffsstaffel wurde von der britischen Force C unter Konteradmiral King angegriffen.

In dieser Kampfgruppe standen die Kreuzer »Calcutta«, »Carlisle«, »Naiad« und »Perth« und drei Zerstörer.

Auch diese schweren Einheiten eröffneten aus 15-cm-Geschützen das Feuer auf die deutschen Nußschalen. Volltreffer wirbelten die ersten beiden leichten Schiffe durch die Luft. Gebirgsjäger schwammen im Wasser. Und auch diesmal war es das eine Torpedoboot, das Schlimmeres verhinderte. Es umkreiste nebelnd den Verband, schoß aus allen Rohren auf den Gegner, wurde beschossen und mehrfach getroffen. Aber »Sagittario« kämpfte weiter.

Als diese Schweren Einheiten unter Konteradmiral King dabei waren, die zweite Leichte Schiffsstaffel in den Grund zu bohren, tauchten plötzlich die deutschen Bomber und Sturzkampfflieger auf. Es waren die I./L.G. 1 unter Hauptmann Hoffmann, und die III./KG 30 unter Oberst Rieckhoff. Erstere flog die Ju 88, letztere die Do 17. Sie fanden die Force C und griffen sofort an. Durch das Abwehrfeuer der Flakrohre stießen die Ju 88 hinunter. Die Do 17 warfen im Hochanflug, und rings um die Einheiten der Force C schossen haushohe Wassergeysire empor. Dann schlug der erste Treffer mitten in den Kreuzer »Naiad« hinein. Brände loderten auf. Sekunden darauf traf es auch die »Carlisle«, die ebenfalls in Brand geriet, das Feuer aber rasch unter Kontrolle bekam.

Abdrehend versuchte die Force C, sich mit der Deckungsgruppe unter Konteradmiral Rawlings zu vereinigen und mit der geballten Feuerkraft beider Kampfgruppen den Gegner niederzuhalten. Auch hier griffen die deutschen Bomber an. Das Schlachtschiff »Warspite« erhielt einen schweren Treffer, dem noch weitere folgten.

Inzwischen war es früher Nachmittag geworden, und von den deutschen Feldflugplätzen in Südgriechenland stiegen weitere Kampfgruppen zur Bekämpfung dieser Massenansammlung feindlicher Schiffe auf. Es waren noch einmal die Ju 88 der I./LG 1, eine Jaborotte der III./ JG 77 und Ju 87 des Stukageschwaders 2 unter Oberst

Dinort. Alle Flugzeuge kamen zum Bombenabwurf. Neben der »Warspite« wurde der allein laufende Zerstörer »Greyhound« vor der Nordwestspitze von Kreta erfaßt und mit einigen Bomben zerschlagen, so daß er schnell sank. Konteradmiral King schickte zwei seiner Zerstörer zur »Greyhound«, um die Schiffbrüchigen zu bergen. Die Kreuzer »Gloucester« und »Fiji« sollten die Bergungsarbeiten decken. Während dieser Phase wurden alle drei Einheiten von den deutschen Bombern aufgefaßt und ebenfalls mit Bomben belegt. Der Kreuzer »Gloucester« erhielt als erster einen schweren Treffer. Ihm folgten weitere, die seine Maschinenanlage ausschalteten und Brände ausbrechen ließen. Bewegungsunfähig lag der Kreuzer in der See. Auf die »Fiji« stürzten sich mehrere Ju 87. Der Leichte Kreuzer überstand eine Reihe von Angriffen mit nur leichten Schäden. Seine Flak schoß einen so dichten Vorhang, daß die angreifenden deutschen Maschinen immer wieder rechtzeitig abgedrängt werden konnten und die Bomben vorbeigingen. Als aber das Flakfeuer spärlich wurde, stürzten sie sich abermals auf diesen Kreuzer. Eine einzelne Bombe traf das Schiff gegen Abend tödlich. »Fiji« sackte sofort weg, erhielt starke Schlagseite, und nachdem alle Mann aus dem Schiff befohlen worden waren, sank der Kreuzer. Etwa 500 Mann der »Fiji« konnten in der Nacht durch britische Zerstörer gerettet werden.

»Naiad« und »Carlisle«, schon einmal am Vormittag getroffen, erhielten auch am Nachmittag weitere Bombentreffer. Das Schlachtschiff »Valiant« erhielt ebenfalls leichte Treffer. Die wenigen Überlebenden der »Gloucester« wurden von deutschen Seenotmaschinen gerettet.

Der große Erfolg der deutschen Luftwaffe machte es fraglich, ob der Gegner sich nun noch in diesem Seegebiet zu behaupten wagen würde. Jedenfalls war das Seegebiet nördlich von Kreta am Abend dieses ereignisreichen Tages wie leergefegt. Doch die deutsche Führung rechnete mit einem neuerlichen Auftreten Schwerer Seestreitkräfte im Seeraum nördlich Kreta schon in der kommenden Nacht; alle anderen Hoffnungen sollten sich in der Tat als trügerisch herausstellen.

Schon während dieser Kämpfe zeigte sich wieder einmal mehr, daß die Kräfte des VIII. Fliegerkorps für die Größe der gestellten Aufgaben nicht ausreichten. Man hatte an diesem 22. Mai 1941 auf dem Gefechtsstand der Luftflotte 4 in Athen erkannt, daß im Raum um Kreta ein grundsätzlicher Kampf — deutsche Luftwaffe gegen britische Flotte — ausgebrochen war. Der anwesende Chef des Generalstabs der Luftwaffe befahl sofort die Verlegung der III./KG 30 und der I./St. G. 1 des X. Fliegerkorps in den griechischen Raum als Verstärkung für das VIII. Fliegerkorps. Ab Mittag des 22. Mai — aber zu diesem Zeitpunkt doch schon 24 Stunden zu spät, um der Britischen Mittelmeerflotte den Garaus zu machen — standen sie im Südostraum zur Verfügung.

Im Gefechtsbericht von Admiral Cunningham las sich dieser »schwarze Tag der Mittelmeerflotte« wie folgt:

»Der Verband C (KAdm. King) steuerte um 8.30 Uhr des 22. 5. in Richtung Milos, als ein einzelnes Boot gesichtet wurde. Dieses transportierte deutsche Truppen und wurde durch ›Perth‹ versenkt, während ›Naiad‹ starke Flugzeugverbände, die Bomben abwarfen, in ein Gefecht verwickelte. Um 9.09 Uhr meldete ›Kalkutta‹ ein kleines Frachtschiff voraus, und die Zerstörer erhielten Befehl, es zu versenken. Um 10 Uhr befand sich der Verband C 25 sm südlich der Ostecke von Milos. Die ›Perth‹ hatte nach Versenkung des Feindbootes wieder aufgeschlossen, doch die ›Naiad‹ hing immer noch etwas zurück.

Zehn Minuten später wurde ein feindlicher Zerstörer (es war das italienische Torpedoboot ›Sagittario‹; Anm. d. Verf.) mit vier bis fünf kleineren Segelschiffen in nördlicher Richtung gesichtet. Unsere Zerstörer machten sich sofort auf die Jagd, während ›Perth‹ und ›Naiad‹ den feindlichen Zerstörer beschossen und bewirkten, daß er sich nebelnd zurückzog. ›Kingston‹ beschoß einen feindlichen Zerstörer auf 7000 Yards und behauptete, zwei Treffer erzielt zu haben. Auch sichtete sie eine große Zahl Boote hinter der Rauchwand, die von dem feindlichen Zerstörer jetzt gelegt wurde. Obwohl sich Geschwaderchef 15 (KAdm. King) in Fühlung mit dem feindlichen Geleitzug befand, war er der Meinung, er würde seinen gesamten Verband gefährden, wenn er weiter nach Norden vorstieß. Schwere Artilleriemunition begann bereits knapp zu werden. Die Fahrtgeschwindigkeit seines Verbandes, der seiner Ansicht nach wegen der dauernden feindlichen Luftangriffe beieinander bleiben sollte, wurde als 20 kn begrenzt, weil die Höchstgeschwindigkeit der ›Carlisle‹ nur 21 kn betrug. Geschwaderchef 15 entschloß sich daher zum Rückzug und befahl den Zerstörern, die Jagd aufzugeben.

Der Funkspruch des OB Mittelmeer vom 22. 5. um 9.41 Uhr, aus dem hervorging, daß dieser deutsche Geleitzug von erheblichem Umfang war, kam dem Geschwaderchef erst gegen 11 Uhr zu Gesicht.

Seit 9.45 Uhr wurde der Verband C ununterbrochen dreieinhalb Stunden lang bombardiert. ›Naiad‹ wurde durch Nahtreffer beschädigt, wodurch zwei Geschütztürme außer Gefecht gesetzt wurden. Mehrere Schotten waren gebrochen und die Geschwindigkeit des Schiffes auf 16 kn herabgesetzt. Die ›Carlisle‹ wurde getroffen, aber nicht ernsthaft beschädigt. Um 13.21 Uhr sichtete man den Verband A-1, der auf Anforderung von Geschwaderchef 15 aus westlicher Richtung auf die Kithera-Meerenge zulief.

In der Nacht zum 22. 5. hatten die ›Gloucester‹, ›Fiji‹ und die Zerstörer ›Greyhound‹ und ›Griffin‹ in der Höhe von Kap Matapan eine Streife durchgeführt. Sie erhielten in der Nacht den Befehl des OB Mittelmeer, sofort in Richtung Heraklion weiterzulaufen. Doch dieser Befehl traf zu spät ein, um befolgt werden zu können.

Doch sie liefen in die Ägäis und befanden sich bei Tagesanbruch etwa 25 sm nördlich Chania. Während sich dieser Verband B in Richtung auf den Verband A-1 zurückzog, wurde auch er ab 6.30 Uhr eineinhalb Stunden lang bombardiert. Es waren hier Sturzkampfflugzeuge, die den Verband angriffen. ›Fiji‹ erhielt leichte Schäden und ›Gloucester‹ Streifschüsse.

Verband B vereinigte sich mit Verband A-1 um 8.30 Uhr. Als eine Stunde darauf die Verbände D und C zum Verband A-1 gestoßen waren, war ihre Munitionslage bereits beunruhigend. Geschwaderchef 7 (KAdm. Rawlings), der sich mit dem Verband C um 15.20 Uhr in der Meerenge von Kithera treffen wollte, patrouillierte einstweilen 20 bis 30 sm westlich dieser Meerenge, wobei er offenbar — nach seinen eigenen Worten — ›einem nützlichen Zweck diente, indem er die Flugzeuge auf sich zog‹.

Um 12.25 Uhr erfuhr Rawlings durch KAdm. King, daß die ›Naiad‹ schwer getroffen sei und Hilfe brauche. Er beschloß, sofort ins Ägäische Meer zu laufen, und steigerte dazu seine Geschwindigkeit auf 23 kn. Um 13.12 Uhr sichtete er Flakgranaten-Sprengwolken von Verband B. 20 Minuten darauf wurde sein Flakschiff ›Warspite‹ von einer Bombe getroffen, wodurch die 4- und 6zölligen Steuerbord-Batterien außer Gefecht gesetzt wurden.

Als sich dann ›Greyhound‹ nach Versenkung eines deutschen Bootes zwischen Pori und Anti-Kithera auf dem Rückmarsch befand, wurde sie um 13.51 Uhr von zwei Bomben getroffen. Der Zerstörer sank 15 Minuten später — mit dem Heck voraus — auf 270 Grad, 5 sm von der Insel Pori entfernt.

Geschwaderchef 15 befahl daraufhin ›Kandahar‹ und ›Kingston‹, die Überlebenden der ›Greyhound‹ zu bergen. Um 14.02 Uhr befahl er darüber hinaus der ›Fiji‹ und ›Gloucester‹, für die beiden Zerstörer bei der Bergungsarbeit Flakschutz zu geben und der ›Greyhound‹

bis zum Einbruch der Dunkelheit beizustehen. (Noch wußte niemand, daß ›Greyhound‹ bereits gesunken war.)

Um 14.57 Uhr gab der Geschwaderchef 15 ›Fiji‹ und ›Gloucester‹ den Rückmarschbefehl.

Gerade als diese beiden Einheiten im Rücken des Verbandes A-1 auftauchten, wurde die ›Gloucester‹ um 15.50 Uhr von mehreren Bomben getroffen und blieb auf 294 Grad, 9 sm von Pori, bewegungslos liegen. Sie brannte heftig.

Wegen der pausenlosen Luftangriffe faßte ›Fiji‹ widerstrebend den Entschluß, die ›Gloucester‹ zu verlassen.

Auch die Luftangriffe auf den Verband A-1 waren in der Zwischenzeit ununterbrochen weitergegangen. Bei einem Angriff um 16.45 Uhr aus großer Höhe wurde die ›Valiant‹ achtern von zwei mittelschweren Bomben getroffen, ohne daß größere Schäden entstanden.

Die ›Fiji‹ aber, die innerhalb von vier Stunden 20 Bombenangriffe überlebte, fiel um 18.45 Uhr einer einzelnen Me 109 (die zum Jaboeinsatz umgebaut war) zum Opfer. Diese Maschine flog im flachen Sturzflug aus den Wolken an und warf ihre Bombe mittschiffs, ganz dicht an der Backbordseite. Das Schiff erhielt 25 Grad Schlagseite und kam bald darauf mit lahmgelegten Maschinen zum Stoppen. Eine halbe Stunde darauf warf eine weitere Einzelmaschine drei Bomben ab, die über dem Kesselraum A detonierten. Die Schlagseite vergrößerte sich nun auf 30 Grad, und um 20.15 Uhr überrollte die ›Fiji‹. Durch ›Kandahar‹ und ›Kingston‹ wurden nach Einbruch der Dunkelheit 523 Überlebende gerettet.

Laut Anweisung von Oberbefehlshaber Mittelmeer kommandierte KAdm. Rawlings um 20.30 Uhr die Zerstörer ›Decoy‹ und ›Hero‹ zur Südküste von Kreta ab, wo der König von Griechenland an Bord genommen werden sollte.

An diesem Tag hatte die britische Mittelmeerflotte 2 Kreuzer und einen Zerstörer verloren, 2 Schlachtschiffe, zwei Kreuzer wurden beschädigt. Die einzigen Verluste an Feindflugzeugen, auf die wir mit Sicherheit Anspruch erheben können, beliefen sich auf 2 Maschinen als abgeschossen und sechs als wahrscheinlich abgeschossen und 5 als beschädigt.« (S. »Bericht des Oberbefehlshabers Mittelmeer, Admiral Cunningham, an die englische Admiralität, Phase I bis IV«.)

Am selben 22. Mai 1941 wurden in Alexandria auf der »Glenroy« 900 Mann des Queens Royal Regiment und der Stab der 16. Infanterie-Brigade mit 18 Fahrzeugen verladen und von drei Sicherungsschiffen nach Timbaki auf Kreta geschafft. Diese Verstärkung sollte das Blatt, das sich an diesem Tage bereits den deutschen Truppen zuzuwenden begann, noch wenden.

Am nächsten Tag wurden von den fünf von Captain Lord Louis Mountbatten geführten Zerstörern, die kretische Städte beschossen, zwei durch Bomber versenkt. In der Sudabucht wurden darüber hinaus noch fünf Boote der 10. MTB-Flottille durch Jabos der III./JG 77 versenkt. Damit hatte die Mittelmeerflotte binnen 48 Stunden zwei Kreuzer und vier Zerstörer verloren.

Als sich das britische Kriegskabinett am Nachmittag des 27. Mai dazu entschloß, Kreta zu räumen, kamen wieder besondere Aufgaben auf die Mittelmeerflotte zu. Es galt, die britischen Truppen nach Alexandria hinüberzuretten. Nicht weniger als 32 000 Mann warteten auf ihre Überführung nach Afrika.

Auf dem Anmarsch zur Räumung der von den Fallschirmjägern fast ganz eroberten Insel gerieten der Kreuzer »Ajax« und der Zerstörer »Imperial« in einen Luftangriff und wurden beschädigt. Für »Ajax« war es schon das zweitemal in diesen Gewässern. Dennoch gelang es ihnen, die ersten 4700 Mann einzuschiffen. Auf dem Rückmarsch mußte »Imperial« wegen Ruderschadens aufgegeben werden, und am Morgen des 29. Mai wurde »Ajax« ein drittesmal getroffen.

Die Kreuzer und Zerstörer, die Konteradmiral Rawlings am frühen Morgen des 29. Mai von Heraklion aus in Richtung Alexandria führte und die insgesamt 4000 Mann britischer Truppen an Bord hatten, wurden mit Tagesanbruch erkannt und angegriffen. Mit einem kräftigen Schlag wurden die Zerstörer »Hereward« und »Decoy« versenkt und die Kreuzer »Dido« und »Orion« schwer getroffen. Auf der »Orion« gab es unter den eingeschifften Soldaten 260 Tote und 280 Verwundete. Verzweifelt setzten sich die getroffenen Schiffe ebenso wie der nicht getroffene Kreuzer zur Wehr, so daß der Angriff der deutschen Luftwaffe nicht so wirksam wurde, wie er geplant war. Dennoch wurden am 30. Mai noch der Kreuzer »Prinz Eugen« und ein Zerstörer gebombt. Einen Tag später erhielt der Zerstörer »Napier« einen Bombentreffer. In der Nacht zum 1. Juni gelang es Konteradmiral King, von Sphakia aus noch 6000 Mann zu bergen; im Einsatz waren dabei der Leichte Kreuzer »Phoebe«, der Minenkreuzer »Abdiel« und drei Zerstörer. Diese Kampfgruppe sollte von den beiden rechtzeitig aus Alexandria ausgelaufenen Flakkreuzern »Calcutta« und »Coventry« aufgenommen werden. Doch diese beiden Kreuzer wurden von einem Verband deutscher Kampfflugzeuge erfaßt. Zwei Ju 88 gelang es, die beiden Einheiten etwa 100 Seemeilen nördlich von Alexandria zu stellen und zu bomben. »Calcutta« wurde von den Bomben voll getroffen und sank sehr schnell. »Coventry« konnte nur 255 Überlebende retten.

Damit war der Kreta-Einsatz der britischen Seestreitkräfte zu einem Fiasko geworden. Die abschließende Bilanz hieß:

Versenkt: 3 Kreuzer und 6 Zerstörer.
Beschädigt: 2 Schlachtschiffe, 1 Flugzeugträger, 6 Kreuzer und 7 Zerstörer.

Admiral Cunningham in seinen Erinnerungen:

>Meine Männer hatten mit der Evakuierung begonnen, als sie bereits stark erschöpft waren. Auch jetzt macht man sich noch nicht klar, daß der Punkt, an dem sie zusammenbrechen mußten, beinahe erreicht war. Daß diese Männer aber bis zum Ende aushielten, zeigte, was sie zu leisten vermochten« (s. Cunningham, Admiral: A sailors Odyssee).

Und Captain Roskill schreibt über diese neuerliche Rettungsaktion der Marine:

>Die Tradition, daß die britische Marine Soldaten der britischen Armee niemals dem Feind überlassen wird, solange noch ein Schimmer der Rettung bleibt, gehört dazu. Vor Griechenland und Kreta zeigte sich die Marine im April und Mai 1941 dieser ehrenvollen Überlieferung würdig« (s. Roskill, S. W., a. a. O.).

Der weitere Einsatz britischer und italienischer Kreuzer im Mittelmeer

Der 3. Juni 1941 sah die 7. Kreuzer-Division unter Divisions-Admiral Casardi mit den Kreuzern »Eugenio di Savoia«, »Duca d'Aosta« und »Attendolo« und die 4. Kreuzer-Division unter Divisions-Admiral Giovanola mit den Kreuzern »Giovanni delle Bande nere« und »Alberto di Giussano« und sieben Zerstörern gemeinsam nordöstlich des größten und wichtigsten nordafrikanischen Nachschubhafens im Mineneinsatz. Zwei Minensperren wurden gelegt, die das Ziel hatten, die Annäherung britischer Küsten- und Hafenbeschießungsflotten an die Küste zu verhindern. (Auf diese Sperre liefen am 19. Dezember 1941 die Schiffe der Force K. Der Kreuzer »Neptune« sank nach vier Minentreffern. Zerstörer »Kandahar« mußte nach einem schweren Minentreffer aufgegeben werden, und Kreuzer »Aurora« wurde durch Minentreffer leicht beschädigt. Damit hatte diese Minensperre ihre Wirksamkeit so lange Monate nach dem Werfen unter Beweis gestellt.)

Bei den Briten fand zur gleichen Zeit die Operation »Rocket« statt: der Start von Hurricane-Jägern von den Trägern »Arc Royal« und »Victorious« nach Malta. Bis zum 7. Juni erreichten 35 Jäger die Insel, die damit wieder in der Verteidigungskraft merklich gestärkt wurde.

Am selben Tag begann ein Einsatz, der sich wieder einmal gegen die Truppen des Vichy-Regimes richtete und von gaullistischen und britischen Truppen gegen Syrien geführt wurde. Er ist insofern für uns wichtig, weil auch Kreuzer in diese Kämpfe eingriffen.

Die Leitung der Seeoperationen lag in den Händen von Konteradmiral King, der über das 15. Kreuzergeschwader verfügte. In ihm waren die Leichten Kreuzer »Ajax« (wieder repariert), »Coventry« und »Phoebe« mit acht Zerstörern zusammengefaßt.

Der französische Marinebefehlshaber Syrien, Konteradmiral Gouton, verfügte über die Flottillenführer »Guépard« und »Valmy«, einen Aviso und vier U-Boote. Der Kampf begann, als am frühen Morgen des 8. Juni die Einheiten des 15. Kreuzergeschwaders sich der syrischen Küste näherten und am Abend dieses Tages unter dem Schutz des Flakkreuzers »Coventry« und zweier Zerstörer von dem Landungsschiff »Glengyle« eine Kommandoeinheit an Land gesetzt wurde, um eine wichtige Brücke im Handstreich zu nehmen. Eines der französischen U-Boote fuhr einen Torpedoangriff auf »Ajax«, dem dieser mit Hartruderlegen in letzter Sekunde entging. Es war der »Caiman«, der seine Beute knapp verfehlte.

Am Seegefecht, das am 9. Juni stattfand, beteiligten sich alle Einheiten; der britische Verband wurde sogar noch um den Kreuzer »Leander« und sechs Zerstörer vermehrt. Nach einer Reihe von Gefechten mit Treffern auf beiden Seiten griffen Ju 88 des II./L.G. 1 unter Hauptmann Kollewe an, die zwei Kreuzer beschädigten.

Anschließend blockierten die britischen Schiffe die syrische Küste, und in der Nacht zum 23. Juni kam es zu einem abschließenden Gefecht zwischen dem Flottillenführer »Guépard«, der einen Ausbruchsversuch unternahm, und den Kreuzern »Ajax« und »Phoebe«. »Guépard« erhielt zwar einen Treffer, konnte aber entkommen.

Die Kämpfe dauerten noch bis zum 12. Juli an; am 14. Juli kam es zur Unterzeichnung des Waffenstillstands.

Weitere italienische Kreuzereinsätze galten der Sicherung von Geleitzügen für Afrika. So sicherten vier Zerstörer als Nahsicherung und zwei Kreuzer mit drei Zerstörern als Fernsicherung einen Konvoi, der aus vier großen Truppentransportern bestand, von Neapel nach Tripolis. Er ging am 25. Juni ankerauf. Es kam nur zu einem britischen Luftangriff, bei dem das Fahrgastschiff »Esperia« leicht gebombt wurde.

Im Juli gab es im Kanal von Sizilien einen weiteren Einsatz der Kreuzer zum Minenlegen. Es war die 7. Kreuzer-Division mit einer Reihe von Zerstörern, die die Minensperren S 31 und S 32 in der Nacht des 7. Juli 1941 legten. Die Kreuzer »Duca d'Aosta« und »Attendolo« der 7. und »Bande Nere« und »Alberto di Giussano« der 4. Kreuzer-Division unter Divisions-Admiral Giovanola waren mit dabei. Die Minensperren wurden ohne jede Störung gelegt.

Das nächste große Nachschubgeleit für Afrika lief vom 16. bis zum 18. Juli. Die drei Riesentransporter kamen, von vier Zerstörern und einem Torpedoboot gesichert, unangefochten durch. Fernsicherung übernahmen die Kreuzer »Bolzano«, »Trieste« und drei Zerstörer. Ein britischer U-Bootangriff verfehlte mit Torpedos nur knapp die »Oceania«.

Auch die Briten hatten im Juli einige Kreuzer im Einsatz — so bei der Operation »Substance«, mit der ab

21. Juli ein Nachschubkonvoi mit sechs Frachtern und einem Truppentransporter von Gibraltar nach Malta geleitet wurde. Die Force H (Vizeadmiral Somerville) übernahm die Sicherung mit dem Schlachtkreuzer »Renown«, dem Träger »Arc Royal«, dem Schlachtschiff »Nelson«, den Leichten Kreuzern »Arethusa«, »Edinburgh« und »Manchester«, dem Minenkreuzer »Manxman« und zehn Zerstörern. Nachdem der Verband von der italienischen Luftaufklärung erfaßt war und italienische Torpedoflugzeuge angesetzt wurden, kam es zu mehreren Angriffen, bei denen die Kreuzer »Manchester« und »Firedrake« torpediert wurden. Der Zerstörer »Fearless«, der ebenfalls Torpedotreffer erhielt, sank. Am Abend marschierte die Force H nach Gibraltar zurück. Am 24. Juli setzte dieser wichtige Konvoi seinen Marsch mit dem Kreuzer »Edinburgh« unter Konteradmiral Syfret, mit »Arethusa« und »Manxman« sowie einigen Zerstörern fort. Der Konvoi kam ohne weitere Verluste am Abend dieses Tages in Malta an.

Vom 31. Juli bis zum 1. August dauerte der Transport von 1800 Soldaten und RAF-Personal, die für Malta bestimmt waren. Sie waren auf den Kreuzern »Arethusa«, »Hermione« und dem Minenkreuzer »Manxman« und zwei Zerstörern von Gibraltar aus unterwegs. Dort lief der Konvoi am frühen Morgen des 2. August 1941 ein. Auf dem Rückmarsch nach Gibraltar rammte »Hermione« auf der Höhe von Tunis das italienische U-Boot »Tembien«. Alle übrigen italienischen U-Boote kamen nicht heran. Als Deckungsgruppe operierte zu diesem Zeitpunkt die Force H mit dem Schlachtkreuzer »Renown« und anderen Schweren Einheiten, darunter der Träger »Arc Royal«.

Das Treffen der beiden Staatsmänner Präsident Roosevelt und Premierminister Churchill an Bord des britischen Schlachtschiffs »Prince of Wales« und des Schweren US-Kreuzers »Augusta« in der Argentia-Bucht bei Neufundland galt der Proklamation der Atlantik-Charta, in der bereits das Zusammengehen dieser beiden Staaten verbindlich festgelegt war. Als dann die US Atlantic-Fleet am 1. September 1941 die »Denmark Strait Patrol« unter Konteradmiral Giffen bildete und ihren Stützpunkt in Hvalfjord auf Island einrichtete, war der erste aktive Schritt zur Teilnahme am Zweiten Weltkrieg ohne Kriegserklärung gegeben. Diese Streitmacht setzte sich aus den beiden Schweren Kreuzern »Tuscaloosa« und »Wichita«, 13 Zerstörern und zwei der drei dafür abgestellten Schlachtschiffe »Idaho«, »Mississippi« und »New Mexico« zusammen.

Einsätze britischer Kreuzer im Nordatlantik

Bereits am 3. März 1941 starteten britische Kriegsschiffe einen Raid gegen die Lofoten. Und zwar sahen die Kriegsschiffgruppen, die mit der Landung der Commandos beauftragt waren, auch Kreuzer im Einsatz. Die zwei Landungsschiffe, auf denen die 550 Commando-Soldaten transportiert wurden, erhielten eine Nahsicherung von fünf Zerstörern unter dem Befehl von Captain Caslon. Die Deckungskräfte bestanden aus den beiden Leichten Kreuzern »Edinburgh« und »Nigeria«.

Es gelang den Commandos, in vier Ortschaften auf den Lofoten Fischereianlagen zu vernichten. Neben dem deutschen Vorposten-Boot »Krebs« und drei Fischereifahrzeugen wurden auch sieben deutsche Handelsschiffe versenkt. 215 Deutsche und 15 Norweger wurden gefangengenommen. 300 Norweger gingen freiwillig mit an Bord der englischen Schiffe.

Britische Kreuzer waren auch auf den übrigen Weltmeeren erfolgreich, z. B. die »Kenya« und die »Aurora«, die in der Davisstraße den deutschen Tanker »Belchen« versenkten. Am nächsten Tag traf es den deutschen Tanker »Gedania«, der durch einen britischen Hilfskreuzer aufgebracht wurde, während das Spähschiff »Gonzen-

heim« sich beim Nahen des Schlachtschiffs »Nelson«
selbst versenken wollte und von dem Kreuzer »Neptune«
mit Fangschuß unter Wasser geschickt wurde. Die Groß-
tanker »Esso Hamburg« und »Egerland« schließlich mußten sich in der Freetown-Natal-Enge selbst versenken,
um nicht von dem Schweren Kreuzer »London« aufgebracht zu werden.

Neben weiteren kleinen Kreuzer-Patrouillen-Einsätzen
kam es schließlich am 22. Juli zu einem britischen Träger-
Raid gegen Kirkenes und Petsamo. Die dafür vorgesehenen Schiffe wurden im Seidisfjord auf Island zusammengezogen, und am 26. Juli lief der für einen Transport nach
Murmansk eingesetzte Minenkreuzer »Adventure« mit
dem Zerstörer »Anthony« aus. Die Force P unter Konteradmiral Wake-Walker folgte mit den beiden Trägern »Victorious« und »Furious«, den Schweren Kreuzern »Devonshire« und »Suffolk« und vier Zerstörern. Dieser Verband teilte sich am 30. Juli in zwei Gruppen mit jeweils
einem der beiden Träger, von denen Flugzeuge zum Angriff auf die in Kirkenes und Petsamo liegenden deutschen Schiffe erfolgten. Insgesamt wurden 15 englische
Bordflugzeuge abgeschossen.

Die britische Force K unter Konteradmiral Vian wiederum lief am 27. Juli aus Scapa Flow aus. Zu ihr gehörten
die Kreuzer »Aurora« und »Nigeria« und zwei Zerstörer.
Ziel war Spitzbergen, wo der Verband am 31. Juli eintraf.
Die dortigen sowjetischen und norwegischen Niederlas-
sungen wurden kontrolliert. Auf dem Rückmarsch wurde
die norwegische Wetterstation auf der Bäreninsel evakuiert, die zurückbleibenden Anlagen wurden gesprengt.
Ein zusätzlicher geplanter Vorstoß gegen die norwegische
Küste mußte abgebrochen werden, nachdem deutsche
Luftaufklärer den Verband gesichtet und gemeldet hatten.

Damit waren die Sommereinsätze beendet.

Rußlandfeldzug und Kreuzerkrieg

Entgegen der von Großadmiral Raeder vorgeschlagenen Sammlung aller Kräfte für den Kampf gegen England war mit dem deutschen Angriff am frühen Morgen des 22. Juni 1941 gegen die Sowjetunion die Entscheidung Hitlers für den Krieg auf dem Kontinent gefallen. Der Oberbefehlshaber der Kriegsmarine sagte dazu:

> »Ich wußte, daß die vielleicht wichtigste Entscheidung des Krieges gefallen war. Sie war gegen meinen Rat und meine Auffassung erfolgt, über die ich Hitler in eingehenden Vorträgen nicht im unklaren gelassen hatte« (s. Raeder, Erich, a. a. O.).

Die Kriegsmarine hatte für das Unternehmen »Barbarossa« folgende Weisung erhalten:

> »Der Schwerpunkt des Einsatzes der Kriegsmarine bleibt auch während des Ostfeldzuges eindeutig gegen England gerichtet.«

Dennoch mußten Kriegsmarine-Einheiten für den Einsatz im Osten und im Hohen Norden abgegeben werden. Einmal galt es, die eigenen Küsten zu sichern, darüber hinaus aber sollte auch ein Ausbrechen sowjetischer Streitkräfte aus der Ostsee verhindert werden.

Wie viele deutsche Kriegsschiffeinheiten dafür benötigt wurden, die Nachschubwege in der Ostsee zu sichern, Minen zu legen und zu räumen, zeigte bereits die nächste Zeit. Diese neuen Aufgaben bedeuteten eine empfindliche Schwächung der Seestreitkräfte in ihrem Kampf gegen England.

Durch den Krieg gegen die Sowjetunion wurden darüber hinaus bei der Kriegsmarine neue Führungsstäbe notwendig, denn es kamen ja neue Seekriegsschauplätze hinzu.

Die Marinegruppe Nord, Generaladmiral Carls, unterstellte den Ostseeraum dem Befehlshaber der Kreuzer (BdK), Vizeadmiral Schmundt. Für den Finnischen Meerbusen war der Führer der Torpedoboote, Kapitän z. S. Bütow, zuständig. Darüber hinaus wurden die Stäbe der Marinebefehlshaber C und D aufgestellt. Diese sollten den Küstenschutz in den eroberten Gebieten übernehmen.

Vorweg sei vermerkt, daß die Dienststelle des Marinebefehlshabers C bereits am 6. November 1941 wieder aufgelöst wurde. Der Marinebefehlshaber D, Vizeadmiral Burchardi, übernahm dessen Funktion mit, und zwar unter der neuen Bezeichnung »Marinebefehlshaber Ostland« mit Sitz in Reval.

Dem Befehlshaber der Sicherung Ostsee (BSO), Vizeadmiral Mootz, unterstanden lediglich die mit der Verteidigung der dänischen Meerengen beauftragten Einheiten sowie die Schulverbände und die Stützpunkte.

Der Führer der Minenschiffe (FdM), Kapitän z. S. Boehmer, wurde dem BdK unterstellt.

Eine besondere Unterstützung des Heeres durch die Kriegsmarine war von Großadmiral Raeder nicht vorgesehen und auch nicht von ihm erbeten worden. Die Marine erhielt lediglich den Auftrag, ein Ausbrechen feindlicher Seestreitkräfte aus der Ostsee zu verhindern. In der Führererweisung zum Unternehmen »Barbarossa« hieß es lediglich:

»Da nach dem Erreichen von Leningrad die russische Ostseeflotte den letzten Stützpunkt verliert und diese dann in hoffnungsloser Lage sein wird, sind vorher größere Seeoperationen zu vermeiden. Nach dem Ausschalten der russischen Flotte wird es darauf ankommen, den vollen Seeverkehr in der Ostsee, dabei auch den Nachschub für den nördlichen Heeresflügel über See, sicherzustellen (Minenräumen!).«

Zu Beginn des Unternehmens »Barbarossa« standen in der Ostsee weder Torpedoboote noch Zerstörer, die das Auslaufen der großen sowjetischen Zerstörer- und Kreuzerflotte zu Minenaufgaben hätten irgendwie unterbinden können.

Die sowjetische Flotte umfaßte (mit Blick auf unsere Darstellung des Kreuzerkrieges):

Baltische Flotte (Vizeadmiral Tribuc):
2 Schlachtschiffe, 2 Schwere Kreuzer, 2 Flottillenführer, 7 alte und 12 moderne Zerstörer
Nordflotte (Vizeadmiral Golovko):
3 alte und 5 moderne Zerstörer
Schwarzmeerflotte (Vizeadmiral Oktjabrskij):
1 Schlachtschiff, 2 moderne und 3 alte Kreuzer, 1 Schulkreuzer, 3 Flottillenführer, 5 alte und 8 moderne Zerstörer.

Unmittelbar nach Beginn des Feldzugs legten die Kreuzer »Krasnyj Kavkaz« und »Cervona Ukraina« mit dem Flottillenführer »Charkow« und drei Zerstörern eine Minensperre. Weiter beteiligt waren noch ein Minenleger und ein Schulkreuzer, die »Komintern«.

Vor Sewastopol, der stärksten Festung der Welt, wurden zur Abschirmung der Seeseite etwa 3500 Minen und über 500 Sperrschutzmittel gelegt.

In der Ostsee lief am selben Tag ein Verband unter Führung von Kapitän 2. Ranges Svjatov mit dem Kreuzer »Maksim Gorkij« und drei Zerstörern aus. Der Verband marschierte durch die Irbenstraße vor den Westausgang des Finnenbusens, zur Deckung einer Minenunternehmung. Am 23. Juni lief dieser Deckungsverband in den Raum der Oleg-Bank und geriet auf die dort ausliegende deutsche Apolda-Minensperre. Einem Zerstörer wurde durch Minentreffer das Vorschiff abgerissen; er sank. Einem zweiten wurde das Bugschutzgerät beschädigt, und der Kreuzer »Maksim Gorkij« verlor durch einen schweren Minentreffer ebenfalls das gesamte Vorschiff. Der Kreuzer wurde durch einen weiteren Zerstörer nach Worms eingeschleppt. Von dort wurde der Kreuzer nach Tallinn geschleppt.

Der Kreuzer »Kirov« diente Konteradmiral Drozd als Ferndeckungsgruppe, als er mit leichten Seestreitkräften Minensperren in der Irbenstraße ausbrachte. Deutsche S-Boote griffen an und torpedierten einen Zerstörer und einen Minensucher.

Zur Unterstützung der Küstenarmee bei Dofinowka und Iljiccewka beschossen die Kreuzer »Komintern« und »Cervona Ukraina« deutsche und rumänische Stellungen und Küstenbatterien. Diese Beschießungen wurden bis zum 2. September fortgesetzt. Am 5. September beschoß der Kreuzer »Komintern« allein die rumänische Küstenbatterie bei Fontanka. Das Gegenfeuer brachte einige leichte Treffer ein.

Der Kreuzer »Maksim Gorkij« beschoß aus dem Handelshafen von Leningrad die Angriffsspitzen der deutschen 18. Armee. An dieser Beschießung beteiligte sich auch das im Seekanal liegende Schlachtschiff »Marat«. Das Schlachtschiff »Oktjabrskaja Revoljucija« und der Kreuzer »Kirow« wiederum beschossen die deutschen Versammlungsräume bei Krasnoje Selo und Peterhof.

Vor Odessa war es »Krasnyj Kavkaz«, der deutsch-rumänische Stellungen beschoß, während ein Zerstörer und der Kreuzer »Woroschilow« am 17. und 19. September deutsche Truppen bei Odessa unter Feuer nahmen.

Sowjetische Landungen bei Grigorewka im Rücken der rumänischen Truppen wurden ebenfalls von Kreuzern als Ferndeckung geschützt. »Krasnyj Kavkaz« und »Krasnyj Krym« nahmen in Sewastopol Truppen an Bord und schafften sie in Richtung Odessa. Der Verband, der durch eine Reihe Zerstörer geschützt wurde, konnte einem Luftangriff deutscher Stukas des St. G. 77 entgehen.

Deutsche Luftangriffe richteten sich auch auf die im Hafen von Leningrad liegenden Schiffe. Am 23. September wurden hier der Kreuzer »Maksim Gorkij«, vor Kronstadt der Kreuzer »Kirow« und ein Zerstörer durch Bombentreffer beschädigt.

Als vom 22. bis zum 27. September die deutsche Baltenflotte unter Vizeadmiral Ciliax in die Aalandsee verlegte, um einen möglichen Ausbruch der Sowjetflotte in die Ostsee zu verhindern, waren alle Voraussetzungen zu einem Zusammentreffen der beiden Großkampfflotten gegeben. Doch die Sowjets zögerten mit dem Einsatz ihrer Großkampfschiffe, der zu einem Duell mit deutschen vergleichbaren Einheiten geführt hätte.

Die Nordgruppe der Baltenflotte wurde von dem Schlachtschiff »Tirpitz«, dem Schweren Kreuzer »Admiral Scheer« unter Kapitän z. S. Meendsen-Bohlken, den Leichten Kreuzern »Nürnberg« unter Kapitän z. S. von Studnitz, »Köln« unter Kapitän z. S. Hüffmeier, drei Zerstörern und fünf Torpedobooten sowie einigen S-Booten gebildet. Die Südgruppe war mit den Kreuzern »Leipzig« unter Kapitän z. S. Stichling und »Emden«, Kapitän z. S. Mirow, und S-Booten nicht ganz so stark.

Doch es kam zu keinem Zusammentreffen der Kreuzer in diesem Raum. Der hauptsächliche Kreuzereinsatz fand, wie auch in den Wochen vorher bereits, im Schwarzen Meer statt. Dort fehlten Großkampfschiffe auf seiten der Achsenmächte. Die sowjetischen Kreuzer konzentrierten sich hier auf Transportfahrten und Küstenbeschießungen. Bei der Räumung von Odessa wurde die 157. Schützen-Division von Odessa nach Sewastopol evakuiert. Die ersten Soldaten wurden bereits am 3. Oktober eingeschifft, zehn Tage bevor der Kriegsrat der Schwarzmeerflotte die endgültige Räumung der Stadt für die Nacht zum 16. Oktober beantragte.

Die Schwarzmeerflotte hatte ihren Hauptstützpunkt in Sewastopol. Flottenbefehlshaber war Vizeadmiral Oktjabrskij, sein Mitglied des Kriegsrates Divisionskommissar N. M. Kulakow. Chef des Stabes war seit Kriegsbeginn Konteradmiral I. D. Jelijesew.

Nach den Patrouillenfahrten und Deckung der Küstenflügel der Roten Armee durch Schiffsgeschützfeuer und Angriffseinsätze gegen Rücken und Flanken des Gegners hatte die Flotte nunmehr eine Aufgabe erhalten, die der Sicherung der Soldaten diente.

Es war nach der Weisung des sowjetischen Oberkommandos STAWKA notwendig, die Truppen aus Odessa zur Verstärkung der Halbinsel Krim dorthin zu schaffen. So, wie die einzelnen Transporter eintrafen, wurden sie beladen, und bei Nacht ging es wieder zurück. Im wesentlichen war die Rückführung bis zum 15. Oktober abgeschlossen, obgleich in Odessa selbst noch die Hauptkräfte geblieben waren. Zur Sicherung dieser Rückführungstransporte und auch als Transporter selbst waren »Krasnyj Kavkaz«, »Cervona Ukraina«, vier Zerstörer, Wachschiffe, Minensucher und andere kleine Einheiten eingesetzt.

Als am Abend des 16. Oktober deutsche Vorhuten die Stadt erreichten und tags darauf die deutsch-rumänischen Verbände in Odessa einrückten, war die Stadt geräumt. Der Versuch, die auf See befindlichen sowjetischen Einheiten durch die Luftwaffe zu stellen, mißlang ebenfalls. Nur ein Schiff konnte versenkt werden, während die sowjetischen Jäger nach ihren Angaben 17 Feindflugzeuge abschossen.

Damit waren jedoch die Anstrengungen um die Verstärkung der Krim noch nicht abgeschlossen. Kreuzer »Krasnyj Kavkaz« transportierte aus Noworossisk die 8. Marine-Brigade nach Sewastopol, das nun bis zum letzten Mann verteidigt werden sollte. Die im sowjetischen Schwarzmeer-Haupthafen liegenden Kriegsschiffe, darunter auch der Kreuzer »Molotow«, Flottillenführer »Taschkent« und Zerstörer verließen den Hafen und liefen in die Kaukasushäfen ein, um der deutschen Luftwaffe keine Chance zu geben, sie in Sewastopol zu bomben.

In Sewastopol blieben nur die »Cervona Ukraina«, »Krasnyj Krym« und drei Zerstörer. Hinzu stießen am 31. Oktober der Kreuzer »Krasnyj Kavkaz« und zwei Zerstörer.

»Krasnyj Krym«, »Krasnyj Kavkaz«, »Cervona Ukraina«, der Flottillenführer »Charkow« und insgesamt sieben Zerstörer evakuierten seit dem 1. November 1941 abgeschnittene und versprengte Truppenteile von der Halbinsel Tendra und aus den Häfen der südlichen Krimküste Jalta, Eupatoria und Feodosia. Alle Truppen wurden nach Sewastopol geschafft, jener riesigen Festung, die sich nach wie vor hielt. Bis zum 9. November erreichten nach sowjetischen Unterlagen 8000 Soldaten auf diesem Wege Sewastopol. Aus den Kaukasushäfen wiederum wurden außerdem noch 15000 Rotarmisten nach Sewastopol geschafft.

Die von der STAWKA zur Feuerunterstützung der Truppen gebildete Kriegsschiffabteilung mit zwei Kreuzern und vier Zerstörern sowie einigen kleineren Einheiten, die immer wieder deutsche Stellungen auf der Krim beschoß, tat alles, um die abgeschnittene Festung und deren Besatzung zu entlasten.

Die Küstenabschnittsicherung unter Konteradmiral Fadejew verteidigte zur Seeseite hin. Die Schiffe der Küstensicherung unternahmen Patrouillenfahrten, fuhren Geleitsicherung und traten zu Handstreichen auf bereits in deutscher Hand befindliche Krimhäfen an.

Am 4. November 1941 wurde Vizeadmiral Oktjabrskij mit der Verteidigung von Sewastopol beauftragt. Damit war die Verteidigung selbst, als auch die Versorgung durch die Marine, in eine Hand gelegt. Sein Chef des Stabes der Schwarzmeerflotte, Konteradmiral Jelisejew, übernahm die Führung der Flottenbefehlsstellung in Tuapse.

Während einer dieser Fahrten erhielt der Kreuzer »Woroschilow« am 2. November zwei Bombentreffer durch drei angreifende Ju 88 des KG 51. Der Kreuzer wurde nach Poti geschleppt, wo er bis Februar 1942 in der Werft repariert wurde.

Am 9. November beschoß der Kreuzer »Molotow« unter Kapitän 1. Ranges Zinovew deutsche Bereitstellungen bei Feodosia aus der Seestellung von Kap Cauda, um der hier schwer bedrängten 51. Armee zu helfen. Ein Angriff deutscher Bomber wurde von dem Kreuzer unter Einsatz aller Waffen abgewiesen.

»Krasnyj Krym« unter Kapitän 2. Ranges Zubkow und »Cervona Ukraina« unter Kapitän 2. Ranges Basistyj wehrten im Verein mit zwei Zerstörern unter Einsatz aller Artillerie deutsche Angriffe an der Nord- und Ostfront von Sewastopol ab. Am Mittag wurde dieser Verband von Ju 87 der I./St. G. 77 unter Hauptmann Orthofer angegriffen. Orthofer selbst erzielte auf »Cervona Ukraina« drei schwere Bombentreffer. Der Kreuzer konnte die sich rasch verstärkenden Wassereinbrüche nicht zurückdrücken. Er sackte tiefer und tiefer und sank trotz der eingeleiteten Bergungsmaßnahmen. Im Süddock der Marinewerft von Sewastopol wurden bei diesem Angriff zwei sowjetische Zerstörer schwer getroffen. Es waren »Besposcadnyj« und »Soversennyj«.

Vom 15. November bis zum 1. Dezember unterstützten sehr kampfkräftige Teile der Schwarzmeerflotte die Verteidiger von Sewastopol, indem sie heftiges Artilleriefeuer auf erkannte deutsche Belagerungskräfte richteten. Unter ihnen befand sich auch das Schlachtschiff »Parizskaja«, die beiden Kreuzer »Krasnyj Kavkaz« und »Krasnyj Krym« und Zerstörer.

Inzwischen war auch die 388. Schützen-Division in Stärke von 6000 Mann durch Kreuzer, Zerstörer und Kleinkampfeinheiten nach Sewastopol gekarrt worden.

Die Küstenbeschießungen durch »Krasnyj Kavkaz« bei Kutsschuk und »Krasnyj Krym« vor Balaklawa und die Transportfahrt von »Krasnyj Kavkaz« mit 1000 Soldaten nach Sewastopol schlossen sich an. Aus der Landebucht in der Ssevernajabucht beschossen alle Fahrzeuge vor dem Auslaufen die deutschen Belagerungstruppen und verließen, meistenteils mit Verwundeten vollgepackt, den Hafen mit dem Ziel Noworossisk oder Tuapse.

Am frühen Morgen des 20. Dezember lief von Noworossisk, unter der Flagge des Flottenbefehlshabers, Vizeadmiral Oktjabrskij, eine Schiffsabteilung nach Sewastopol aus, die aus den Kreuzern »Krasnyj Kavkaz« und »Krasnyj Krym«, dem Flottillenführer »Charkow« und zwei Zerstörern bestand. Sie hatten die 79. Besondere Marine-Schützen-Brigade an Bord, die unter der Führung von Oberst Potapow nach Sewastopol überführt wurde. Am nächsten Tag gingen aus Tuapse Transporter in See, an Bord die 345. Schützen-Brigade; auch sie waren für Sewastopol bestimmt und wurden durch Zerstörer gesichert.

Der Tagesdurchbruch nach Sewastopol erfolgte am 21. Dezember unter dem »orkanartigen Artilleriebeschuß von seiten des Gegners und Massenbombenabwurf der Luftwaffe, vor allem beim Einlaufen der Schiffe in die Nordreede ... Von der zweiten Hälfte dieses Tages an nahmen die Kreuzer ›Krasnyj Krym‹ und der Flottillenführer ›Charkow‹ die Gefechtsordnungen des Feindes im Raume Belbek unter Feuer. Eine Reihe Kriegsschiffe, nähmlich zwei Kreuzer, zwei Flottillenführer und drei Zerstörer waren es am 22. Dezember, die die Feuerunterstützung planmäßig betrieben« (s. Piterskij, N. A.: Die Sowjetflotte im Zweiten Weltkrieg).

Bis zum 27. Dezember war die gesamte 345. Schützen-Division mit 10 600 Soldaten nach Sewastopol überführt. Hauptstützen der Beschießungsaktionen dieser Tage waren die Kreuzer »Krasnyj Kavkaz«, »Krasnyj Krym«, die Flottillenführer »Taschkent« und »Charkow« und einige offenbar unermüdliche Zerstörer.

Mit Beginn der sowjetischen Landungen auf der Halbinsel Kertsch waren alle Verbände der sowjetischen Schwarzmeerflotte wieder im Einsatz. Die Asowflotte unter Konteradmiral Gorschkow war bereits im Morgengrauen des 25. Dezember ankerauf gegangen. Sie schifften bei Kap Sjuk und Kap Chroni am frühen Morgen des zweiten Weihnachtstages aus. Die Hauptlandungstruppen aber, die 44. Sowjetarmee unter Führung des Armeegenerals, sollten im Raum Feodosia landen. Beide Teile sollten dann, von Norden und Süden aufeinander zumarschierend, die Falle hinter den auf der Halbinsel Kertsch stehenden deutschen Truppen schließen.

Die Unterstützungsabteilung unter Kapitän 1. Ranges Andrejew mit »Krasnyj Kavkaz« und »Krasnyj Krym«, drei Zerstörern und dem Transporter »Kuban« hatten die Voraustruppen für Feodosia an Bord und liefen am 28. Dezember abends aus Noworossisk aus.

Auf zehn Wachkuttern und zwei R-Booten waren die Landungstruppen eingeschifft. Als die Großkampfschiffe den Beschießungsraum vor Feodosia erreichten, eröffneten sie das Feuer, und die Kleinkampfeinheiten stießen in den Hafen hinein. Das erste Schiff war Wachkutter 0131 unter Leutnant Kokarew.

»Krasnyj Krym« unter Kapitän 2. Ranges Subkow lief bis auf zwei Kabellängen an die Mole heran und schiffte, vor Anker liegend, im Morgengrauen seine Truppen aus. Durch deutsches Feuer wurde dieser Kreuzer von elf Granaten getroffen. Gleichzeitig mit der Truppenausladung beschoß er aber die feindlichen Batterien und Truppen, die erkannt worden waren.

»Krasnyj Kavkaz« wiederum, geführt von Kapitän 2. Ranges A. T. Guschtschin, lief unter deutschem Beschuß zur Außenseite der breiten Mole und schiffte an der landabgewandten Seite mit Barkassen die Sturmsoldaten aus. Er erhielt mehrere Treffer. Der ausbrechende Brand konnte mit Bordmitteln binnen sieben Minuten gelöscht werden. Als eine Granate den Turm mit den 18-cm-Geschützen traf und Munitionsdetonationen aufflammten, gelang es ebenfalls binnen weniger Minuten, dieses Feuer unter Kontrolle zu bringen. Achtmal mußte die Besatzung ausbrechende Brände löschen.

Von deutschen Bombern angegriffen, gelang es dennoch, die zu landenden Truppen bis zum Mittag des 29. Dezember an Land zu bringen. Die Luftangriffe setzten sich den ganzen Tag über fort. »Krasnyj Krym« wurde elfmal angeflogen und mit Bomben belegt. »Krasnyj Kavkaz« hatte sich fünfzehnmal dieser Angriffe zu erwehren. Durch Nahtreffer entstanden Schäden, die allerdings behoben werden konnten.

Während diese Einsätze noch vorbereitet worden waren, hatte das Schlachtschiff »Parizskaja« am 27. Dezember abends den Hafen von Sewastopol erreicht. Dicht hinter ihm lief auch der Kreuzer »Molotow« ein, der einen Zerstörer dabei hatte. Sie unterstützten die sowjetische Abwehr der deutschen Angriffe.

Als diese beiden Einheiten am 30. Dezember den Rückmarsch nach Noworossisk antraten, nahmen sie insgesamt 1625 Verwundete mit.

Auch im neuen Jahr liefen die Verstärkungskonvois für Sewastopol weiter. So transportierten der Kreuzer »Molotow« und der Flottillenführer »Taschkent« vom 1. bis zum 5. Januar 1942 Teile der 386. Schützen-Division nach Sewastopol und beschossen auf dem Rückmarsch deutsche Stellungen.

»Krasnyj Krym« und »Komintern« brachten am 1. Januar Nachschub für die 44. Armee von Tuapse nach Sewastopol, und am 3. Januar transportierte »Krasnyj Kavkaz« die 224. Flak-Division mit 22 Geschützen vom Kaliber 8,5 cm an Bord in die Festung, während »Krasnyj Krym« mit zwei Zerstörern Landziele nahe Feodosia beschoß. Auf dem Rückmarsch über Noworossisk nach Tuapse wurde »Krasnyj Kavkaz« am 4. Januar vor Tuapse durch zwei Rotten Ju 87 des Stukageschwaders 77 angegriffen. Der Kreuzer erhielt vier schwere Treffer am Heck und wurde nach Tuapse eingeschleppt. Er blieb bis Oktober 1942 in der Werft.

Durch ihre Landungsoperationen auf der Halbinsel Kertsch, die zur zeitweisen Gewinnung dieser östlichen

Halbinsel der Krim führte, hatte die Rote Armee den laufenden deutschen Angriff gegen Sewastopol gestoppt, denn zunächst galt es, die Kertsch-Halbinsel zurückzugewinnen.

In der Nacht zum 16. Januar 1942 landete ein sowjetischer Verband unter Kapitän 1. Ranges Andreev mit dem Kreuzer »Krasnyj Krym« und einigen Kleinkampfeinheiten das 226. Gebirgs-Regiment bei Sudak. In Tuapse wurden bei einem schweren Sturm am 22. Januar der Kreuzer »Molotow« und zwei Zerstörer beschädigt. Aber am 13. und 14. Februar karrte die unermüdliche »Krasnyj Krym« mit dem Kreuzer »Komintern« wieder 2100 Mann Personalersatz nach Sewastopol. Die Festung schien unersättlich zu sein. Sie fraß förmlich die Soldaten in sich hinein und spie die Opfer der Schlacht, die Verwundeten und Toten, wieder aus.

Auch der 22. Februar sah eine solche Fahrt der »Krasnyj Krym« und eines Zerstörers zur Festung, mit anschließender Küstenbeschießung. »Molotow« und »Krasnyj Krym«, Zerstörer und das einzige Schlachtschiff im Schwarzmeer beschossen in der letzten Februardekade zur Unterstützung des Angriffs der 44. Sowjetarmee deutsche Küstengruppen an der Südküste der Krim und die Belagerungstruppen um Sewastopol.

Die andauernden Nachschubtransporte, das Fortschaffen der Verwundeten und das Beschießen der Küstenstellen der Deutschen waren ein bedeutender Einsatz der Roten Flotte im Schwarzen Meer und ermöglichten das Standhalten der Festung vom September 1941 bis zum 1. Juli 1942. Als Ende April 1942 Sewastopol fast völlig eingeschlossen war, brachte »Krasnyj Krym« mit zwei Zerstörern dennoch am 26. April weitere Truppen und Material hinein, und am 1. Mai war es wieder einmal die »Charkow«, die Nachschub nach Sewastopol schaffte.

Ab April waren auch sowjetische U-Boote zur Versorgung eingesetzt worden, die ebenfalls auf dem Rückweg Verwundete mitnahmen. Das letzte Überwasserschiff aber, das den Hafen von Sewastopol im Durchbruch erreichte, war der Flottillenführer »Taschkent«, der in der Nacht zum 26. Juni 1264 Marinesoldaten in die Festung brachte. Auf dem Rückweg nahm er 2300 Frauen, Kinder und verwundete Soldaten mit. Auf dem Rückmarsch wurde das Schiff mehrfach gebombt und beschädigt. Doch Kapitän 3. Ranges Jeroschenko brachte sein Schiff nach Tuapse zurück.

Zur gleichen Zeit war eine Kampfgruppe unter Kapitän 2. Ranges Romanov aus Sewastopol ausgelaufen. Sie bestand aus zwei Flottillenführern, die den Befehl erhalten hatten, noch einmal die Öltanks und Bahnanlagen von Konstanza zu beschießen und dann in Richtung Tuapse abzulaufen. Diese Kampfgruppe wurde von der Deckungsgruppe unter Konteradmiral Novikow mit dem Kreuzer »Woroschilow« und zwei Zerstörern geschützt.

Am Morgen des 26. Juni erfolgte die Beschießung von Konstanza. Das Feuer wurde von der dort stehenden 28-cm-Batterie der »Tirpitz« erwidert. Als deren Salven deckend bei dem russischen Angriffsverband einschlugen, fuhren die beiden Flottillenführer Ausweichmanöver, wobei »Moskva« auf eine Minensperre lief und rasch sank. »Woroschilow« wurde zeitweise durch eine im Bugschutzgerät eines Zerstörers detonierende Mine außer Gefecht gesetzt. »Charkow« war durch Bombennahtreffer ebenfalls einige Zeit manövrierunfähig. Aber es gelang, beide Schiffe zu retten. Dies war der letzte Angriff sowjetischer Kreuzer aus dem Hauptkriegshafen Sewastopol, denn in der Nacht zum 1. Juli 1942 fiel die letzte Bastion der Festung.

Von nun an erfolgten die Einsätze der Kreuzer von Noworossisk und Tuapse aus. Von Noworossisk ging der Kommandeur der sowjetischen Kreuzerbrigade, Konteradmiral Basistyj, mit dem Kreuzer »Molotow« und dem Flottillenführer »Charkow« am Abend des 2. August in See und beschoß in der folgenden Nacht Ziele bei Feodosia. Auf dem Rückmarsch wurde der Verband von deutschen Torpedoflugzeugen gestellt. Hinzu kamen zwei italienische MAS 568 und MAS 573. Der Kreuzer »Molotow« erhielt einen Torpedotreffer, der ihm 20 Meter des Vorschiffes wegriß.

Von Noworossisk aus, das Anfang August ebenfalls gefährdet war, evakuierte »Krasnyj Krym« mit einem Zerstörer 2895 Soldaten und 100 Tonnen Material nach Batum; und vom 9. bis 11. August liefen diese beiden Einheiten noch einmal nach Noworossisk, um weitere 2000 Soldaten nach Batum zurückzuschaffen. In der Nacht zum 17. August wurde das Unternehmen ein drittesmal von diesen Schiffen durchgeführt. Diesmal konnten 1850 Mann und 60 Tonnen Material abtransportiert werden.

Die letzten Evakuierungsmaßnahmen eines einzigartigen Kreuzereinsatzes im Schwarzen Meer erfolgten in der Nacht zum 5. September 1942. Zwei Tage später war Noworossisk in deutscher Hand.

Deutsche Kreuzereinsätze 1941—1942

Die allgemeine Lage

Beim Lageüberblick in der Wolfsschanze am Nachmittag des 17. September 1941 mußte der Oberfehlshaber der Kriegsmarine, Großadmiral Raeder, seinen Obersten Kriegsherrn darüber informieren, daß die Schweren Überwasserstreitkräfte noch in Reparatur seien und ihre Überholung und Erprobung auch noch einige Zeit dauern werde. Mit Atlantikoperationen von Schlachtschiffen oder Kreuzern sei nicht vor Anfang 1942 zu rechnen.

In dem Zusammenhang erörterte Hitler auch die Frage, ob die Schlachtschiffe nicht besser an der norwegischen Küste stationiert werden sollten, um somit den gesamten Nordraum zu sichern. Vor allen Dingen bedrückte ihn die Gefahr, die den in Brest liegenden Schiffen täglich durch die englische Luftwaffe drohte. In seiner Erwiderung meinte Großadmiral Raeder, daß der »Gedanke des Handelskrieges im Atlantik im Grunde der einzig richtige« sei. Er wies auch darauf hin, daß die Schiffe nicht auf Dauer in Brest hätten bleiben sollen, sondern daß damals noch die große Wahrscheinlichkeit bestanden hätte, die spanischen Stützpunkte für die deutschen Großkampfschiffe zu erhalten. Von dort aus aber wären die Atlantikeinsätze mit optimalen Voraussetzungen geführt worden.

Als Großadmiral Raeder Hitler am 13. November wieder Vortrag über die Möglichkeiten des Atlantikkriegs hielt, konnte er ihm zwar ankündigen, daß das neue Schlachtschiff »Tirpitz« im Dezember frontbereit sein werde, er aber eine Entsendung dieses Schiffes wegen des inzwischen eingetretenen Mangels an Heizöl nicht befürworten könne. Die in Brest festliegenden »Scharnhorst« und »Gneisenau« seien erst ab Februar 1942 einsatzbereit. Sie kämen für kurze Operationen, beispielsweise für den Einsatz gegen Gibraltar-Geleitzüge, in Frage. Weiter führte er aus:

>Die Rückverlegung dieser Schiffe in einen deutschen oder norwegischen Hafen würde zwar schwierig und mit Gefahren verbunden sein, aber unter günstigen Wetterbedingungen durch die Passage bei Island ausgeführt werden können. Der Kreuzer ›Prinz Eugen‹ könne unter Umständen sogar durch den Kanal zurückmarschieren« (s. Raeder, Erich, a. a. O.).

Hitlers Idee, auch die beiden Schlachtkreuzer durch den Kanal in die Heimat zurücklaufen zu lassen, hielt Raeder indessen für so riskant, daß er dringend abriet. Solch ein Versuch könnte die beiden Schlachtkreuzer kosten.

Der Schwere Kreuzer »Admiral Scheer« aber war inzwischen einsatzbereit geworden, und die Seekriegsleitung erbat in diesem Vortrag bei Hitler die Genehmigung zum Auslaufen des Schiffs zum Kreuzerkrieg im Atlantik und im Stillen Ozean. Von der strategischen Wirkung eines Auftretens eines deutschen Großkampfschiffes in abgesetzten Seegebieten versprach man sich nämlich sehr viel.

Hitler war gegen diesen Plan. Er sah zur Zeit den Schwerpunkt des Seekrieges im Nordmeer und wünschte die Verlegung der »Admiral Scheer« nach Drontheim oder Narvik. In seiner Entgegnung wies Raeder darauf hin, daß die »Admiral Scheer« gegenüber den schnelleren und stark bewaffneten Schiffen des Gegners zu sehr im Nachteil sei und sich stark an die Stützpunkte anlehnen müsse.

Im Gespräch unter vier Augen mit Hitler erklärte Großadmiral Raeder, Admiral Darlan habe ein Gespräch mit ihm durch den Botschafter Abetz und durch Admiral Schultze angeregt, und habe sich erboten, durch den Kommandierenden Admiral in Frankreich Nachrichten über die Dislokation englischer Seestreitkräfte an die deutsche Marine zu geben. Raeder erbat die Erlaubnis, dieses Gespräch mit Admiral Darlan führen zu dürfen, und erhielt sie.

Das Treffen fand am 28. Januar 1942 in Paris statt. Es wurde unter vier Augen geführt. Generaladmiral Schultze, Seebefehlshaber und Kommandierender Admiral in Frankreich, hatte alles vorbereitet. Hier der Bericht von Großadmiral Raeder über dieses Zusammentreffen:

»Die Haltung von Admiral Darlan war die eines überzeugten französischen Patrioten. Gegenüber den Engländern war er sehr ablehnend, wie er mir unzweideutig zu verstehen gab. Er sprach sich für ein loyales Zusammengehen zwischen Frankreich und Deutschland aus. Es war selbstverständlich, daß er dabei die Interessen seines Landes im Auge hatte. Sein Ziel war die Herstellung des Friedenszustandes und die Sicherung des französischen Kolonialreiches für Frankreich. Über das Gespräch habe ich Hitler eingehend berichtet. Ich kann nur bedauern, daß die deutsche Politik keinen Weg gefunden hat, um eine tragfähige Grundlage der Verständigung herzustellen. Wir waren auf eine wohlwollende Haltung des französischen Kolonialreiches schon deswegen angewiesen, weil die Gefahr eines alliierten Angriffes über Französisch-Nordwestafrika bestand. (Dies geschah denn auch am 8. 11. 1942.)«

Die als einsatzbereit gemeldete »Admiral Hipper« hatte am 21. Oktober 1941 ihre Werftprobefahrt unternommen. Doch bereits im Fehmarnbelt wurde die Trosse einer Boje der Schraube des Schweren Kreuzers zum Verhängnis. Es ging nach Kiel zurück, wo dieser Schaden behoben und einige Restarbeiten ausgeführt wurden. Bis zum 22. Dezember unternahm das Schiff neue Probefahrten. Nach dem Artillerie- und dem Torpedoschießen war die volle Kampfbereitschaft wiederhergestellt. Vom 16. bis 22. Dezember war auch noch die Artilleriemannschaft der »Prinz Eugen« an Bord gekommen. Sie sollte auf der

»Admiral Hipper« getrimmt werden, damit sie den Durchbruch durch den Kanal, den Hitler für die beiden Schlachtkreuzer und die »Prinz Eugen« inzwischen gefordert hatte, mit Hilfe ihrer gut schießenden Artillerie überstand.

Am 21. Dezember lief der Schwere Kreuzer nach Gotenhafen ein, wo er bis zum 18. Januar 1942 blieb. Danach lief die »Admiral Hipper« nach Kiel und machte im Scheer-Hafen fest. Von dort aus ging es in die Werft Blohm & Voss nach Hamburg und schließlich mit Eisbrecherhilfe abermals durch den Kaiser-Wilhelm-Kanal am 25. Februar 1942 nach Kiel.

Inzwischen war jenes Ereignis eingetreten, das die gesamte Fachwelt in Erstaunen versetzte: das Unternehmen »Cerberus«, der Kanaldurchbruch von »Gneisenau« und »Scharnhorst« mit der »Prinz Eugen«.

Der Kanaldurchbruch der Großkampfschiffe

Der Kalender zeigte den 11. Februar 1942, als der Befehlshaber der Schlachtschiffe, Vizeadmiral Ciliax, auf der »Scharnhorst« den Befehl erhielt:

»Durchführung ›Cerberus‹ heute abend!«

Für 20.30 Uhr wurde »Seeklar!« befohlen. Wegen eines Fliegeralarms mußte das Auslaufen verschoben werden, aber um 22.48 Uhr legten die Schiffe ab. Um 23.45 Uhr sammelte sich der Verband auf der Reede von Brest und trat dann mit 17 Knoten Marschfahrt zum Durchbruch an. Eine Stunde später ging der Verband auf 340 Grad und 27 Knoten Fahrt, und nun war den Besatzungen klar, daß dies keine Übung war, sondern der Durchbruch nach Deutschland. Noch in derselben Nacht wurde dieses Ziel auch offiziell bekanntgegeben.

Die Sicherung der drei Großkampfschiffe bestand aus den sechs Zerstörern der 5. Zerstörer-Flottille. Auf Z 29 unter Korvettenkapitän Rechel war auch der FdZ, Konteradmiral Bey, eingestiegen, der sämtliche beteiligten Torpedoboote und Zerstörer kommandierte.

Von Cherbourg und Le Havre aus stießen die 3. und 2. Torpedoboot-Flottille zum Verband. Die 4. Schnellboot-Flottille kam hinzu, und als Jagdschutz waren ständig 16 Jäger über dem Verband.

Gegen 9 Uhr stand der gesamte Verband nördlich der Seinebucht und war noch immer nicht vom Gegner erfaßt worden. Um 12.50 Uhr passierten die Schlachtkreuzer, von Zerstörern und Torpedobooten gesichert, die Enge Dover-Calais, und um 13.18 Uhr setzte der erste Artilleriefeuerschlag gegen sie ein.

Inzwischen war in Höhe von Kap Gris Nez auch die 5. Torpedoboot-Flottille hinzugestoßen. Außerdem kamen drei Schnellboot-Flottillen und 176 Maschinen der Luftflotte 3 hinzu. Der Angriff gegen die Großkampfschiffe begann.

Als erstes griffen britische Motor-Torpedoboote an. Sie wurden von den eigenen Schnellbooten abgewehrt, ein zweiter Pulk durchbrach jedoch die Sicherung und schoß seine Torpedos auf die Schlachtkreuzer. Die Zerstörer bekämpften den Verband und schossen mehrere Boote zusammen. Danach waren es Swordfishes der Staffel 825, die einen schneidigen Angriff flogen, wobei alle angreifenden Maschinen abgeschossen wurden.

Es war 15.30 Uhr, als die »Scharnhorst« vor der Scheldemündung auf eine Grundmine lief. Mit dem dadurch hervorgerufenen Ausfall aller Generatoren war das Schiff ohne Energie und lag bewegungslos auf der See. Es gelang jedoch, sowohl den Wassereinbruch zum Stehen zu bringen, als auch die Generatoren wieder in Gang zu bringen. Dennoch stieg der Befehlshaber der Schlachtschiffe von der »Scharnhorst« auf den Zerstörer Z 29 um. Z 29 folgte mit Höchstfahrt dem Verband und wurde dabei laufend von Flugzeugen angegriffen. Als er den Verband erreichte, bemerkte der Kommandant von Z 29, daß »Prinz Eugen« den Kurs änderte und aus allen Rohren Feuer eröffnete.

Der Schwere Kreuzer wurde gerade von der aus Harwich ausgelaufenen 21. Zerstörer-Flottille unter Captain Pizey angegriffen. Dem Angriff schlossen sich die mitlaufenden Zerstörer der 16. Zerstörer-Flottille unter Captain Wright an.

Neben »Prinz Eugen« war die »Gneisenau« das zweite Ziel dieses Angriffs. Beide deutschen Schiffe eröffneten das Feuer und erzielten mit den ersten Salven Treffer, wie sich an den Rauchwolken und den aufflammenden Bränden zeigte. Diese frühe Feuereröffnung zwang die Zerstörer dazu, ihre Torpedos sofort zu schießen, so daß genügend Zeit für die deutschen Schiffe blieb, auszuweichen und Torpedotreffern zu entgehen.

Um 17 Uhr drehten schließlich die letzten Harwich-Zerstörer ab, und es folgte ein neuer Fliegerangriff, der von den Zerstörern und Torpedobooten abgewehrt wurde. Als auf Z 29 die Backbordmaschine wegen eines Ölleitungsschadens ausfiel, mußte Vizeadmiral Ciliax abermals umsteigen. »Hermann Schoemann« wurde herbeigerufen, und der BdS stieg auf diesen Zerstörer um.

Während dieses Manövers lief die »Scharnhorst«, die inzwischen wieder klar geworden war, an Steuerbord achtern mit großer Fahrt auf und passierte die beiden gestoppt liegenden Zerstörer.

Um 19.45 Uhr erreichte der BdS auf »Hermann Schoemann« wieder die Spitze des Verbandes und führte von dort weiter. In Höhe von Terschelling lief schließlich auch die »Gneisenau« auf eine Grundmine. Dieser Treffer minderte jedoch die Fahrt des Schlachtkreuzers nicht.

Gegen 22.25 Uhr lief »Scharnhorst« zum zweitenmal auf eine Mine und blieb 30 Minuten gestoppt liegen, ehe der Schlachtkreuzer die Fahrt mit 12 Knoten fortsetzen konnte. Da alle Navigationsmittel bei dieser Detonation ausgefallen waren, mußte das Schiff durch »Hermann Schoemann« geleitet werden.

In den frühen Morgenstunden des 13. Februar liefen »Gneisenau« und »Prinz Eugen« in die Elbmündung ein, und »Scharnhorst« gelangte nach Wilhelmshaven.

Ein großes Wagnis war gelungen, das leicht tödlich für alle drei Großkampfschiffe hätte ausgehen können.

Als am 21. Februar 1942 die »Prinz Eugen« und »Admiral Scheer« von Brunsbüttelkoog nach Norwegen verlegten, wurden die beiden Schweren Kreuzer von drei Zerstörern geleitet. In der südlichen Nordsee bereits wurde der Verband von britischen Aufklärern erfaßt. Ein deutscher Jäger konnte einen Fühlunghalter abschießen. Von den dann eingesetzten Feindbombern fand nur einer den Schiffsverband. Er warf seine Bomben dicht neben »Prinz Eugen« und wurde von dessen Bordflak abgeschossen.

Am 23. Februar kam schließlich von einer britischen U-Bootgruppe, die vor Drontheim operierte, abermals die »Trident« unter Commander Sladen zum Schuß. »Prinz Eugen« wurde von einem Torpedo am Heck schwer getroffen, konnte aber den Marsch fortsetzen.

In der Zeit vom 19. bis 20. März verlegte auch die »Admiral Hipper« von Kiel nach Drontheim. Genauer gesagt: das Schiff lief an Drontheim vorbei, passierte den Faetten-Fjord, in dem die »Tirpitz« bereits lag, und erreichte den Lo-Fjord, in den die beschädigte »Prinz Eugen« eingebracht und dort in den Netzkasten gelegt worden war. Daneben lag auch die »Admiral Scheer«. Damit lag der Großteil der Flotte in Norwegen.

Während »Admiral Hipper« weiter auf Ausbildungs- und Patrouillenfahrt unterwegs war, wurde die »Prinz Eugen« befehlsmäßig hergestellt und trat am 16. Mai 1942 den Rückmarsch nach Deutschland an, wo ihr ein neues Heck angesetzt wurde. Währenddessen hatte »Admiral Hipper« den Orkdalfjord aufgesucht, um nach dem Auslaufen der »Prinz Eugen« deren Platz einzunehmen.

»Prinz Eugen« aber wurde auf der Höhe von Lister entdeckt und mit Torpedofliegern angegriffen. Viele von ihnen wurden von der aus allen Rohren schießenden Flak abgeschossen. Es gelang den Angreifern nicht, auch nur einen Nahtreffer zu erzielen.

Im Gegenzug für den heimkehrenden »Prinzen« wurde der Schwere Kreuzer »Lützow« nach Norwegen verlegt. Er erreichte Drontheim am 20. Mai 1942 und machte zunächst auch im Lo-Fjord fest, ehe er weiter zur Bogenbucht bei Narvik lief.

Es sah ganz so aus, als sollte die Großkampfflotte hier im Hohen Norden versauern. In der Anlage 1 zu 1. Skl Ib 588/42 gKdos Chefs. ist ihr Auftrag umrissen:

»Sobald erkennbar wird, daß der Gegner zu einem Landungsunternehmen größeren Umfangs ansetzt, werden sämtliche in Norwegen befindlichen Seestreitkräfte beschleunigt in See gehen mit dem Ziel, die feindliche Landungsflotte anzugreifen und noch vor Beginn der Landung zu vernichten, oder sie so zu beschädigen, daß der Gegner von seinem Vorhaben abläßt.

Gelingt es der Kriegsmarine und der Luftwaffe nicht, eine Landung des Gegners und die Bildung eines Brückenkopfes zu verhindern, so wird die Kriegsmarine alle verfügbaren Kräfte gegen den feindlichen Nachschub einsetzen, um das Heranbringen und die Ausschiffung stärkerer Kräfte zu verhindern oder wenigstens so zu verzögern, daß das Heer die notwendige Zeit gewinnt, um die gelandeten Feindstreitkräfte auf dem Lande anzugreifen und zu vernichten.

Die Erfolgsaussichten beim Einsatz der eigenen Seestreitkräfte sind wesentlich davon abhängig, an welchen Stellen der Gegner zu Landungsaktionen ansetzt ... Die eigenen schweren Einheiten bleiben zweckmäßig in weniger landungsgefährdeten Räumen, um der Gefahr frühzeitiger Ausschaltung oder Blockierung zu entgehen und von außen her gegen die feindlichen Landungs- und Nachschub-Streitkräfte operieren zu können.

Die Verteilung der Seestreitkräfte ist daher zunächst so vorgenommen worden, daß alle Räume ihrer Bedeutung entsprechend besetzt sind ...

Für die Überwasserstreitkräfte wurde als Schwerpunkt Drontheim gewählt, das nicht nur neben Bergen der leistungsfähigste Stützpunkt, sondern auch die seestrategische Schlüsselstellung im nordnorwegischen Raum ist.

Hier sind zur Zeit ›Tirpitz‹ und ›Scheer‹ mit 5 Zerstörern und 2 T.-Booten stationiert. Nach dem Eintreffen von ›Hipper‹ und weiterer 2 Zerstörern und 5 T.-Booten in Drontheim soll ›Scheer‹ mit einigen T.-Booten nach Narvik verlegt werden. In Drontheim verbleiben damit die starke und günstig zusammengesetzte Kampfgruppe ›Tirpitz‹ und ›Hipper‹ mit einigen Zerstörern, während ›Scheer‹, der mit seiner Motoranlage besonders schnell auslaufbereit gemacht werden kann, in Narvik die wichtige Lofotenstellung deckt.

Die im norwegischen Raum verteilten Seestreitkräfte üben nach Ansicht der Seekriegsleitung bereits jetzt eine abstoßende Wirkung aus. Schon ihr Vorhandensein allein belastet ein Landungsunternehmen größeren Umfanges für den Gegner mit einem beträchtlichen Risiko. Er kann ein solches Unternehmen daher jetzt überhaupt nur noch mit einem hohen Kräfteeinsatz beginnen« (s. Wagner, Gerhard, a. a. O.).

Nachdem im April-Mai 1942 ein U-Booteinsatz gegen den Nordmeerkonvoi PQ 15 mit sieben Booten stattgefunden hatte, zu dem auch die in Kirkenes stationierten drei Boote der Zerstörergruppe Nordmeer unter Kapitän z. S. Schulze-Hinrichs stießen, und U 456 zwei Torpedotreffer auf den Schweren Kreuzer »Edinburgh« erzielte, der dann am 2. Mai von den Zerstörern angegriffen und von Z 25 mit einem Torpedo getroffen wurde, schien die Zeit für einen Kreuzereinsatz gekommen. Die Zerstörer hatten sich als zu schwach erwiesen, denn »Edinburgh«

hatte, wenn auch schon stark angeschlagen, den deutschen Zerstörer »Schonemann« mit Treffern in die beiden Turbinenräume zur Strecke gebracht. Der Zerstörer mußte sich nach dem Von-Bord-Gehen der Besatzung selbst versenken. (S. Kühn, Volkmar: Torpedoboote und Zerstörer im Einsatz, 1939—1945.)

Übrigens verdichteten sich die Landungsgerüchte mehr und mehr. Es waren geschickt vom Gegner ausgestreute »Enten«.

Nach dem Ansatz der U-Boote und Zerstörer gegen den PQ 15 versuchte man fieberhaft, auch die Schweren Kreuzer einzusetzen, doch dazu mußte man genaueste Unterlagen über den jeweiligen Standort der Fernsicherungsgruppen des Gegners haben, die aus einer Reihe Schwerer Einheiten bestanden.

Generaladmiral Carls, der Marinegruppenbefehlshaber Nord, forderte die lückenlose Luftaufklärung mit Feststellung der Standorte der Fernsicherungsgruppen des Gegners, um überhaupt die Schweren Kreuzer einsetzen zu können.

Auch gegenüber der ebenfalls sehr starken Nahsicherung besaßen diese deutschen Schiffe keine so große Überlegenheit. Wenn man also einen durchschlagenden Erfolg erzielen wollte, mußten alle einsatzbereiten Großkampfschiffe einschließlich »Tirpitz« und »Hipper« gemeinsam angreifen.

Eine solche Operation wurde unter dem Codenamen »Rösselsprung« vorbereitet. Großadmiral Raeder trug diesen Plan am 15. Juni auf dem Berghof in Berchtesgaden dem Führer vor. Hitler war skeptisch. Er erklärte:

»Der Standort der Flugzeugträger muß vor dem Angriff eigener schwerer Schiffe festgestellt — und sie müssen vorher durch unsere Ju 88-Sturzkampfbomber unschädlich gemacht werden.«

Den Briten war bereits vor dem Auslaufen des Geleitzuges PQ 17, dem diese Operation »Rösselsprung« gelten

242

würde, wenn wirklich der nächste Eismeergeleitzug angegriffen werden sollte, die deutsche Angriffsabsicht kein Geheimnis mehr. In einem ausführlichen Gespräch zwischen Admiral Tovey und dem Ersten Seelord plädierte Tovey dafür, diesen Geleitzug in zwei Gruppen laufen zu lassen, weil er dann besser verteidigt werden konnte, als ein so großer Geleitzug. Er war außerdem dagegen, nach dem Verlust der beiden Kreuzer »Edinburgh« und »Trinidad« auch in Zukunft noch Kreuzer so weit herausgesetzt zum Einsatz zu bringen. Demgegenüber vertrat Admiral Pound die Ansicht, daß die Unternehmung so ausgeführt werden sollte, wie man sie vorausgeplant hatte. Als Admiral Tovey noch erfuhr, daß Admiral Pound sich mit der Absicht trug, den Konvoi aufzulösen, wenn dieser in eine kritische Situation geraten sollte, bedeutete Tovey dem Ersten Seelord, daß dies nichts anderes »als blanker blutiger Mord« sei (s. Roskill, S. W., a. a. O.).

Der britische Plan sah vor, wieder — wie während der letzten Geleitzüge — je zwei US- und britische Kreuzer als Nahsicherung unter Konteradmiral Hamilton einzusetzen. Bei der Hauptdeckungsgruppe unter Admiral Tovey sollten sich das US-Schlachtschiff »Washington« und der Träger »Victorious« befinden.

Am 26. Juni liefen insgesamt 35 Schiffe der QP 13 aus Archangelsk und Murmansk aus, und zur gleichen Zeit gingen auch in Reykjavik auf Island die 36 Schiffe der PQ 17 ankerauf. Von ihnen mußten drei Schiffe wegen Grundberührung und Eisschäden wieder in den Hafen zurückkehren. Die Nahsicherung des PQ 17 bestand aus sechs Zerstörern, vier Korvetten, drei Minensuchern, vier Trawlern, zwei Flakschiffen und zwei U-Booten. Am Abend des 28. Juni gingen in Scapa Flow die Schiffe der Ferndeckungsgruppe ankerauf. Unter der Führung von Admiral Tovey waren dies die Schlachtschiffe »Duke of York« und »Washington«, der Träger »Victorious«, die Kreuzer »Cumberland« und »Nigeria« und neun Zerstörer. Fünf Zerstörer kamen später noch hinzu.

Am 30. Juni wurde der heimreisende QP 13 in der Barentsee von der deutschen Luftaufklärung erfaßt. Er wurde nicht weiter verfolgt, da die voll beladenen Schiffe des nach Rußland marschierenden Geleitzuges PQ 17 angegriffen und versenkt werden sollten.

Die am PQ 17 stehende Nahdeckungsgruppe unter Führung von Konteradmiral Hamilton bestand aus den Kreuzern »London«, »Norfolk«, »Wichita« und »Tuscaloosa« mit drei Zerstörern. Sie lief am 30. Juni aus dem Seidisfjord auf Island aus.

Als der deutsche Beobachtungsdienst den PQ 17 am 1. Juli auffaßte — der wurde wenig später auch von einigen deutschen U-Booten gesichtet —, erfolgte am Nachmittag der Ansatz der Kampfgruppe I unter Generaladmiral Schniewind mit der »Tirpitz«, »Hipper« und vier Zerstörern, denen sich noch zwei Torpedoboote zugesellten. Aus Drontheim auslaufend, marschierte der Verband nach Nordnorwegen, um den »Absprungplatz« für das Unternehmen zu erreichen und jederzeit von dort aus eingesetzt werden zu können.

Am nächsten Tag lief die Kampfgruppe II unter Vizeadmiral Kummetz mit den beiden Schweren Kreuzern »Admiral Scheer« und »Lützow« und sechs Zerstörern aus Narvik aus und marschierte zum Altafjord. Hier schlossen sich die beiden Zerstörer »Friedrich Eckoldt« und »Erich Steinbrinck« den beiden Kampfgruppen an.

Die Zerstörer »Karl Galster«, »Hans Lody« und »Theodor Riedel« fielen auf der Fahrt durch den Gynsöstrammen und die »Lützow« beim Storboen-Leuchtturm durch Grundberührung aus (s. Kühn, Volkmar, a. a. O.).

Am selben Tag, da die Kampfgruppe II auslief, hatte ein britischer Aufklärer die Liegeplätze der Großkampfschiffe bei Drontheim fotografiert und sie leer gefunden. Damit war für die Britische Admiralität klar, daß die deutschen Einheiten auf den PQ 17 angesetzt werden würden. Die Ferndeckungsgruppe Admiral Tovey's lag aber noch 240 Seemeilen achteraus des Geleitzugs, würde also nicht mehr rechtzeitig in den Kampf eingreifen können. Ein schneller Angriff der deutschen Großkampfschiffe mußte so den PQ 17 mit der nur schwachen Sicherung treffen.

Aber Generaladmiral Carls, der aus Wilhelmshaven führte, zögerte, weil die Fernaufklärer am Morgen des 4. Juli die Home Fleet nicht fanden und demzufolge auch nicht bestätigt werden konnte, daß sie so weit rückwärts stand. Der Flottenchef, Admiral Schniewind, mußte in den Altafjord einlaufen und dort 26 Stunden warten, ehe sichere Nachrichten über die Ferndeckungsgruppe vorlagen.

Zur gleichen Zeit befahl Admiral Pound, in der Überzeugung, daß der deutsche Angriff mit den Großkampfschiffen unmittelbar bevorstehe, die Auflösung des Konvois.

Währenddessen hatte die Luftwaffe bereits am 4. Juli den Angriff auf den PQ 17 eröffnet, und auch U-Boote fielen in das Schießen ein und erzielten erste Erfolge.

Nach einem weiteren Funkspruch des Ersten Seelords mit dem Inhalt: »Äußerst dringend: Kreuzerverband mit Höchstfahrt nach Westen ablaufen«, der am Abend des 4. Juli um 21.11 Uhr hinausging, war der Konvoi auch seiner Nahsicherung beraubt, und dies alles wegen eines Gegners, der noch gar nicht aus dem Altafjord ausgelaufen war. Erst nachdem die Luftaufklärung die Auflösung des PQ 17 gemeldet hatte und bekannt geworden war, daß sich die Kreuzer auf dem Rückmarsch befänden, gingen die im Absprungraum bereitliegenden »Tirpitz«, »Admiral Hipper«, »Admiral Scheer«, sieben Zerstörer und zwei Torpedoboote ankerauf.

Wenig später wurde die Kampfgruppe vor der nordnorwegischen Küste von einem Catalina-Flugboot und einem britischen U-Boot gesichtet und gemeldet. Diese Sichtmeldungen wurden vom deutschen Beobachtungsdienst abgehört und sofort der Seekriegsleitung gemeldet. Da Hitler persönlich jedes Risiko untersagt hatte und Großadmiral Raeder nicht wußte, wo die Home Fleet mit den beiden Schlachtschiffen stand, ließ er über Funk die Flotte zurückrufen.

Der Rückruf dieser Schiffe war für die Kriegsmarine, vor allem aber für die Soldaten auf den Großkampfschiffen, eine herbe Enttäuschung. Als sich gar noch herausstellte, daß die Home Fleet überhaupt nicht in der Lage gewesen wäre, die deutschen Schweren Einheiten zu erreichen, wuchs der Unmut zur Empörung darüber an, daß man sie nicht an den Feind heranließ. Der Operationschef der Seekriegsleitung, Kapitän z. S. Wagner, brachte klar zum Ausdruck, woran der Einsatz der deutschen Schweren Einheiten krankte:

»Jeder Einsatz unserer schweren Überwasserstreitkräfte ist durch den Wunsch des Führers belastet, Verluste und Rückschläge unter allen Umständen zu vermeiden.«

Luftwaffe und Marine schossen aus dem PQ 17 acht bzw. neun Schiffe mit insgesamt 96 987 BRT heraus. Dieser große Erfolg täuscht jedoch nicht darüber hinweg, daß der Angriff der Großkampfschiffe zu einem Fiasko geworden war. Damit ging das dritte Kriegsjahr für die Kreuzer mit einem Mißerfolg zu Ende, den sie nicht selbst zu vertreten hatten; doch die Enttäuschung blieb ihnen nicht erspart.

Britische Kreuzeroperationen bis zum 31. August 1942

Nach der Versenkung des deutschen Schlachtschiffs »Bismarck« am 27. Mai 1941 hatten britische Kreuzer auf dem Weltmeer mit Erfolg versucht, deutsche Blockadebrecher, Versorgungsschiffe und Tanker zu vernichten. Nachdem die schweren deutschen Schiffe ins Nordmeer verlegt worden waren, wurde ab Mitte August 1941 die Force K unter Führung von Konteradmiral Vian zu Operationen eingesetzt. Die Kreuzer »Nigeria« und »Aurora« liefen mit drei Zerstörern und einem großen Truppentransporter von Scapa Flow nach Spitzbergen, um die dortige norwegische und sowjetische Kolonie zu evakuieren. Während »Nigeria« und der Truppentransporter die Sowjets nach Archangelsk brachten, um dann wieder nach Barentsburg zurückzulaufen, wartete dort die »Aurora« mit einigen norwegischen Dampfern. Dann wurde der gemeinsame Rückmarsch nach England angetreten.

Am 21. August lief aus Hvalfjord auf Island der Versuchskonvoi »Derwish« mit sieben Handelsschiffen aus. Er wurde durch den Verband unter Konteradmiral Wake-Walker mit den Kreuzern »Devonshire« und »Suffolk« und dem Träger »Victorious« geleitet. Der Minenkreuzer »Adventure« brachte zur gleichen Zeit Minen nach Murmansk.

Mit den Kreuzern »Nigeria« und »Aurora« stieß Konteradmiral Vian am 6. September 1941 zur Polarküste vor und stellte vor dem Porsangerfjord einen kleinen deutschen Geleitzug. Das Artillerie-Schulschiff »Bremse« wurde vernichtet. Die beiden Transporter aber, die 1500 Soldaten der 6. Gebirgs-Division an Bord hatten, konnten bei schlechter Sicht in den Fjord entkommen. Die Kreuzer kehrten nach Scapa Flow zurück.

Am 1. September 1941 bildete die US-Atlantik-Fleet die Denmark Strait Patrol mit Stützpunkt Hvalfjord auf Island. Zunächst standen Konteradmiral Giffen dafür die Schweren Kreuzer »Wichita« und »Tuscaloosa« und 13 Zerstörer zur Verfügung.

Am 22. September wurde dem britischen Kreuzer »London« die Aufgabe zugeteilt, von Scapa Flow aus eine britisch-amerikanische Delegation mit Lord Beaverbrook und Averell Harriman nach Archangelsk zu bringen. Von dort aus flog sie nach Moskau, um im Kreml mit der sowjetischen Führung Verhandlungen zu führen.

Auf dem Rückmarsch begleitete »London« den Konvoi QP 1 von Archangelsk nach Scapa Flow zurück.

Alle diese Einsätze gingen ohne Feindberührung zu Ende. Während so der Kleinkampf zur See im Norden geführt wurde, ereigneten sich auch in den südlichen Gewässern Zwischenfälle, an denen britische Kreuzer beteiligt waren. So kam es am 1. November 1941 vor der südafrikanischen Küste zu einem neuen schweren Zwischenfall zwischen den ehemaligen Verbündeten Frankreich und England. Eine britische Kampfgruppe mit dem Schweren Kreuzer »Devonshire«, dem Leichten Kreuzer »Colombo« und zwei Hilfskreuzern stellte einen aus Madagaskar kommenden französischen Geleitzug mit zwei Frachtern und drei großen modernen Fahrgastschiffen, die von einer Sloop geleitet wurden. Der gesamte Geleitzug wurde aufgebracht. Lediglich die Sloop ließ man laufen. Die französische Admiralität gab den beiden auf dem Marsch nach Madagaskar befindlichen U-Booten den Befehl, unterwegs gesichtete britische Schiffe anzugreifen und als Vergeltungsmaßnahme zu versenken. Nur die »Le Héros« fand ein Schiff und versenkte es. Es war der Norweger »Thode Fagelund« mit 5757 BRT.

Zu einem harten Kampf zwischen einem britischen Kreuzer und einem deutschen Handelsstörer kam es im Indischen Ozean. Es war der Hilfskreuzer 41, »Kormoran«, der am 19. November 1941 auf der Höhe von Skarksbay an der australischen Westküste im Abstand von 170 Seemeilen zur Küste am Nachmittag einen Leichten Kreuzer sichtete. Es war die »Sydney« unter Captain Burnett.

Da der Kreuzer bei der guten Sicht den deutschen Hilfskreuzer ebenfalls sichtete und auf ihn eindrehte, mußte es zum Kampf kommen. Kapitän Detmers ließ alle Geschütze besetzen und eine zum Feuerüberfall günstige Position einnehmen. Auf eine Scheinwerferanfrage, welches Schiff sie seien, gab HK 41 zurück: »Straat Malakka«.

Das Gerangel um die Klärung der Zugehörigkeit und einige weitere Winksprüche und Flaggensignale dauerten

90 Minuten. Als der Kreuzer bis auf 30 hm herangekommen war, drehte er in Schußposition. Alle vier Doppeltürme und die vier Backbord-Torpedorohre waren auf Schiff 41 gerichtet. Als der Kreuzer bis auf 1000 Meter herangekommen war, lief er auf Parallelkurs zum Hilfskreuzer weiter. Damit konnte er auch von den Flawaffen von Schiff 41 erreicht werden.

Um 17.30 Uhr ließ Kapitän Detmers die Tarnung fallen und mit dem Aufziehen der Reichskriegsflagge am Großmast wurde zugleich der Befehl zur Feuereröffnung für Artillerie und Torpedowaffe gegeben.

Sechs Sekunden nach dem Befehl fiel der erste Schuß, vier Sekunden später fielen die übrigen drei Geschütze in das Feuer ein, und mit dieser ersten Salve wurden Treffer in den Artillerieleitstand und in die Brücke des Gegners erzielt. Die 3,7-cm-FlaMW schossen auf die Brücke, die 2-cm-FlaMW nahmen die Stationen der Torpedorohrsätze und das übrige Oberdeck unter Feuer.

Die erste Vollsalve der »Sydney« ging über HK 41 hinweg. Bis sie die zweite Salve feuerte, gelang es der Besatzung des deutschen Hilfskreuzers, acht Salven im Zeittakt von fünf Sekunden zu schießen. Gleichzeitig schoß die Torpedowaffe einen Zweierfächer. Beide Torpedos trafen, und in einem gewaltigen Wasserwirbel knickte die ganze Back des Leichten Kreuzers bis zur Vorderkante der beiden Türme ab. Diese beiden vorderen Türme schossen von nun an nicht mehr.

Erst nachdem der Hilfskreuzer seine achte Salve abgeschossen hatte, erwiderte »Sydney«, einzeln mit den achteren Türmen schießend. Der dritte Turm verstummte nach dem dritten Schuß, wohingegen der vierte Turm mit den beiden 15,2-cm-Geschützen deckend im Ziel lag. Der Schornstein von Schiff 41 wurde durchschossen. Die Granate detonierte dahinter, und ihre Splitter drangen durch die Wände des Funkraumes und töteten zwei Funker. Ein zweiter Treffer schlug in den Kesselraum ein. Der benachbarte Ölbunker stand wenig später in Flammen. Als dann noch ein Treffer die Transformatoren der Hauptmaschinenanlage zerstörte und ein weiterer die Bedienung des dritten Geschützes zu Boden warf und schwer verwundete, war auch für HK 41 das Ende abzusehen. Die »Sydney« aber war schon erledigt, denn als sie nunmehr an Schiff 41 vorbeilief, blieben ihre Geschütze stumm.

Kapitän Detmers gab nun den Befehl, auf Parallelkurs zum Gegner zu gehen und ihn mit den Torpedos zu vernichten. In diesem Augenblick wurden Torpedolaufbahnen des Kreuzers gesehen. Mit einem sofortigen Hartruderlegen wurde den vier Aalen ausgewichen. Als dann auch Schiff 41 ohne Fahrt liegenblieb, weil die Maschinenanlage unklar wurde, schoß es weiter. Über alles in Flammen gehüllt, machte »Sydney« nur noch kleine Fahrt. Aus einer Distanz von 70 hm wurde noch ein Torpedo auf die »Sydney« abgeschossen. Er lief vorbei.

Um 19.25 Uhr ließ Kapitän Detmers das Feuer einstellen. Der Leichte Kreuzer »Sydney« wurde abgetrieben und kam, noch immer hell brennend, gegen 21 Uhr außer Sicht. Jetzt mußte Kapitän Detmers die Besatzung in die elf dazu vorhandenen Boote gehen lassen, weil die Schadensmeldungen zeigten, daß der Hilfskreuzer nicht mehr zu halten war. Dabei kam es zu einem schmerzlichen Unfall, als eines der Schlauchboote, das mit 40 Mann voll besetzt war, auseinanderplatzte und die Männer ins Wasser fielen. 38 von ihnen behielt die See.

Kapitän Detmers verließ 15 Minuten nach Mitternacht, nachdem er persönlich Flagge und Wimpel niedergeholt hatte, das Schiff. Als alle weit genug weggepullt waren, zündeten die angeschlagenen Sprengladungen. Aber das Schiff schwamm noch, bis sich die 360 Minen an Bord entzündeten und eine gewaltige Detonation den Hilfskreuzer in tausend Stücke sprengte.

Zwischen dem 24. und 27. November wurden 190 Männer des Hilfskreuzers und ein Chinese von mehreren Schiffen geborgen. Zwei Rettungsboote mit insgesamt 103 Männern erreichten die Küste am 26. November. Ein weiteres Schlauchboot mit 24 Mann und zwei Chinesen wurde von dem riesigen Truppentransporter »Aquitania« geborgen. 317 Besatzungsmitglieder waren insgesamt geborgen worden. 76 Soldaten waren in der See geblieben.

Von der »Sydney«, ihren 42 Offizieren und 603 Soldaten, wurde nie wieder auch nur das geringste Lebenszeichen gefunden. Es wird angenommen, daß der Leichte Kreuzer durch eine Explosion der Munitionskammer auseinandergerissen wurde und gesunken ist.

Dies war der einzige Fall in der Kriegsgeschichte, daß sich ein Hilfskreuzer mit einem Kreuzer ein Gefecht lieferte und diesen Kreuzer vernichtete.

Anders verlief die Aktion des britischen Kreuzers »Devonshire«, der am 22. November den Hilfskreuzer 16, »Atlantis«, stellte, der sich wiederum selbst versenkte. Sofort wurden die Besatzungsmitglieder von U 126 auf- bzw. die Boote in Schlepp genommen. Aufgrund der Weisung des BdU, U 126 zu Hilfe zu eilen, lief U 124 unter Kapitänleutnant Mohr zum Treffpunkt. Dabei stieß er am 24. November um 15.21 Uhr auf den britischen Kreuzer »Dunedin«. Ein geschossener Dreierfächer fand sein Ziel. Der Leichte Kreuzer »Dunedin« sank.

Am selben Tag konnte die schiffbrüchige Besatzung an den deutschen Versorger »Python« abgegeben werden.

Bei der »Python« trafen sich am 30. November und 1. Dezember U 126, U 68 (Kptlt. Merten) und UA (Kptlt. Eckermann). Die Ausgucks von U 68 sichteten am 1. Dezember um 15 Uhr einen feindlichen Kreuzer. Es war die »Devonshire«, die mit AK hinter der sich absetzenden »Python« herlief und das von der Besatzung und den geretteten Schiffbrüchigen verlassene Schiff versenkte.

Nun schwammen die Besatzungen der »Python« *und* der »Atlantis« im Wasser. In einer in der Seekriegsgeschichte einmaligen Rettungsaktion wurden zunächst von UA und U 68 Schiffbrüchige übernommen und Boote geschleppt. U 107 und U 124 kamen hinzu, dann noch das italienische Boot »Finzi«. Es dauerte bis zum 24. Dezember 1941, als U 68 als erstes der rettenden Boote in St. Nazaire einlief. Nach einem 5000 Seemeilen langen gefährlichen Rückmarsch waren alle Besatzungsmitglieder, die die Untergänge überlebt hatten, in Sicherheit.

Den nächsten Einsatz im Norden absolvierte ein britischer Verband unter Konteradmiral Burrough mit dem Kreuzer »Kenya« und zwei Zerstörern, denen sich zwei sowjetische Zerstörer anschlossen, vor Vardö, um hier nach deutschen Schiffen zu suchen. Da sie nichts antrafen, beschossen sie Vardö und die Hafenanlagen der Stadt.

Der Kommando-Raid gegen die Lofoten, der unter dem Stichwort »Anklet« am 22. Dezember 1941 begann, wurde von Konteradmiral Hamilton mit dem Kreuzer »Arethusa« und acht Zerstörern, darunter vier Geleitzerstörern, sowie drei Korvetten und einer Reihe anderer Fahrzeuge von Scapa Flow aus begonnen. Der Verband drang in den Westfjord ein und zerstörte hier eine Fischölfabrik und eine Funkstation. Zwei norwegische Dampfer wurden aufgebracht, ein deutsches Vorposten-Boot versenkt. Diese erkannten Bewegungen wurden von der deutschen Luftwaffe aktiv bekämpft. Der Kreuzer »Arethusa« erhielt Schäden durch Nahtreffer, so daß die Operation abgebrochen werden mußte.

Am 24. Dezember begann dann das Unternehmen »Archery«, das von Konteradmiral Burrough geführt wurde. Er hatte sich auf den Kreuzer »Kenya« eingeschifft, lief mit drei Zerstörern und zwei Landungsschiffen von Scapa Flow aus und wurde durch ein Markierungs-U-Boot in den Vaagsfjord gelotst. Drei Kommandos wurden hier im Raume Vaagsö und Maalöy an Land gesetzt. Sie zerstörten Fischfabriken und Fernmeldeanlagen, trieben einige Dampfer auf Strand, und die Zerstörer versenkten ein VP-Boot und den Frachter »Anhalt«. Der Kreuzer »Kenya« erhielt im Gefecht mit der deutschen Küstenbatterie Rugsundöy einige Treffer, konnte aber mühelos den Absprunghafen Scapa Flow wieder erreichen.

Mit diesen Operationen gingen die britischen Kreuzereinsätze des Winters zu Ende. In den ersten sechs Monaten des Jahres 1942 war die Kreuzerflotte im Nordatlantik und im Eismeer überwiegend mit Geleitsicherungsaufgaben betraut.

Ein schwerer Verlust traf sie, als die Konvoigruppe QP 9 und PQ 13 am 21. März von Kola Inlet auslief. Unter Vizeadmiral Curteis mit zwei Schlachtschiffen und dem Träger »Victorious« waren der Kreuzer »Nigeria« und einige Zerstörer nordostwärts von Island in der Ferndeckungsgruppe. Beim PQ 13 standen als Sicherung der 19 Schiffe der Kreuzer »Trinidad«, zwei Zerstörer und einige Walboote. Dieser Konvoi wurde in einem schweren Sturm auseinandergetrieben und am Morgen des 27. März von der BV 138 der 2./Küstenfliegergruppe 406 gesichtet.

Auf diesen Geleitzug wurden nunmehr eine U-Bootgruppe und die 8. Zerstörer-Flottille angesetzt. Es gelang Z 26, ein Schiff des Konvois zu versenken. Danach stießen die Zerstörer zur Spitze des Konvois vor, soweit er noch bestand, und trafen auf die vor dem Konvoi laufenden Kreuzer »Trinidad«, bei dem der Zerstörer »Fury« marschierte. Es kam zu einem Gefecht im dichten Schneetreiben. Die drei deutschen Zerstörer schossen auf die schemenhaft sichtbar werdenden Gegner, und »Trinidad« traf Z 26 so schwer, daß der deutsche Zerstörer auf der See trieb. Als »Trinidad« einen Torpedofangschuß losmachte, wurde daraus ein Kreisläufer, der das Schiff selbst traf. Z 24 und Z 25 liefen zu Z 26 hinüber und bargen 96 Besatzungsmitglieder. Sie erwiderten das Feuer des dritten Gegners, »Eclipse«, und trafen diesen Zerstörer so schwer, daß er zeitweise manövrierunfähig auf der See liegenblieb.

Nachdem zwei weitere Feindzerstörer auftauchten, drehten Z 24 und Z 25 ab und gingen auf Heimatkurs. Der schwer getroffene Kreuzer »Trinidad« lief zwar noch mit eigener Kraft in die Kolabucht zurück, doch hier konnte er nicht repariert werden. (S. Kühn, Volkmar, a. a. O.)

Während des Sicherungseinsatzes am Konvoi PQ 15 wurde der Kreuzer »Edinburgh« von einem deutschen U-Boot torpediert. Er lief nach Murmansk zurück, wurde aber am 2. Mai von deutschen Zerstörern entdeckt und nach einem weiteren Torpedotreffer selbst versenkt.

Der befehlsmäßig in Murmansk reparierte Kreuzer »Trinidad« lief am 13. Mai mit vier Zerstörern als Sicherung aus Murmansk aus, um in die Heimat zu gehen und dort wieder einsatzbereit gemacht zu werden. Am 14. Mai wurde der Verband westlich der Bäreninsel in der Aufnahmegruppe mit den Kreuzern »Nigeria«, »Kent«, »Liverpool« und »Norfolk« und vier Zerstörern empfangen und wenig später, 150 Seemeilen von der Küste entfernt stehend, von der deutschen Luftaufklärung erfaßt. Mehrere Angriffe der I./KG 26 und der III./KG 30 verliefen erfolglos, bis es einer Ju 88 der III./KG 30 gelang, die »Trinidad« mit zwei Bomben so schwer zu treffen, daß sie schließlich von dem eigenen Zerstörer »Matchless« versenkt werden mußte. Zur Sicherung dieser Schiffe lief die Home Fleet aus Scapa Flow aus.

Damit sind die hauptsächlichsten britischen Kreuzereinsätze skizziert. Wenden wir uns abschließend, bevor wir die bekanntesten Seekriegsschauplätze verlassen und uns dem Pazifik zuwenden, noch einmal dem Mittelmeer zu, um die dortigen Einsätze vom Herbst 1941 bis zum 31. August 1942 Revue passieren zu lassen.

Kreuzereinsätze im Mittelmeer vom 1. September 1941 bis 31. August 1942

Als das britische Kriegskabinett im September 1941 eine neue Verstärkung von Malta befahl, bediente man sich jener Erfahrungen, die man bei den erfolgreich durchgeführten Juligeleitzügen im Mittelmeer gemacht hatte.

In der Operation »Status« liefen am 8. September 1941 die »Arc Royal« mit dem Kreuzer »Hermione« und sechs Zerstörern in das Seegebiet südlich der Balearen. Von dort starteten von dem Träger 14 Hurricanes nach Malta. Insgesamt wurden bei dieser Operation 45 neue Hurricane-Jagdflugzeuge nach Malta geschafft, ohne daß es zum Kampf gekommen wäre.

Die erste große Operation war jedoch das Unternehmen »Halberd«, mit dem ein Versorgungskonvoi mit neun großen Transportern von Gibraltar nach Malta geleitet werden mußte. Dieser Konvoi erhielt mit drei Schlachtschiffen, einem Flugzeugträger und den Kreuzern »Kenya«, »Edinburgh«, »Euryalus«, »Hermione«, »Sheffield« und 18 Zerstörern eine gewaltige Sicherungsstreitmacht. Als diese Verbände am 26. September von der italienischen Luftaufklärung erfaßt wurden, wurden zunächst italienische U-Boote auf sie angesetzt. Am Abend aber lief die Flotte unter Führung von Admiral Iachino mit zwei Schlachtschiffen, den Kreuzern »Trento«, »Gorizia«, »Trieste«, »Duca degli Abruzzi«, »Attendolo« und 14 Zerstörern aus. Ihr Einsatzgebiet war die See südöstlich von Sardinien. Hier war sie noch im Sicherungsbereich der eigenen Luftwaffe.

Als es italienischen Torpedofliegern gelang, das britische Schlachtschiff »Nelson« zu torpedieren, liefen die Großkampfschiffe beider Seiten ab. Die Kreuzer führten den Transporterverband nach Malta weiter, assistiert von neun Zerstörern. Italienische Torpedoflieger versenkten noch den Transporter »Imperial Star« mit 12 427 BRT. Die italienischen U-Boote kamen jedoch nicht zum Schuß. Acht der neun Großtransporter erreichten Malta.

Am 21. Oktober 1941 wurde eine neue britische Kampfgruppe in Malta stationiert. Unter Befehl von Captain Agnew wurden dazu die Leichten Kreuzer »Penelope« und »Aurora« sowie zwei Zerstörer zusammengefaßt. Die Kreuzer kamen aus der Heimatflotte.

Der erste Angriff dieser kleinen, aber sehr schnellen

Kampfgruppe fand in der Morgenfrühe des 9. November statt, als sie zum Nachtangriff gegen einen stark gesicherten italienischen Geleitzug antrat. Es waren sieben Handelsschiffe, die alle versenkt wurden. Von den Geleitzerstörern wurde einer versenkt und zwei weitere schwer beschädigt. Das war ein rasanter Auftakt dieser Gruppe, die noch im November zwei wichtige Nachschubschiffe versenkte, die mit Treibstoff beladen nach Afrika laufen sollten. Diese Erfolge wurden nicht zuletzt dank der Radaranlagen auf den Kreuzern erzielt, die es den kampfkräftigen Einheiten ermöglichten, in günstige Angriffspositionen zu kommen. Die italienische Deckungsgruppe verfügte nicht über Radar, sie mußte »blind« fahren. Es waren »Trieste« und »Trento« und die 13. Zerstörer-Flottille unter Kapitän z. S. Capponi mit vier Zerstörern.

Als am 10. November die Force H unter Vizeadmiral Somerville von Gibraltar aus in See ging, um wieder einmal Hurricane-Jäger und einige Blenheim-Bomber nach Malta zu starten, waren das Schlachtschiff »Malaya«, die Träger »Arc Royal« und »Argus«, der Leichte Kreuzer »Hermione« und sieben Zerstörer dabei. Es gelang, die 37 Jäger und sieben Bomber glücklich nach Malta zu bringen, doch auf dem Rückmarsch schlugen die deutschen U-Boote im Mittelmeer zu. U 81 unter Kapitänleutnant Guggenberger torpedierte die »Arc Royal« mittschiffs. Nur 30 Seemeilen von Gibraltar entfernt, gelang es dennoch nicht, den Träger einzuschleppen. Er sank. Der Verlust dieses berühmten Schiffs war ein harter Schlag für Großbritannien.

Bei einem neuen Nachschubgeleitzug für das Deutsche Afrika-Korps, der am 22. November begann, waren sieben Zerstörer und Torpedoboote und die 3. Kreuzerdivision unter Divisions-Admiral Parona als Sicherungsverband vorgesehen. Es waren die Kreuzer »Gorizia«, »Trento« und »Trieste«. Am 21. November wurden beide Geleite dieses Unternehmens durch britische Flugzeuge, dann auch durch ein U-Boot entdeckt.

Ein Luftbild von der »Naiad«

»Ajax« beschießt am D-Tag die Normandieküste (6. 6. 1944)

»Cumberland« legt einen Rauchschleier

Minenkreuzer »Welshman«, von U 617, Kptlt. Brandi, im Mittelmeer versenkt

»Naiad« wird von einer Fliegerbombe hart verfehlt

Die »Enterprise«

Schwerer Kreuzer »London« über das Deck eines Flugzeugträgers gesehen

Schlachtkreuzer »Repulse« 1939 (am 10. 12. 1941 vom 22. japanischen Marineflieger-Geschwader versenkt)

Zur Deckungsgruppe stießen beim Marsch durch die Straße von Messina die 8. Kreuzerdivision unter Divisions-Admiral Lombardi mit den Leichten Kreuzern »Duca degli Abruzzi« und »Garibaldi«, und von Tarent und Brindisi liefen zwei weitere Transporter, von Brindisi noch der Kreuzer »Cadorna« aus; letzterer transportierte Brennstoffe nach Afrika.

Die Einheiten des aus Tarent ausgelaufenen Konvois erreichten am 22. November Bengasi. Der übrige Verband jedoch wurde gegen Mitternacht durch das britische U-Boot »Utmost« angegriffen. »Trieste« (Kapitän z. S. Rouselle) erhielt einen Torpedotreffer und konnte nur unter Aufbietung aller Kräfte Messina erreichen.

Als der Verband wenig später durch Flugzeuge entdeckt wurde, die von Malta gestartet waren, erfolgte ein Angriff, bei dem »Duca degli Abruzzi« einen Lufttorpedotreffer erhielt. »Garibaldi« und neun Zerstörer sicherten den Rückmarsch dieses angeschlagenen Kreuzers.

In den nächsten drei Tagen wurden einige weitere kleine Konvois nach Afrika in Marsch gesetzt. Diesmal war es wieder die Force K, die aus Malta auslief. Diese Kampfgruppe wurde von einem italienischen U-Boot gemeldet, und die Nachschubschiffe erhielten Weisung, den nächsten Hafen anzulaufen. Nur ein aus der Ägäis nach Bengasi laufender Konvoi erhielt keine Warnung. 100 Seemeilen westlich von Kreta wurde er von der Force K angegriffen. Die beiden deutschen Transporter wurden durch den Kreuzer »Penelope« und Zerstörer »Lively« versenkt.

Um der Force K einen sicheren Rückhalt zu geben, ging auf Befehl von Kriegspremier Churchill hin Admiral Cunningham mit dem Gros der Mittelmeerflotte in See. Vier Schlachtschiffe und acht Zerstörer der Force A sowie Konteradmiral Rawlings mit den Kreuzern »Axaj«, »Euryalus«, »Galathea«, »Naiad« und »Neptune« mit vier Zerstörern gingen in diesem Einsatz gemeinsam ankerauf.

Am 25. November gelang es U 331 unter Oberleutnant Freiherr von Tiesenhausen, aus diesem Pulk von Schiffen und aus kürzestmöglicher Distanz das Schlachtschiff »Barham« zu versenken. Der Viererfächer traf das britische Schlachtschiff voll. Binnen vier Minuten und 45 Sekunden war das 31100 BRT große Schlachtschiff gesunken. Mit dem Schiff verloren 862 britische Seeleute ihr Leben. Dies war abermals ein harter Schlag für die britische Mittelmeerflotte.

Vom 27. bis zum 29. November verlegte Konteradmiral Rawlings mit den Kreuzern »Ajax« und »Neptune« mit zwei Zerstörern von Alexandria nach Malta, um die dortige Force K zu verstärken. Auf dem ersten Teil dieses Überführungsmarsches wurde der Verband vom Kreuzer »Naiad« und dem Leichten Kreuzer »Euryalus« mit zwei Zerstörern begleitet. Er kam — obgleich von einigen italienischen U-Booten angegriffen — sicher durch.

In der ersten Dezemberhälfte wurden auch wieder die italienischen Kreuzer aktiv in den Treibstoff-Transport eingebunden. Am 11. Dezember war es »Cadorna«, der Benzin nach Bengasi brachte. Zwei Tage später lief die 4. Kreuzerdivision unter Divisions-Admiral Toscano mit »Alberico di Barbiano« und »Alberto di Giussano« als Benzintransporter von Palermo nach Afrika aus. Als sie in Höhe von Kap Bon von britischen Beobachtern erkannt wurden, drehten die Kreuzer und liefen zurück. Beide Kreuzer marschierten direkt in einen von Captain Stokes geführten Zerstörerverband mit »Sikh«, »Legion« und »Maori« hinein. Alle Zerstörer schossen gleichzeitig ihre Torpedos. Von jeweils mehreren Torpedos getroffen, sanken beide Kreuzer sehr schnell. Unter den über 900 Besatzungsmitgliedern, die in See blieben, befand sich auch Toscano. Nur das Torpedoboot »Cigno« konnte hakenschlagend entkommen.

Damit war aber, wie Captain Roskill ausführte, »die Zeit britischer Erfolge auf viele Monate zu Ende gegangen«.

Vom 8. bis 12. Dezember war eine britische Kampfgruppe mit drei Zerstörern und dem Leichten Kreuzer »Naiad« unter Führung von Konteradmiral Vian sowie den Kreuzern »Galathea« und »Euryalus« mit zwei Zerstörern zur nordafrikanischen Küste vorgestoßen. Sie beschossen die Küste bei Derna, wobei es ihnen gelang, den auf der Küstenstraße laufenden deutschen Verkehr empfindlich zu treffen. Italienische Torpedoflieger konnten nur den Zerstörer »Jackal« treffen, der schwer beschädigt wurde.

Die gleiche Gruppe lief am 12. Dezember mit einigen Zerstörern, und verstärkt durch die aus Malta auslaufende Force K, zur Bekämpfung des italienischen Geleitzugverkehrs ins Ionische Meer. Als die italienischen Geleite umkehrten, traten auch die britischen Einheiten den Rückmarsch an. Dabei wurde der Kreuzer »Galathea« unter Captain Sims von U 557 (Kptlt. Paulshen) vor Alexandria gestellt und durch Torpedofächer versenkt.

Unter der Führung von Konteradmiral Vian lief dann am 15. Dezember ein stark gesichertes Kleingeleit, bestehend aus nur einem Dampfer, dem Transporter »Breconshire« (9776 BRT) aus Alexandria aus. Zielhafen war Malta. Am nächsten Morgen lief von dort die Force K mit den Kreuzern »Aurora«, »Penelope« und sechs Zerstörern aus, um dieses Schiff aufzunehmen und die es begleitenden Kreuzer »Naiad«, »Euryalus« und »Carlisle« zu entlasten.

Etwa zur gleichen Zeit liefen aus Neapel vier große Transporter mit acht Zerstörern als Deckungsstreitmacht aus. Ihr Ziel war Afrika. Die Fernsicherungsgruppe unter Geschwaderadmiral Bergamini stieß in Höhe von Messina hinzu. In ihr war neben einem Schlachtschiff die 7. Kreuzerdivision (Divisions-Admiral de Courten) mit »Duca d'Aosta«, »Attendolo«, »Montecuccoli« und vier Zerstörern vereinigt. Die Ferndeckungsgruppe unter Admiral Iachino verfügte über drei Schlachtschiffe und die 3. Kreuzerdivision mit den Einheiten »Gorizia« und

»Trento« und zehn Zerstörern. Geführt wurden die Kreuzer von Divisions-Admiral Pavona. Dieser Verband kam aus Tarent. Damit standen seit langer Zeit erstmalig wieder fast alle einsatzbereiten schweren Einheiten der italienischen Flotte in See.

Diese Zusammenballung von Kräften beider Seiten führte zur ersten Schlacht in der Sirte.

Am 17. Dezember ließ Admiral Iachino aufgrund einer Aufklärermeldung auf die vereinigte Force K und die Kampfgruppe Vian zudrehen und sie beschießen. Das Feuer wurde erwidert, doch in der bereits eingefallenen Dunkelheit wurden von beiden Seiten keine Ergebnisse erzielt.

Am 18. Dezember lief die Kampfgruppe Vian nach Alexandria zurück, und »Breconshire« trat mit der Force K, die das Schiff übernommen hatte, in Malta ein.

Der für Tripolis bestimmte italienische Geleitzug drehte wieder auf den Generalkurs nach Tripolis. Auf ihn wurde vor Tripolis die Force K mit den Kreuzern »Neptune«, »Aurora« und »Penelope« angesetzt. Bei dem Versuch, in günstige Schußpositionen zu gelangen, geriet der gesamte Verband in eine Minensperre. »Neptune« erhielt nicht weniger als vier Minentreffer, die das Schiff förmlich auseinanderrissen, so daß es rasch sank. Captain O'Conner ging mit der Besatzung unter. Nur ein Mann konnte gerettet werden. Der Zerstörer »Kandahar« lief ebenfalls auf eine Mine und mußte aufgegeben werden. »Aurora« wurde bei einer Minendetonation schwer beschädigt, »Penelope« nur leicht. Aber nach diesem Debakel war die Mittelmeerführung der Briten nicht wenig geschockt.

Der große Paukenschlag — gewissermaßen als Abschluß dieses Gefechtes und der Minendetonation — wurde in der Nacht zum 19. Dezember geschlagen, als durch die für den Verband Vian geöffnete Sperre drei Torpedoreiter-Gruppen der Italiener in den Hafen von Alexandria eindrangen und die beiden Schlachtschiffe

»Valiant« und »Queen Elizabeth« zum Sinken brachten. Nur noch die Aufbauten ragten über die Wasseroberfläche hinaus. Drittes Opfer war der norwegische Tanker »Sagona«. Der dort längsseits liegende Zerstörer »Jervis« wurde ebenfalls beschädigt.

Die Kampfgruppe K war vernichtet, nachdem sie knapp zwei Monate im Einsatz gewesen war. Die britische Vorherrschaft im Mittelmeer geriet ins Wanken. In London wurden die schlimmsten Befürchtungen laut. Die Britische Admiralität erörterte sogar die Frage, ob sie nicht das östliche Mittelmeer freigeben sollte.

Aber man blieb im östlichen Mittelmeer und richtete sich auf eine lange Zeit der Verteidigung ein und darauf, daß man möglicherweise noch Schiffe aus dem Atlantik und dem Mittelmeerraum abziehen und in den Pazifik entsenden mußte, wo am 7. Dezember 1941 durch einen überraschenden Angriff der Japaner auf Pearl Harbor der Krieg ebenfalls entbrannt war.

Nachdem eine Falschmeldung über die Torpedierung eines italienischen Kreuzers eingegangen war, lief am 10. März 1942 die Kampfgruppe unter Konteradmiral Vian mit den Kreuzern »Naiad«, »Dido«, »Euryalus« und neun Zerstörern aus Alexandria aus, um dieses Schiff abzufangen. Damit verbunden werden sollte die Aufnahme des aus Malta kommenden Kreuzers »Cleopatra« und des Zerstörers »Kingston«.

Der Angriff italienischer Torpedoflugzeuge auf diese Gruppe war ebenso erfolglos, wie jener deutscher Bomber. Es war U 565 unter Oberleutnant z. S. Jebsen, das am 11. März aus dem nach Alexandria zurückmarschierenden Verband den Kreuzer »Naiad« versenkte. Bis auf 82 Mann konnte die gesamte Besatzung des Schiffs gerettet werden.

Die zweite Schlacht in der Sirte begann am 20. März 1942. Diesmal lief der Versorgungskonvoi MW 10 aus Alexandria nach Malta aus. Die vier großen Transporter wurden vom Flakkreuzer »Carlisle« und der 22. Zerstörer-Flottille mit sieben Zerstörern gesichert. Die Deckungsgruppppe unter dem Kommando von Konteradmiral Vian bestand aus den Kreuzern »Cleopatra«, »Dido« und »Euryalus«; vier Zerstörer kamen hinzu. Außerdem liefen sechs britische U-Boote aus Malta aus und bildeten im Golf von Tarent eine Vorpostenkette.

Als dieser Konvoi von einem italienischen U-Boot gemeldet wurde, setzte Supermarina von Messina aus die Kreuzer »Gorizia«, »Trento« und »Bande Nere« unter Divisions-Admiral Parona an. Aus Tarent liefen unter Admiral Iachino das Schlachtschiff »Littorio« und vier Zerstörer aus. Aus jedem der beiden genannten Häfen starteten gleichzeitig drei U-Boote. Um den Gegner auch sicher zu bekommen, wurden deutsche und italienische Fliegerverbände alarmiert.

Auf der Gegenseite war es das U-Boot P 36, das die »Littorio« meldete. Von Malta aus liefen der einzige Kreuzer der alten Force K, »Penelope«, und der Zerstörer »Legion« dem Konvoi entgegen.

Am 22. März wurde die britische Deckungsgruppe vom Führerkreuzer der Gruppe unter Divisions-Admiral Parona entdeckt. Die erste Sichtmeldung erfolgte um 14.24 Uhr. Der Versuch, die Briten auf das Schlachtschiff »Littorio« zu ziehen, mißlang. Als »Littorio« selber um 16.18 Uhr herangekommen war und den Versuch unternahm, den Weg des Konvois nach Malta abzuschneiden, schien dessen Ende gekommen. »Littorio« eröffnete das Feuer. Trotz der sofort gelegten Rauchschleier konnten zwei der Geleitzerstörer getroffen werden, die sich zur Seite schlichen. Danach erhielt der Kreuzer »Cleopatra« einen Treffer der Mittelartillerie.

Beide Zerstörergruppen schossen nun aus großer Distanz Torpedos, die ihre Ziele verfehlten. Das Gefecht wurde schließlich abgebrochen, und auf dem Rückmarsch durch den Sturm und die hochgehende See hielten die Zerstörer »Scirocco« und »Lanciere« nicht mehr mit. Schwere Seeschäden zwangen die Führung zur Aufgabe der beiden Zerstörer, die wrackgeschlagen in der See lagen. Als der Kreuzer »Trento« zur Hilfeleistung herbeilief, wurde auch er schwer von der mächtig anrollenden See beschädigt und mußte schließlich seinen Hilfeversuch abbrechen, wenn er nicht selbst auch verlorengehen sollte. Fast alle italienischen Einheiten erlitten auf diesem schwierigsten Marsch, den sie je erlebten, schwere Seeschäden.

Am 23. März traf der Konvoi MW 10 erst bei Tagesanbruch in Malta ein. Diese zeitliche Verzögerung, hervorgerufen durch die gesteuerten Ausweichkurse, gab dem II. Fliegerkorps die Chance, ihn noch anzugreifen. Der Transporter »Clan Campbell« wurde versenkt, die »Breconshire« mußte schwer getroffen auf Dock gesetzt werden, um ihren Untergang zu verhindern. Am 26. März sanken zwei weitere Frachtdampfer, so daß schließlich von der Ladung von 30 000 Tonnen nur 5000 Tonnen gelöscht werden konnten. Das war ein schwerer Schlag gegen die Versorgung von Malta.

Die italienische Kreuzerwaffe verlor am 1. April den Kreuzer »Bande Nere«, der von dem Malta-U-Boot »Urge« unter Commander Tompkinson vor Stromboli versenkt wurde.

Danach lief erst wieder Mitte Juni ein großer Doppelkonvoi mit den Codebezeichnungen »Harpoon« und Vigorous von Gibraltar und Alexandria aus nach Malta.

Der von Westen kommende Geleitzug bestand aus fünf Frachtern und einem Tanker. Dieser Verband wurde durch den Flakkreuzer »Cairo«, neun Zerstörer und mehrere Kleinkampfeinheiten gesichert. Als Deckungsgruppe fungierte die Force W unter Vizeadmiral Curteis, der auf dem Kreuzer »Kenya« seine Flagge gesetzt hatte. Das Schlachtschiff »Malaya«, die Träger »Eagle« und »Argus«, die Kreuzer »Liverpool« und »Charybdis« und acht Zerstörer kamen hinzu. Als der Konvoi am 12. Juni die Straße von Gibraltar passierte, wurde er von der Force W aufgenommen und weitergeleitet.

Der von Alexandria kommende Geleitzug mit elf Frachtern wurde von Konteradmiral Vian geführt, der auf dem Kreuzer »Cleopatra« eingeschifft war. Hinzu kamen die Kreuzer »Dido«, »Euryalus«, »Arethusa«, »Hermione«, »Birmingham«, »Newcastle«, der Flakkreuzer »Coventry« und 26 Flotten- und Geleitzerstörer.

Beide Geleitzüge wurden sehr frühzeitig von der deutschen Luftaufklärung erfaßt. Ju 87 der I./KG 54 griffen den Ostkonvoi an und beschädigten einen Frachter, der Kurs auf Tobruk nahm.

Der Start italienischer Torpedoflieger am 13. Juni von Sardinien aus war vergebens: Sie fanden den Verband nicht.

Die 7. Kreuzerdivision mit »Eugenio di Savoia« und »Montecuccoli« mit drei Zerstörern versuchte, den Konvoi in Höhe von Kap Bon zu fassen, lief jedoch nach Palermo ein, weil zwei englische U-Boote gemeldet wurden.

Beide Konvois vereinigten sich nördlich Marsa Matruk, und am Morgen des 14. Juni kamen italienische Torpedoflugzeuge zum Angriff. Einer der großen Frachter wurde versenkt. Kreuzer »Liverpool« erhielt einen Lufttorpedotreffer in den Maschinenraum. Das Schiff verlor sofort rapide an Fahrt und mußte schließlich nach Gibraltar zurückgeschleppt werden.

Als auch deutsche Bomber mit angriffen, drehte die Force W nach Westen ab. Abermals lief die 7. Kreuzerdivision aus Palermo aus. Drei Zerstörer kamen als Verstärkung hinzu. Es folgte ein neuerlicher Luftangriff von Ju 87 und Ju 88, wobei ein Frachter versenkt und ein weiterer beschädigt wurde. Am Abend griff die 3. Schnellboot-Flottille an. Sechs Schnellboote liefen aus Derna aus, um den Ostkonvoi anzugreifen.

Um 18 Uhr war die Flottille alarmiert worden. Kurz zuvor hatte Admiral Harwood, der Admiral Cunningham als Oberbefehlshaber der Mittelmeerstreitkräfte abgelöst hatte, an Konteradmiral Vian den Befehl ausgegeben, umzukehren. Fünf Stunden später war dieser Befehl widerrufen worden und die Schiffe liefen nun erneut mit Generalkurs auf Malta. Als dann die neuerliche Luftaufklärung ergab, daß die italienische Flotte nur 150 Seemeilen entfernt stand, wurde der Konvoi abermals auf Gegenkurs via Alexandria gedreht.

Inzwischen liefen sechs Boote der 3. Schnellboot-Flottille unter Korvettenkapitän Kemnade auf den Geleitzug zu. Um 19 Uhr teilte Kemnade seine Streitmacht in zwei Gruppen zu je drei Booten. Um 20.03 Uhr sichtete S 56 (Oberleutnant z. S. Wuppermann) den Geleitzug. Während des Anlaufens warfen deutsche Flugzeuge Leuchtbomben, um ihre Ziele zu finden. Über Funk bat Wuppermann, dies zu unterlassen. Wenig später sichtete auch das Führerboot den Konvoi, und nun versuchten alle sechs Boote zum Schuß zu kommen. Kurz nach Mitternacht wurde das Gefecht eröffnet. S 59 schoß die ersten Torpedos, die vorbeigingen; auch S 58 verfehlte mit zwei Torpedos ein großes Transportschiff und einen Zerstörer.

Danach sichtete S 56 den Gegner. Hier sein Bericht:

»PO 249 Quadrat CO 5192 RKO. Habe Gegner im Visier. Bin sicher, daß es ein Kreuzer ist. Feind steuert 150 Grad und läuft 15 Knoten. Meine Lage ist 40 Grad. Entfernung 1000 m. Der Kreuzer paßt nur noch zur Hälfte ins Fernglas. Der hinter mir stehende Zerstörer ist durch mein Kielwasser durchgeschoren und steht nun Steuerbord achteraus von mir. Entfernung etwa 500 m. Der in der Sicherung vorn stehende Zerstörer steht jetzt Steuerbord voraus vor dem Kreuzer, etwa 800 m von mir entfernt. Ich lasse auf den Kreuzer zudrehen ...

In diesem Moment gehen auf dem Kreuzer die Scheinwerfer am vorderen Mast an, und ich liege genau in seinem Lichtkegel. Bin selber völlig geblendet. Dann erkenne ich aber, wie der Backborddeckel sich ganz öffnet und befehle ›Backbord fünnef! — Beide Rohre fertig!‹

Kurz vor dem Eindrehen meines Stevens in den Scheinwerferstrahl mache ich den Steuerbordtorpedo los. Den Backbordaal löse ich kurz darauf, genau in den Scheinwerfer hinein. Beide Aale sind also von mir über den Daumen losgemacht, weil die Nummer I am Zielgerät nichts erkennen kann in der gleißenden Helle.

Die eingestellte Lage ist 60. Fahrt 15 Knoten, geschätzte Entfernung kurz vor dem Schuß zwischen 500 und 700 Meter.

Nach Lösen des Backbordtorpedos erfaßt mich ein zweiter Scheinwerfer, wahrscheinlich vom achteren Mast des Kreuzers. Nun liegen wir genau im Brennpunkt beider Scheinwerfer, und alle Männer auf der Brücke sind geblendet. Ich befehle: ›Hart Steuerbord! — Backbordmaschine große Fahrt voraus. Mitte halbe Fahrt voraus. Steuerbordmaschine stop!‹

So kommt das Boot am schnellsten herum. Mit einem Blick nach achtern erkenne ich, daß der hinter mir stehende Zerstörer beinahe bis auf 100 Meter herangekommen ist. Sein Steven und seine Brücke sind ebenfalls vom Scheinwerferlicht des Kreuzers angestrahlt.

Im selben Moment eröffnet der Zerstörer das Feuer mit leichten Flakwaffen.

2.50 Uhr 34 Sekunden: Beide Scheinwerfer des Kreuzers erlöschen schlagartig. Steuerbordtorpedo hat im Vorschiff getroffen. Dort geht Munition hoch. Es sieht wie ein Feuerwerk aus. Gleichzeitig geht ein schwerer Schlag durch das Boot. Ein dumpfer Knall ist zu hören. Wenige Sekunden darauf eine schwächere Detonation. Der Torpedo, der im Vorschiff eingehauen ist, läßt Munition hochgehen. Dann aber mit einem lauten Detonationsschlag beim Mittelschiff des Kreuzers der zweite Torpedoeinschlag. Eine schwarze Qualmwolke blafft mit einer noch höheren grauen Dampfwolke blitzschnell aus dem Mittelschiff in die Höhe.

›Treffer in den Maschinen- und Kesselräumen!‹ ruft meine Nummer I.

Noch immer schießen die Flawaffen des Zerstörers, aber nun gehe ich auf 180 Grad und lasse alle Maschinen mit AK laufen. Mit 33 Knoten Fahrt jage ich zur Seite und beobachte im Ablaufen nach achteraus mehrere Sekunden lang den getroffenen Kreuzer. Eine Qualmwolke hüllt schließlich alles ein und läßt nichts mehr genau erkennen. Die Explosionen, mit denen im Vorschiff Munition hochging, sind verstummt.

Nun muß ich meine ganze Aufmerksamkeit den beiden Zerstörern widmen, zwischen denen ich ja stehe. Mein Ausguck beobachtet weiter die Qualmwolke und meldet, daß sie langsam kleiner werde. Der Kreuzerbug kommt nicht mehr heraus.

Um 2.52 Uhr eröffnet der Backbord achteraus stehende Zerstörer das Feuer wieder mit seinen Flawaffen. Der an der Backbordseite des Kreuzers stehende Zerstörer setzt Seitenlaternen, er läßt nun mehrere Töne seiner Sirene erschallen. Ich beginne zu nebeln. Aber noch liegt das Feuer des mich beschießenden Zerstörers gut, dann frißt es sich am Ende der Nebelwand fest.

Kurz darauf, ich stehe nun beinahe Steuerbord quer von dem vordersten Jervis-Zerstörer, als dieser plötzlich zu dem achtern von mir stehenden und in den Nebel schießenden Zerstörer hinübermorst, weil dessen Feuer dicht beim morsenden Zerstörer in die See hieb. Sofort wird das Feuer eingestellt, ich lasse den Nebel abstellen, um ihn später abermals anzustellen. Dann lasse ich eine Wasserbombe werfen, um den Gegner zu täuschen.

Noch immer stehe ich genau zwischen den beiden Zerstörern. Mein Kurs ist 220 Grad, die Fahrt 33 Knoten. Die Zerstörer laufen schätzungsweise 28 Knoten. Der an Steuerbord achtern stehende Zerstörer ist inzwischen in mein Kielwasser eingeschoren und eröffnet erneut das Feuer aus leichten und mittleren Waffen.

Der Zerstörer an Backbord dreht langsam weiter nach Backbord ein. Der mich verfolgende Zerstörer folgt genau im Kielwasser und bleibt uns bis 3.20 Uhr auf den Fersen. Er schießt aber nicht mehr planmäßig und scheint mein Kielwasser zu verlieren, weil ich mehrere Zickzackkurse steuere.

In dieser Situation trifft ein FT-Spruch vom Chef ein: ›Auf nach Osten laufende Zerstörer achten!‹

Um 3.25 Uhr laufe ich Kurs 180 Grad und 30 Knoten. Der Zerstörer ist außer Sicht. Ich will den Rückmarsch nach Derna antreten und setze für unsere Luftwaffe folgenden Funkspruch ab: ›2.51 Uhr ein Kreuzer, fünf Zerstörer CO 5168, Kurs 100 Grad, Fahrt 15 Knoten. Doppeltreffer auf Kreuzer. S 56 Wuppermann.‹«

Soweit der Bericht des U-Boot-Kapitäns, der zeigt, daß ein im Verhältnis zum Kreuzer winziges Boot in bravourösem Angriff einen solchen an Waffenkraft weit überlegenen Riesen fällen kann.

Es war der Kreuzer »Newcastle«, der hier schwer beschädigt wurde. S 55 unter Oberleutnant z. S. Weber versenkte ebenfalls durch Torpedotreffer den Zerstörer »Hasty«.

Am 15. Juni griff die 7. Kreuzerdivision den Westkonvoi an, versenkte den Zerstörer »Bedouin« und beschädigte einen weiteren. Die Konvoisicherung drängte die Zerstörer von Divisions-Admiral Pavona ab.

Der folgende Angriff des Stuka-Geschwaders 3 unter Oberstleutnant Sigl verzeichnete größere Erfolge. Es beschädigte durch Bombenwürfe drei Transporter, die wenig später aufgegeben werden mußten. Unter diesen drei Schiffen befand sich auch der Tanker »Kentucky« mit 9307 BRT. Als dann der Konvoi auch noch vor Malta in ein frischgelegtes Minenfeld der 3. Schnellboot-Flottille lief und ein Zerstörer sank, während ein zweiter und der Transporter »Orari« schwer beschädigt wurden, war das Desaster vollkommen.

Auf dem Rückmarsch der Flotte unter Admiral Iachino wurde die »Littorio« von Wellingtonbombern mit Torpedos beschädigt.

Am Nachmittag dieses letzten Kampftages wurde noch einmal ein Angriff des Stuka-Geschwaders 3 geflogen. Diesmal erwischte es den Kreuzer »Birmingham«, der schwer getroffen ablaufen konnte. Der Zerstörer »Airedale« sank, und »Nestor« wurde so schwer beschädigt, daß er am nächsten Morgen aufgegeben werden mußte.

Ein letzter Schlag gelang U 205 unter Kapitänleutnant Reschke, der südlich von Kreta aus dem zurücklaufenden Ostverband den Kreuzer »Hermione« vor die Rohre bekam. Der Fächerschuß ließ den Leichten Kreuzer rasch sinken.

Der nächste Großkonvoi unter der Codebezeichnung »Pedestal« begann am 10. August 1942. Unter Führung von Vizeadmiral Syfret, dem Befehlshaber der Force H, der selbst in die Heimat fuhr, um den Konvoi zu führen, liefen 14 Handelsschiffe, zwei Schlachtschiffe, vier Träger, sieben Kreuzer und über zwei Dutzend Zerstörer im dichten Nebel durch die Straße von Gibraltar. Die Nahsicherung unter Konteradmiral Burrough bestand aus den Kreuzern »Nigeria«, »Kenya«, »Manchester«, »Caïro« und elf Zerstörern. In der Deckungsgruppe unter Syfret standen neben den Schlachtschiffen und Trägern die Kreuzer »Phoebe«, »Charybdis«, »Sirius« und 14 Zerstörer. Damit sollte einer der wichtigsten Geleitzüge nach Malta durchgeboxt werden.

Um die deutschen Luftstreitkräfte und die italienischen schweren Schiffe abzulenken, wurde mit dem Einlaufen dieses Konvois ins Mittelmeer im Ostteil ein Ablenkungsmanöver durchgeführt. Damit sollte der Anschein erweckt werden, als würde, wie beim vorherlaufenden Geleitzugunternehmen, gleichzeitig auch aus Alexandria ein Geleitzug nach Malta laufen. Doch dieser Versuch blieb ohne Auswirkungen auf die deutsch-italienischen Einsätze.

Sowohl die Luftwaffe, als auch die italienische U-Boot-waffe griffen den Hauptkonvoi an. Der erste U-Boot-Angriff galt den Kreuzern »Nigeria« und »Cairo«, die von dem U-Boot »Axum« so schwer getroffen wurden, daß »Cairo« aufgegeben werden mußte. Der Tanker »Ohio« wurde im selben Angriff getroffen. »Nigeria« wurde im Geleit von drei Zerstörern nach Alexandria zurückgebracht. Den Ju 88 und He 111 gelang es, drei große Transporter zu versenken.

Den Hauptschlag gegen diese riesige Streitmacht führte aber U 73, das den Flugzeugträger »Eagle« versenkte. Der Oldtimer im Mittelmeer sank nach einem Viererfächer, der mit allen Torpedos traf. 200 Soldaten gingen mit der »Eagle« unter.

Am Nachmittag des 12. August starteten von den sardinischen Flugplätzen die deutschen und italienischen Stukas und Torpedoflugzeuge. Der Träger »Victorious« wurde getroffen. Gegen Abend traf es auch die »Indomitable«, und damit konnte nur noch die »Victorious« dem Geleitzug Jagdschutz geben.

Wenig später wurde auch der Kreuzer »Kenya« von dem U-Boot »Alagi« unter Kapitänleutnant Puccini torpediert. »Alagi« torpedierte außerdem den großen Frachter »Clan Ferguson«.

Danach griffen italienische Schnellboote an. Sie erzielten in einem vierstündigen Angriff zwei Treffer auf dem Kreuzer »Manchester«, der später ebenfalls aufgegeben werden mußte. Es waren die Boote MS 16 (KKpt. Manuti) und MS 22 (Oberleutnant z. S. Mezzadra).

Noch in dieser Nacht griffen deutsche und italienische S-Boote den Pulk der Transporter an und schossen fünf heraus, von denen vier sanken.

Mit Anbruch des nächsten Tages griffen wieder deutsche Kampfflugzeuge an. Sie versenkten eines der Schiffe und bombten drei weitere schwer. Darunter war zum zweitenmal die »Ohio«, die in der Abenddämmerung sogar ein drittesmal durch deutsche Bomber getroffen wurde, aber dennoch mit Hilfe der Zerstörer in den sicheren Hafen gebracht werden konnte.

Die italienischen Großkampfschiffe konnten nicht in den Kampf eingreifen, aber auch sie zahlten ihren Tribut, als das britische U-Boot »Unbroken« unter Leutnant Mars bei den Äolischen Inseln die Kreuzer »Bolzano« und »Attendolo« torpedierte.

Der Konvoi »Pedestal« hatte von seinen 14 Schiffen neun verloren. Der Verlust an Sicherungsfahrzeugen war außergewöhnlich groß, was auf das geballte Zuschlagen von Luftwaffe, Schnellbootverbänden und U-Booten zurückzuführen war.

Vom Januar 1941 bis zum Ende des Unternehmens »Pedestal« waren insgesamt 82 Handelsschiffe von Gibraltar oder Alexandria aus nach Malta gelaufen. Von ihnen erreichten nur 49 den Hafen. Die U-Boote hatten 31 Nachschubfahrten unternommen und die Versenkungszahlen der letzten Monate zeigten, daß diese Unternehmen immer gefahrvoller wurden.

Die Belagerung von Malta schien sich noch ausweiten zu wollen. Die Briten unternahmen alle Anstrengungen, um diesen wichtigsten Stützpunkt im Mittelmeer, vor der Haustür des Gegners, zu halten.

Wenden wir uns nun jenem neuen Seekriegsschauplatz zu, auf dem Kreuzer verbissene Transporteinsätze führten, lange Raids über Tausende von Meilen zu absolvieren hatten und schwere Gefechte durchstehen mußten: dem Pazifik.

Seekriegsschauplatz Pazifik

Die Ausgangslage

Als am 26. Januar 1940 der amerikanisch-japanische Handelsvertrag auslief, wurde Zug um Zug die Verschiffung von Flugzeugbenzin, Schrott, wichtigen Maschinen und Werkzeugen nach Japan gesperrt. Am 9. Oktober 1940 stellten die USA die Weizenlieferungen für den Fernen Osten ein, und zugleich sorgten die USA und England durch massive Hilfen dafür, daß Niederländisch-Indien sich weigerte, sich dem japanischen Wirtschaftssystem anzuschließen. Ab Januar 1941 leisteten Großbritannien, die Niederlande und die USA auch finanzielle und militärische Hilfe für China, das sich seit 1937 mit Japan im Krieg befunden hatte.

Man wollte Japans Streben nach einer Vormachtstellung im ostasiatischen Raum brechen.

In Japan war tatsächlich der Gedanke an so etwas wie ein großasiatisches Reich unter der Hegemonie Japans virulent, und alle Aktionen, die von Tokio ausgingen, deuteten zweifelsfrei auf diese Entwicklung hin. Dazu hatten auch die Kündigung des Washingtoner Flottenabkommens und das Betreten eigener Wege im Flottenbau gehört. Als Japan im Juli 1941 das französisch besetzte Indochina angriff und unter seine Gewalt brachte, stoppten die USA und Großbritannien und vor allem die Niederlande die Ölzufuhr für Japan. Ohne Öl aber war Japan nicht in der Lage, seine Flotte noch weiter auszubauen, da im Notfall nicht einmal die vorhandene Flotte ausreichend mit Treibstoff versorgt werden konnte. Nur wenn es gelang, in den ostasiatischen Ölfeldern Fuß zu fassen, hatte Japan eine Chance.

Die japanische Verbindungskonferenz, die zwischen

der Regierung und der militärischen Führung des Landes stand, beschloß am 3. September 1941, daß Japan in den Krieg eintreten müsse, wenn dieses US-Embargo für Öl nicht bis Anfang Oktober aufgehoben werden würde. Die USA aber, das hatte ihr Präsident Roosevelt eindeutig festgelegt, würde dieses Embargo nur dann aufheben, wenn Japan aus Französisch-Indochina und aus China zurückmarschieren und beide Länder freigeben würde.

Mit der Ernennung von General Tojo zum japanischen Premierminister im. Oktober 1941 war die Entscheidung zum Krieg gefallen.

Die Besprechung, die der japanische Botschafter Nomura zuvor am 17. August 1941 mit Präsident Roosevelt gehabt hatte, hatte zu einer scharfen Stellungnahme des US-Präsidenten geführt, in der es hieß:

»Die Regierung hält es jetzt für notwendig, zu sagen, daß, wenn die japanische Regierung weitere Schritte unternimmt in Verfolgung einer Politik oder eines Programms militärischer Beherrschung benachbarter Länder durch Gewalt oder durch Androhung von Gewalt, die Regierung der Vereinigten Staaten gezwungen sein wird, unverzüglich alle Maßnahmen zu treffen, die sie für notwendig hält, um die legitimen Rechte und Interessen der Vereinigten Staaten zu schützen und die Sicherheit und Unversehrtheit des Staates zu gewährleisten.«

Man schrieb den 3. September 1941, als die USA Japan aufforderten, als Grundlage für jede weitere Verhandlung folgende Prinzipien anzuerkennen:

»1. Respektierung der territorialen Unversehrtheit und der Souveränität aller Nationen.
2. Gleiche Handels- und Wirtschaftsrechte.
3. Nichteinmischung in die inneren Angelegenheiten anderer Staaten.
4. Den Status quo im gesamten pazifischen Raum« (s.

Theobald, Robert, A.: Das letzte Geheimnis von Pearl
Harbor).

Der nächste Schritt der USA war die Forderung an Japan,
sich aus China und Französisch-Indochina zurückzuziehen. Genau zwei Wochen nach dieser Forderung trat am
16. Oktober 1941 das Kabinett Konoye zurück, und General Tojo übernahm zwei Tage darauf die Regierung. Damit waren die Weichen gestellt, denn auf die Möglichkeit
Japans, auf die Schaffung einer allgemeinen Sphäre des
Wohlstands im asiatischen Raum hinzuarbeiten, wollte
Tojo auf keinen Fall verzichten. Die Möglichkeit, die dann
noch blieb, hieß Krieg, wenn die wirtschaftliche Ab-
schnürung durchbrochen werden sollte.

Sonderbotschafter Kurusu kam nach Washington, um
den japanischen Botschafter Nomura zu unterstützen. Es
sollte ein letztesmal versucht werden, eine Lösung aus
diesem Dilemma zu finden. Er brachte folgenden Vorschlag von General Tojo mit:

»1. Daß die USA alles Öl liefern sollten, das in Japan
benötigt wurde und daß alle eingefrorenen Guthaben
freigegeben würden.
2. Daß die Vereinigten Staaten in Zusammenarbeit mit
Japan die Nutzbarmachung aller Güter und Waren aus
Niederländisch-Indien sicherstellen sollten.
3. Daß Japan sich bereiterklären würde, seine Truppen
aus Französisch-Indochina zurückzuziehen, unter der
Bedingung, daß entweder der Friede zwischen Japan
und China hergestellt würde, oder ein gerechter Friede
im gesamten pazifischen Raum« (s. Theobald, Robert
A., a.a.O.).

Am 26. November wurde Japan durch Staatssekretär Hull
eine Note überreicht, in welcher die amerikanischen Vorschläge für die Lösung der Spannungen niedergelegt waren. Es waren unannehmbare Vorschläge, denn Japan
hätte seine Niederlage in China zugeben und dessen Ter-

ritorium verlassen müssen. Ebenso hätte Japan sich aus Indochina zurückziehen müssen und schließlich einen Nichtangriffspakt mit allen Staaten des ostasiatischen Raumes unterzeichnen müssen. Außer seiner Schattenregierung in China hätte Japan auch die in der Mandschurei auflösen und gemeinsam mit den USA die Regierung von Chiang Kai-shek unterstützen sollen. Fünfter und letzter Punkt war die Aufkündigung des Dreimächtepaktes, den Japan mit Italien und Deutschland abgeschlossen hatte.

Das waren Forderungen, die nur eine Antwort übrigließen: die japanische Kriegserklärung; und die war von Präsident Roosevelt und seinen Vertrauten beabsichtigt, wie Konteradmiral a. D. Theobald in seinem Werk zum Ausdruck bringt, wenn er schreibt:

»Jeder, den es anging, erkannte, daß diese Note den Verhandlungen mit Kurusu und Nomura ein Ende setzte und daß der Krieg unvermeidlich war. Staatssekretär Hull benachrichtigte denn auch sofort die Spitzen der Armee und der Marine, daß die diplomatischen Verhandlungen fehlgeschlagen seien und alles Weitere nunmehr bei den Verantwortlichen der Streitkräfte läge.«

Durch diese Note vom 26. November 1941 brachte also Präsident Roosevelt die Vereinigten Staaten von Amerika endgültig und wohlüberlegt in den Krieg. Er hatte Japan den Handschuh ins Gesicht geschlagen. Dessen Versuch, die Einkreisung zu durchbrechen war fehlgeschlagen, es mußte nun kämpfen oder kapitulieren, und es bestand natürlich *kein* Zweifel, wie seine Antwort ausfallen würde.

Aus jenen abgefangenen 13 Teilen einer japanischen Meldung, die Präsident Roosevelt am Abend des 6. Dezember 1941 erhielt, war einwandfrei der japanische Angriff auf Pearl Harbor zu erkennen. Es war seit längerer Zeit gelungen, den japanischen Purpur-Code zu entschlüsseln *und* sogar eine Reihe von Schlüsselmaschinen nachzubauen. Dadurch wurde es möglich, alle in diesem Geheimcode verschlüsselten Meldungen rasch zu entziffern. Man nannte sie ›Magics‹. Präsident Roosevelt wußte also am Abend des 6. Dezember 1941 ganz genau, daß die Japaner am anderen Morgen angreifen würden und *wo* sie dies tun würden. Zu dem anwesenden Harry Hopkins sagte er denn auch: »Das bedeutet Krieg.«

Nun hätte er der exponiertesten Flotte sofort entsprechende Befehle geben müssen. Es war die Flotte in Hawaii, die Pazifikflotte, um deren Verlegung zur amerikanischen Westküste Admiral J. O. Richardson, Chef der Pazifikflotte, mehrfach gebeten hatte, weil sie im Ernstfall zu schwach und zu weit exponiert sei. Er war abgesetzt und durch Konteradmiral Kimmel abgelöst worden. Die Befehle an Hawaii wurden nicht gegeben. So kam es zur Katastrophe.

Der Überfall auf Pearl Harbor

Im Kaiserlichen Großen Hauptquartier in Tokio wurde nach langen Verhandlungen durch Admiral Nagano erklärt, daß »ohne Krieg das Schicksal der Nation besiegelt« sein werde. Man kam zu der Überzeugung, daß eine sehr schnelle Vernichtung der US-Pazifikflotte entscheidend für den Kriegsverlauf sei. Admiral Yamamoto legte einen bereits ausgearbeiteten Vorschlag vor, den er am 10. November zusammen mit General Terauchi, dem Oberbefehlshaber der Südarmee, ausgearbeitet hatte. Admiral Yamamoto war Oberbefehlshaber der japanischen Flotte. In dieser »Zentralvereinbarung« wurde folgendes beschlossen:

1. Gleichzeitige Landungen der amphibischen Streitkräfte in Luzon, Guam, auf der Halbinsel Malaya, Hong-

kong, Miri, Britisch Nordborneo. Alle Landungen durch vorhergehendes Luftbombardement vorbereitet.

2. Träger-Luftangriffe auf die US-Pazifikflotte in Pearl Harbor.

3. Schnelle Weiterentwicklung der Initial-Erfolge mit der Besetzung von Manila, Mindanao, Wake Island, der Bismarckinseln, Bangkok und Singapore.

4. Besetzung von ganz Niederländisch-Indien und gleichzeitige Kriegsführung gegen China.

Im Dezember waren die japanischen Seestreitkräfte nach der Geheimorder Nr. 1 des kombinierten Flottenstabes folgendermaßen zusammengestellt:

2. Flotte — Vizeadmiral Kondo, als Ferndeckungsverband mit den Schweren Kreuzern »Atago« und »Takao«, den Schlachtschiffen »Haruna« und »Kongo« und 10 Zerstörern.

3. Flotte — Vizeadmiral I. Takahashi, als nördliche Deckungsgruppe mit den Schweren Kreuzern »Ashigara« und »Maya«, dem Leichten Kreuzer »Kuma« und zwei Zerstörern.

3. Überraschungs-Angriffsgruppe (Bathan I) — Konteradmiral Hirose mit einem Zerstörer, vier Torpedobooten und einigen kleineren Kriegsfahrzeugen.

1. Überraschungs-Angriffsgruppe (Aparri) — Konteradmiral K. Hara mit dem Leichten Kreuzer »Natori« und sechs Zerstörern, drei Minensuchern, neun U-Jägern und sechs Transportern.

2. Überraschungs-Angriffsgruppe (Vigan) — Konteradmiral Nishimura mit Leichtem Kreuzer »Naka«, sieben Zerstörern, sechs Minensuchern, neun U-Jägern und sechs Transportern.

4. Überraschungs-Angriffsgruppe (Legaspi) — Konteradmiral K. Kubo in Palau mit dem Leichten Kreuzer »Nagara«, sechs Zerstörern, zwei Minensuchern, den Trägern »Chitose« und »Mizuho« und fünf Kleinfahrzeugen.

Die Minenlegerstreitmacht unter Konteradmiral Kobayashi in Palau hatte die Minenkreuzer »Itsukushima«, »Yaeyama«, »Tatsuhara Maru« in ihrem Verband.

In der südlichen Kampfgruppe auf Palau befand sich die Deckungsgruppe unter Konteradmiral T. Takagi, die keine Kreuzer hatte. In der Davao-Angriffsgruppe aber, geführt von Konteradmiral R. Tanaka, befanden sich der Leichte Kreuzer »Jintsu« mit sechs Zerstörern, der Minenkreuzer »Shirataka«, fünf Transporter und zwei Kleinfahrzeuge.

Die auf Formosa stehenden Verbände der Seeluftwaffe waren diesen Verbänden unterstellt worden.

Die japanische Kampfflotte für Pearl Harbor stand unter dem Befehl von Vizeadmiral C. Nagumo, dem Commander-in-Chief der Ersten Luftflotte, mit drei Träger-Divisionen und sechs Flugzeugträgern.

Die Abschirmflotte unter Konteradmiral S. Omori verfügte über neun Zerstörer. Die Transportflotte unter Vizeadmiral G. Mikawa war mit der 3. Schlachtschiff-Division mit »Hiei« und »Kirishima« und der 8. Cruiser-Division mit den Schweren Kreuzern »Tone« und »Chikuma« sehr stark gesichert.

Die königlich japanische Marine, deren Oberster Befehlshaber der Tenno war, hatte im Dezember 1941 folgenden Aufbau:

Oberbefehlshaber der Gesamtflotte: Admiral Isoroku Yamamoto.

Erste Flotte (Schlachtschiff-Streitkräfte): Admiral Yamamoto. Basis: Hiroshima Bay. Mit Schlachtschiffen »Nagato«, »Mutsu«, »Yamashiro« (1. Schlachtschiff-Division); »Fuso«, »Ise«, »Hyuga« (2. Schlachtschiff-Division); »Hiei«, »Kongo«, »Kirishima«, »Haruna« (3. Schlachtschiff-Division).

Kreuzer-Division 6: Schwere Kreuzer »Kako«, »Furutaka«, »Aoba«, »Kinugasa«.

Leichter Kreuzer »Abukuma« mit 12 Zerstörern.

Leichter Kreuzer »Sendai« mit 15 Zerstörern.

Zweite Flotte (Aufklärungsstreitkräfte): Vizeadmiral Kondo. Basis: Hainan. Mit Kreuzer-Division 4 mit Schweren Kreuzern »Takao«, »Atago«, »Chokai«, »Maya«.

Kreuzer-Division 5 mit Schweren Kreuzern »Myoko«, »Nachi«, »Haguro«.

Kreuzer-Division 7 mit Schweren Kreuzern »Kumano«, »Mogami«, »Mikuma«, »Suzuya«

Leichter Kreuzer »Jintsu« mit 16 Zerstörern.

Leichter Kreuzer »Naka« mit 12 Zerstörern.

Dritte Flotte (Blockade- und Transportstreitkräfte): Vizeadmiral I. Takahashi. Basis: Formosa. Mit Leichtem Kreuzer »Natori« und 12 Zerstörern, sechs U-Booten und Tender, 46 Transportern und einer Reihe Kleinkampffahrzeugen.

Fünfte Flotte: Vizeadmiral B. Hosogaya. Basis in Maizuru oder Ominato. Mit Leichten Kreuzern »Tamo«, »Kiso« und Zerstörern.

Sechste Flotte: Vizeadmiral M. Shimizu. Basis: Kwajalein. Mit 40 U-Booten und Begleittendern.

Trägerflotte: Vizeadmiral Nagumo auf Kure mit 500 Flugzeugen und den Träger-Divisionen:

1. Träger-Division mit »Kaga« und »Akagi«.

2. Träger-Division mit »Soryu« und »Hiryu«.

3. Träger-Division mit »Ryujo« und »Hosho«.

4. Träger-Division mit »Zuiho« und »Taiyo«.

5. Träger-Division mit »Zuikaku« und »Shokaku«.

16 Zerstörer der Divisionen 7, 17 und 23.

Die kombinierten Luftstreitkräfte mit der See-Luft-Station Kanoya bestanden aus:

11. Luftflotte auf Formosa mit 150 VF, 120 VB verschiedener Typen.

21. und 22. Luftflotte in Indochina mit 200 VF, 180 VB und VT.

In Japan und im Training: 100 VF, 70 VB und VT, 450 Trainers, 60 verschiedene Typen.

Hinzu kamen die 11. und 12. Seeflieger-Division mit acht Tendern und 70 Seeflugzeugen und eine nicht lokalisierte Anzahl von insgesamt 220 verschiedenen Flugzeugen.

Diesen Streitkräften standen auf US-Seite folgende Seestreitkräfte gegenüber:

Die Battle Force und die Scouting Force, die Submarine Force und die Base Force. Zu den vorhandenen Kreuzern waren vom Jahre 1934 bis zum Jahr 1939 16 Neubauten hinzugekommen und hatten die Navy bedeutend verstärkt. (Näheres siehe Anhang.)

Am 26. November 1941 lief um 9 Uhr die Erste Luftflotte unter Vizeadmiral Nagumo aus der Tankanbucht aus. Der Verband lief auf einem unbefahrenen Kurs nördlich jener Schiffahrtswege, die von Hawaii nach Japan führten. Nebel und Winterstürme begünstigten die unentdeckte Annäherung an das Ziel, das Hawaii hieß. Vorhut fuhren die Zerstörer und die Leichten Kreuzer, gefolgt von den Schweren Kreuzern, die die sechs großen Träger auf beiden Flanken abschirmten. Letztere marschierten in zwei Dreierkolonnen. Die beiden Schlachtschiffe bildeten den Schluß.

Noch bestand die Möglichkeit für den Angriffsverband, das Vorhaben abzubrechen. Erst als am Morgen des 2. Dezember das Codewort »Niitaka yana nobove — Den Berg Niitaka besteigen!« durchgegeben wurde, waren die Würfel gefallen. An Bord des Schweren Kreuzers »Akagi« eingeschifft, hatte Vizeadmiral Nagumo bis zu diesem Zeitpunkt immer wieder ergänzte und auf den neuesten Stand gebrachte Meldungen über die Belegung von Pearl Harbor erhalten. Als er am Abend des 6. Dezember kurz vor Beginn des Überraschungsschlags die Meldung erhielt, daß sich kein Flugzeugträger in Pearl Harbor befinde, war er enttäuscht, denn die Flugzeugträger waren jenes Edelwild, das er insbesondere zu vernichten trachtete.

Der Angriffsverband stand um 21 Uhr 400 Seemeilen nördlich von Oahu. Hier ließ Nagumo den Tagesbefehl des Oberbefehlshabers der Marine, Admiral Yamamoto, verlesen. Der Kernsatz dieses Befehls lautete:

»Aufstieg oder Niedergang des Reiches hängen von dieser Schlacht ab. Jeder Mann wird seine Pflicht bis zum letzten tun!«

Nun drehte der Verband auf Südkurs und näherte sich mit jeder Stunde, die verging, um 26 Seemeilen Hawaii.

Die am frühen Morgen des 7. Dezember um 5 Uhr von den Schweren Kreuzern »Chikuma« und »Tone« gestarteten Bordflugzeuge meldeten beinahe unmittelbar vor dem Angriff, daß Ziele in Hawaii lägen. Admiral Yamamoto wollte erst dann angreifen, wenn Botschafter Nomura dem Außenminister der USA, Cordell Hull, die Kriegserklärung Japans überreicht hatte.

Zur Startzeit um 5.30 Uhr drehten die Flugzeugträger auf Nordkurs in den Wind und starteten die 183 Maschinen der ersten Angriffswelle unter Führung von FKpt. Fuchida. Von den sechs Trägern »Akagi«, »Hiryu«, »Kaga«, »Shokaku«, »Soryu« und »Zuikaku« nahmen 59 Hochbomber, 40 Torpedoflugzeuge und 51 Stukas Kurs auf ihre Ziele. 33 Zeros kamen als Aufklärer hinzu.

Es war genau 7.55 Uhr, als alle Flugzeuge beinahe gleichzeitig angriffen. Die Überraschung war hundertprozentig geglückt. Das geballte Bombardement der Flugzeuge glich einem wilden Tornado, der Pearl Harbor binnen weniger Minuten zu einem gewaltigen Flammenmeer machte, aus dem immer neue Detonationen hervorstießen.

Um 8.10 Uhr brach das von acht Bomben von je 725 Kilogramm getroffene Schlachtschiff »Arizona« nach einem Treffer in das Haupt-Munitionsmagazin mit einem grellen Feuerball auseinander und sank binnen weniger Sekunden. Das ebenfalls schwer getroffene Schlachtschiff »Oklahoma« kenterte nach starken Wassereinbrüchen. Das Schlachtschiff »California« wurde so schwer getroffen, daß es voll Wasser lief und trotz fieberhafter Bemühungen nicht gehalten werden konnte. Es sank nach dreitägigem Kampf ums Überleben.

Dem Schlachtschiff »Nevada« gelang es, während der Bombardierungen Fahrt aufzunehmen, es mußte dann aber in dem Kanal gegenüber Hospital Point auf Grund gesetzt werden.

Schlachtschiff »West Virginia« unter Captain Bennion sank auf seinem Liegeplatz, und auf der »Tennessee« brach nach einigen mittelschweren Treffern ein großes Feuer aus, welches das Achterschiff schwer beschädigte. Das Schlachtschiff »Utah« kenterte nach schweren Treffern, und »Maryland« und »Pennsylvania«, das im Trockendock lag, wurden leicht beschädigt.

Die Leichten Kreuzer »Helena«, »Honolulu« und »Raleigh« erhielten Treffer, wurden aber nur leicht beschädigt. Drei Zerstörer, ein Werkstattschiff und das Flugzeug-Mutterschiff »Curtiss« erhielten ebenfalls Schäden, letzteres durch ein abstürzendes Flugzeug und eine 225-kg-Bombe.

Bei ihrem Angriff verlor die japanische Luftmacht fünf Torpedobomber, 15 Stukas und neun Jagdflugzeuge. Auf den Flugfeldern der US Air Force und der US-Navy lagen 188 vernichtete und 159 beschädigte Flugzeuge.

Die Verluste der USA an Toten und Verwundeten betrug 2403 bzw. 1178 Mann. (Nach Konteradmiral Theobald betrugen die Verluste bei der Marine einschließlich Marinekorps: 3077 Offiziere und Mannschaften tot, 867 verwundet; bei der Army einschließlich Army-Luftwaffe: 226 Offiziere und Mannschaften tot, 396 verwundet; Gesamtverlust somit 4569 Mann. S. Theobald, Robert A., a.a.O.)

Der Überraschungsschlag der Japaner war geglückt,

und nicht zuletzt wegen der großen Anzahl von Toten wurde in den USA sofort eine Untersuchungskommission eingesetzt, um dafür Sündenböcke zu finden. Doch der wahre Schuldige wurde nicht gefunden, weil er nicht gefunden werden *durfte*.

Am selben 7. Dezember beschossen zwei japanische Zerstörer Midway, und am nächsten Tag griffen japanische Flugzeuge Militärflugplätze auf den Philippinen an, während ein anderer Angriff dieses Tages durch Trägerflugzeuge auf Davao auf den Philippinen erfolgte.

Japanische Erfolgsserie: Guam, Asparri, Legaspi. Versuchsangriff gegen Wake

Mit seinem Schlag gegen Pearl Harbor hatte Japan den USA den Vorwand geliefert, in den Krieg einzutreten. Die amerikanischen Staatsbürger antworteten mit wütender Entschlossenheit auf diesen heimtückischen Überfall. Die japanische Kriegserklärung, die durch Fehler der japanischen Botschaft zu spät übergeben wurde, machte dann alles klar, und der Krieg im Pazifik begann nun auch von amerikanischer Seite.

Während des Angriffs auf Pearl Harbor standen der Flugzeugträger »Lexington« unter Captain Sherman und die Schweren Kreuzer »Astoria«, »Chicago« und »Portland« mit fünf Zerstörern im Seegebiet 420 Seemeilen südöstlich der Midway-Inseln. Der Verband wurde von Konteradmiral Kimmel geführt. Er ließ seine Streitmacht nach Bekanntwerden des Angriffs nach Oahu zurücklaufen und erbat ein Zusammentreffen mit Admiral Halsey in See, 120 Seemeilen westlich Kauai. Vizeadmiral William F. Halsey befehligte einen Trägerverband, der um den Flugzeugträger »Enterprise« aufgebaut war, und befand sich am Abend des 7. Dezember 1941 200 Seemeilen westlich von Oahu.

Die Leichten Kreuzer »Detroit«, »St. Louis« und »Phoenix« wurden mit einigen Zerstörern zu »Minneapolis« unter Konteradmiral Draemel beordert, um sich mit Halseys Streitmacht zu vereinigen. Zur gleichen Zeit befand sich der Schwere Kreuzer »Pensacola« unter Captain Scott auf dem Marsch nach Manila. Er schützte eine Gruppe von Transportern, auf denen einige Tausend Mann Flieger- und Marinetruppen und eine Anzahl Flugzeuge für Manila eingeschifft waren.

Der Schwere Kreuzer »Louisville« unter Captain Elliot B. Nixon begleitete einen Armeetransporter von Manila zurück und stand derzeit auf halbem Wege zwischen Santa Cruz und Ellice Island. »New Orleans« und »San Francisco« von der Kreuzer-Division 6 lagen in Pearl Harbor, und das dritte Schiff dieser Division, die »Astoria«, befand sich im Verband von Admiral Kimmel.

Am 8. Dezember hatte der US-Kongreß um 16.10 Uhr auch von sich aus den Krieg gegen Japan erklärt und wenig später Admiral King, bis dahin Commander-in-Chief der Atlantic Fleet, zum Commander-in-Chief der United States Fleet ernannt. Er brachte Konteradmiral Richard S. Edwards als Deputy Chief of Staff mit. Konteradmiral Willson wurde von ihm zum Superintendenten der Marineakademie ernannt. Zu Assistenten des Chefs des Stabes ernannte er die Konteradmirale Turner und Lee.

Der japanische Angriff auf Guam am selben Tag sah ein Landungskorps in Stärke von 5000 Mann im Einsatz. Diese Truppe wurde durch die Schweren Kreuzer »Kako«, »Aoba«, »Furutaka« und »Kingusa« geleitet, die Befehl hatten, Widerstandsnester auf Guam mit allen Waffen niederzukämpfen.

Diese Kampfgruppe war am 4. Dezember aus Hahajima auf den Bonin-Inseln ausgelaufen. Als Bombardierungsgruppe wurden die Bomber aus Saipan angesetzt, die 48 Stunden lang ihre Angriffe auf Guam fortsetzen konnten. Am 10. Dezember begannen die Landungen, und binnen 14 Stunden war Guam in japanischer Hand.

Der Angriff auf Wake stand unter der Führung von Konteradmiral Kajioka auf dem Leichten Kreuzer »Yubari«. Dieser war mit sechs Zerstörern als Geleitgruppe der zwei Transporter mit 450 Soldaten des Marine-Landungskorps und zwei weiteren Transportern mit den Besatzungstruppen am 8. Dezember aus Kwajalein auf den Marschallinseln ausgelaufen. Am 10. Dezember stand der Verband vor Wake und den beiden anderen Inseln, die zu Wake gehörten.

Durch die Leichten Kreuzer »Tatsuta« und »Tenryu« verstärkt, liefen »Yubari« und die Zerstörer Wake an. Es war 6.10 Uhr, als die Verteidiger am Morgen das Abwehrfeuer eröffneten. Kajioka zog sich mit dem Führerzerstörer zurück. Von den übrigen japanischen Zerstörern, die nun auf die Marinebatterien des Gegners anliefen, wurde »Hayate« von drei Salven deckend getroffen. Der Zerstörer flog mit einer gewaltigen Detonationswolke in die Luft. Kein Mann der Besatzung kam mit dem Leben davon. »Oite« erhielt ebenfalls schwere Treffer. Auch die andere Gruppe mit den Leichten Kreuzern »Tatsuta« und »Tenryu« wurde getroffen. Als um 7.24 Uhr vier Jäger des Typs Grumman Wildcat die »Tenryu« im Tiefflug angriffen und durch MG-Beschuß beschädigten und gleichzeitig Wasserbomben den Zerstörer »Kisagari« trafen, worauf dieser in die Luft flog und mit der gesamten Besatzung von der Wasseroberfläche verschwand, war der gesamte Landungsverband gezwungen, sich zurückzuziehen. Von nun an wurde Wake täglich mehrmals durch Bomber und Trägerflugzeuge angegriffen.

Der nächste Angriff auf Wake sah wieder die drei Leichten Kreuzer »Yubari«, »Tenryu« und »Tatsuta« im Einsatz. In den ersten Morgenstunden des 23. Dezember gingen die Sturmsoldaten an Land. Um 6.30 Uhr wurde die Garnison erstürmt. Wake war in japanischer Hand.

Am 10. Dezember war der Kampfverband von Admiral Finch mit dem Träger »Saratoga« und den drei Schweren

Kreuzern der 6. Kreuzer-Division, »Astoria«, »Minneapolis« und »San Francisco« in Pearl Harbor eingelaufen, um Öl aufzunehmen. Auch die Schweren Kreuzer »Chicago«, »Indianapolis« und »Portland« hatten beölt, nachdem sie Weisung erhalten hatten, den Flottenverband von Admiral Fletcher zu verstärken.

Als letztes Schiff war der Träger »Saratoga« beölt. Er lief am 16. Dezember um 11.15 Uhr aus und wurde von den Kreuzern »Minneapolis«, »Astoria« und »San Francisco« und von der Zerstörer-Squadron 4 unter Captain Dessez geleitet.

Am 21. Dezember stand »Saratoga« 600 Seemeilen von Wake entfernt. Am Tag darauf ließ Admiral Fletcher erneut beölen, und weil dies bei den langen hohen Wellen sehr lange dauerte und dabei die Geschwindigkeit auf 6 bis 8 Knoten herabgesetzt werden mußte, stand der Träger am frühen Morgen des 23. Dezember noch immer 500 Seemeilen von Wake entfernt und konnte nicht in den Kampf um diese Inselgruppe eingreifen. Der Angriff der Japaner auf Wake mit ihrer 4. Flotte hatte bereits eingesetzt. Am Nachmittag des 23. Dezember hatte Konteradmiral Kajioka, in weißer Paradeuniform mit Auszeichnungen und Prunkschwert, die Insel für den Tenno in Besitz genommen, und dieser Zustand sollte vier Jahre währen.

Die Angriffsgruppen der Japaner, die gegen die Philippinen angesetzt waren, kamen bis zum 24. Dezember 1941 zum Erfolg. Die Philippinen befanden sich zu Ende Dezember fest in japanischer Hand.

Der zur gleichen Zeit wie gegen Pearl Harbor auch gegen Malaya und Thailand geführte japanische Angriff drang ebenfalls durch. Großbritannien hatte in Singapore die Force Z aufgestellt, die sich aus der »Prince of Wales«, dem Schlachtkreuzer »Repulse« und vier Zerstörern zusammensetzte.

Die ersten japanischen Landungsunternehmen auf Malaya begannen in Kota Bharu in den frühen Morgenstunden des 8. Dezember 1941. Leichter Kreuzer »Sendai« und seine vier Zerstörer schossen den schwachen Widerstand zusammen, der hier aufflackerte. Bei Singora konnten die japanischen Truppen unbehelligt an Land geschafft werden. Fünf weitere Landungen wurden im Verlaufe dieses Tages durchgeführt, so auch im thailändischen Golf von Kra.

Admiral Phillips, der Befehlshaber der Force Z, lief am selben Tag um 17.05 Uhr mit seiner Kampfgruppe aus Singapore aus und versuchte, die Transporter zu stellen, die irgendwo weiter nördlich vor ihm stehen mußten. Es gab keine Möglichkeit der Luftaufklärung für diese Kampfgruppe. Statt dessen wurde sie in den frühen Morgenstunden des nächsten Tages von einem japanischen Aufklärer entdeckt. Am Morgen des 10. Dezember erfolgte dann der japanische Angriff des Malaya-Kampfverbandes unter Vizeadmiral Kondo. Er befahl den Schweren Kreuzern »Atago«, »Chokai« und »Takao« und den beiden Schlachtschiffen »Haruna« und »Kongo«, an den Gegner heranzuschließen und den Kampf zu eröffnen. Als Sicherungsverbände fungierten drei Zerstörer und der Leichte Kreuzer »Sendai« mit seinen Zerstörern.

Den ersten Angriff sollten aber die näher heranstehenden Schweren Kreuzer »Kumano«, »Mikuma«, »Mogami« und »Suzuya« ausführen. Vizeadmiral Kondo erhielt über Aufklärer und über das U-Boot I-58, das an den Feindverband herangeschlossen hatte und Fühlung hielt, laufende Standortmeldungen des Gegners.

Es kam jedoch nicht zum Seekampf, da die japanischen Seestreitkräfte nicht herankamen. Besser operierte die Luftwaffe, die mit insgesamt 84 Maschinen angriff. Durch den dichten Feuervorhang hindurchstoßend, erzielten die Torpedoflugzeuge auf der »Repulse« nicht weniger als zehn Torpedotreffer, die das Schiff an der Backbordseite von Bug bis Heck trafen. An der Steuerbordseite wurde der Schlachtkreuzer schließlich noch von vier weiteren

Torpedos getroffen, hinzu kam auch noch ein Bomben-volltreffer.

Die »Repulse« sank sehr schnell.

Das Schlachtschiff »Prince of Wales« erhielt einen Tor-pedotreffer vorn und einen achtern auf der Backbordsei-te, während an der Steuerbordseite fünf Torpedos ihr Ziel trafen. Zwei Bombentreffer vervollständigten das Chaos, in dem schließlich auch die »Prince of Wales«, der ehe-malige große Gegner des deutschen Schlachtschiffs »Bis-marck«, sank.

Damit war — von den Zerstörern abgesehen, bei de-nen nur die »Tenedos« beschädigt wurde — die Force Z vernichtet, denn beide Großkampfschiffe waren nicht mehr. Und es hatte dazu nicht einmal der Flotte von Vi-zeadmiral Kondo bedurft.

Bis Ende Januar 1942 war auch die Halbinsel Malaya fest in japanischer Hand. Britisch-Borneo wurde ebenfalls angegriffen und ergab sich formell am 19. Januar 1942 in Sandakan. Nun kam es für die Japaner darauf an, die großen Inseln von Niederländisch-Ostindien in die Hand zu bekommen. Noch hatte Japan den Niederlanden nicht den Krieg erklärt. Die Kriegserklärung erfolgte erst am 11. Januar 1942. Hingegen hatten die Niederlande Japan am selben Tage den Krieg erklärt wie die USA und Groß-britannien. Es galt nun, die drei Kräftegruppen der Alli-ierten zusammenzufassen und ihren Einsatz zu koordi-nieren.

Das American-British-Dutch-Australian-Command

Am Nachmittag des 1. Januar 1942 sichtete das Patrouil-lenfahrzeug vor dem niederländischen Strand von Sura-baya ein aufgetauchtes U-Boot, an dessen Sehrohr die Viersterneflagge eines Admirals der Vereinigten Staaten von Amerika flatterte. Es war Admiral Thomas C. Hart,

der an Bord des U-Boots »Shark« von Manila aus hierher-
gekommen war. Als Commander-in-Chief der Asiatic
Fleet kam er nach Süden, um von einer neuen Basis aus
den Kampf mit den britischen und niederländischen Verbündeten zu koordinieren und zu optimieren.

Konteradmiral Glassford war bereits vorher angekommen, um einen Kommandogefechtsstand in Surabaya
einzurichten und hier die Task Force 5, die Striking Force,
zusammenzufassen. Deren Versorgungsbasis hatte der
Chef der Marineoperationen allerdings in Port Darwin,
Australien, einrichten lassen.

Auf Java waren nunmehr drei Nationen mit ihren
Streitkräften versammelt, und in den ersten zwei Wochen
ging alles durcheinander, bis am 15. Januar 1942 durch einen Befehl der Stabschefs das neue Kommando, ABDA
genannt, installiert wurde.

ABDA sollte den Kampf im Seeraum um Burma, um
die Philippinen, in der Südchinesischen See und im
nordöstlichen Teil des Indischen Ozeans aufnehmen.

Daran lag nach Südosten angrenzend der Seeraum des
ANZAC-Gebiets, das unter dem Befehl von Vizeadmiral
Leary stand und den australischen Seeraum einschließlich
Neuseeland, Britisch-Neuguinea, der Salomonen, der
Loyalities und der Fidjiinseln umfaßte.

ABDA war der erste Versuch eines multinationalen alliierten Kommandos. Sein Oberbefehlshaber wurde Feldmarschall Sir Archibald Wavell. Er war für die Koordination unter allen Nationen und auf allen Gebieten verantwortlich.

Sein Stellvertreter war Generalleutnant Brett, USA.
Der britische General Pownall wurde Chef des Stabes.
Unter diesem Oberkommando standen der Marinebefehlshaber der Asiatic Fleet, Admiral Hart, der Einsatz-
kommandeur der Landstreitkräfte, Generalleutnant Hein-
ter Poorten und der Luftkommandeur Luftmarschall Sir
Richard Peirse, RAF.

Auch die Asiatic Fleet der US-Marine, die ja von Admiral Hart kommandiert wurde, stand also unter dieser Führung.

Wenig später sollte bereits ein Wechsel in dieser Dienststellung stattfinden, als nämlich Staatssekretär Knox Konteradmiral Glassford in den Rang eines Vizeadmirals erhob und ihn zum Marinebefehlshaber der Asiatic Fleet machte. Admiral Hart wurde als Koordinator in Feldmarschall Wavells Hauptquartier nach Lembang weggelobt. Dieses Verwechselspiel erhöhte noch das anfänglich herrschende Durcheinander. Admiral Hart ging nun daran, die Zusammenarbeit von Feldmarschall Wavells Hauptquartier in Lembang, nahe Bandoeng im Innern von Westjava, mit allen anderen Kommandogefechtsständen zu verbessern.

Die Asiatic Fleet wurde in Surabaya stationiert. Port Darwin als Ausrüstungs- und Versorgungsbasis war zum Unglück für die Flotte 1200 Seemeilen weit entfernt. Aber die Oberste Marineführung wünschte keinerlei Veränderung der Lage.

Der erste größere Einsatz der »Combined Striking Force« wurde von Konteradmiral Doorman, dem Befehlshaber der Niederländischen Marine, in den ersten Februartagen geplant. Die Luftaufklärung hatte drei japanische Kreuzer, mehrere Zerstörer und etwa 20 Transporter auf Südkurs in Richtung auf die Makassarstraße gemeldet. Auf sie wollte er operieren. Es schien, als wollte der Gegner versuchen, nach Makassar Town oder Bandjermasin durchzubrechen. Gelang dies und setzte er sich dort fest, dann hatten die Japaner die Luftkontrolle über das gesamte Gebiet der Javasee.

Am 4. Februar 1942 um 0.00 Uhr lief Doorman auf dem Führerkreuzer »De Ruyter« mit den Kreuzern »Houston«, »Marblehead« und »Tromp« aus der Bundastraße in Richtung zum Treffpunkt vier Seemeilen nördlich der Meyndertsdroogte Light. Von hier aus wurde der Marsch in Richtung Kollisionskurs zur japanischen Streitmacht gelegt. Die vier US-Zerstörer, die auf dem Treffpunkt zu ihnen gestoßen waren, flankierten die Kreuzer. Die vier niederländischen Zerstörer, die ebenfalls mit ausgelaufen waren, bildeten die Nachhut.

Als Doorman um 9.35 Uhr die Meldung erhielt, daß 37 Feindflugzeuge mit Flugrichtung Surabaya gesichtet worden seien, ließ er auf Kampfstationen gehen. Die Maschinen kamen von dem japanischen Flugfeld Kendari. Es waren zweimotorige »Nells« der 11. japanischen Luftflotte. In vier Gruppen zu jeweils neun Bombern (die 37. Maschine hatte kehrt gemacht) kamen die Maschinen ab 9.49 Uhr in Sicht.

Doorman befahl Einzelkampf, um die Bomberpulks zu zwingen, sich aufzulösen. Damit hatte jedes Schiff eine größere Chance, zu entkommen. Die vier einsatzbereiten Catalina-Flugboote, die über dem Verband Sicherung flogen, warfen sich den Gegnern entgegen, und die Mariner mußten zusehen, wie sie binnen kürzester Zeit abgeschossen wurden.

Um 9.54 Uhr griffen neun Bomber die beiden führenden Kreuzer an und ignorierten den Zerstörerpulk und »Tromp«. In einem Breitkeil stießen sie auf 14000 Fuß (4200 Meter) herunter, um dann im Horizontalflug mit 150 Knoten Geschwindigkeit weiterzufliegen. Als sie fast in Wurfposition gekommen waren, befahl Captain Robinson, der Kommandant von »Marblehead«:

»Hartruder Backbord!«

Der Kreuzer drehte weg, die Angreifer flogen über das Schiff hinweg und warfen ihre Bomben, die sämtliche zu weit fielen. Der zweite Angriff wurde ebenso ausmanövriert, und auch der dritte brachte den Angreifern keinen Treffer. Die Luftabwehr der Kreuzer und Zerstörer schoß aus ihren Flawaffen, und eine der Dreizöller holte einen Bomber durch Volltreffer herunter.

Unmittelbar nach dem dritten Angriff stieß einer der Bomber in einer steilen Spirale direkt auf »Marblehead« herunter. Er war getroffen worden, und sein Pilot wollte ihn offenbar auf den Kreuzer aufschlagen lassen. Als er in den Schußbereich der Schnellfeuerwaffen geriet, wurde er aus allen Läufen beschossen. Er drehte ab, und dann stand dort, wo er eben noch gewesen war, die rote Rosette einer Detonation am Himmel, und es regnete Flugzeugteile.

Nun griffen sieben Bomber von der Backbordseite an. Es war genau 10.27 Uhr, als der »Marblehead« mindestens sechs dünnwandige Hochexplosivbomben entgegenheulten. Eine hämmerte in das Steuerbord-Motorboot hinein, durchbohrte das Deck und explodierte darunter. Sie zerschlug die Offiziersmesse und die Kabinen daneben.

Weitere schwere Treffer hieben in den Handsteuerraum. Die Explosion ließ einen Teil des Hauptdecks aufbrechen. Chlorinegas entwich dort aus den beschädigten Batterien. Feuer flammte auf. Alle Räume des Schiffs schienen auf einmal durchlöchert, und plötzlich explodierte das Achterschiff in grellen Flammen. Das Ruder schlug hart nach Backbord aus, und das Schiff begann einen Kreis mit Zehn-Grad-Lage Steuerbord zu laufen. 15 Soldaten waren inzwischen gefallen, 34 verwundet, ein Teil davon mit schweren Verbrennungen. Captain Robinson konnte das Schiff nicht mehr steuern. Aber die »Marblehead« kämpfte weiter. Sie schoß auf die nächste Gruppe angreifender Maschinen, doch diese nahmen »De Ruyter« aufs Korn, und auch die nächste Gruppe warf ihre Bomben auf das Flaggschiff von Konteradmiral Doorman. Einige Treffer schüttelten den Führerzerstörer durch. Seine Luftabwehr-Feuerkontrolle fiel aus.

Der Kreuzer »Houston«, der noch nicht schwer getroffen war, schoß im Salventakt auf die Bomber und holte einige herunter, von denen einer mitsamt seinen Bomben explodierte. Aber eine der letzten geworfenen Bomben des vierten Angriffs traf sein Hauptdeck und tötete 50 Seeleute. Sie setzte den achteren Geschützturm außer Gefecht. In der Kanonenkammer brach ein Brand aus. Hier der Bericht des Marinesoldaten Coxwain Madson:

»Die Bombensplitter trafen den Turm an hundert Stellen gleichzeitig und setzten die Pulverkammer in Brand. Die Besatzung am Electric-Deck des Pulverkreises und am Granatendeck, und die Besatzung von Turm drei, mit Ausnahme von zwei Mann, wurden alle getötet. Sie verbrannten. Die Reparaturgruppe wurde ebenfalls ausgeschaltet, mit Ausnahme von Eddy und Collins.«

Die »Houston« lief in Richtung Bali-Straße weiter und konnte in einen Regenschauer hineinlaufen, der sie deckte. (S. dazu »Houstons Survivors Report« in: »Saga of a Stout Ship«; The Times Magazin, 3. März 1946.)

Die Flugzeuge, die diesen Verband angegriffen hatten, meldeten die Vernichtung von zwei Kreuzern und die Beschädigung von zwei weiteren, die sie als schwerbeschädigt meldeten (s. »Japanese War Diary«). Doch es war kein Kreuzer gesunken, doch »Marblehead« war sehr schwer gezeichnet. Sie erreichte mit letzter Kraft am 5. Februar Tjilatjap. »Houston« und »De Ruyter« waren ebenfalls getroffen, ersterer schwer.

Konteradmiral Doorman auf »De Ruyter« lief nun entlang der Südküste von Java. »Marblehead« folgte ihr. Admiral Hart, »entrüstet über die Flucht« (s. Morison, Samuel Eliot: History of United States Naval Operations in World War II), befahl Doorman, nach Tjilatjap zurückzukehren und ihm am 8. Februar 1942 Bericht zu erstatten.

Die Schiffe liefen also wieder ein, und als die Besprechung beendet war, inspizierte Admiral Hart die Schäden, die »Houston« und »Marblehead« erhalten hatten. Obgleich die Schweren Kreuzer achtern nicht mehr einsatzbereit waren, weil die dort stehenden Türme ausgeschaltet worden waren, entschloß sich Hart, die beiden Kreuzer »Houston« und »De Ruyter« weiter einzusetzen, bis sie Ersatz erhielten, denn sie hatten immer noch die gleiche Feuerkraft wie beispielsweise der britische Kreuzer »Exeter«. Allerdings sollten sie nunmehr als Konvoisicherung dienen und die Truppentransporte von Darwin nach Timor begleiten. »Marblehead« aber lief heimwärts, nachdem sie in dem kleinen Trockendock notdürftig repariert worden war, und erreichte Brooklyn Navy Yard am 4. Mai 1942.

Am 13. Februar waren die Schäden beseitigt. Konteradmiral Doorman verfügte nun wieder über die »De Ruyter«, »Java« und »Tromp«, den britischen Kreuzer »Exeter«, den australischen Leichten Kreuzer »Hobart«, vier niederländische Zerstörer und sechs US-Zerstörer.

Da das für einige Tage einsetzende schlechte Wetter jede Aufklärung unmöglich machte, war Doorman ganz auf die Meldungen des Nachrichtendienstes angewiesen. Dieser entdeckte einen japanischen Konvoi von 22 Schiffen im Südchinesischen Meer auf Süd- und Südostkurs. Der Kurs und die starke Begleitflotte deuteten darauf hin, daß möglicherweise Sumatra angelaufen werden sollte.

Bei dem Konvoi handelte es sich um die Südliche Expeditionsflotte der Japaner unter Vizeadmiral Ozawa. Ozawa als Befehlshaber der ersten Gruppe führte auf dem Schweren Kreuzer »Chokai«. Zu seiner Verfügung standen der Träger »Ryujo«, die Kreuzer »Kumano«, »Suzuya«, »Mikuma«, »Mogami« und »Yura« sowie sechs Zerstörer, die am 9. Februar die Camranh Bay verlassen hatten. Zwei große Transportergruppen folgten am 9. und 11. Februar nach, sobald die Deckungsstreitmacht ihre Positionen bezogen hatte.

Konteradmiral Doorman ließ seine Schiffe in Pigi Bay, südlich Java, aus einem niederländischen Tanker beölen und lief am 13. Februar mit dem gesamten Verband in Richtung Sumatra. Der Verdacht, daß es sich bei den japanischen Transportern um eine Invasionsstreitmacht für Sumatra handeln könne, bestätigte sich tags darauf, als aus hundert japanischen Flugzeugen 700 Fallschirmjäger über Palembang, der Hauptstadt von Sumatra, abgesetzt wurden.

Die Kampfgruppe Doormans wurde am 15. Februar

zwischen 10.00 Uhr und 18.30 Uhr von mehreren Wellen japanischer Hochbomber angegriffen. Die Schiffe konnten jedoch sämtliche Angriffe ausmanövrieren. Mit Hartruderlegen entgingen sie im Zickzackkurs laufend allen Bombenwürfen. Konteradmiral Doorman erkannte aber bereits hier, daß er ohne Jagdschutz mit seiner neuen Streitmacht keinen Angriff auf die japanische Streitmacht riskieren konnte. Seine Absicht, in die Bakna-Straße einzulaufen, gab er um 13 Uhr auf und kehrte durch die Gaspar-Straße in die Javasee zurück.

»Außer Admiral Helfrich, der ein vollendeter Seemann war und im Kommando stets vorwärtsdrängte, waren die übrigen Niederländer abgeneigt, entsprechende Risiken einzugehen. Dies gilt nicht für die niederländischen U-Bootmänner. Sie hatten einen feinen Angriffsgeist.« So lautete die Beurteilung dieses »Ausfluges« durch Morison (s. Morison, Samuel Eliot: History of the United States Naval Operations in World War II, Vol. III).

Die niederländische Exilregierung, die erst jetzt über den Zusammenschluß des ABDA-Kommandos informiert worden war, setzte nunmehr Admiral Helfrich ein. Immer, wenn Admiral Hart von ihm einen Einsatz forderte, meinte sein Stab lakonisch: »In Ordnung, wenn Ihr Land uns mehr Flugzeuge zur Luftsicherung stellt, gehen wir sofort ankerauf.« Aber Hart mußte mit dem auskommen, was er hatte, und das war für diesen Seeraum von gigantischem Ausmaß zu wenig.

Die Japaner warteten jedoch nicht, bis sich die Alliierten geeinigt hatten, ob sie angreifen sollten oder nicht. Sie eröffneten alle paar Tage eine neue Luft- oder Seeoffensive. Mit jedem neuen Angriff erschwerten sie die alliierte Lage und brachten neue Spannungen in deren ABDA-Kommando.

Der Hauptschauplatz dieser Streitigkeiten war dabei gar nicht Niederländisch-Indien, sondern Washington.

Hier erschien täglich der niederländische Botschafter und plädierte dafür, Admiral Hart durch einen Niederländer zu ersetzen. Schließlich mischten sich auch Winston Churchill und zum Schluß auch noch Präsident Roosevelt ein. Sein Staatssekretär Knox und Admiral King kamen zu der Überzeugung, daß Java nicht länger zu halten sei und daß es optisch richtiger wäre, einen Niederländer Java aufgeben zu lassen.

So erhielt denn Feldmarschall Wavell am 12. Februar von den Combined Chiefs of Staff den Befehl, daß zwar Admiral Hart nominell das Kommando über ABDA behalte, seine Operations-Dienstpflichten aber an Admiral Helfrich übergingen. Am 16. Februar verließ Admiral Hart Java.

Die japanische Ansicht, mit der Eroberung von Java auch die Inselverbindungen nach Australien zu durchtrennen und insbesondere den Kontakt der ABDA-Streitkräfte mit der Versorgungsbasis Port Darwin zu unterbinden, war einen großen Einsatz wert. So wurde denn eine kampfstarke Trägerflotte aufgeboten, um diese alliierte Basis zu erschüttern und letztendlich zu Fall zu bringen.

Unter Vizeadmiral Kondo lief eine Streitmacht von zwei Schlachtschiffen und drei Schweren Kreuzern aus, während Vizeadmiral Nagumo vier Träger aufbot, die von einigen Zerstörern gedeckt wurden. Dieser Großverband marschierte zwischen den Molukken-Inseln hindurch in die Bandasee. Es handelte sich um die stärkste Flottenmassierung, die Japan für einen Einzelauftrag je ansetzte. Den Alliierten standen nicht genügend Großkampfschiffe zur Verfügung, um diese Streitmacht zu stoppen.

Vizeadmiral Kondo wollte am 19. Februar im Südteil der Timorsee auftauchen, und zwar gegen Morgen, weil in der Nacht die gefährlichen Gewässer der Bandasee keinen Einsatz zuließen. Mit dem ersten Tageslicht drehten Nagumos Träger in den Wind und starteten ihre Flugzeuge. Zur gleichen Zeit starteten auf der japanischen Landbasis ebenfalls 54 Maschinen, die von Kendari aus auf ihr Ziel zuflogen. In drei Gruppen mit insgesamt 242 Flugzeugen wurde nunmehr Port Darwin angegriffen.

In Port Darwin selbst ankerte zu dieser Zeit »Houston« mit zwei australischen Transportern und zwei US-Transportern. Mehrere Schiffe lagen an der Huk, darunter auch ein Lazarettschiff, ein US-Tanker und australische Truppenschiffe und Tanker.

Um 9.30 Uhr wurde die erste Gruppe von insgesamt 70 Bombern gesichtet. Port Darwin, ohne Radarstation, war bei dem leichten Westwind mit klarem Wetter gut auszumachen. Eine zweite Welle von 18 Bombern griff den Flugplatz an, und zuletzt kamen die Tiefbomber, in dunkelgrüner Farbe gestrichen und deutlich von den anderen zu unterscheiden.

Hafen und Flugplatzgelände wurden gebombt. Der Zerstörer »Peary« sank und nahm 80 Besatzungsmitglieder mit in die Tiefe. Mehrere weitere Schiffe standen unmittelbar nach den Bombenwürfen in Flammen und explodierten, oder sie sanken infolge starker Wassereinbrüche. Andere wurden schwer getroffen, konnten sich aber schwimmend halten.

Als die Nachricht vom Nahen des Gegners am 17. Februar eingegangen war, lagen Doormans Flaggschiff »De Ruyter«, der Kreuzer »Java«, fünf niederländische und zwei US-Zerstörer in Tjilatjap vor Anker. Der Leichte Kreuzer »Tromp« lag in Surabaya, und die US-Zerstörer beölten in Ratai Bay auf Sumatra. Admiral Doorman faßte den Entschluß, den Gegner in drei Gruppen anzugreifen. Die erste Gruppe wurde von ihm geführt. Sein Vorhaben war es, diesen Gegner mit Artillerie- und Torpedofeuer zu attackieren und durch die Lambok-Straße zurückzulaufen.

Zwei oder drei Stunden später sollte Commander J. B. de Meester auf »Tromp« mit den vier US-Zerstörern die Japaner ein zweitesmal mit Torpedos angreifen, und die dritte Gruppe, aus fünf holländischen Motor-Torpedobooten bestehend, sollte abschließend zum Torpedoangriff anlaufen und den Japanern den Rest geben. Admiral Glassford und die US-Stabsoffiziere kannten den Plan. Sie waren dagegen, konnten aber Doorman nicht umstimmen.

Die drei Kampfgruppen Doormans liefen nun durch die Bandung-Straße zwischen Bali und Nusa Besar Island hindurch. Als sie dort waren, hatten die Japaner ihre Landungsunternehmen bereits durchgeführt. Der Ausguck auf »Java« sichtete die zurücklaufenden Schiffe, und um 22.25 Uhr eröffneten die Schiffe Doormans das Feuer.

Die japanischen Zerstörer »Asashio« und »Oshio«, die in der Nachhut liefen, erwiderten das Feuer. Aber die Geschwindigkeiten der beiden Verbände waren zu hoch und das Wetter bot zu wenig Sicht, als daß einer der beiden Kontrahenten einen Treffer hätte erzielen können. Lediglich der Transporter »Sasago Maru« wurde von den Granaten von »De Ruyter« getroffen. Die von den US-Zerstörern geschossenen Torpedos verfehlten die Ziele bis auf einen, der von »Pope« geschossen wurde. Der japanische Zerstörer »Asashio« jedoch traf den niederländischen Zerstörer »Piet Hein« so schwer, daß er sank.

Die zweite Welle der Kampfgruppe Doorman erreichte Cape Tafel und sichtete die Abschußfeuer und die Explosionen. Der Versuch, mit der ersten Gruppe in Funkkontakt zu treten, schlug fehl. Gegen Mitternacht — »Tromp« lief hinter den US-Zerstörern, um nach deren Torpedoangriff mit ihren 15,2-cm-Geschützen in den Kampf einzugreifen — wurde das Seegebiet um Serangan Island erreicht und um 1.35 Uhr mit 25 Knoten Fahrt passiert. Hier hatten die Japaner kurz vorher ihre Landungstruppen abgesetzt. Eine Reihe von Torpedos wurde von den US-Zerstörern in mehreren Anläufen geschossen. Danach eröffneten alle das Feuer mit ihren Geschützen. Der Gegner erwiderte das Feuer und schaltete »Pillsbury« aus. Zerstörer »Stewart« wurd ebenfalls getroffen.

Dem Leichten Kreuzer »Tromp« gelang es, den Zerstörer »Oshio« und die »Asashio« zu treffen.

Als die fünf Schiffe der ersten Gruppe eine Position nördlich Nusa Besar erreichten, ließ Admiral Kubo auf »Nagara« die vor dem Landungsstrand stehenden drei Zerstörer seiner Kampfgruppe auf das Gefechtsfeld zulaufen. Sie liefen durch die Lambok-Straße ein und eröffneten um 2.19 Uhr das Feuer. Es waren die US-Zerstörer »Edwards« und »Stewart«, die den ersten Schlagabtausch hatten. »Pillsbury« kam hinzu. Dieser schoß den japanischen Zerstörer »Michishio« zusammen, der schließlich bewegungslos auf der See lag.

Diese zweite Gruppe unter de Meester hatte den Hauptanteil am Kampfgeschehen gehabt. Sie lief, nachdem sie sich vom Gegner gelöst hatte, nach Surabaya ein. Die dritte Gruppe sichtete nichts und kehrte in ihre Basis zurück.

Die Zusammensetzung der Combined Striking Force war zu dieser Zeit:

Befehlshaber: Konteradmiral Doorman auf »Java«; Schwerer Kreuzer »Houston« (USS), Captain Rooks; Schwerer Kreuzer »Exeter« (HMS), Captain Gordon; Leichter Kreuzer »Java« (RNN), Captain Van Straelen; Leichter Kreuzer »De Ruyter« (RNN), Captain Lambomble; Leichter Kreuzer »Perth« (RAN), Captain Waller; 58. Zerstörer-Division, fünf Zerstörer; drei britische und drei niederländische Zerstörer.

Die Java-Invasionsflotte der Japaner wiederum, die der ABDA-Flotte als Gegner gegenüberstand, setzte sich wie folgt zusammen:

Southern Strike Force: Admiral Kondo;
Schwere Kreuzer »Atago«, »Maya«, »Takao«, vier Zerstörer.
Carrier Group: Vizeadmiral Nagumo;
sechs Flugzeugträger, ein Schlachtschiff, zwei Schwere und ein Leichter Kreuzer, neun Zerstörer.

Angriffs-Streitkräfte: Vizeadmiral Takahashi (CinC 3. Flotte);
Transportgruppe (Vizeadmiral Takashashi) mit Schweren Kreuzern »Ashigara«, »Myoko« und zwei Zerstörern; Transportverband mit 41 Transportern und Geleitfahrzeugen und Zerstörer-Staffel 4 mit dem Leichten Kreuzer »Naka« und sechs Zerstörern.
Eastern Covering Group: Konteradmiral Takagi;
Schwere Kreuzer »Nachi« und »Haguro«, Leichter Kreuzer »Jintsu« und sieben Zerstörer der 2. Zerstörer-Staffel.
Die *Westliche Angriffsgruppe* wiederum (unter Vizeadmiral Ozawa auf dem Schweren Kreuzer »Chokai«) mit sechs Transportern und Frachtern und zwei Zerstörer-Staffeln (Leichte Kreuzer »Sendai« und »Natori« als Führerschiffe und 14 bzw. neun Zerstörer) hatte als Deckungsgruppe unter Konteradmiral Kurita die Schweren Kreuzer »Mogami«, »Mikuma«, »Kumani« und »Suzuyu« zur Verfügung.
Als diese Westliche Angriffsgruppe den Seeraum bei den Anambas-Inseln erreichte, erhielt die Deckungsgruppe von Konteradmiral Kurita noch Verstärkung in Gestalt von vier Schweren und drei Leichten Kreuzern, dem Träger »Ryujo«, Seeflugzeugtender »Kamikawa Maru«, 25 Zerstörern und 50 bis 60 Transportern und Hilfsschiffen, die am 24. Februar aus dem Südchinesischen Meer ausgelaufen waren.

Dieser gewaltige Kampfverband wurde von einem Beobachtungsflugzeug in der Karimata-Straße um 9.25 Uhr dieses Tages gesichtet. U-Boote »Seal« und »S 38« sichteten die Östliche Angriffsgruppe unter Admiral Nishimura nahe Bawean um 8.30 Uhr.
Damit war das Kommando von ABDA rechtzeitig unterrichtet, und Konteradmiral Doorman, vor allem aber Admiral Helfrich, der nunmehr das Kommando führte, errechneten, daß diese drei japanischen Großkonvois die

Gewässer um Java am 27. Februar bei Tagesanbruch erreichen würden. Admiral Helfrich befahl den britischen Schiffen, die in den Geleitzugfahrten engagiert waren, zu Konteradmiral Doormans Kampfgruppe zu stoßen und diese zu verstärken. Noch am selben Tag führte Commodore Collins die Kreuzer »Exeter« und »Perth« und drei Zerstörer aus Tanjong Priok (Borneo) nach Surabaya, wo Doormans Flotte ankerte.

Doch Doorman ließ, ohne die Ankunft dieser beachtlichen Verstärkung abzuwarten, am 25. Februar ankerauf gehen und lief mit seinen drei Kreuzern und sieben Zerstörern entlang der javanischen Küste in Richtung Bawean Island.

Nach einigen Kreuzschlägen, wobei die Schiffe mehrfach von japanischen Flugzeugen angegriffen wurden, ließ Doorman am 27. Februar um 9.30 Uhr den Rückmarsch nach Surabaya antreten. Doch eine halbe Stunde später erreichte ihn ein dringender FT-Spruch von Admiral Helfrich:

>»Ungeachtet der Luftangriffe haben Sie weiter nach Osten vorzugehen und eine Angriffsmöglichkeit gegen den Feind zu suchen.«

»Der alte Seebär Helfrich konnte Doormans Vorsicht nicht verstehen«, kommentierte Captain Morison diesen FT-Spruch.

Konteradmiral ignorierte diese Weisung und lief weiter auf Rückmarschkurs. Als seine Kampfgruppe einlaufend den äußeren Eingang von Surabaya-Harbor passierte, erhielt Doorman um 14.27 Uhr definitive Auskünfte über den Standort des Gegners, denn 40 Minuten zuvor hatte ein Aufklärer drei Feindgruppen gesichtet und gemeldet. Nach seiner Sichtmeldung waren es:

>»Gruppe 1: Zwei Kreuzer und sechs Zerstörer, sowie 25 Transporter, 20 Seemeilen westlich von Bawean Island.

Gruppe 2: Mehrere Transporter und Zerstörer 65 Seemeilen nordwestlich der Insel.

Gruppe 3: Ein einzelner Kreuzer, 70 Seemeilen achtern der zweiten Gruppe.«

Diese Aufklärermeldung war nicht einwandfrei, denn die richtige Dislozierung stimmte nicht mit ihr überein.

Um 16.12 Uhr kam der Gegner in Sicht. Es war zunächst ein Kreuzer, der mit einem großen Zerstörer den Kurs der Kampfgruppe Doorman von Steuerbord nach Backbord kreuzte.

Die japanische Luftaufklärung hatte den Verband von Konteradmiral Doorman bereits einige Zeit vorher erfaßt und Konteradmiral Takagi, der Befehlshaber des Deckungsverbandes, ließ sofort eine Kampfgruppe zusammenstellen, die er diesem Gegner entgegenschickte. Sie bestand aus den Schweren Kreuzern »Nachi«, »Haguro«, dem Leichten Kreuzer »Jintsu« und den Zerstörern »Hatsukaze«, »Kawakaze«, »Sazanami«, »Tokitsukaze«, »Ushio«, »Yamakaze« und »Yukikaze« unter dem Kommando von Konteradmiral Tanaka. Unter Konteradmiral Nishimura wiederum war eine dritte Gruppe zusammengefaßt, die sich aus dem Flaggschiff des Konteradmirals, dem Zerstörerführer »Naka« und den Zerstörern »Asagumo«, »Harusame«, »Minegumo«, »Samidare« und »Yudachi« zusammensetzte.

Als erste eröffneten die Schweren Kreuzer »Haguro« und »Nachi« das Feuer.

Eine weitere alliierte Kampfgruppe, die Doormans Kräfte verstärken konnte, war die Westliche Angriffsgruppe, die am 21. Februar zusammengestellt wurde. Sie bestand aus »Hobart«, den Leichten Kreuzern »Danae« und »Dragon« und zwei Zerstörern. Admiral Helfrich hatte diesen Verband in den Raum nahe Batavia beordert, mit der Weisung, eine mögliche japanische Schiffsgruppe zu suchen, die aus dem Südchinesischen Meer erwartet wurde.

Als der Feind diese Kampfgruppe beinahe erreicht hatte, drehte diese Gruppe am 26. Februar in Richtung Bakna-Straße ab, ohne Kontakt bekommen zu haben. Aber Flugzeuge der großen Westlichen Angriffsgruppe der Japaner sichteten diese Einheiten, und Admiral Kurita stellte zwei Schwere und zwei Leichte Kreuzer und drei Zerstörer ab, um diesen Gegner abzufangen.

Aber auch hier kam es zu keinen Kontakten. Die fünf britischen Schiffe kehrten nach Tanjong Priok zurück, nahmen Öl auf und wurden dann nach Tjilatjap entsandt. Sie passierten am 28. Februar die Sundastraße und liefen nach Ceylon weiter. Ob dies aufgrund eines direkten britischen Befehls geschah oder ob Admiral Helfrich britischem Druck nachgegeben hatte, ließ sich nachträglich nicht mehr feststellen. Doch die Folge war, daß »ein Drittel der alliierten Seestreitkräfte in diesem Raum durch den Abzug der fünf britischen Schiffe für den Endkampf nicht mehr zur Verfügung stand« (s. Glassford Report Seite 37—38).

Konteradmiral Doorman konnte jedoch nicht vor Anker gehen, als er am Nachmittag des 27. Februar in den Hafen von Surabaya einlief. Um 15 Uhr, sein Führerschiff hatte gerade den äußeren Hafenbereich passiert, erhielt er von Admiral Helfrich den strikten Befehl:

»Der ostwärts Bawean stehende Feind ist sofort anzugreifen!«

Die Kreuzer bildeten drehend um 15.25 Uhr eine Reihe, vorn »De Ruyter«, dahinter »Exeter«, »Houston«, »Perth« und »Java«. Sie liefen jetzt mit Kurs 315 Grad und 20 Knoten Fahrt wieder aus. Britische Zerstörer sicherten vorn, die holländischen und amerikanischen die Backbordflanke und achtern.

Bei diesem schnellen Wendemanöver konnte Doorman keinen neuen Operationsbefehl herausgeben. Vor allem fehlte ein taktischer Signalcode für alle Schiffe. Doormans Signale mußten erst von einem US-Verbindungsoffizier auf »De Ruyter« übersetzt und zur »Houston« übermittelt werden, von wo aus sie über Funksprechverbindung an die übrigen Einheiten weitergeleitet wurden (s. »Houston Senior Survivors Report« vom 16. November 1945).

Nach einem neuerlichen Luftangriff der Japaner, der keinerlei Schäden anrichtete, forderte Konteradmiral Doorman abermals um 16 Uhr Luftsicherung an. Aber die vorhandenen acht niederländischen Brewster-Flugzeuge waren im Einsatz, um einige Tiefbomber zu decken, die die japanischen Transporter angriffen.

Um 16.12 Uhr wurde der erste Gegner gesichtet. Es war ein Kreuzer, der mit einem großen Zerstörer den Kurs von Doormans Flotte von Steuerbord nach Backbord kreuzte. Der Kampf konnte beginnen.

Die Seeschlacht bei Java

Gerade als Konteradmiral Doorman den Befehl gegeben hatte, mit der Fahrt auf 26 Knoten hinaufzugehen und diesen Gegner anzugreifen, tauchten die Masten weiterer Kriegsschiffe über der Kimm auf.

Genau um 16.16 Uhr eröffneten Admiral Takagis Schwere Kreuzer »Haguro« und »Nachi« das Feuer auf ihre Gegenüber »Exeter« und »Houston«. Gleichzeitig ließ der japanische Befehlshaber den Leichten Kreuzer »Jintsu« und sein Zerstörer-Geschwader in Reihe auf eine Distanz bis 18 000 Meter an die britischen Zerstörer herangehen und das Feuer eröffnen.

Der britische Zerstörer »Elektra« wurde mit den ersten beiden Salven getroffen. Als sich die Distanz auf 15 700 Meter verringert hatte, erwiderten sie und »Jupiter« das Feuer, aber sie konnten den Gegner mit ihren Kanonen noch nicht erreichen. Auch hier erwies sich der Einsatz

»Glasgow« wird im Gefecht knapp verfehlt

»Galatea« im Mittelmeer, am 15. 12. 1941 von U 557, Kptlt. Paulshen, versenkt

»Ajax« nach dem Krieg in Malta

Minenkreuzer »Ariadne« im August 1943

Noch einmal »Fiji«, der im Kampf um Kreta von der deutschen Luftwaffe versenkt wurde

»Birmingham« aus der Luft fotografiert

»Cumberland« nach dem Krieg

»Welshman« in Malta

von Leichten Kreuzern als Führerschiffe für Zerstörerverbände von besonderem Wert.

Wenn die Absicht der Japaner gelang, Doormans Kampfgruppe, die in T-Formation lief, zu kreuzen, dann konnten sie mit »Nachi« und »Haguro« 20 Geschütze vom Kaliber 20,3 zur Wirkung bringen, »Exeter« und »Houston« jedoch nur insgesamt neun, denn »Houstons« achterner schwerer Turm war außer Betrieb. Doorman wiederum mußte versuchen, parallel zum feindlichen Kurs laufend, seine Leichten Kreuzer in der inneren Reihe zu führen. Doorman ließ um 16.21 Uhr seine Kampfgruppe um 20 Grad nach Backbord auf einen Kurs von 295 Grad drehen. Er mußte diesen Kreis laufen, weil nur dann auch die achteren Geschütze der »Exeter« zum Einsatz kommen konnten.

»Exeter« eröffnete das Feuer, und gleich darauf fiel »Houston« ein. Die US-Kreuzer benutzten karmesinrote Farbe in ihren Granaten, um ihre eigenen Salven identifizieren und daraus Korrekturmöglichkeiten gewinnen zu können. So sah man die hohen blutroten Geysire rings um die Feindschiffe in die See schlagen und aufspringen. Diese blutroten flammenartigen Fontänen erschreckten einige junge Offiziere der »Nachi«, wie im Kriegstagebuch dieses Schiffs nachzulesen ist. »Exeter« und »De Ruyter« wurden durch Nahtreffer herumgeworfen, aber nicht getroffen.

Acht Minuten dauerte dieses erste Duell, und nachdem das Feuer um 16.29 Uhr gestoppt wurde, ließ Doorman seinen Verband auf 248 Grad schwenken. Nun liefen beide Gruppen parallel zueinander. Die Leichten Kreuzer waren in den Bereich des 15,2-cm-Geschützfeuerbereichs gelangt. Der zunächst stehende japanische Kreuzer war »Naka«.

Das japanische Feuer wurde von drei Bordflugzeugen der Kreuzer geleitet, die in der Luft waren; aus diesem Grund lag ihr Feuer auch genauer. »De Ruyter« und »Exeter« wurden ständig eingegabelt. Auch die anderen

Schiffe Doormans erhielten Treffer. Nach zwei Minuten war »De Ruyter« bereits getroffen, doch die großkalibrige Granate war glücklicherweise ein Blindgänger.

Nach vier Minuten ließ Doorman seinen Verband auf 267 Grad drehen, um die Distanz zum schießenden Gegner zu verringern und dadurch die leichteren Waffen zur Wirkung bringen zu können. Als Admiral Takagi auf »Nachi« diesen Schachzug bemerkte, befahl er den Torpedoangriff seiner beiden Leichten Einsatzgruppen. »Naka« leitete mit ihren sieben Zerstörern den Angriff ein, indem diese quer zum Bug der Doorman-Kreuzer liefen, während »Jintsu« mit ihren Zerstörern auf der Flanke zum Angriff lief. In der nächsten Viertelstunde schossen die insgesamt 16 Einheiten 43 Torpedos ab, von denen keiner traf, weil sie aus zu großer Distanz geschossen wurden und demzufolge auch ausmanövriert werden konnten.

Nachdem die japanischen Zerstörer ihre Torpedos geschossen hatten, stießen sie in die feindliche Kreuzerreihe hinein und legten einen dichten Rauchschleier. Dadurch wurde den alliierten Schiffen die Sicht genommen, während die japanischen noch immer durch ihre Flugzeuge eingewiesen werden konnten. Zudem verfügte keines der Schiffe von Konteradmiral Doorman über ein Radargerät.

Konteradmiral Tanaka, der seinen Konvoi auf dem Leichten Kreuzer »Jintsu« leitete, drehte weg, bevor die Alliierten ihn unter Feuer nehmen konnten. Kurz nach 17 Uhr aber drehte er seine Gruppe für einen überfallartigen Torpedo- und Artillerieangriff. Sieben Minuten später wurden die Torpedos geschossen. Sie hatten nur eine geringe Chance, Doormans Schiffe zu treffen. Aber eine Minute nach dem Schuß liefen die Schiffe Doormans weit auseinander und damit genau in die Torpedolaufbahnen hinein. Doch diese Kursänderung hatte einen besonderen Grund.

Während Admiral Tanaka den Kampf gesucht hatte,

war die Gruppe unter Führung von Admiral Takagi mit den Kreuzern »Nachi« und »Haguro« mit hoher Fahrt nach Westen gelaufen. Konteradmiral Doorman schlug sich mit seinen nicht so stark bestückten Einheiten noch mit der Gruppe von Admiral Tanaka herum, mußte jetzt aber auch einen Angriff der Schweren Kreuzer von Admiral Takagi erwarten und ließ auseinanderziehen, um den schweren Salven dieser Kreuzer kein geschlossenes Ziel zu bieten. Das war der Grund für die Kursänderung, die unglücklicherweise so günstige Bedingungen für den Torpedoschuß bot.

Es war 17.08 Uhr, als dann auch eine erste panzerbrechende Granate der Japaner in eine Flak-Geschützstellung der »Exeter« einschlug und in der darunter befindlichen Pulverkammer detonierte. Der schwer beschädigte britische Kreuzer wurde rasch langsamer und drehte hart nach Backbord weg, um eine Kollision mit »Houston« zu vermeiden, dem dritten Kreuzer in der Reihe, der ja mit doppelter Geschwindigkeit hinter ihr lief.

Admiral Doorman hatte eine Drehung in Reihe hinter dem führenden Flaggschiff her befohlen, doch »Houston« drehte an Backbord der »Exeter« vorbei, und die folgenden »Perth« und »Java« taten dies ebenso.

Um 17. 15 Uhr explodierte der niederländische Zerstörer »Kortenaer« und sank sofort. Er war höchstwahrscheinlich von einem Torpedo der »Jintsu« getroffen worden. Damit war die Kampfgruppe völlig in Unordnung geraten. »De Ruyter« dampfte für einige Minuten ganz allein weiter, und die britischen Zerstörer drehten nach Backbord aus dem Kurs heraus, den sie an der Backbordseite gelaufen waren.

Admiral Takagi beobachtete, wie die feindliche Kampfgruppe herumschwang, sich aufzulösen schien und dabei in einer für den Torpedoangriff günstigen Position war. Er befahl seinem Verband, anzugreifen und den Gegner zu vernichten. Seine zwei Schweren Kreuzer und Nishimuras Zerstörer mit dem Flaggschiff »Naka« drehten hart Backbord und schossen ihre Torpedos, die in den Rohren bereitlagen.

Konteradmiral Doorman drehte weiter seinen großen Bogen. »Exeter«, nach dem schweren Treffer von dem explodierenden Pulver in Brand gesetzt und qualmend und nur noch 15 Knoten laufend, drehte ebenfalls in einem weiten Bogen nach Backbord weg. »Perth«, vom Rauch der Feindzerstörer eingehüllt, lief nach ausgeführter Drehung zeitweise wieder auf altem Kurs, um dann auch in einem weiten Kreis zu drehen.

Doorman signalisierte dem australischen Kreuzer, ihm zu folgen, und befahl den britischen Zerstörern, zur Sicherung zur »Exeter« zu laufen und einen Gegenangriff zu versuchen. Der älteste Offizier auf dem Zerstörer »Electra« befahl einen Angriff mitten durch den Rauch nordwestlich in Richtung der »Jintsu« mit ihren sieben Zerstörern. Durch Rauch und Explosionswolken war die Sichtweite auf weniger als eine Meile herabgesetzt. Das gesamte Kampffeld war in dichten Pulverdunst und Rauch gehüllt, und nur ab und zu konnten die Lichtsignale von »De Ruyter« aufgefangen und ausgeführt werden.

»Electra«, »Jupiter« und »Encounter« liefen gerade mit Höchstfahrt in den Rauch hinein, als auch »Jintsu« mit drei Zerstörern ihn durchstoßen wollte. »Encounter« schoß eine schnelle Salve und lief wieder in den schützenden Mantel des Rauchs zurück. »Electra« schoß Schnellfeuer, das die »Jintsu« traf, und erhielt einen Treffer in den Kesselraum 2. Wenig später setzte ein zweiter Treffer die Bordverständigungsanlage auf der Brücke außer Betrieb.

Derweilen war »Jintsu« mit zwei Zerstörern in den Rauch eingedrungen, mit dem Ziel, der »Exeter« den Fangschuß zu geben. Drei Zerstörer schützten den britischen Kreuzer inzwischen. Einer davon, der Niederländer »Witte de Witt«, war durch die Explosion einer eigenen Wasserbombe beschädigt worden. Diese Bombe war bei der Hartrunder-Drehung über Bord gefallen und detoniert. Nacheinander wurden die Geschütze der »Electra« zum Schweigen gebracht, und um 18 Uhr mußte Commander May »Alle Mann aus dem Schiff!« befehlen.

Während die britischen Kreuzer, von der Hauptstreitmacht abgesetzt, ihren eigenen Einsatz schlugen, sammelte Konteradmiral Doorman seine Schiffe und ließ einen FT-Spruch an Admiral Glassford in Bandoeng durchgeben. Darin bat er um Entsendung von U-Booten, die nördlich von Zentraljava die Fährte der Großkampfschiffe aufnehmen und hinterhersetzen sollten. Er selbst wolle versuchen, Admiral Takagis Streitmacht zu überwinden oder zu umlaufen, um die Transporter anzugreifen.

Es war etwa 17.30 Uhr, als Konteradmiral Doorman seine Streitmacht wieder versammelt hatte. »De Ruyter« führte, gefolgt von »Perth«, »Houston« und »Java«. Es ging auf Südostkurs weiter. Ab und zu wurden zwischen dem Rauch »Nachi« und »Haguro« gesichtet und mit ihnen Salven gewechselt. »Houston« lief dauernd Zickzackkurse. Dadurch entging man den japanischen Granaten, konnte aber auch selbst nicht zielsicher schießen. Wenig später wurde »Houston« abermals von einem japanischen Kreuzer getroffen. Eine Granate durchschlug den Bug und peitschte ins Wasser. Glücklicherweise war sie ein Blindgänger.

Um diese Zeit hatte »Houston« bereits sämtliche Munition für die vorderen beiden Türme verschossen. Die Crew mußte die schweren 8-Zoll-Granaten vom achteren Turm zu den Türmen 1 und 2 schleppen, was bei der herrschenden Hitze unter Deck und den heftigen Hartruder-Kursänderungen des Schiffs Schwerstarbeit war.

Nun gab Admiral Takagi den Befehl an seine Einheiten, die Transportgruppe so zu sichern, daß sie ungefährdet die javanische Küste erreichte. Gleichzeitig damit liefen »Naka« und ihre Zerstörer in die Kiellinie der alliierten Einheiten hinein. »Exeter«, das sahen die Männer auf den anderen Schiffen, schoß noch immer, wenn auch in größeren Abständen. Und »Naka« antwortete ihr mit schnellen und wiederum deckend liegenden Salven. Um 17.50 Uhr wechselte der japanische Leichte Kreuzer seinen Kurs, die sechs Zerstörer folgten ihm, und jeder schoß, als die Drehung beendet war, vier Torpedos; aus 4400 Meter mußte einer der 24 nun laufenden Aale treffen.

Konteradmiral Doorman ließ seinen Verband auf Südkurs, 190 Grad drehen, um die Torpedolaufbahnen auszumanövrieren. Er befahl den vier US-Zerstörern den Gegenangriff.

Commander Binford auf »Edwards« griff an. Aber um 18.15 Uhr signalisierte der Signalmaat der »De Ruyter«: »Decken Sie meinen Rückzug!«

Commander Binford erwiderte, daß der beste Weg, den Rückzug zu decken, der Angriff sei, und als kurz darauf »Nachi« und »Haguro« in Sicht kamen, griffen seine Zerstörer sie an. Der Angriff erfolgte auf die Breitseite der Schweren Kreuzer um 18.22 Uhr. Es wurden die Steuerbord-Torpedos geschossen. Sie wurden jedoch rechtzeitig erkannt und ausmanövriert. Denn aus rund 10 000 Meter geschossen, konnte sie der Gegner leicht leerlaufen lassen. Als Commander Binford den Kurs ändern ließ, um auch die Backbordtorpedos zu schießen, wurden auch diese vorzeitig gesichtet und ausgedampft. So wurde der zweite Torpedoangriff ein einziges Fiasko.

Die vier Zerstörer erzielten mit der Artillerie noch einige Treffer auf japanischen Zerstörern, ehe sie zum Gros zurückliefen. Durch einen Signalspruch erfuhren sie, daß der Gegner in der Zwischenzeit die »Houston« ausgeschaltet hatte.

Um 18.31 Uhr erhielt Commander Binford einen Blinkspruch von »De Ruyter«: »Folgen Sie mir!«

Nun wollte Konteradmiral Doorman die japanischen Transporter angreifen und vernichten. Während des Kampfes hatte er über Funk neue Nachrichten erhalten, daß ein Konvoi nordwestlich von Bawean und nördlich der Kangean-Insel stünde. Offensichtlich war es einer jener Konvois, die Admiral Takagi geschützt hatte.

Um 18.30 Uhr ließ Doorman einen FT-Spruch an Admiral Helfrich richten: »Feind zieht sich nach Westen zurück. Wo ist der Konvoi?«

Wenig später, um 18.30 Uhr, begann die dritte Phase dieser Seeschlacht bei Java, und an ihrem Ende sollte die Vernichtung der Kampfgruppe Doorman stehen.

Admiral Takagi hatte aus Sicherheitsgründen um 18.30 Uhr den Konvoi auf Nordkurs drehen lassen, und somit stand der Konvoi etwa 30 Seemeilen nordwestlich von ihm. Er wartete auf die nächste Aktion seines Gegenspielers Doorman. Würde dieser nach Surabaya zurücklaufen?

Als seine Ausgucks die in Kiellinie laufenden Kreuzer des Niederländers sahen, hatten diese nordöstlichen Kurs. Admiral Takagi befahl nun »Jintsu«, mit seinem Kreuzer-Geschwader 2 heranzuschließen, und beschrieb selber einen großen Halbkreis, der ihn in eine Position 20 Seemeilen südöstlich des Konvois brachte. Der war damit auf jenen zwei Seiten geschützt, von denen aus die Alliierten angreifen konnten. In der nächsten Stunde stiegen von »Jintsu« und »Naka« Erkundungsflugzeuge auf, um die Kurse von Doormans Streitmacht zu erkunden.

Konteradmiral Doorman aber, der keine Aufklärer zur Verfügung hatte und kein Radargerät besaß, »hatte die Jagd eines blinden Mannes zu führen« (s. Morison, Samuel Eliot, a.a.O.). Die Nachrichten, die ihn über Surabaya erreichten, kamen zu spät. Der Konvoi beispielsweise, der ihm zuletzt 20 Seemeilen westlich von Bawean Island gemeldet worden war, hatte inzwischen 50 Seemeilen nach Westen Raum gewonnen und hielt geringfügig südlich auf die Insel zu. Damit war er den Kreuzern Doormans sehr nahe gekommen, doch dieser ahnte nichts von der Chance, die sich ihm damit bot.

Um 18.40 Uhr, zehn Minuten, nachdem die Japaner die Alliierten gesichtet hatten, ließ Doorman nach Nordwesten drehen. Die US-Zerstörer, die den Torpedoangriff beendet hatten, drehten als Nachhut hinter den Kreuzern ein und versuchten, wieder Anschluß zu gewinnen. Aber sie »waren nur alte Kästen und machten nicht mehr als 28 bis 29 Knoten« (ebd.).

Die Verständigung war inzwischen völlig zusammengebrochen. Und dennoch hätte das Glück winken können, denn Doormans Flotte steuerte genau auf die Transportgruppe zu. Wenn der Konteradmiral auch nur einen Aufklärer gehabt hätte, wäre der Konvoi gesichtet worden und verloren gewesen. Aber die Würfel waren gegen den Niederländer gefallen, der glücklos bleiben sollte.

Ab 19.27 Uhr sichteten die auf Gegenkurs laufenden Kreuzer einander in der sich verdichtenden Dunkelheit. »Nachi« leitete »Haguro« und »Jintsu« und einige Zerstörer, und nur etwa 13000 Meter südwärts lief »De Ruyter«, gefolgt von »Perth«, »Houston«, »Java« und den vier Zerstörern.

Als das Flugzeug von »Jintsu« Leuchtfallschirme abwarf, eröffneten um 19.33 Uhr »Perth« und »Houston« das Feuer, aber ihre ersten Salven lagen zu kurz. Der Gegner wiederum schoß ständig Sterngranaten, und als der Kommandant von »Perth« um 19.36 Uhr eine Reihe von Blitzen auf der Feindseite erkannte, glaubte er, der Gegner habe Torpedos abgeschossen und drehte mit Hartruder Steuerbord auf den neuen Kurs von 60 Grad. Glücklicherweise folgten die übrigen Schiffe diesem Ruderbefehl zur gleichen Zeit, oder doch kurz darauf, so daß es zu keiner Kollision kam.

Um 19.38 Uhr hatte »De Ruyter« die Spitze wieder erreicht. Sie steuerte nun Ostkurs und der ihr folgende Verband ebenfalls. Doorman wußte noch immer nicht, wo der feindliche Konvoi stand und wieviel an Feuerkraft des Gegners zwischen ihm und dem ersehnten Ziel lag. Er beschloß, Kontakt mit der Deckungsgruppe Admiral Takagis aufzunehmen, und beim geschlossenen Vorstoß entlang der Küste von Java hoffte er, doch noch auf den

Konvoi zu stoßen. Er befahl um 19.55 Uhr eine Kursänderung auf Südkurs und lief damit auf die javanische Küste zu. Dies war eine kleine Chance, den Gegner auszumanövrieren.

Als die Kreuzergruppe um 21 Uhr flaches Wasser erreichte, ließ Doorman nach Steuerbord drehen und parallel zu Küste weiterlaufen. Hier verließen die US-Zerstörer die Kampfgruppe und liefen ostwärts nach Surabaya, um dort zu beölen. Von dort sollten sie, weil ihre Torpedos verschossen waren, nach Tanjong Priok weiterlaufen.

Auf Westkurs lief die Streitmacht Doormans entlang der Küste. Die Minenfelder waren gut lokalisiert, dennoch erscholl um 21.25 Uhr eine wüste Explosion, und das letzte Schiff der Kiellinie, der Zerstörer »Jupiter«, meldete:

»Ich bin torpediert worden.«

Der Zerstörer war auf eine Mine gelaufen. Nur 78 Mann erreichten die Küste, einige wenige wurden von japanischen Fahrzeugen geborgen.

Kurz nachdem »Jupiter« gesunken war, ließ Doorman den Kurs nach Norden legen und lief auf demselben Längengrad wieder nordwärts zurück, den er vorher schon einmal genommen hatte. Um 22.27 Uhr durchliefen die vier Kreuzer das Gebiet, in dem die Überlebenden des Zerstörers »Kortenaar« im Wasser schwammen. Hier erhielt Zerstörer »Encounter« Befehl, sich um die Schiffbrüchigen zu kümmern. Damit hatte der letzte Zerstörer den Verband verlassen. Dennoch wollte Doorman noch einen Versuch unternehmen, die feindliche Landungsflotte zu stellen und die Truppenlandungen auf Java zu verhindern. Im Zickzack-Suchkurs lief der Verband nach Norden.

Als um 23 Uhr die schweren japanischen Kreuzer »Haguro« und »Nachi« in Sicht kamen, wußte Doorman, daß er einen Fehler gemacht hatte. Beide Gruppen eröffneten auf sehr große Distanz das Feuer, ohne Treffer zu erzielen. Die Japaner drehten nun auch auf Nordkurs ein, und um 23.20 Uhr liefen beide Verbände auf Parallelkurs und waren nur noch 8000 Meter voneinander entfernt.

Nun schossen die Japaner Torpedos. Ihre weitgestreuten Fächerschüsse erreichten »De Ruyter« und »Java«. Beide Kreuzer standen wenige Minuten nach den aufstiebenden Torpedofontänen über alles in Flammen und stoppten. An Bord des Führerkreuzers wurde die Besatzung von den überall ausbrechenden Bränden über Deck getrieben, und als die 4-cm-Munition explodierte, wurde der Befehl zum Verlassen des Schiffs gegeben. Wenig später mußte auch »Java« nach einigen Explosionen verlassen werden. Auch dieser Kreuzer sank kurz darauf.

Konteradmiral Doorman hatte kurz vorher befohlen, daß keine Einheit bei Verlust einer anderen stehenbleiben dürfe, sondern daß sie sich nach Batavia zurückziehen sollten. »Perth« und »Houston« liefen demzufolge diesen Kurs und standen um Mitternacht vor Tanjong Priok. Hier signalisierten sie Admiral Helfrich das Ergebnis ihres Einsatzes in der Schlacht in der Javasee. Es lautete:

»Kampfgruppe Doorman ist binnen 12 Stunden vernichtet worden. Konteradmiral Doorman ist mit dem Führerzerstörer untergegangen.«

In diesem Kampf hatten die Japaner kein einziges Schiff verloren. Lediglich einer ihrer Zerstörer wurde beschädigt.

Am 25. Februar 1942 gab Feldmarschall Wavell den Kampf um Java auf. Die japanischen Streitkräfte hatten eine weitere Insel und eine Schlacht gewonnen.

Die Seeschlacht in der Sundastraße

Der Schwere Kreuzer »Exeter« wurde, von zwei Zerstörern geleitet, in den Indischen Ozean entlassen. »Houston« unter Captain Rooks und »Perth« liefen am Abend des 28. Februar um 19.30 Uhr aus Tanjong Priok aus, um zusammen mit dem niederländischen Zerstörer »Evertson« entlang der Küste von Java zu marschieren und einen Transporterkonvoi zu suchen, der angegriffen werden konnte.

Zu dieser Zeit lag die Westliche Kampfgruppe unter Admiral Kurita in Bantan Bay. Eine starke Geleitflotte mit vier Schweren Kreuzern und dem Träger »Ryujo« manövrierte 20 Seemeilen nördlich Bantan Bay mit dem Auftrag, die Landungsflotte zu sichern. Die Kreuzer »Mogami« und »Mikuma« standen nahe genug heran, um sofort eingreifen zu können, und der Leichte Kreuzer »Natori« mit seiner Zerstörergruppe schützte die Transporter, die ihre Truppen ausschifften.

Zwischen 22.40 Uhr und 22.55 Uhr sichtete der Patrouillendienst versehende Zerstörer »Fubuki« die beiden Feindkreuzer, die sich Bantan Bay näherten. Wenig später wurden die ankernden japanischen Transporter von »Perth« und »Houston« gesichtet. Beide Kreuzer eröffneten das Feuer darauf. Sie waren mitten in eine amphibische feindliche Aktion hineingelaufen, und dies im Augenblick ihrer größten Verwundbarkeit. Aber sie waren nur zu zweit, und es war spät, vielleicht sogar zu spät für einen erfolgversprechenden Angriff.

Als man um 23.15 Uhr den japanischen Zerstörer sichtete, hoffte man auf »Perth«, ihn täuschen zu können. Aber der Japaner antwortete mit der Frage nach dem Codezeichen, und als dieses nicht gegeben wurde, schoß »Fubuki« neun Torpedos aus der kurzen Distanz von etwa 3000 Meter.

Mit Hartruder Steuerbord entgingen die beiden Kreuzer den Aalen. Diese liefen weiter und trafen einige der ankernden japanischen Transporter, was dort für große Verwirrung sorgte.

Als die beiden Kreuzer durch die enge Passage nach Norden zwischen Panjang und St. Nicolas Point drehten, entkamen sie der einen Falle, um in die nächste hineinzulaufen. Nunmehr lagen ein Leichter Kreuzer und neun Zerstörer zwischen ihnen und der Sundastraße.

Währenddessen waren aufgrund der Signale von »Fubuki« die Schweren Kreuzer »Mogami« und »Mikuma« mit weiteren Zerstörern in die entsprechende Abfangrichtung geschickt.

»Perth« und »Houston« hatten das Feuer auf die Transporter eröffnet. Vier der beladenen großen Schiffe wurden durch schnelle Salven vernichtet. Die »Sakuru Maru« sank sofort. Die übrigen drei konnten noch auf den Strand verholt werden. Zwei davon waren Truppentransporter. Auf einem befand sich auch General Imamura, der Befehlshaber der Landungsstreitkräfte. Er mußte wie die Soldaten über Bord springen. Nach 20 Minuten wurde er aufgefischt. Das Schiff sank.

Die beiden Kreuzer aber waren eingeschlossen. Ihr Kampf gegen eine große Übermacht begann um 23.40 Uhr. Es herrschte volles Mondlicht, und die Distanzen wechselten zwischen 5000 und 500 Meter.

Der erste Torpedoangriff der Japaner traf die »Perth« mit vier Torpedos. Viermal stieg flammende Lohe masthoch empor, und viermal wurde das Schiff von mächtigen Einschlägen durchgeschüttelt. Der Zerstörer »Harukaze« hatte das Ruder der »Perth« getroffen. Wenig später wurde »Perth« von sechs weiteren Torpedos getroffen. 25 Minuten nach den ersten Treffern sank die »Perth« um 0.05 Uhr am 1. März 1942, von Torpedotreffern und Granaten förmlich durchsiebt. Fast die gesamte Besatzung kam ums Leben.

»Houston« aber kämpfte weiter. Eine seiner Artilleriesalven traf mit einer Granate die Kraftanlage des Schweren Kreuzers »Mikuma«, der anschließend weitere Treffer erhielt, sich dann aber dem gefährlichen Feuer entziehen konnte. Auch sie hatte der »Houston« eine Reihe Treffer versetzt.

Nun hatten sich alle in Schußnähe befindlichen Einheiten auf »Houston« eingeschossen. Der Schwere Kreuzer hatte bereits starke Steuerbord-Schlagseite, und als er um 1.10 Uhr eine ganze Salve in den achteren Maschinenraum erhielt und der kochende Dampf in die Kampfstände blies, was die Kanoniere zum zeitweisen Rückzug zwang, erhielt »Houston« auch noch einen Torpedotreffer vorn, der die Hauptbatterie in die Luft fliegen ließ. Die Crew, die nach vorn rannte, wurde von einer mitten unter ihr detonierenden Granate getötet.

Für einige Minuten konnte »Houston« aufatmen, als die Japaner eines ihrer eigenen Schiffe mit den Suchscheinwerfern einfingen und unter Feuer nahmen, bis dieser Irrtum geklärt war.

»Houston« versenkte den Minensucher »AM-2«, aber um 0.20 Uhr traf eine Granate Turm 2, als gerade die Pulverbeutel geladen waren. Feuer brach aus, und Captain Rooks mußte das Pulvermagazin fluten lassen. Damit hatten die beiden Haupttürme keine Möglichkeit mehr, zu schießen.

Drei Torpedos hatten den Schweren Kreuzer an der Steuerbordseite getroffen. Sprengstücke der Granaten die Aufbauten durchsiebt. Das Deck des Schweren Kreuzers war mit Toten und Schwerverwundeten übersät. Im Schiff stand das Wasser bereits einen Meter hoch, und um 0.25 Uhr mußte auch Captain Rooks »Alle Mann von Bord!« befehlen.

Einen Augenblick später, als er sich neben einem MG-Stand befand, wurden er und dessen Besatzung durch eine detonierende Granate getötet.

Commander David Roberts, der I. Offizier, übernahm das Kommando zur Bergung der Verwundeten. Das Schiff neigte sich nach vorn über den Bug ins Wasser, ohne zu sinken. Es wurde weitergeschossen. Die japanischen Zerstörer liefen nahe heran und schossen aus allen leichten Waffen, einschließlich der MG, auf das Schiff. Commander Roberts befahl noch einmal: »Alle Mann von Bord!« Das war um 0.33 Uhr, und 12 Minuten später war die »Houston« von der Wasseroberfläche verschwunden. Sie überrollte seitlich und sank.

Von den japanischen Zerstörern angeleuchtet, schwamm die überlebende Besatzung im Wasser der Sundastraße. Über 1000 Mann waren an Bord des Kreuzers gewesen. Aufgefischt wurden von den Japanern noch 368 Überlebende. Sie gerieten in Gefangenschaft. »Sie und die Überlebenden von ›Perth‹ haben über drei Jahre in japanischer Gefangenschaft verbracht und oft gewünscht, daß sie lieber untergegangen wären« (s. Morison, Samuel Eliot, a.a.O.).

Damit war das Ende der Kampfgruppe von Konteradmiral Doorman gekommen. Nur ein Schwerer Kreuzer war noch übriggeblieben, die »Exeter«, die den Rückmarschbefehl bekommen hatte und im Geleit der beiden Zerstörer »Encounter« und »Pope« durch die Minenfelder von Surabaya lief und Kurs auf Ceylon nahm.

Durch die erlittenen Beschädigungen der Kesselanlagen war der Kreuzer nur für 23 Knoten Höchstfahrt klar. Captain O. L. Gordon hatte Befehl erhalten, ostwärts an Bawean Island vorbei zur Sundastraße zu laufen.

Am Morgen des 1. März um 4.00 Uhr sichteten die Ausgucks der »Exeter« ein kleines und zwei große Schiffe. Da der Befehl lautete, das Schiff zu evakuieren, aber keinen Angriff zu fahren, wich Captain Gordon den Fahrzeugen aus und meldete lediglich, daß er zwei große Handelsschiffe mit einem Zerstörer gesichtet habe.

»Exeter« hoffte also, ausweichen zu können, aber die feindlichen Schiffe wechselten plötzlich den Kurs und starteten einen Aufklärer. Der britische Kreuzer lief nun im Zickzackkurs nach Generalrichtung Südwesten. Als er um 9.35 Uhr wieder auf Westkurs drehte, traten die Masten von zwei Schweren japanischen Kreuzern über die

Kimm. Es war Admiral Takagi mit »Nachi« und »Haguro«. Captain Gordon drehte auf Nordwestkurs, um dem ungleichen Kampf zu entgehen, aber die Schweren Kreuzer drehten mit und holten auf. Zur gleichen Zeit lief Admiral Takahashis Flaggschiffgruppe mit »Ashigara«, »Myoko« und zwei Zerstörern nach Nordwesten, und damit war »Exeter« mit ihren beiden Zerstörern von vier Schweren Kreuzern eingeschlossen.

Um 10.20 Uhr eröffneten die Japaner das Feuer mit »Ashigara« und »Myoko«, in das »Nachi« von Takagis Gruppe einfiel. Die drei angegriffenen alliierten Schiffe drehten mit Hartruderlegen nach Steuerbord und machten mit Höchstfahrt von 25 bis 26 Knoten — mehr konnte »Exeter« nicht laufen — eine Schwenkung aus dem Feuerbereich heraus. Beide Zerstörer legten einen dichten Rauchschleier um »Exeter«, und schon entbrannte das Duell auf einer Distanz von 16000 Meter bis 14000 Meter.

Als unmittelbar nach Feuereröffnung auch noch die Feuerleitanlage der »Exeter« ausfiel, war der Schwere Kreuzer noch mehr behindert. Alle seine Salven waren schlecht gezielt, während die japanischen Schiffe — wiederum durch einen Aufklärer aus der Luft eingewiesen — ihre Ziele trafen.

Bis 11 Uhr war die Aussicht auf Entkommen hoffnungslos geworden. »Exeter« schoß ihre Torpedos auf »Myoko« und »Ashigara«, aber aus zu großer Distanz, um etwas treffen zu können. Feindzerstörer schlossen den Fluchtweg an der Steuerbordseite ab und wurden von den beiden Geleitzerstörern der »Exeter« beschossen. Das Ende nahte.

Es war 11.20 Uhr, als »Exeter« die ersten schweren Treffer in einen Kesselraum erhielt. Das Schiff verlor Fahrt, blieb dann gestoppt liegen und sank langsam tiefer. »Pope« und »Encounter« konnten dem Kreuzer nicht mehr helfen und liefen mit Höchstfahrt ab. Der sinkende Kreuzer machte nun noch vier Knoten Fahrt, und die japanischen Kreuzer hämmerten aus allen schweren Waffen auf das brennende und explodierende Wrack ein. Captain Gordon mußte nun ebenfalls jenen schweren Befehl »Alle Mann aus dem Schiff!« geben.

Einige Minuten später, als alle Soldaten das Schiff verlassen hatten, beendete einer der 18 Torpedos, die von Admiral Takahashis Zerstörer geschossen wurden, das Schicksal der »Exeter«. Sie rollte herum und sank.

»Encounter«, ebenfalls schwer getroffen, sackte zurück. Nun lief »Pope«, ein Zerstörer aus dem Ersten Weltkrieg, allein weiter. Commander Blinn versuchte, im Schutz der Dunkelheit die Küste von Borneo zu erreichen. Aber sechs Tiefbomber griffen um 12.30 Uhr »Pope« im Einzelflug an. Nach dem elften Anflug traf einer der geworfenen Torpedos das Torpedorohr 4 von »Pope«. Ein riesiges Leck klaffte auf, und um 12.50 Uhr mußte Commander Blinn den Befehl zum Verlassen des Schiffs geben. Nach einer letzten Salve der herangekommenen Feindzerstörer sank das letzte Schiff der Kampfgruppe Doorman in der Javasee.

Das ABDA-Marinekommando löste sich am 1. März 1942 auf. Alle Schiffe erhielten den Befehl, in den Exmouth Golf Australiens zu laufen. Der Kampf in der Javasee war zu Ende. Er hatte den Japanern große Erfolge gebracht.

Der Kampf der Kreuzer im Indischen Ozean

Alle britischen Schiffe, die aus der Javasee entkommen waren, gingen zur britischen Östlichen Flotte nach Colombo, die von Admiral Sir James Somerville befehligt wurde. Die British Eastern Fleet mit fünf Schlachtschiffen, drei Flugzeugträgern, acht Kreuzern, 15 Zerstörern und fünf U-Booten, von denen zwei Kreuzer und drei U-Boote niederländische Einheiten waren, war eine sehr kampfstarke Truppe.

Als Admiral Somerville, der auf »Warspite« seine Flagge gesetzt hatte, am 28. März vom Nachrichtendienst eine Warnmeldung erhielt, daß japanische Trägerflugzeuge Ceylon angreifen wollten, bereitete er alles zur Abwehr vor.

Bei der japanischen Angriffsstreitmacht handelte es sich um jene, die unter Befehl von Vizeadmiral Nagumo auch Pearl Harbor und Port Darwin angegriffen hatte. Sie bestand aus vier Trägern, vier Schlachtschiffen und den Schweren Kreuzern »Tone« und »Chikuma«, dem Leichten Kreuzer »Abukuma« und acht Zerstörern. Die Information darüber kam von dem Nachrichtendienst in General MacArthurs Kommando.

Dieser Verband hatte nach der Beölung in Kendari am 26. März Kurs auf Ceylon genommen. Die Eastern Fleet wiederum hatte in Addu gelegen, wo Öl und Wasser übernommen wurden.

Als ein Seeaufklärer am Nachmittag des 4. April den nahenden Gegner meldete, lief Admiral Somerville mit allen verfügbaren Schiffen aus und befahl den übrigen, so rasch wie möglich mit der Versorgung fertig zu werden und zu folgen.

Am Tag darauf griffen 70 Trägerflugzeuge der Japaner Colombo an. Sie erzielten einige Versenkungen auf der Reede und versenkten im Hafen selbst einen Zerstörer und einen Hilfskreuzer. Von den 32 startenden britischen Flugzeugen, die sich der japanischen Luftarmada entgegenstellten, wurden 24 abgeschossen. Aber auch eine Reihe Trägerflugzeuge konnten vernichtet werden, bevor sie zum Bombenwurf kamen.

An diesem Sonntag liefen die Schweren Kreuzer »Dorsetshire« und »Cornwall« auf der Route nach Colombo zum Treffpunkt mit Admiral Somervilles Flotte. Als sie von einem japanischen Seeaufklärer gesichtet und gemeldet wurden, begann auch die Jagd auf diese beiden Kreuzer durch Flugzeuge der Träger der Luftangriffsgruppe.

»Dorsetshire« erhielt eine Reihe schwerer Treffer und

sank über das Heck. »Cornwall« wurde nacheinander von acht Bomben getroffen. Explosionen grollten, Flammen stoben himmelhoch empor, dicke Rauchwolken zeigten den Ort an, an dem um 13.59 Uhr dieses schwarzen 5. April auch die »Cornwall« sank. Über 1100 Schiffbrüchige der beiden Schweren Kreuzer konnten gerettet werden, aber 425 Offiziere und Mannschaften gingen mit den beiden Kreuzern unter.

Admiral Somerville drehte noch bei Tage aus dem Wirkungsbereich der japanischen Flugzeuge ab und schloß bei Nacht wieder heran, um zum Artilleriegefecht zu kommen. Aber er erhielt in den nächsten 48 Stunden keinen Kontakt mit dem Gegner. Am 8. April kehrte die Eastern Fleet nach Addu zurück, um erneut Öl und Frischwasser zu übernehmen.

Inzwischen hatte eine zweite japanische Kampfgruppe unter Vizeadmiral Ozawa mit dem Träger »Ryūjo« und fünf Schweren Kreuzern mit einem dichten Schirm an Zerstörern die Bucht von Bengalen heimgesucht. Alles, was hier an Handelsschiffen schwamm, wurde vernichtet. Wie ein Orkan zog diese Kampfgruppe durch den Golf.

Am 9. März 1942 bereits hatte Präsident Roosevelt an Winston Churchill telegrafiert: »Die Situation im Pazifik ist nun sehr ernst.«

Die alliierte Handelsschiffahrt hatte in den ersten drei Monaten des Jahres 1942 hier und im Atlantik über 2 Millionen BRT Schiffsraum verloren. In den nächsten drei Monaten waren es wiederum über 2 Millionen BRT. Im Pazifik aber kontrollierten die Japaner nun das gesamte Gebiet zwischen den Salomoninseln, Burma und China. Bataan war eingeschlossen, und die Südküste von Neuguinea würde das nächste Angriffsziel sein.

Nunmehr beschlossen Churchill und Roosevelt, daß die USA die Verteidigung des Pazifik einschließlich Neuseeland und Australien übernehmen sollten, während Großbritannien den Indischen Ozean und den Mittleren

Osten verteidigen würde. Es wurde ein strategischer Plan ausgearbeitet, Hitler den ersten Schlag zu versetzen. Und während die Vorbereitungen für eine große Offensive in Europa oder Afrika anliefen, sollte der Pazifik die größte Priorität erhalten. Alles, was an Schiffen, Flugzeugen und Truppen zur Verfügung stehe, sollte dazu dienen, die dortigen lebenswichtigen Positionen zu schützen und die Verbindungswege zu sichern.

Unter dem Eindruck der Schlag auf Schlag folgenden Niederlagen waren die Bürger der USA so weit, zuzugestehen, daß die Japaner ihnen überlegen seien. Sie fürchteten dieses Volk, das aus großartigen Kämpfern zu bestehen schien und denen ein großes militärisches Potential zur Verfügung stand.

In Japan selbst herrschte in diesen ersten sechs Monaten des Krieges eitel Sonnenschein. Im Rausch der Siege, die ihnen die »Hakko Ichiu« — die acht wichtigsten Punkte der Welt — unter einem, dem japanischen, Dach vereinigen würden, glaubte man in Japan schon nicht mehr daran, daß sich der Gegner USA zu einem entscheidenden Widerstand würde aufraffen können. Der Sieg schien bereits sicher. Doch dies sollte sich als Trugschluß erweisen.

Die Südwestpazifik-Streitkräfte in der Korallensee

Unter Vizeadmiral Leary hatte diese Streitmacht, die als »MacArthurs Navy« galt, auch die drei australischen Kreuzer der ehemaligen ANZAC-Force in Sydney übernommen. In Numea lagen die US-Kreuzer »Chicago« und »Perkins«. Diesen beiden Kreuzern wurde befohlen, am 1. Mai 1942 mit der Task Force 17 unter Vizeadmiral Fletcher zusammenzutreffen. Die Task Force 17 wiederum war auf Zusammenarbeit mit der unter Führung von Konteradmiral Crace stehenden Task Force 44 eingeschworen. Der so zusammengesetzte Verband sollte in der Korallensee operieren. Bis dahin hatte er eine Distanz von 3500 Seemeilen zurückzulegen. Das taktische Kommando über diese Flotte wurde Vizeadmiral Fletcher übertragen.

In der Korallensee wiederum operierten folgende japanische Verbände: die Task Force unter dem Befehl von Vizeadmiral Shigeyoshi, Befehlshaber der 4. Flotte; die Mobile Force mit der 5. Kreuzer-Division (Konteradmiral Hara) mit den Schweren Kreuzern »Myoko« und »Haguro«, zwei Trägern und zwei Zerstörer-Gruppen.

Hinzu kamen die Invasionsstreitkräfte für Tulagi und Port Moresby und die Geleittruppe unter Konteradmiral Marumo mit der 18. Kreuzer-Division, in der die Leichten Kreuzer »Tenryu« und »Tatsuta«, ein Seeflugzeugträger und drei Kanonenboote standen.

Die Sicherungsgruppe unter Konteradmiral Goto bestand aus den Schweren Kreuzern »Aoba«, »Furutaka«, »Kako« und »Kingusa«, einem leichten Träger und einem Zerstörer. Sieben U-Boote kamen hinzu. Sie wurden von Kapitän zur See Ishizaki geführt.

Die alliierten Seestreitkräfte waren:

Task Force 17: Konteradmiral Fletcher auf »Yorktown«.
Task Group 17.2 als Angriffsgruppe: Konteradmiral Kinkaid mit Schwerer Kreuzer »Minneapolis«, Captain Lowry; Schwerer Kreuzer »New Orleans«, Captain Good.
Konteradmiral Smith als Kreuzer-Commander mit:
»Astoria«, Captain Scanland; »Chester«, Captain Shock; »Portland«, Captain Perlman.
Task Group 17.3: Konteradmiral Crace mit:
Schwerer Kreuzer »Australia«, Captain Farncomb (RNA); Schwerer Kreuzer »Chicago«, Captain Bode; Schwerer Kreuzer »Hobart«, Captain Howden (RNA).
Insgesamt sieben Zerstörer kamen hinzu.
Die Task Group 17.5 hatte vier Träger mit 72 Flugzeu-

gen zur Verfügung. Die Air Group weitere vier Träger mit 70 Maschinen. Hinzu kam noch der Träger »Lexington«, dem vier Zerstörer beigegeben waren.

Am 7. Mai 1942 begannen die Operationen in der Korallensee mit dem Gefecht von Sydney. Während der Einsätze der Flugzeuge beider Seiten, die in turbulenten Luftkämpfen standen, wurde von den Japanern die Versenkung des Schweren Kreuzers »Chicago« gemeldet, der aber nicht sank, obgleich er schwer getroffen wurde. Auch ein Schlachtschiff wurde als versenkt gemeldet, doch auch dieser Erfolg wurde nicht bestätigt.

Am 8. Mai setzte die Trägerschlacht mit voller Kraft ein. 121 japanische Flugzeuge standen im Luftduell gegen 122 US-Flugzeuge. Der japanische Träger »Shokaku« wurde in Brand geworfen.

Einige Minuten nach diesem US-Angriff flogen 70 japanische Maschinen die US-Träger an. Die geworfenen Lufttorpedos wurden von der »Yorktown« ausmanövriert. »Lexington« aber wurde getroffen, und wenig später auch »Yorktown« von einigen Bomben. »Lexington« sank. Als die Besatzung von Bord gegangen war, wurde der Träger von dem Zerstörer »Phelps« versenkt.

Die von den japanischen Streitkräften beabsichtigte Landung in Port Moresby aber wurde durch den Einsatz der britisch-amerikanischen Kräfte vereitelt.

In der Schlacht bei Midway, die vom 3. bis zum 6. Juli 1942 dauerte, standen Kreuzer nur in zweiter Linie im Brennpunkt des Interesses, wenn auch in der US-Pazifik-Flotte, der Task Force 16, neben der Träger-Kampfgruppe mit vier Trägern die Kreuzer-Group mit »Astoria«, »Portland«, und sechs Zerstörern und in der Task Force 17 mit fünf Trägern die Kreuzer-Division 6 unter Konteradmiral Kinkaid mit »New Orleans«, »Minneapolis«, »Vincennes«, »Northampton«, »Pensacola« und »Atlanta« standen.

In den japanischen Verbänden war ebenfalls eine Reihe von Kreuzern vorhanden, allein in der Landungsgruppe unter Vizeadmiral Kondo acht Schwere und zwei Leichte Kreuzer.

Absicht der Angreifer war es, gleichzeitig mit einem Ablenkungsvorstoß gegen die Aleuten einen Landungsangriff gegen Midway zu führen und diese Inselgruppe in der Mitte des Pazifik zu gewinnen. Anschließend sollte die Entscheidungsschlacht mit der sicherlich anlaufenden US-Flotte gesucht werden.

Die japanische Trägergruppe unter dem bewährten Vizeadmiral Nagumo, mit vier Trägern, zwei Schlachtschiffen und den Schweren und Leichten Kreuzern »Chicuma«, »Tone«, »Nagara« und elf Zerstörern begann am 4. Juni mit dem Start von 108 japanischen Flugzeugen den Angriff gegen Midway.

Die zum Gegenangriff anlaufenden US-Trägergruppen mit drei Trägern wurde von den Kreuzern »Astoria«, »Portland«, »New Orleans«, »Minneapolis«, »Vincennes«, »Northampton«, »Pensacola«, »Atlanta« und 15 Zerstörern gedeckt. Drei japanische Flugzeugträger wurden durch Bomben und Lufttorpedos versenkt. Als vierter Träger wurde schließlich auch »Hiryu« schwer getroffen und mußte aufgegeben werden. Von den US-Trägern wurde lediglich »Yorktown« beschädigt.

Bei einem Vorstoß der japanischen Kreuzer gegen Midway kollidierten die »Mogami« und »Mikuma« miteinander. Auch dieser Vorstoß mußte abgebrochen werden. Am 5. Juni sammelte die japanische Flotte nordwestlich von Midway und trat den Rückmarsch an.

Am selben Tag flogen Flugzeuge der »Enterprise« und »Yorktown« drei Wellenangriffe gegen die beiden bei der Kollision beschädigten Kreuzer der Japaner. »Mikuma« sank im Bombenhagel. »Mogami« gelang es zu entkommen. Die beschädigte »Yorktown« wurde am 7. Juni von dem japanischen U-Boot I-168 unter Korvettenkapitän Tanabe mit einem Fächertorpedoschuß versenkt.

Während die Schlacht um Midway in vollem Gange war, landeten japanische Truppen auf Attu und Kiska, zwei Inseln der Aleuten. Im Nordabschnitt befand sich unter dem Befehl von Vizeadmiral Hosogaya nur der Schwere Kreuzer »Nachi« mit zwei Zerstörern, in der beweglichen Kampfgruppe neben zwei Leichten Trägern die Schweren Kreuzer »Takao« und »Maya«; in der Angriffsgruppe gegen Attu standen keine Kreuzer. Die Gruppe aber, die Kiska in Besitz nehmen sollte, verfügte wieder über die Leichten Kreuzer »Kiso« und »Tama«.

Gegen diese Streitmacht wurden unter dem Befehl von Konteradmiral Theobald (auf dem Leichten Kreuzer »Nashville«) die Schweren Kreuzer »Indianapolis« (Captain Hanson), »Louisville« (Captain Nixon), die Leichten Kreuzer »St. Louis« (Captain Rood) und »Honolulu« (Captain Dodd) eingesetzt. Kommandant auf »Nashville« war Captain Craven. Eine Reihe kleinerer Kampfgruppen, darunter auch eine Luftkampfgruppe, kamen hinzu.

Der »Schlag von Dutch Harbor« begann am 3. Juni 1942, als die Zweite bewegliche japanische Kampfgruppe unter Admiral Kakuta nahe an den Hafen herangekommen war. Der Verband wurde erst um 5.40 Uhr nur noch 130 Seemeilen von Dutch Harbor entfernt, von einem Seeaufklärer gesichtet.

Die Flugzeuge des Trägers »Ryujo« griffen Fort Mears und die Funkstationen an. Sie vernichteten einige kleine Fahrzeuge und beschädigten Anlagen im Hafenbereich. Als eine der abdrehenden Maschinen einen Verband von fünf Zerstörern sichtete, befahl Admiral Kakuta den Angriff darauf, der um 9 Uhr begann, aber nichts brachte. Dieser Ablenkungsangriff endete ohne besonderen Schlagabtausch zwischen den Kreuzern.

Der Generalkurs der US Navy

Mitte März 1942 war die Dislokation der US-Navy für den Krieg im Pazifik nicht günstig. Von den neun neuen Schlachtschiffen standen zwei im Atlantik. Die Zahl der Flugzeugträger betrug im Atlantik drei und im Pazifik fünf und von den 17 Schweren Kreuzern standen ebenfalls vier im Atlantik. Das Verhältnis war bei den Leichten Kreuzern noch schlechter, weil von den 20 Einheiten acht im Atlantik standen. Der am 15. März von den Chiefs of Staff beschlossene Generalkurs lautete in den wichtigsten Punkten:

1. Sicherung des Territoriums und der Küstengewässer der USA.
2. Mit britischer und kanadischer Assistenz Sicherung der Transatlantikrouten und der Luftrouten.
3. Sicherung Großbritanniens und seiner Inseln zwischen ihnen und der amerikanischen Westküste und Panama.
4. Inschachhalten der japanischen Streitkräfte, wo sie sich auch befanden, und Versuche, sie zu reduzieren.
5. Abgeben von begrenzten Einheiten zur Hilfeleistung für die Verteidigung der Indien-Burma-China-Gebiete.
6. Beeinflussung der anglo-amerikanischen Anstrengungen für die Eröffnung einer Offensive gegen Deutschland.

Am 10. Juni erhielt die Pazifikflotte unter Admiral Nimitz, mit dessen Chef des Stabes, Konteradmral Spruance, folgende neue Einheiten: das Schlachtschiff »North Carolina«, den Schweren Kreuzer »Quincy«, den Leichten Kreuzer »San Juan« und sieben Zerstörer, die durch den Panamakanal in den Pazifik liefen. Es war dies die erste größere Verstärkung im Jahre 1942. Die Trägergruppen wurden vom Commander-in-Chief Pacific wie folgt reorganisiert:

Task Force 11, Konteradmiral Fitch:
ein Träger, Schwere Kreuzer »Minneapolis«, »New Orleans« und »Astoria«; Zerstörer-Schwadron 1.
Task Force 16, Konteradmiral Fletcher:
ein Flugzeugträger, Schwere Kreuzer »Chester«, »Louisville«, »Portland«, Leichter Kreuzer »Atlanta« und Zerstörer-Schwadron 6.
Task Force 17, Konteradmiral Mitscher:
ein Flugzeugträger, Schwere Kreuzer »Northampton«, »Salt Lake City«, »Pensacola«, Leichter Kreuzer »San Diego« und Zerstörer-Schwadron 2.
Task Force 18, Konteradmiral Noyes:
ein Flugzeugträger, Schwere Kreuzer »Quincy«, »San Francisco«, »Vincennes«, Leichter Kreuzer »San Juan«, Zerstörer-Schwadron 15, 23.

Damit war eine große Streitmacht im Pazifik neu formiert und das große Rätselraten: »Was kommt nun?« beherrschte die Gespräche an Bord all dieser Einheiten.

In der amphibischen Kampfgruppe des Südpazifiks unter Konteradmiral McCawley standen schließlich noch als *Task Force 62*:

Schwerer Kreuzer »Australia«, Captain Farncomb (RAN);
Schwerer Kreuzer »Canberra«, Captain Getting (RAN);
Leichter Kreuzer »Hobart«, Captain Showers (RAN);
Schwerer Kreuzer »Chicago«, Captain Bode.

Dieser Verband sollte noch in den Kämpfen um Guadalcanal von sich reden machen.

In der Feuer-Geleitgruppe unter dem Chef dieser Gruppe, Captain Riefkohl, standen ferner noch:

Schwerer Kreuzer »Vincennes«, Captain Riefkohl;
Schwerer Kreuzer »Quincy«, Captain Moore;
Schwerer Kreuzer »Astoria«, Captain Greenmann.

Der Kampf um Guadalcanal — Erste Phase

Die US-Operationen begannen am 28. und 31. Juli 1942 mit den Landungen auf Koro Island und auf den Fidjiinseln. Von hier aus ging es nach Westen und schließlich mit Zielrichtung auf Cap Esperance nach Guadalcanal. In der Operation »Watchtower« sollten US-Landungstruppen an der Nordseite der Insel an Land gehen. Es sollte die erste amphibische US-Operation dieses Krieges werden, und Admiral Turner gab die Parole aus, die alle beherrschte:

> »Am 7. August 1942 will die Pazifikflotte Tulago und Guadalcanal zurückerobern, die noch in der Hand des Feindes sind.«

Um diesen ersten offensiven Schritt im Pazifik tun zu können, wurden Flotte und Luftwaffe auf einen Höchststand gebracht. Und Admiral Turner gab als Tagesbefehl heraus:

> »Es ist ein sicheres Zeichen des Sieges, daß wir hier Schulter an Schulter die Streitkräfte der US Navy Marines und Army mit den Australiern und den neuseeländischen Land-, Luft- und Seestreitkräften sehen.
> Ich habe das Vertrauen, daß alle Teile dieser Armada geschickt und couragiert sich selbst darstellen werden und daß sich alle Männer schlagen mögen mit dem Bewußtsein, für eine gemeinsame große Sache zu kämpfen.
> Gott segne Sie alle!«

Der Angriff begann am Morgen des 7. August um 6.13 Uhr, als »Quincy« als erster Kreuzer das Schweigen brach und die Beschießung der feindlichen Küste eröffnete. Alle übrigen Schiffe der Feuer-Geleitgruppe fielen ein, und westlich von Luga Point wurde die Erde von den einschlagenden Granaten umgepflügt. 44 Flugzeuge von

»Saratoga« und »Enterprise« starteten zum Bombardement, und dann unternahmen die amphibischen Streitkräfte unter Konteradmiral Turner, also die 1. Marine-Division, von 15 Transportern aus die Landung an der Nordseite von Guadalcanal und von vier weiteren Transportern aus auf Tulagi. Dem Kreuzer »San Juan« war es bereits am Morgen gelungen, die Funkstation auf Tulagi zum Schweigen zu bringen und die Landung der Marinetruppen zu ermöglichen. Bis zum Abend dieses Tages waren zwei Brückenköpfe auf der Insel in den Händen der Angreifer.

Die japanische 8. Flotte, die von der noch intakten Funkstelle Tulagi alarmiert worden war, lief unter Vizeadmiral Mikawa mit fünf Schweren und zwei Leichten Kreuzern von Rabaul aus, um den Gegner zu stellen. Als Sicherung liefen einige Zerstörer mit.

Die japanischen Langstreckenbomber unter Konteradmiral Yamadam, die in der 25. Luftflotte zusammengefaßt waren, starteten nach Bekanntwerden der Landungen auf Tulagi und wurden am 7. August um 13.15 Uhr durch das Radar des Kreuzers »Chicago« geortet. Sie erzielten keinen Erfolg.

Am nächsten Morgen wurde der Zerstörer »Jarvis« beim Angriff japanischer Torpedoflugzeuge versenkt. Ein Transporter wurde durch einen abstürzenden Sturzbomber getroffen und sank.

In der Nacht zum 9. August aber gelang es einem japanischen Kreuzerverband mit »Chokai«, »Aoba«, »Furutaka«, »Kako«, »Kinugasa«, »Tenryu« und »Yubari«, zusammen mit einem Zerstörer unbemerkt an den beiden Wache haltenden US-Radar-Zerstörern vorbei in die Enge zwischen Savo Island und Guadalcanal einzulaufen. Sie konnten die südliche Deckungsgruppe völlig überraschen. Diese bestand aus den Kreuzern »Canberra« und »Chicago« und den Zerstörern »Patterson« und »Bagley«. Dieser Verband unter Konteradmiral Crutchley stand südöstlich von Savo auf und ab und lief zwölf Knoten, um als Patrouille alles im Blickfeld zu haben. Hinzu kam der Schwere Kreuzer »Australia«.

Die nördliche Sicherungsgruppe unter Captain Riefkohl lief mit nur zehn Knoten Fahrt in dem Quadrat zwischen Savo und Florida Island und drehte jede halbe Stunde um 90 Grad. Hier war es »Vincennes«, die vor »Quincy« und »Astoria« führte, während die Zerstörer »Helm« und »Wilson« breitseits beiderseits des führenden Kreuzers liefen.

Ob nun wirklich die beiden Zerstörer »Talbot« und »Blue« keine Warnung herausgaben, ist zweifelhaft. Es wird sogar als sicher angenommen, daß dies geschehen ist. Doch offenbar hatte Crutchley keine Möglichkeit, mit den Kommandanten der drei nördlichen Kreuzer in Kontakt zu treten, weil er nicht an Bord war. Admiral Turner hatte ihn aufgefordert, zum Flaggschiff der amphibischen Kampfgruppe zu kommen, um mit ihm zu sprechen. Dieses Schiff, die »McCawley«, lag in Luga Point. An Bord des Kreuzers »Australia« verließ er die Gruppe und gab Captain Bode auf der »Chicago« Weisung, die Kampfgruppe zu übernehmen. Captain Bode hoffte, daß Crutchley bis Mitternacht zurück sein würde.

Im Norden drehten die Schiffe von Captain Riefkohl ihre monotonen Runden. Als um 23.13 Uhr Flugzeuge gesichtet wurden, rief Zerstörer »Talbot« folgendes durch:

»Warnung — Warnung! Flugzeug über Savo, fliegt Ostkurs!«

Dieser Ruf erreichte Admiral Turner nicht. Auch »Quincy« und »Vincennes« sichteten das Flugzeug, glaubten aber, es sei ein eigenes. Aber es war eine Aufklärermaschine von Admiral Mikawas Kreuzern. So konnte 90 Minuten lang das Flugzeug ungeschoren über den Schiffen kreisen und exakte Informationen an Admiral Mikawa durchtasten.

Admiral Mikawa hatte seine Kreuzer in Kiellinie gegliedert: an der Spitze »Chokai«, gefolgt von »Aoba«,

»Kako«, »Kinugasa« und »Furutaka«. Die Leichten Kreuzer »Tenryu« und »Yubari« und der Zerstörer »Yunagi« machten den Schluß. Ihre Gesamtbewaffnung bestand aus 62 Torpedorohren, 34 21-cm-Geschützen, zehn Geschützen vom Kaliber 14 und 25 12,7-cm-Geschützen.

Admiral Mikawa hatte den Befehl ausgegeben:

»Einzeln in den Sund hineinstoßen! Zuerst die US-Kriegsschiffe vor Guadalcanal angreifen, danach jene vor Tulagi. Bei Tagesanbruch: Blitzangriff auf den Feind!«

Um 0.25 Uhr wurde Admiral Mikawa gemeldet, daß drei Schwere Kreuzer südlich Savo stünden, 20 Minuten später wurde »Auf Gefechtsstationen!« befohlen, und um 0.54 Uhr sichtete »Chokai« den Zerstörer »Blue« über den Steuerbordbug. Die Kampfgruppe ging mit ihrer Fahrt auf 26 Knoten hinauf. Aber »Blue« machte keine Sichtmeldung, weil seine Ausgucks nach achtern und nicht nach vorn die See absuchten.

Wenig später wurde auch »Talbot« gesichtet, und Admiral Mikawa befahl um 1.05 Uhr den Wechsel auf einen neuen Kurs von 150 Grad. Savo passierte an der Backbordseite, und als die Insel umrundet war, wurde um 1.32 Uhr der Kurs auf 95 Grad gelegt. Eine Minute darauf gab Admiral Mikawa den Angriffsbefehl.

Mit der Sichtmeldung über »Chicago« und »Canberra« erfolgte der Feuerbefehl. Zwei Salven Torpedos wurden geschossen. Noch immer waren die japanischen Kreuzer nicht entdeckt worden. Erst um 1.43 Uhr meldete »Patterson«: »Warnung — Warnung! — Große Schiffe dringen in den Hafen ein.«

Es war schon zu spät, denn Sekunden später warfen japanische Flugzeuge in einem ausgezeichneten Timing Leuchtbomben, und die beiden US-Kreuzer standen im hellen Licht. Alle japanischen Zerstörer eröffneten aus Distanzen zwischen 4500 und 10 000 Meter das Feuer. Als »Canberra« gerade das Feuer erwidern wollte, wurde der

Kreuzer von zwei Seiten durch Torpedos getroffen, die fünf Minuten vorher von den Japanern abgeschossen worden waren. Zwei trafen die Steuerbordseite. Zur gleichen Zeit hämmerten etwa 24 Granaten in die Decks und zersiebten sie. Captain Getting wurde getötet, mit ihm sein Artillerieoffizier und eine Reihe Soldaten. Der Kreuzer schoß noch zwei Torpedos ab, bevor er still auf der Wasseroberfläche als Fackel liegenblieb. Binnen fünf Minuten nach den Treffern der Torpedos war dieses schöne Schiff vernichtet und von der Wasseroberfläche verschwunden.

Die »Chicago« schoß Sternschüsse, um das Gefechtsfeld aufzuhellen, als eine Wache Torpedolaufbahnen sichtete und einen lauten Warnruf ausstieß. »Hart ruder Backbord!« befahl Bode, aber es war schon zu spät. Es war genau 1.47 Uhr, als der erste Torpedo sich in den Bug des Kreuzers bohrte. Ein riesiger Wasserstrahl stob in die Höhe. Dann war das Schiff vom Bug bis zum ersten Schornstein überschwemmt. Schon waren Admiral Mikawas Kreuzer vorbeigerauscht und erhielten um 1.44 Uhr Befehl, die »Vincennes«-Gruppe gegen Nordosten anzugreifen. Bei einer Kursänderung kollidierte »Furutaka« als fünfter in der Kiellinie mit »Kinugasa«. Er scherte nach Steuerbord aus und lief nun direkt auf die Nordgruppe zu. Die Leichten Kreuzer »Tenryu« und »Yubari« folgten der Drehung, und damit war Mikawas Streitmacht in eine westliche Teilgruppe und eine östliche geteilt. Es war 1.47 Uhr, als »Chokai« die »Vincennes«-Gruppe sichtete.

Die Kreuzer »Vincennes«, »Quincy« und »Astoria« erhielten um 1.43 Uhr die Warnmeldung der »Patterson« und führten gerade noch ihre Drehung von Südwest nach Nordost durch. Um 1.48 Uhr schoß »Chokai« die ersten vier Torpedos auf die Nordgruppe. Einer dieser Aale traf »Astoria«, die unmittelbar darauf auch von Granaten getroffen wurde. Nach vier Salven hatte »Chokai« sich eingeschossen, und ab der fünften schlugen 20,3-cm-Granaten mittschiffs in die »Astoria« ein. Flammen stiegen aus dem Schiff in die Höhe und erhellten gespenstisch die Kampfszene. Jede der nun folgenden Granaten traf, aus 6000 Meter Entfernung geschossen, ihr Ziel. »Astoria« gelang es noch, elf Salven aus ihren schweren Türmen zu schießen. Als dann der Kommandant um 2.02 Uhr eine Steuerbordsschwenkung befahl, weil sein Schiff genau zwischen der »Quincy« und dem Gegner lag, traf eine Granate die Steuerbordseite der Brücke. »Astoria« war für kurze Zeit steuerlos, bis Bootsmannsmaat Young schwer verwundet auf die Füße kam und das Schiff auf den nordwestlichen Kurs zurückdrehte. »Astoria« machte nur noch sieben Knoten Fahrt, weil die Kesselräume hatten verlassen werden müssen. Feindliche Granaten machten aus dem Schiff förmlich ein Sieb. Aber es entkam noch einmal.

»Quincy«, die der »Astoria« am nächsten stand, wurde vom Scheinwerfer des Schweren Kreuzers »Aoba« erfaßt, und als die ersten Granaten nahebei einschlugen, eilte Lieutenant-Commander Heneberger, der Artillerie-Offizier, in die Artillerie-Feuerleitstelle und befahl, auf das Schiff mit den Suchscheinwerfern zu feuern. Aus 8000 Meter Distanz wurden nacheinander neun Salven geschossen. Dann mußte eine Kurskorrektur befohlen werden, damit sie nicht mit der vorauslaufenden »Vincennes« kollidierten. Bevor diese ausgeführt war, traf eine japanische Granate ein auf dem Katapult stehendes Bordflugzeug. Nun benötigte der Gegner keine Suchscheinwerfer mehr, um die »Quincy« zu finden. Der Kreuzer stand wenige Sekunden später bereits im japanischen Kreuzfeuer. Turm 2 wurde getroffen und flog mit einer wüsten Munitionsdetonation in die Luft. Captain Moore wurde wenig später tödlich getroffen. Das Leben im Führerhaus erstarb nach diesem Treffer. Dann bohrte sich ein Torpedo an der Backbordseite in den Kesselraum 4 hinein. Feuer und Explosionen wüteten und forderten hohe Opfer an Toten und Verwundeten. »Quincy« war am Ende und als Heneberger einen Läufer zur Brücke schickte, um Instruktionen zu holen, kam dieser schreckensbleich zurück und stammelte:

»Die ganze Brücke ist ein Schlachthaus toter Körper. Es leben vielleicht noch drei oder vier Männer. Im Pilothaus steht nur noch der Signalmaat. Er hat das Ruder übernommen und versucht, das Schiff nach Steuerbord zu drehen und in den Hafen zu bringen.«

Der Läufer berichtete weiter: »Ich ging zur Backbordseite des Ruderhauses und schaute hinaus, um Savo Island zu finden und bemerkte, daß unser Schiff sehr schnell mit Backbordschlagseite über den Bug sank.« (Bericht des Artillerie-Adjutanten Andrew)

Nun befahl Heneberger: »Alle Mann aus dem Schiff!«

Das ganze Vorschiff stand bereits unter Wasser, als die Lebensrettungsflöße und Wrackteile über Bord geworfen wurden.

Um 2.35 Uhr kenterte »Quincy« nach Backbord, drehte sich noch einmal herum und sank als erstes jener Schiffe, die diesem Sund später den Namen »Eisenboden-Sund« gaben.

»Vincennes« aber, Führerkreuzer der nördlichen Patrouillengruppe, hatte zwar den Gegner zuerst gesichtet, griff indessen als letzter Kreuzer in den Kampf ein. Captain Riefkohl war erst eine Stunde vorher in seine Koje gekrochen. Commander Mullan vertrat ihn auf der Brükke und Lieutenant-Commander Craighill hatte die Artillerie-Kontrolle. Sie hatten die Funkwarnung von »Talbot« gehört, und wenig später fielen auch die Leuchtbomben der japanischen Flieger. Nun wurde Captain Riefkohl wieder auf die Brücke gerufen. Als wenig später dumpfe Unterwasserdetonationen erschollen und aus Süden Kanonenabschüsse sichtbar wurden, glaubte man noch, daß auf Flieger geschossen würde, die Bomben abgeladen hatten.

Captain Riefkohl ließ die Fahrt auf 15 Knoten erhöhen, aber den alten Kurs fortsetzen. Als um 1.50 Uhr die Scheinwerfer dreier Schiffe aufflammten, glaubte er immer noch, daß dies die eigene Südgruppe sei. Doch dann beendete der Kreuzer »Kako« sehr schnell alle Zweifel, als er die erste Salve auf »Vincennes« abfeuerte, die einige hundert Meter zu kurz lag. Diese antwortete um 1.53 Uhr mit einer 20,3-cm-Vollsalve aus vier Seemeilen Distanz.

Mit der zweiten Salve wurde »Kinugasa« getroffen. Zur gleichen Zeit schmetterten die ersten Treffer mittschiffs in die »Vinny« hinein. Die auf den Katapulten stehenden beiden Flugzeuge gingen in Flammen auf. Captain Riefkohl ließ vor anlaufenden Torpedos nach Backbord drehen. Aber mehrere Treffer auf sein in helle Flammen gehülltes Schiff verhinderten die Ausführung dieses Befehls. Aufbauten wurden zerschmettert, Geschütze außer Gefecht gesetzt, die Bordverständigung außer Betrieb gesetzt.

Das Feuer kam von zwei Seiten, und Riefkohl versuchte nun, durch Hartruderlegen nach Steuerbord zu entkommen. Zwischen dieser um 1.55 Uhr beginnenden Drehung wurde der Kreuzer von zwei oder drei Torpedos der »Chokai« getroffen, die den Kesselraum 4 an der Backbordseite trafen. Im Kesselraum 2 wurden die Soldaten im entweichenden Dampf verbrannt. Um 2.03 Uhr wurde das Schiff von einem Torpedo der »Yubari« im Kesselraum 1 getroffen. Nun stoppte die »Vinny« und lag regungslos unter dem auf sie eintrommelnden Feuer. Als Captain Riefkohl vorn eine große rote Flagge setzen ließ, wähnte man auf seiten des Gegners, dies sei die Admiralsflagge, und verstärkte das Feuer noch zu einem fürchterlichen Hagel. Als der Gegner um 2.15 Uhr das Feuer stoppte und seine Scheinwerfer erloschen, war die »Vincennes« vernichtet. Sie sank um 2.50 Uhr in einem dichten Schleier aus Wasser und Qualm.

Um 2 Uhr ließ Admiral Mikawa sein Schiff »Chokai« aus dem nördlichen Verband herausdrehen. Seine Gruppe folgte ihm, die vorher genannte Teilgruppe jedoch nicht. Es war 2.05 Uhr, als zwei Granaten der mit dem

Tode ringenden »Quincy« das japanische Flaggschiff trafen. Die erste setzte den Kartenraum des Admiralstabs außer Gefecht, die zweite detonierte nahe dem Flugzeugkran, und eine dritte traf einen der vorderen Türme.

Um 2.20 Uhr signalisierte das Flaggschiff an alle Schiffe:

»Alle Einheiten ziehen sich zurück!«

In zwei Reihen drehten die Kreuzer der Japaner und verschwanden so schnell, wie sie gekommen waren.

Die von der »Furutaka« angeführte Gruppe lief zu dieser Zeit auf den Zerstörer »Talbot« zu. »Tenryu« und »Yubari« eröffneten das Feuer auf »Talbot« aus 4500 und 6000 Meter Distanz. Es wurden mehrere Granattreffer und ein Torpedotreffer erzielt. Dann ging es Schlag auf Schlag, und als »Talbot« in Flammen stand und starke Schlagseite erhalten hatte, lief der Gegner ab.

Admiral Mikawa wollte seinen Verband sammeln und noch einmal mit geballter Feuerkraft zuschlagen. Doch dazu kam es nicht mehr, weil sein Stab ihm (nach seinen Angaben, die er 1949 in den USA machte) meldete, daß alle Torpedos verschossen seien und daß bei Tageslicht ein Angriff amerikanischer Trägerflugzeuge zu hohen Verlusten führen könnte.

Die japanische Kampfgruppe lief ab. Sie hatte »Canberra« so schwer beschädigt, daß dieser Kreuzer am Morgen versenkt werden mußte. Der Zerstörer »Blue«, das einzige Schiff, das in der Nacht keinen Schuß abgefeuert hatte, lief zur »Canberra« und rettete 680 Schiffbrüchige.

»Quincy« war um 2.35 Uhr gesunken. 15 Minuten darauf war »Vincennes« ihr gefolgt. »Astoria« starb nur sehr langsam. Als die Brücke wegen Munitionsexplosionen verlassen werden mußte, lief der Zerstörer »Bagley« auf den treibenden Kreuzer zu und nahm bis 4.45 Uhr alle Verwundeten an Bord. Eine Reihe kleinerer Schiffe kam, um die Flammen einzudämmen und zu löschen. Um 11 Uhr aber explodierte ein weiteres Munitionsmagazin. Am Mittag überlief die See das Oberdeck, und 15 Minuten später drehte das Schiff über die Backbordseite in die Tiefe.

Die japanische Kampfgruppe war kaum gezeichnet davongekommen. »Aoba« hatte einen Treffer erhalten und brannte leicht. Auf »Chokai« wurde der Kartenraum ausgeschaltet, und auf »Kinugasa« fiel der Maschinenraum 1 aus. Alles in allem hatten die Japaner nur 58 Tote und 53 Verwundete. Was wunder, daß nun alle Menschen in Japan und nicht wenige in den USA die japanische Flotte für unbesiegbar hielten.

Am 10. August wurde der zurücklaufende Kreuzer »Kako« von dem US-U-Boot S-44 (Lieutenant-Commander Moore) gesichtet. Im Unterwasserangriff schoß Moore einen Viererfächer. Alle Torpedos trafen, und »Kako« sank binnen fünf Minuten. (Übrigens überlebte keines der siegreichen Schiffe von Savo Island den Krieg. »Furutaka« sank in der Schlacht bei Cape Esperance, »Kinugasa« in der Schlacht um Guadalcanal, »Tenryu«, »Yubari« und »Yunagi« wurden durch US-U-Boote versenkt, »Chokai« sank in der Schlacht von Samar und »Aoba« im Trägerraid von Kure.)

Dieser Kampf von Savo Island war die erste große Überwasserschlacht seit den Gefechten in der Javasee.

Japan hatte nach diesem Seesieg von Savo Island die Initiative zurückgewonnen. Am 21. August 1942 befahl schließlich Admiral Yamamoto den Angriff aus dem Gebiet um Truk. Er ließ dort drei Flugzeugträger, drei Schlachtschiffe, fünf Kreuzer und acht Zerstörer zusammenziehen. Zur gleichen Zeit sammelte in Rabaul Admiral Tsukahara vier Kreuzer und fünf Zerstörer und bekam von der Luftflotte 11 100 Flugzeuge zur Verfügung gestellt. Die Trägerschlacht bei den Salomonen konnte beginnen.

Die japanischen Kreuzer, die dazu aufgeboten wurden, waren: Kreuzer-Division 4 mit »Atago«, »Maya«, »Takao«; Kreuzer-Division 5 mit »Myoko« (an Bord Führer der Vorhutstreitmacht, Vizeadmiral Takagi) und »Haguro«. In der Angriffskampfgruppe stand die Kreuzer-Division 7 mit »Suzuya«, »Kumano« und »Chikuma«. Sie wurde von Konteradmiral Nishimura geführt; die Kreuzer-Division 6 unter Konteradmiral Goto, mit »Aoba«, »Kinugasa« und »Furutaka«, stand bei den Südöstlichen Streitkräften.

Im östlichen Salomonengebiet kam es dann zur Trägerschlacht. »Enterprise«, im weiten Kreis durch Kreuzer und Zerstörer geschützt, und »North Carolina«, ebenfalls durch Kreuzer gedeckt, starteten ihre Trägerflugzeuge. Die Flugzeuge des Trägers »Saratoga« unter der Führung von Vizeadmiral Fletcher, fanden den Gegner nicht. Als am Morgen des 24. August die Gruppe um den Träger »Ryujo« von der US-Luftaufklärung erfaßt worden war, starteten abermals von Saratoga die Torpedo- und Hochbomber. Von Torpedos und Bomben mehrfach getroffen, ging dieser japanische Träger binnen kurzer Zeit unter. Der Kreuzer »Tone«, der bei dem Träger stand, erhielt ebenfalls schwere Treffer, überlebte aber diesen Angriff.

Inzwischen hatte aber auch die japanische Luftaufklärung den US-Trägerverband entdeckt. Von »Shokaku« und »Zuikaku«, den beiden Trägern von Vizeadmiral Nagumo, starteten alle Angriffsgruppen. Sie erzielten trotz des massierten Abwehrfeuers drei schwere Bombentreffer auf der »Enterprise«. »North Carolina« aber wehrte im Verein mit den beiden Kreuzern »Portland« und »Atlanta« und den sechs Zerstörern den Luftangriff erfolgreich ab. Das Schnellfeuer holte sieben oder acht Angreifer aus dem Himmel herunter.

Am frühen Morgen des 25. August griffen dann 21 Bomber und 13 Jäger der Japaner Hendersonfield an, und in der kommenden Nacht starteten Bordflugzeuge der Kreuzer »Kinugasa«, »Furutaka« und »Yura« und bombten das Lagunengebiet. US-Sturzbomber trafen den Kreuzer »Jintsu« und den Zerstörer »Mutsuki« sowie einen Transporter schwer.

Nunmehr brachen die japanischen Führer den Angriff ab.

Die beschädigte »Enterprise« wurde vom Kreuzer »Portland« und vier Zerstörern nach Pearl Harbor geleitet. »North Carolina« und »Atlanta« sowie zwei Zerstörer wurden der »Saratoga«-Gruppe zugeführt. Der japanische Versuch, Guadalcanal zurückzugewinnen, war trotz des großen Einsatzes gescheitert.

Damit war ein entscheidender Abschnitt im Krieg im Pazifik abgeschlossen. Wenden wir uns wieder dem europäischen Kriegsschauplatz zu, wo vor allem im Mittelmeer die Kreuzereinsätze mit größter Erbitterung weitergeführt wurden.

Kreuzereinsätze im Mittelmeer
1942/43

Operation »Agreement«

Bereits in den ersten Augusttagen 1942 entschlossen sich
die Befehlshaber in Kairo, die 8. Armee durch eine Reihe
von Commandounternehmen zu entlasten. Die 8. Armee
war vor der Panzerarmee Afrika zurückgegangen und in
eine schwierige Lage geraten. Man kam überein, im Rük-
ken der Front an wichtigen Stellen zu landen, um die
deutsch-italienischen Truppen zu zwingen, Verbände aus
der Front herauszuziehen und zur Sicherung der gefähr-
deten Küstenabschnitte einzusetzen.

Es wurden vier Einsätze unter der Codebezeichnung
»Agreement« geplant. Das Hauptunternehmen, »Daffo-
dil« genannt, war gegen Tobruk gerichtet, und an diesem
Unternehmen war der Flakkreuzer »Coventry« beteiligt.

General Sir Harold Alexander hatte als neuer Commander-in-Chief Mittelost am 21. August die Pläne für
»Agreement« gebilligt. Der Einsatz »Daffodil« begann am
13. September 1942 mit dem Auslaufen der beiden britischen Zerstörer »Sikh« und »Zulu«. An Bord befanden
sich 350 Marinesoldaten. Diese beiden Zerstörer trafen
sich auf See mit dem Flakkreuzer »Coventry« und sechs
Hunt-Zerstörern der 5. Zerstörer-Flottille, die die Dekkungsgruppe für das Unternehmen Tobruk bildeten.

Einen Tag vorher waren 18 Motor-Torpedoboote mit
150 Mann Kommandotruppen in See gegangen. Diese
sollten versuchen, mit großer Fahrt in den Hafen von Tobruk einzudringen, während die 350 Mann von den beiden Zerstörern nördlich von Tobruk landen würden.

Eine Kompanie des 1. Special Service Regiment sollte
die deutschen Küstenbatterien im Handstreich ausschal-

ten. Der Handstreich mißglückte. Die beiden Zerstörer konnten nur einen geringen Teil ihrer Kommandotruppen absetzen. Die deutschen Batteriestellungen konnten nicht völlig ausgeschaltet werden, und im Feuer der Flak des I./Flak-Regiments 46 wurde Zerstörer »Sikh« in Brand geschossen und sank. Der Großteil der gelandeten Soldaten wurde gefangengenommen.

Als »Coventry« um 9 Uhr Befehl erhielt, nach Westen zu laufen, um den beiden Zerstörern »Zulu« und »Sikh« zu helfen, geriet sie in den Angriff der II./St.G. 3. Oberleutnant Siegfried Göbel griff im Sturzangriff den Flakkreuzer an. Er traf die »Coventry« mit allen Bomben. Der Kreuzer geriet in Brand und mußte wenig später aufgegeben werden. Auch der Zerstörer »Zulu« und eine Reihe Torpedoboote wurde versenkt. Das Unternehmen »Agreement« war zu einem Fiasko geworden und hatte auch einen Kreuzer gekostet.

Das Unternehmen »Torch«

Die unter diesem Codewort versteckte Landungsoperation in Nordafrika kam auf Drängen von Präsident Roosevelt zustande, der die Ansicht vertrat, daß es für die öffentliche Meinung in der Welt schwere Folgen haben werde, wenn die USA in diesem Jahre, da die Deutsche Wehrmacht in Rußland so große Erfolge erzielte, untätig bleibe.

Es kam zur Planung einer Landungsoperation in Französisch-Nordafrika. Am 25. Juli 1942 wurde diese Operation von Roosevelt genehmigt. Zwei Monate später legte man den Tag der Landung dann auf den 8. November 1942 fest.

Admiral Sir Andrew Cunningham wurde zum Oberbefehlshaber aller daran beteiligten Marinestreitkräfte ernannt. An Bord des Kreuzers »Scylla« verließ er England und traf am 1. November in Gibraltar ein. Oberbefehlshaber der Landtruppen wurde General Dwight D. Eisenhower. Er kam am 5. November in Gibraltar an.

Die einzelnen Verbände für die an drei Stellen durchzuführenden Landungsoperationen standen bereits in See.

Die Western Task Force sollte an der Westküste zwischen Safi und Media und mit dem Hauptziel Casablanca landen. Der Befehlshaber der in dieser Gruppe zusammengefaßten Seestreitkräfte war Konteradmiral Hewitt. Seiner Streitmacht gehörten zwei Schlachtschiffe, fünf Flugzeugträger, die Kreuzer »Wichita«, »Tuscaloosa«, »Augusta«, »Savannah«, »Brooklyn«, »Cleveland« und »Philadelphia« sowie 38 Zerstörer und eine Reihe Kleinfahrzeuge an.

Die Centre Task Force, unter dem Seebefehlshaber Commodore Troubridge hatte Oran zum Angriffsziel. Neben dem Führungsschiff »Largs« hatte sie zwei Träger, die Kreuzer »Jamaica« und »Aurora«, den Flakkreuzer »Delphin«, 13 Zerstörer und einige Kleinfahrzeuge zur Verfügung.

In der Eastern Task Force, unter Seebefehlshaber Konteradmiral Burrough auf dem Führerschiff »Bulolo« standen neben einer Reihe von kleinen Fahrzeugen mit der unterstellten Force O (Konteradmiral Harcourt) die Träger »Argus« und »Avenger«, die Kreuzer »Sheffield«, »Scylla«, »Charybdis« und fünf Zerstörer zur Verfügung.

Die Landungstruppen wiesen insgesamt eine Stärke von 106 305 Mann auf.

Die Deckungsstreitmacht der Operationen im Mittelmeer wurde von der alten schlachterprobten Force H gestellt. Unter dem Kommando von Vizeadmiral Syfret standen die Schlachtschiffe »Duke of York«, »Rodney« und »Nelson«, Schlachtkreuzer »Renown«, die Kreuzer »Bermuda«, »Argonaut« und »Sirius« sowie 17 Zerstörer.

Am frühen Morgen des 8. November 1942 landeten die ersten Wellen bei Fedhala. Hier standen einige französische Batterien, vor allem bei Point Blondin, wo eine schwere Batterie sofort das Feuer eröffnete. Leuchtspurgranaten jagten mitten in den Pulk der Landungsflotte hinein. Vom Ufer flammten Suchscheinwerfer auf.

»Feuer von Fedhala und Sherki. — Wir eröffnen das Feuer!« befahl Konteradmiral Hewitt. Auf dem Kreuzer »Brooklyn« wurde dieser Befehl um 6.07 Uhr aufgefangen. Als der erste US-Zerstörer von den Granaten der Küstenbatterie Blondin getroffen wurde, erfolgte um 6.13 Uhr der Befehl des Seebefehlshabers der Western Task Force:

»Play ball!«

»Brooklyn« lief nun an, nachdem der Kreuzer sein Bordflugzeug zur Beobachtung gestartet hatte. Und als die Landbatterien bei Sherik den Zerstörer »Murphy« abermals trafen, rief dieser an alle:

»Dieser verdammte Truthahn erreicht uns mit seinem Feuer. Irgendeiner sollte uns helfen, ihm die Fresse zu polieren, ich muß hier die Hölle aushalten!«

Niemand weiß, ob es der Zerstörerkommandant Bailey selbst gewesen ist, der diesen unkonventionellen Sprechfunkverkehr einleitete.

Nun trat »Brooklyn« in Aktion; auf wechselnden Kursen im Abstand von 10 000 bis 12 500 Meter vor der Küste auf- und abstehend, feuerte der Kreuzer in schnellem Salventakt auf die französischen Batterien, bis diese ihr Feuer einstellten. Binnen 85 Minuten schoß »Brooklyn« 757 Runden 15,2-cm-Granaten.

Im Hafen von Casablanca, wo die französische Flotte lag, war inzwischen ebenfalls die Hölle ausgebrochen. Konteradmiral Giffens Deckungsgruppe, die den Auftrag erhalten hatte, den Hafen abzuriegeln, war mit dem Schlachtschiff »Massachusetts« und den beiden Kreuzern »Tuscaloosa« und »Wichita« bis auf 18 000 Meter an die große Batterie El Hank und auf 20 000 Meter an das französische Schlachtschiff »Jean Bart« herangekommen. Ein Aufklärer von Giffens Flaggschiff meldete, daß zwei französische U-Boote auslaufend gesichtet würden, und dann um 6.51 Uhr, daß er von der französischen Flak beschossen werde. Sekunden später eröffneten sowohl die Geschütze der Küstenbatterie El Hank als auch das französische Schlachtschiff das Feuer. Während die Küstenbatterie auf die »Massachussetts« feuerte, lagen die Einschläge der »Jean Bart« näher bei den Kreuzern und schwenkte dann ebenfalls ein.

Um 7.04 Uhr schoß »Massachusetts« die erste Vollsalve aus den 38,6-cm-Türmen. »Tuscaloosa« fiel in das Feuer ein, und beide Schiffe richteten ihre Geschütze auf das Schlachtschiff, das zuerst ausgeschaltet werden sollte. »Wichita« wiederum schoß um 7.06 Uhr auf die Landbatterie.

Nacheinander erhielt »Jean Bart« fünf schwere Treffer von »Massachusetts«. Danach schwieg das Feuer des französischen Schlachtschiffs.

Die Landbatterie war nach 16 Minuten zum Schweigen gebracht. Wieder schossen die ehemaligen Verbündeten aufeinander, und es sah so aus, als sollte dies in keiner Weise der erwartete Spaziergang werden.

»Tuscaloosa« zielte nunmehr auf das Ankergelände der U-Boote, schwenkte dann mit seinem Feuer auf die Ufer-Batterie bei d'Aoukasha ein. »Wichita« schoß ebenfalls über das U-Bootsgelände hinweg.

Dem Bombenangriff auf den Hafen von Casablanca und der Beschießung durch die Kriegsschiffe fielen dort drei Handelsschiffe und drei U-Boote zum Opfer.

Um 8.15 Uhr brach Konteradmiral Gervais de Lafond auf dem Zerstörerführer »Milan« mit fünf Zerstörern und zwei Führerzerstörern aus dem Hafen aus, um den Kampf gegen die alliierte Landungsflotte aufzunehmen. Er hatte Befehl erhalten, nicht auf die Nationalität der Schiffe zu achten, sondern zu kämpfen.

Um 8.18 Uhr wurde dieser Versuch von Aufklärern gemeldet. Die Bordflugzeuge des Trägers »Ranger« griffen diesen Zerstörerpulk an. Doch er kam unangefochten durch und eröffnete das Feuer auf die Landungsboote westlich von Fedhala. Eines wurde durch Volltreffer versenkt. Zwei US-Zerstörer versuchten, den Gegner abzudrängen. Konteradmiral Hewitt befahl nun den Kreuzern »Augusta« und »Brooklyn« mit zwei Zerstörern, dem Gegner entgegenzulaufen und ihn abzufangen.

»Wie ein Rudel entfesselter Hunde gingen diese vier Schiffe in Aktion. ›Wilkes‹ und ›Swanson‹ (die Zerstörer) tanzend wie zwei Foxterrier, gefolgt von der wie eine Königin wirkenden ›Augusta‹ mit einer hohen weißen Bugwelle vor ihrem Clipperbug. Und zum Schluß die unerschütterliche ›Brooklyn‹« (s. Captain Emmetts Narrative, says at 08.29).

Als der Gegner bis auf vier Seemeilen an die Transporter herangekommen war, eröffneten diese vier Schiffe das Feuer. Das zwang die französischen Einheiten dazu, den Angriff abzubrechen, der sicherlich große Verluste für die US-Truppen gebracht hätte. Statt dessen versuchten sie, die vier US-Schiffe unter die Küste in den Bereich der eigenen Artillerie zu ziehen.

Nun lief Konteradmiral Giffens Deckungsgruppe heran und übernahm die Bekämpfung der französischen Zerstörer, denen der Leichte Kreuzer »Primauguet« um 9 Uhr zur Hilfe geeilt war. »Augusta« und »Brooklyn« liefen zur Deckung der Landungsflotte weiter. Jetzt schossen »Tuscaloosa« und »Massachusetts« auf die Zerstörer. »Fougueux« erhielt mehrere Volltreffer; er explodierte in einem grellroten Feuerball und sank sofort. »Massachusetts«, die von Zerstörern mit Torpedos beschossen wurde, entging den Aalen nur knapp. Einer lief keine 15 Fuß an der Steuerbordseite entlang.

Um 10.08 Uhr eröffnete ein Zerstörer auf »Brooklyn« das Feuer. Um 10.20 Uhr wurde auch »Augusta« beschossen. Beide Kreuzer steuerten Ausweichkurse, Achten und Ellipsen. Dabei schossen sie dauernd ihre Salven, und Captain Shepard berichtete als Beobachter auf der »Augusta« über die »Brooklyn«:

»Sie feuerte dauernd Salven mit einer oder zwei Kanonen, denen dann wieder Vollsalven folgten, um zu einem anschließenden Schnellfeuer anzuwachsen« (s. Captain Shepard's Report).

Um 10.46 Uhr erhielt »Brooklyn« den einzigen Treffer. Doch das Vorhaben des Leichten Kreuzers »Primauguet« und der sechs französischen Zerstörer, die beiden US-Kreuzer in eine Falle zu locken, gelang. Plötzlich tauchten »Richelieu«, »Gloire« und »Montcalm« aus Dakar auf. Um 10.35 Uhr kam daraufhin »Massachusetts« auf das Schlachtfeld zurück und eröffnete das Feuer auf den Zerstörer »Boulonnaise«. Als der Zerstörer von einer Vollsalve der »Brooklyn« getroffen wurde, kenterte er und sank. Um 11 Uhr hatte »Massachusetts« sechzig Prozent ihrer Munition verschossen und lief ab. Captain Gillette auf »Tuscaloosa« übernahm nun die Führung. Wenig später eröffnete der Leichte Kreuzer »Primauguet« das Feuer und wurde von »Augusta« und »Brooklyn« unter Beschuß genommen. Er erhielt drei Treffer unter der Wasserlinie und einen Volltreffer auf den Turm 3. Er lief schwer angeschlagen in den Hafen zurück. Die Zerstörer, ebenfalls schwer beschädigt, folgten nach. Die drei letzten französischen Zerstörer, die noch im Einsatz waren, fuhren nun einen Torpedoangriff. Das Feuer von »Wichita« und »Tuscaloosa« zwang sie, Zickzackkurse zu laufen. Sie erzielten keinen Torpedotreffer, trafen aber die »Wichita« mit einer Granatsalve.

Die beiden Schweren Kreuzer trafen zwei der Zerstörer, und »Augusta« traf den bereits angeschlagenen »Albatros« mit einem Volltreffer in den Maschinenraum, der den französischen Zerstörer zum Sinken brachte.

Mit dem Mut der Verzweiflung kämpften französische Seeleute abermals gegen ihre ehemaligen Verbündeten. Auch am frühen Nachmittag kam es zum Kampf, als französische Zerstörer versuchten, die Überlebenden der gesunkenen Boote zu retten. »Brooklyn«, »Augusta«, einige Zerstörer und Bomber griffen diese französischen Fahrzeuge an. Die ersten Salven fielen um 13.12 Uhr. Eines der drei kleinen Schiffe wurde von Bomben getroffen, konnte aber den Hafen wieder erreichen.

Bei Mehadia war das Schlachtschiff »Texas« (Konteradmiral Kelly) mit dem Leichten Kreuzer »Savannah« und zwei Trägern im Einsatz. Auch hier galt es, Küstenbatterien auszuschalten. Als die Batterie Railleuse das Feuer eröffnete, schossen »New York«, Kreuzer »Philadelphia« und der Zerstörer »Mervine« ab 4.36 Uhr zurück. Doch in der Dunkelheit war nichts zu erkennen. Erst ab 6.40 Uhr konnte Schlachtschiff »New York« das Sichtfeuer eröffnen. Die vier Batterien feuerten im Salventakt zurück. Erst nach der 60. Salve erzielte »New York« einen Treffer, der die Feuerleitanlage der Railleuse vernichtete. Um 8.50 Uhr stellten diese Batterien das Feuer ein.

Eine weitere Batterie mit drei 15,5-cm-Kanonen, die drei Meilen südlich Safi das Feuer eröffnete, wurde wenig später von den Kreuzern aufgefaßt, nachdem einer der Aufklärer sie lokalisiert und gemeldet hatte. Nach 109 Salven der 20,3-cm-Geschütze war diese Batterie um 11.10 Uhr zum Schweigen gebracht.

Die Eastern und Center Task Force, die im Mittelmeer durch die britische Force H gedeckt waren, hatten vor allem den Auftrag, nach Algier einzudringen und die dort im Hafen liegenden Schiffe zu kapern. Der Versuch der Zerstörer »Broke« und »Malcolm«, in den Hafen einzudringen, scheiterte. Algier, das Hauptquartier von Admiral Darlan, wurde von dem Marinebefehlshaber Vizeadmiral Leclerc verteidigt. Französische Küstenartillerie und die Kriegsschiffe eröffneten das Feuer. Doch wenig später gelangen die Landungen, und das Feuer schwieg. Die französische Marine verlor im Kampf um Nordwestafrika 462 Tote, die Armee hatte 326 und die Luftwaffe 15 Tote zu beklagen. Etwa 1000 Mann wurden verwundet.

Damit waren die Kreuzereinsätze im Rahmen der Operation »Torch« beendet.

Die übrigen Mittelmeer-Einsätze

In der Nacht vor der alliierten Landung hatte östlich von Cap Bon der neue italienische Kreuzer »Attilio Regolo« mit fünf Zerstörern eine Minensperre gelegt. Auf dem Rückmarsch wurde er in den ersten Morgenstunden des 9. November durch das britische U-Boot »Unruffled« (Lt. Stevens) gestellt und westlich von Sizilien torpediert. Es gelang dem Schlepper »Polifemo«, den Kreuzer einzuschleppen, so daß ein schwerer Verlust vermieden wurde.

In der Operation »Stoneage« wurde ein Konvoi aus vier Handelsschiffen am 17. November von Alexandria nach Malta auf den Weg geschickt. Die Geleitsicherung oblag dem 15. Kreuzer-Geschwader unter Konteradmiral Power mit »Arethusa«, »Euryalus«, »Dido« und zehn Zerstörern. Durch einen deutschen Luftangriff wurde die »Arethusa« schwer getroffen und mußte den Rückmarsch antreten. Dennoch kamen die vier Transporter durch.

Ein deutsches Unternehmen unter dem Namen »Lila« begann am 27. November. Verbände des II. SS-Panzerkorps besetzten in aller Frühe den französischen Kriegshafen Toulon. Admiral Laborde, der französische Flottenchef, gab den Befehl zur Selbstvernichtung der hier liegenden Flotte. Diesem Befehl kamen alle Einheiten nach, und so sanken neben den drei Schlachtschiffen auch die Schweren Kreuzer »Algérie«, »Foch«, »Colbert« und »Dupleix«, sowie die Leichten Kreuzer »Marseillaise«, »La Gallissonnière« und »Jean-de-Vienne«. Außerdem gingen 30 Zerstörer, drei Torpedoboote, 16 U-Boote und elf Kanonenboote auf Grund.

Der britische Minenkreuzer »Manxman«, der bei Cani nahe Tunis in der Nacht des 29. November eine Minensperre legte, wurde am 1. Dezember im westlichen Mittelmeer durch U 375 (Kapitänleutnant Könenkamp) torpediert.

Die britische Force Q unter Konteradmiral Harcourt lief am Abend des 1. Dezember gegen die italienische Geleitroute Trapani-Tunis an. Die Kreuzer »Aurora«, »Argonaut« und »Sirius«, verstärkt durch zwei Zerstörer, konnten einen Teilkonvoi mit vier Schiffen mit einigen Zerstörern als Geleitsicherung stellen. Die vier Schiffe und der Zerstörer »Folgore« wurden zusammengeschossen und sanken. Zwei weitere Zerstörer wurden beschädigt. Auf dem Rückmarsch wurde einer der britischen Zerstörer durch Lufttorpedo eines Kampfverbandes versenkt.

Bei dem ersten Angriff der 9. US-Luftflotte gegen Italien, der Neapel zum Ziel hatte, wurde der Kreuzer »Attendolo« so schwer getroffen, daß er sank. Die Kreuzer »Montecuccoli« und »Eugenio di Savoia« sowie vier Zerstörer wurden ebenfalls getroffen, »Montecuccoli« schwer.

Nunmehr wurde die 9. Division mit drei Schlachtschiffen nach La Spezia verlegt. Die 3. Division wiederum mit den Schweren Kreuzern »Gorizia« und »Trieste« wurde von Messina nach Maddalena auf Sardinien verlegt. Die 8. Division mit den Kreuzern »Garibaldi«, »Duca degli Abruzzi« und »Duca d'Aosta« blieb in Messina.

Bei einem Angriff britischer Kleinkampfverbände auf den Hafen Palermo wurde dort der italienische Kreuzer »Ulpio Traiano« durch Hafthohlladungen schwer beschädigt.

Als die beiden britischen Minenkreuzer »Welshman« und »Abdiel« vom 6. Januar bis zum 7. Februar 1943 Minenunternehmungen durchführten, wurde »Welshman« auf dem Rückmarsch von seiner zweiten Unternehmung am 1. Februar 1943 durch U 617 unter Kapitänleutnant Albrecht Brandi gesichtet und angegriffen. Der Zweierfächer des U-Boots traf »Welshman« mittschiffs und achtern. Durch die auf dem Heck stehenden Minen wurde der Kreuzer auseinandergerissen und sank.

Captain Roskill schrieb über diesen Verlust:

»Wenn man einige Schiffe nennen soll, die mithalfen, Malta zu retten, so muß die Wahl auf die ›Wasp‹ der

US-Navy, das Nachschubschiff ›Breconshire‹ und den schnellen Minenleger ›Welshman‹ der Royal Navy fallen.«

Im Mittelmeer war die Zeit der großen Flottenaufmärsche vorüber. Dennoch liefen immer wieder Kreuzer beider Seiten zu Einzelunternehmungen aus, die nicht weniger gefahrvoll waren als die vorausgegangenen Einsätze im großen Verband.

Am 10. April wurden bei einem Angriff eines US-Bomberverbandes gegen den italienischen Flottenstützpunkt La Maddalena auf Sardinien der Schwere Kreuzer »Trieste« und zwei Schnellboote versenkt. Der Schwere Kreuzer »Gorizia« wurde stark beschädigt und später nach La Spezia in die Werft geschleppt.

Kleinkampfeinheiten, U-Boote, Torpedoboote und Zerstörer bestimmten von seiten der Achse nunmehr das Kampfgeschehen, so auch beim Endkampf um Tunis, der gegen Ende April 1943 einsetzte und am 12. Mai beendet war.

Erst beim Angriff auf Pantelleria, der Vorstufe des Angriffs auf Sizilien, war der Kreuzer »Orion« unter Captain Menzies mit zwei Zerstörern am 31. Mai zum Bombardement der Insel angelaufen. Am 1. Juni wurde dieses Bombardement durch den Kreuzer »Penelope« (Captain Belben) wiederholt. Hierbei wurde »Penelope« durch eine Küstenbatterie getroffen. Als dritter Kreuzer griff »New Foundland« in die Beschießungen ein. Diese Bombardements und Luftangriffe mit insgesamt 6200 Tonnen Bomben ließen den britischen Landungsverband in der Nacht zum 11. Juni kampflos an Land gehen. Die Deckungsgruppe mit den Kreuzern »Aurora« (mit General Eisenhower an Bord), »New Foundland«, »Orion«, »Penelope«, »Euryalus« und Zerstörern brauchte nicht einzugreifen. Konteradmiral Pavesi, der Kommandant der Insel, übergab diese kampflos.

Nach einer nächtlichen Beschießung durch »Orion«,

Der Schwere Kreuzer »Australia« am 1. 7. 1945

Schlachtkreuzer »Renown«, auf allen Meeren im Einsatz

Schlachtkreuzer »Renown« schießt mit seinen vorderen Türmen

Vizeadmiral Kinkaid, USN, zuletzt Oberbefehlshaber der 7. US-Flotte

Das ist CA 71, »Quincy«, der bis zuletzt im Pazifik kämpfte

Schwerer Kreuzer »Pensacola« im Nachtgefecht bei Tassafaronga
30. 11.–1. 12. 1943 schwer beschädigt

Captain Jenkins, Kommandant der »Atlanta«

Schwerer Kreuzer »San Francisco« bei Guadalcanal, November 1942, schwer getroffen; Kommandant Captain Young gefallen

»Penelope« und »New Foundland« ergab sich am nächsten Tag auch die benachbarte Insel Lampedusa.

Am 20. Juni traf der britische König, Georg VI., an Bord des Kreuzers »Aurora« in Malta ein. Es ging bei den folgenden Besprechungen um die Operation »Husky«, die alliierte Landung auf Sizilien. Unter dem Oberbefehl von General Eisenhower startete das Unternehmen in der Nacht zum 10. Juli 1943. Oberbefehlshaber der Seestreitkräfte war Admiral Cunningham.

Von seiten der Royal Navy wurden die Kreuzer »New Foundland«, »Uganda«, »Orion« und »Mauritius« neben einer großen Anzahl kleinerer Fahrzeuge eingesetzt. Die US Navy stellte die Kreuzer »Boise«, »Birmingham«, »Brooklyn«, »Philadelphia« und »Savannah« und eine große Zahl kleinerer Schiffe und Landungsfahrzeuge zur Verfügung. Insgesamt wurden von den Vereinigten Luftwaffen 3680 Flugzeuge aufgeboten.

In der Hauptsache hatten diese großen Einheiten Unterstützungsaufträge erhalten. Vom 11. bis zum 31. Juli liefen sie immer wieder zu Küstenbeschießungen, zu Beschießungen deutscher Stellungen aus. Bei Gela gelang es den US-Kreuzern »Savannah« und »Boise« mit acht Zerstörern, einen deutschen Panzerangriff der Division »Hermann Göring« zu stoppen, der um ein Haar die gelandeten Truppen ins Meer geworfen hätte.

Im Seeraum des britischen Brückenkopfes waren es die Kreuzer »Orion«, »Uganda« und »Mauritius«, die britischen Verbänden durch Unterstützungsfeuer halfen. Die Kreuzer »Dido« und »Sirius« beschossen in der Nacht zum 12. Juli Marsala, und am 12. Juli waren es die US-Kreuzer »Birmingham« und »Brooklyn«, welche die Truppen der 7. US-Army unterstützten. »Philadelphia« und »Birmingham« zerschossen die deutschen Widerstandsnester in Porto Empedocle.

Italienische Torpedoflieger verfehlten bei ihrem Angriff des 14. Juli die »Euryalus« und »Cleopatra« nur knapp. Der Träger »Indomitable« aber wurde von ihnen 38 Stunden später getroffen. Durch die massiven Unterstützungsbombardements verschafften die Kreuzer den Landtruppen immer wieder Luft und wurden so auch zur Initialzündung für die Fortsetzung des Angriffs, wenn dieser zum Stehen zu kommen drohte.

Sizilien wurde bis zum 18. August 1943 von den Alliierten erobert. Der Kampf im Mittelmeer näherte sich seinem Ende, denn inzwischen hatten italienische Stellen bereits mit dem Gegner Fühlung aufgenommen, um zu einem Waffenstillstand und zum einseitigen Kriegsende zu gelangen.

Bei dem britischen Landungsunternehmen gegen Kalabrien, das am 31. August begann, standen neben den beiden eingesetzten Schlachtschiffen der Kreuzer »Orion« und eine Reihe Zerstörer im Einsatz, als es darum ging, die Küste vorbereitend unter Feuer zu nehmen. Am 2. September wurde die Beschießung fortgesetzt, und zum Kreuzer »Orion« kam »Mauritius« hinzu. Als am 3. September die Landungen erfolgten, wurden sie durch das Feuer von »Orion« und »Mauritius« mit einer Reihe von Zerstörern und Monitoren unterstützt.

Am 8. September 1943 gab General Eisenhower in Algier den Abschluß des Waffenstillstandsvertrages mit Italien bekannt, und entsprechend diesen Waffenstillstandsbedingungen lief die italienische Flotte unter Admiral Bergamini von La Spezia aus. Neben den hier stehenden drei Schlachtschiffen waren es die Kreuzer »Eugenio di Savoia« mit Divisions-Admiral Oliva an Bord, »Duca d'Aosta« und »Montecuccoli«. Dieser Verband, zu dem noch eine größere Zahl Zerstörer gehörte, vereinigte sich mit den aus Genua ausgelaufenen Kreuzern »Duca degli Abruzzi«, »Garibaldi« und »Regolo«. Der Verband wurde, nachdem er von der deutschen Luftaufklärung erfaßt war, am 9. September westlich der Bonifaziostraße von Do 217 der III./KG 40 mit Gleitbomben angegriffen. Schlachtschiff »Roma« erhielt einen Volltreffer und sank. »Italia« wurde durch einen Treffer beschädigt.

Von Tarent aus ging am 9. September Admiral Da Zara mit den beiden dort liegenden Schlachtschiffen ankerauf. Begleitet von den Kreuzern »Cadorna« und »Pompeo Magno«, lief der Verband nach Malta.

In den Häfen, die von deutschen Truppen in Besitz genommen worden waren, versenkten sich die großen Einheiten, darunter auch »Bolzano« und »Taranto« und eine Reihe Zerstörer und Torpedoboote.

In der Operation »Avalanche«, der Landung der 5. US-Armee unter Generalleutnant Clark in der Bucht von Salerno, spielten die Kreuzer in den verschiedenen Sektoren als Feuerunterstützung für die Landungsverbände eine Rolle. Aufgeboten waren im südlichen von den US-Marinekräften belegten Abschnitt die Kreuzer »Philadelphia«, »Brooklyn« und »Savannah« mit einer Vielzahl an Zerstörern und anderen Einheiten. Im nördlichen, britischen Abschnitt wiederum standen die Kreuzer »Mauritius«, »Delhi«, »Orion« und »Uganda« mit ebenfalls vielen Zerstörern und anderen Booten.

In der Task Force 88, der die Luftsicherung des Landeraums oblag, standen neben den vier Trägern die Leichten Kreuzer »Scilla«, »Charybdis« und »Euryalus« und Zerstörer.

Die Landungen am 9. September gelangen; aber trotz der starken Artillerieunterstützung durch die Kreuzer und Zerstörer wurden die vorgegebenen Tagesziele nicht erreicht.

Deutsche Schnell-Boote und Flugzeuge griffen hier in die Kämpfe ein. Die II. und II./KG 100 trafen die »Savannah« durch Gleitbomben sehr schwer, während »Philadelphia« nur um Meter verfehlt wurde, aber durch den Nahtreffer auch einige leichte Schäden erlitt.

Vor dem Landekopf schossen die Kreuzer »Mauritius«, »Aurora«, »Boise«, »Orion«, »Philadelphia« und »Uganda«, von Zerstörern unterstützt. Erneute Luftangriffe des KG 100 brachten Erfolge. »Uganda« erhielt einen schweren Treffer. »Philadelphia«, »Loyal« und »Nubian« wurden durch Nahtreffer beschädigt. Am 14. September griffen die Kreuzer »Penelope«, »Euryalus«, »Scylla« und »Charybdis« in den Kampf ein. »Warspite« wurde am 16. September von zwei Lenkbomben getroffen und hinkte davon. Aber noch am Abend dieses Tages vereinigten sich beide Gruppen des Landekorps, und damit war die Sache entschieden.

Der Kampf im Mittelmeer war, was die Kreuzer anlangt, zu Ende. Keiner der italienischen Kreuzer konnte in deutschen Besitz gebracht werden. Lediglich eine Reihe Torpedoboote wurde erbeutet und mit deutschen Truppen bemannt. Sie kämpften bis zum 2. Mai 1945 weiter, dem Tag, an dem der Sonderwaffenstillstand im Südwesten unterzeichnet wurde.

Lediglich die britischen und US-Kreuzer fuhren weiter im Mittelmeer. Sie leisteten noch einen Beitrag zur Landung bei Anzio-Nettuno am 22. Januar 1944 und bei der Operation »Dragoon«, der Landung alliierter Streitkräfte an der französischen Mittelmeerküste zwischen Cannes und Toulon. Dabei waren die Kreuzer nie bedroht, da auch der U-Bootkampf im Mittelmeer bis dahin aufgehört hatte.

Einen größeren Einsatz leisteten auch einige britische Zerstörer und Kreuzer bei ihren Unternehmungen gegen die deutschen Räumungsaktionen in der Ägäis im Oktober 1944 und im Einsatz in der Aegean Force unter Konteradmiral Mansfield zur Besetzung der von den deutschen Truppen geräumten griechischen Inseln.

In der allerletzten Phase des Zweiten Weltkriegs beteiligten sich schließlich wieder einige französische Kreuzer der de Gaulle-Truppen an der Beschießung deutscher Stützpunkte und Küstenverkehrswege an der Riviera. Es waren »Gloire«, »Duguay-Trouin« und Zerstörer, die ihre eigenen Verbündeten mit Artillerie beharkten. Dies wurde noch einige Male wiederholt, und damit war der Kampf im Mittelmeer beendet.

Kreuzerkrieg im Schwarzen Meer

In den Tagen des Ringens um Noworossisk Anfang September 1942 unterstützten kampfkräftige Einheiten der sowjetischen Schwarzmeerflotte die Verteidiger der Stadt, indem sie erkannte deutsche Truppenansammlungen unter Feuer nahmen. Als es den deutschen Truppen gelang, in die Stadt einzubrechen, wurden durch den Kreuzer »Krasnyj Krym«, den Flottillenführer »Charkow« und zwei Zerstörer Teile des 137. und 145. Schützen-Regiments abgeholt und nach Tuapse geschafft.

Als Mitte Oktober auch im Abschnitt Tuapse eine heikle Lage entstand und deutsche Truppen am 17. Oktober die Stadt Schaumjan in Besitz nahmen und zum Meer durchzubrechen drohten, traten wieder »Krasnyj Krym« und »Krasnyj Kavkaz« in Aktion und beförderten mit einigen Zerstörern bis zum 28. Oktober drei Gardeschützen-Brigaden und eine Gebirgsschützen-Division von Poti nach Tuapse. Außerdem transportierten sie auch die notwendigen Schweren Waffen und Munition. Allein diesen Verbänden, die nach der Sammlung zum Gegenstoß antraten, wurde es möglich, den deutschen Durchbruch zu stoppen und die Front zum Stehen zu bringen.

Von nun an waren die Kreuzer und die Zerstörer der Schwarzmeerflotte ununterbrochen im Einsatz, um dieser Truppe Verpflegung und Munition zu bringen und Verwundete zurückzuführen. Die Schwarzmeerflotte unter Führung von Vizeadmiral Wladimirskij war entsprechend fieberhaft in Aktion. Zum Anlanden der Truppen und Anbordnehmen der Verwundeten wurden alle Schiffe der Schwarzmeerflotte herangezogen. Die Deckungsabteilung mit den Kreuzern »Krasnyj Krym« und »Krasnyj Kavkaz«, Flottillenführer »Charkow« und zwei Zerstörern

357

bekämpfte auftauchende Kleinkampfeinheiten und nahm Küstenbeschießungen vor.

Ende Januar 1943 sollte nach dem gemeinsamen Beschluß der Kommandos der sowjetischen Transkaukasusfront und der Schwarzmeerflotte ein Landungsunternehmen bei Noworossisk im Rücken der deutschen Truppen erfolgen. Ziel des Unternehmens war es, Noworissisk zurückzugewinnen und gleichzeitig den deutschen Truppen den Rückzugsweg abzuschneiden.

Für die Hauptlandungen waren drei Schützen-Brigaden, ein Luftlande- und ein Artillerie-Regiment und je ein MG- und Panzer-Bataillon vorgesehen. Auf einem Täuschungslandepunkt sollte ein Bataillon Marineinfanterie unter Major Kunikow bei Stanitschka (heute zu Ehren dieses Majors in Kunikowka umbenannt) landen.

Als Vorbereitung zu diesem Landungsunternehmen beschossen der Kreuzer »Woroschilow« und drei Zerstörer in der Nacht zum 31. Januar 1943 die deutschen Stellungen bei Noworossisk. Die Beschießungsgruppe wurde durch den Sicherungsverband unter Vizeadmiral Wladimirskij mit den Kreuzern »Krasnyj Kavkaz«, »Krasnyj Krym« und »Charkow« und zwei Zerstörern gedeckt.

Dieser Deckungsverband begleitete auch die Landungsfahrzeuge am frühen Morgen des 4. Februar zum Landungsunternehmen. Der Landungsverband selbst, geführt von Konteradmiral Basistyj, hatte zwei Zerstörer und drei Kanonenboote, fünf Minensucher und eine Wachkutter-Division zur Verfügung.

Die Hauptlandungen gelangen nicht voll, und die gelandeten Truppen waren bis zum 6. Februar vernichtet. Lediglich die Nebenoperation unter Major Kunikow gelang. Das Bataillon setzte sich auf dem Myschakoberg fest und verließ ihn nicht wieder, ehe im September 1943 Noworossisk von den Sowjets zurückerobert war.

Bis zum 9. Februar 1943 wurden auf dem Nebenlandeplatz 17 000 Mann sowjetischer Truppen gelandet. Die Gegenangriffe führten nicht zum Erfolg.

Am 23. April 1943 übernahm Vizeadmiral Wladimirskij von Vizeadmiral Oktjabrskij die Führung der Schwarzmeerflotte. Doch in der Sommerphase kam es nicht zum Einsatz der Großkampfeinheiten. Erst im Hochsommer wurde er damit beauftragt, einen Angriffsplan vorzulegen, der darauf abzielte, Noworossisk durch eine überraschende Landung im Hafenbereich im Handstreich von See her zu erobern.

Zur Durchführung dieser Operation und zu ihrer Sicherung wurden nicht weniger als 120 Kleinkampfschiffe zusammengezogen. Konteradmiral Cholostjakow übernahm die Führung der Landungstruppen.

Im überraschenden Vorprellen drangen 25 sowjetische Torpedokutter im Morgengrauen des 10. September 1943 in den Hafen ein, nahmen ihn in Besitz und schufen so die Voraussetzungen zum Landen der 255. Marineschützen-Brigade in Stärke von 8935 Mann.

Bei diesem Unternehmen traten die Schweren Einheiten der Schwarzmeerflotte nicht in Erscheinung. Erst als die deutschen Räumungen mit Hochdruck liefen, griffen Anfang Oktober 1943 der Kreuzer »Charkow« und zwei Zerstörer an. Sie liefen in der Nacht zum 6. Oktober von Tuapse aus zum Angriff gegen die deutschen Seeverbindungen südlich der Krim, um unter anderem auch die Küstenstädte Feodosia und Jalta zu beschießen. Die deutsche Luftaufklärung sichtete diesen Verband kurz nach Mitternacht des 6. Oktober und meldete ihn. Als »Charkow« Jalta beschoß, liefen die Boote der 1. Schnellboot-Flottille zum Angriff an, ohne aber zu Treffern zu kommen.

Erst der Angriff von 8 Ju 87 des St.G. 77 konnte den Verband stellen und erzielte drei Treffer auf der »Charkow«. Einer der Zerstörer nahm den Kreuzer in Schlepp.

Um 10 Uhr erschien die zweite Welle Ju 87 über den Schiffen. Ein Zerstörer wurde schwer beschädigt, der zweite leichter. Dieser schleppte nun abwechselnd den Kreuzer und den Zerstörer. Aber die dritte Welle mit fünf

Ju 87, die um 12 Uhr angriff, versenkte den schwergetroffenen Zerstörer. Um 12.40 Uhr tauchten weitere Ju 87 auf, die sich auf den Kreuzer stürzten und die »Charkow« mit einigen Bomben voll trafen. Der sowjetische Kreuzer sank um 13.26 Uhr. Nur der leicht getroffene Zerstörer, die »Sposobnyj«, entging dem Untergang und versuchte die auf der See schwimmenden Schiffbrüchigen zu retten, wohl wissend, daß zu jedem Augenblick ein neuer Schwarm Stukas auftauchen konnte.

So geschah es auch um 16 Uhr. Die Stukas griffen den zähen Zerstörer so lange an, bis auch er um 16.37 Uhr, über alles in Flammen gehüllt, sank.

Damit war die Rote Flotte wieder gewarnt. Nunmehr gab es keine solchen Einsätze von Großkampfschiffen mehr. Hätte die Schwarzmeerflotte ihre noch erhaltenen vier modernen Zerstörer, das alte Schlachtschiff »Parizkaja Kommuna«, die Kreuzer »Woroschilow«, »Molotow«, »Krasnyj Kavkaz« und »Krasnyj Krym« und die zwei alten Zerstörer eingesetzt, wäre mit Sicherheit kaum ein deutscher Rückführungstransport in den letzten Tagen des April bis zum 12. Mai 1944 mehr von der Krim nach Konstanza entkommen.

So verschenkte die Rote Flotte einen möglichen großen Sieg, nachdem die Kreuzer und Zerstörer im Schwarzen Meer große Proben ihrer Einsatzbereitschaft und ihres Mutes gegeben hatten.

Der Kampf im Atlantik

Deutsche und britische Kreuzer 1942 im Einsatz

Nachdem der Geleitzug PQ 17 von deutschen U-Booten und Bombern dezimiert worden war, hatte die Royal Navy alle Anstrengungen unternommen, um den folgenden PQ 18 sicher durchzubringen. Dieser aus 39 Schiffen bestehende Konvoi wurde durch eine Reihe kleiner Einheiten gesichert. Die Nahsicherung wurde wiederum in zwei Gruppen eingeteilt: die erste bildete der Leichte Kreuzer »Scylla« mit 16 Zerstörern, die zweite der Schwere Kreuzer »Norfolk« mit den Kreuzern »Suffolk« und »London«. Die Fernsicherungsgruppe bestand aus zwei Schlachtschiffen, dem Leichten Kreuzer »Jamaica« und fünf Zerstörern.

U-Boote und Bomber des KG 30 sowie die I./KG 26, die als Torpedobomber-Gruppe galt, schossen insgesamt 13 Dampfer aus diesem Geleitzug heraus.

Aber auch die deutschen Kreuzer und Zerstörer waren nicht untätig. So ging am 24. September 1942 der Schwere Kreuzer »Admiral Hipper« zu einem offensiven Minenunternehmen »Zarin« ankerauf. An Bord befanden sich 96 Minen. In »Hippers« Begleitung befanden sich die Zerstörer Z 23, Z 28, Z 29, Z 30. Aus dem Altenfjord auslaufend marschierte dieser Verband nach Nordosten, und am Vormittag des 26. September mußte »Admiral Hipper« die Zerstörer zurücklassen, denn nun hieß es in der groben See mit aller Kraft vorwärtszulaufen.

Am Nachmittag wurde Nowaja Semlja, von den Seelords scherzhaft »Rundstücks nein« genannt, gesichtet. Hier führte nach den Erkenntnissen der Seekriegsleitung der Geleitzugsverkehr entlang, und hier sollten demzufolge auch die Minen geworfen werden. Das Werfen der

Minen begann um 18.30 Uhr. Nach dreieinhalb Stunden war die letzte Mine von Bord. Danach trat die »Admiral Hipper« den Rückmarsch an und stieß am nächsten Mittag wieder auf die vier Zerstörer, die in dem Seeraum patrouilliert hatten, in dem sie zurückgelassen worden waren. Am 28. September liefen die Einheiten in den Kaa-Fjord ein.

Am 5. November wurde »Admiral Hipper« abermals eingesetzt, als es darum ging, 13 einzeln laufende Frachter, die von Reykjavik nach Murmansk und Archangelsk unterwegs waren, zu suchen und zu vernichten. Zu diesem Einsatz hatte sich auch der Befehlshaber der Kreuzer, Vizeadmiral Kummetz, auf »Hipper« eingeschifft. Ihr neuer Kommandant war Kapitän z. S. Hartmann. Das Unternehmen trug die Codebezeichnung Unternehmen »Hoffnung«. Wieder war neben dem Schweren Kreuzer die 5. Zerstörer-Flottille dabei mit Kapitän z. S. Schemmel als Chef und den Booten Z 4, Z 16, Z 27 und Z 30.

Die Kampfgruppe lief in den Seeraum zwischen Nordkap und Bäreninsel nach Osten und suchte sowjetische Schiffe. Am 7. November stieß sie auf einen U-Jäger, der von den Zerstörern nach einem kurzen Gefecht versenkt wurde. Seine Besatzung, 36 Mann und sieben Offiziere, wurde an Bord genommen.

Am selben Tag wurde ein Schiff gesichtet. Es war der 8000-Tonnen-Tanker »Donbass«, der durch Z 27 mit drei Torpedos versenkt wurde. Auch von diesem Tanker wurden der Kapitän, ein Offizier und 14 Besatzungsmitglieder geborgen. Durch diesen Einsatz wurde die Rote Flotte dazu gezwungen, wieder mehr Sicherungsstreitkräfte auf diesen Seewegen einzusetzen.

Am 10. Dezember ging die in Gotenhafen liegende »Lützow« unter Kapitän z. S. Stange ankerauf und verlegte nach Nordnorwegen in den Altafjord.

Bereits im Vortrag vor dem Führer hatte Großadmiral Raeder am 19. November 1942 darauf hingewiesen, daß der Einsatz der Flotte durch den Ölmangel eingeschränkt sei und daß sich dieser Engpaß nicht ändern werde, solange verstärkte Treibstoffabgaben an das Mittelmeer erfolgten.

Raeder gab Hitler auch die Standorte der Schweren Einheiten an, von denen Schlachtschiff »Tirpitz« in Drontheim, »Admiral Hipper« und der Leichte Kreuzer »Köln« im Altafjord lagen. »Nürnberg« befand sich in Drontheim, »Prinz Eugen« und »Lützow« seien anfangs Dezember zur Überführung nach Norwegen klar (was in bezug auf »Lützow« am 10. Dezember geschah). Schlachtkreuzer »Scharnhorst« sollte im Januar repariert sein und »Scheer« sei seit Anfang November zurück.

Großadmiral Raeder führte aus, daß infolge der prekären Öllage nur dann Operationen gestartet werden könnten, wenn es lohnende Ziele gab. Hitler entschied, daß zunächst nur die »Lützow« überführt werden, während »Prinz Eugen« in der Heimat bleiben sollte und daß er die Entscheidung über die »Scharnhorst« im Januar treffen werde.

Am 22. Dezember 1942 während des nächsten Vortrages des Oberbefehlshabers der Marine bei Hitler war die Lage beinahe gleich, nur daß außer »Hipper« und »Köln« nun auch die »Lützow« im Altafjord vor Anker gegangen war. In der Bogenbucht von Narvik lag die »Nürnberg«, in Drontheim die zu Januar 1943 klar gemeldete »Tirpitz«. Zur weiteren Verlegung aus der Ostsee nach Norwegen sollten für Januar 1943 »Scharnhorst«, »Prinz Eugen« und fünf Zerstörer klar sein.

Für »Lützow« sah man einen Kreuzerkriegeinsatz im November vor, bei dem auf Einzelfahrer Jagd gemacht werden sollte.

Das war die Sachlage, als am 24. Dezember 1942 die Meldung des Beobachtungsdienstes die Zusammenfassung einer Reihe Handelsschiffe in Murmansk weitergab. Zwei Tage später meldete die Luftaufklärung die Anwesenheit von 15 Dampfern in der Kolabucht, und am 27. Dezember hieß es über die Funkhorchabteilung Ost:

»Zwei britische Kreuzer und drei Zerstörer von Murmansk in die Barentsee ausgelaufen.«

Als dann auch U 354 (Oberleutnant z. S. Herschleb) am 30. Dezember einen Geleitzug meldete und genaue Kursmeldung und Standortbestimmung gab, erhielt Vizeadmiral Kummetz am selben Tag um 14.10 Uhr den Befehl, in der neuen Operation »Regenbogen« gegen diesen Konvoi auszulaufen. Die Kampfgruppe setzte sich zusammen aus »Admiral Hipper« (Kapitän z. S. Hartmann mit Vizeadmiral Kummetz, dem BdK, an Bord), »Lützow« (Kapitän z. S. Stange) und der 5. Zerstörer-Flottille mit sechs Booten.

Der gesichtete Geleitzug JW 51 war in zwei Untergruppen A und B aufgeteilt. Admiral Tovey, Chef der Home Fleet, entschied, daß die beiden Kreuzer, die zur Dekkungsgruppe gehörten, in die Barentsee marschierten, während die Home Fleet die Fernsicherung der Gesamtoperation 350 Seemeilen nördlich des Altafjordes übernehmen würde. Außerdem ließ er eine Standlinie aus vier U-Booten nördlich Norwegen auf Position gehen.

Dem JW 51 A gelang es, unbemerkt durchzukommen und am 25. Dezember in Murmansk einzulaufen. Der JW 51 B jedoch, bestehend aus 14 Frachtern und der Sicherungsgruppe unter Captain Sherbrooke mit sieben Zerstörern und einigen kleineren Einheiten wurde entdeckt. In der Nahsicherungsgruppe standen der Leichte Kreuzer »Sheffield« mit zwei Zerstörern. Die Fernsicherungsgruppe mit dem Schlachtschiff »Anson«, dem Schweren Kreuzer »Cumberland« und vier Zerstörern kam hinzu.

Zum Angriff auf diesen Geleitzug gingen am Nachmittag des 30. Dezember die Einheiten der Kampfgruppe im Altafjord ankerauf. Um 17.45 Uhr passierte »Hipper« die Sperren des Kaafjordes, dicht gefolgt von der »Lützow« und den sechs Zerstörern. Um 18.10 Uhr wurde die Kriegsmarsch-Formation eingenommen, und mit zwölf Knoten Fahrt lief der Verband durch den Altafjord. Noch im Fjord stehend erreichte Vizeadmiral Kummetz ein FT-Spruch des Chefs des Stabes der Seekriegsleitung, Admiral Fricke, der für den Verlauf des Einsatzes entscheidende Bedeutung gewinnen sollte. Er lautete:

»Entgegen Operationsbefehl Verhalten am Feind: Bereits bei gleichstarkem Gegner Zurückhaltung üben, da Eingehen größeren Risikos für Kreuzer unerwünscht.«

Damit wollte die Seekriegsleitung zwar nur einen früher gegebenen Führerbefehl in Erinnerung rufen. Doch die Weisung wurde auch als Befehl zu besonderer, jedes Risiko vermeidender Vorsicht verstanden.

Um 19.15 Uhr ließ Kummetz die Fahrt auf 18 Knoten erhöhen, und um 20.20 Uhr signalisierte »Admiral Hipper«:

»30-Minuten-Bereitschaft für Höchstfahrt! — Kriegswache!«

Daraufhin ging der Verband sofort auf 24 Knoten Fahrt herauf. Als die Kampfgruppe den Fjord verlassen hatte und die See mit Stärke 6 gegen ihn anstand, konnten die Zerstörer diese Fahrt nicht mehr halten. In dichtem Schneetreiben ging es weiter, und um 23.04 Uhr meldete Kapitän z. S. Schemmel, daß die Zerstörer wieder 24 Knoten laufen könnten.

Am frühen Morgen des 31. Dezember setzte Kummetz die Zerstörer zur Aufklärung an. Sie erhielten Befehl, sich bei Erreichen des Geleitzugs in Dwarslinie dahinter zu setzen. »Hipper« und »Lützow« sollten achteraus von den Zerstörern auf den Flügeln in zehn Seemeilen Abstand folgen. Die Kampfgruppe teilte sich befehlsgemäß. Während »Admiral Hipper« nun Kurs 30 Grad steuerte, behielt »Lützow« den gelaufenen Kurs von 50 Grad bei.

Um 7.18 Uhr gaben die Zerstörer die erste Sichtmeldung. In den nächsten Minuten tauchten mehrere Schatten auf. Der Geleitzug war entdeckt.

Um 7.54 Uhr befahl Kummetz Alarm. Die deutschen

Zerstörer drehten auf Nordkurs und stießen nun mit Höchstfahrt vor. Um 8.29 Uhr meldete »Friedrich Ekkoldt«, daß er sich hinter den Geleitzug setzen werde. Z 29 und »Richard Beitzen« stießen sofort in diese Richtung nach und hängten sich an.

Es war 9.06 Uhr, als von der Brücke der »Friedrich Ekkoldt« ein englischer Zerstörer mit großer Fahrt gesichtet wurde. Er lief auf Kollisionskurs an. Kapitän z. S. Schemmel gab Befehl, auf ihn das Feuer zu eröffnen. Korvettenkapitän Bachmann ließ aus allen Waffen auf den vermutlich zum Torpedoschuß anlaufenden Zerstörer schießen. Der Gegner drehte hart weg und lief ab.

Nunmehr beschloß Schemmel, auf Ostkurs zu gehen und zu »Admiral Hipper« zu stoßen, weil um 9.07 Uhr der Befehl des BdK erfolgt war: »Auf ›Hipper‹ sammeln!« Auch »Admiral Hipper« und »Lützow« hatten den Konvoi gesichtet und hielten nun auf ihn zu.

Um 9.30 Uhr beschloß Kummetz, den Konvoi in die Zange zu nehmen. Er befahl deshalb »Hipper«, auf den Konvoi zuzulaufen. Sechs Minuten darauf erhielt »Hipper« Feuererlaubnis. Als der Kreuzer das Feuer eröffnet hatte, ließ Kummetz einen FT-Spruch an den Admiral Nordmeer absetzen:

»Bin im Gefecht mit Geleitzug: Kurs 90 Grad, Fahrt zehn Knoten, BdK.«

»Hipper« nahm zunächst zwei Zerstörer der Geleitsicherung unter Feuer. Währenddessen liefen die drei Zerstörer der Nordgruppe Schemmels mit 33 Knoten Fahrt in Richtung zur »Admiral Hipper«, um so schnell wie möglich zum Schweren Kreuzer aufzuschließen und in den Kampf einzugreifen.

»Admiral Hipper« hatte inzwischen eine Korvette gesichtet und nahm sie unter Feuer. Die herangeschlossenen Zerstörer fielen darin ein. Kummetz befahl Schemmel, diese Korvette zu versenken, und während nun die drei Zerstörer das Werk vollendeten, lief »Admiral Hipper« mit 31 Knoten Fahrt nach Süden, fand um 11.06 Uhr den Konvoi wieder und eröffnete das Feuer auf zwei Zerstörer, die ihm entgegenliefen. Es waren »Onslow« und »Orwell«, während die beiden übrigen Zerstörer »Obedient« und »Obdurate« Befehl erhalten hatten, zum Konvoi zurückzukehren.

Mit zwei Salven aus den 20,3-cm-Geschützen wurde »Onslow« so schwer eingedeckt, daß der Zerstörer brennend zurückblieb. Nebelnd setzte sich auch der zweite Zerstörer nach Süden ab. Als wenig später der Zerstörer »Achates« in einer Drehung nach Nordosten aus dem Nebel heraustrat, wurde er sofort von der »Admiral Hipper« gesehen, unter Feuer genommen und sofort voll getroffen. Brände, Explosionen und immer wieder dröhnende Detonationen im Innern des Schiffs zeigten an, daß die »Achates« am Ende war. Wenig später sank der Zerstörer.

Kurz darauf erhielt auch »Obedient« einen Treffer, der seine Funkeinrichtung lahmlegte. Nunmehr übernahm »Orwell« die Führung.

Um 11.21 Uhr meldete »Friedrich Eckoldt«: »Auftrag erfüllt!« Er hatte die vermeintliche Korvette (es war der Minensucher »Bramble«) versenkt. Um 11.32 Uhr ließ Kummetz an den Admiral Nordmeer einen weiteren Kurz-FT absetzen:

»Gefecht mit Sicherungsstreitkräften. Kein Kreuzer am Konvoi.«

Doch nur Sekunden später schlugen an Steuerbord voraus, nahe bei »Admiral Hipper«, schwere Granaten in die See. Ein noch nicht ausgemachter Gegner näherte sich sehr schnell dem deutschen Schweren Kreuzer. Eine zweite Salve von sechs Schuß lag noch dichter bei »Hipper«, und noch immer war dieser Gegner nicht zu erkennen.

Um 11.33 Uhr erhielt »Admiral Hipper« den ersten Treffer. Gerade in dem Augenblick, als bei einer Hartruderdrehung die Steuerbordseite der »Admiral Hipper« weit aus dem Wasser herauskam, schmetterte eine 15,2-

cm-Granate des inzwischen als englischen Kreuzer erkannten neuen Gegners unterhalb des Gürtelpanzers in die ungeschützte Außenhaut. Die Granate schlug durch und krepierte neben dem Kesselraum K 3 der Abteilung VIII und riß die Bunkerwand zum Kesselraum 3 auf. Wasser drang durch das große Leck ein und überflutete den Kesselraum. Das aufschwimmende Öl entzündete sich ein wenig später an den heißen Kesseln, konnte aber mit den Feuerlöschern erstickt werden.

Die Höchstfahrt des Schweren Kreuzers verringerte sich dadurch auf 28 Knoten. Vier Minuten nach diesem schweren Treffer schlugen zwei weitere Granaten ein. Der Flugzeugschuppen flammte auf.

»Admiral Hipper« erwiderte das Feuer.

Von »Friedrich Eckoldt« kam während des Gefechts die Frage, in welche Richtung »Admiral Hipper« schieße. Dieser Zerstörer wurde zwar vom Gegner beschossen, glaubte aber, daß er versehentlich vom eigenen Kreuzer unter Feuer genommen worden sei.

»Es ist ein englischer Kreuzer!« ließ Kummetz zur »Friedrich Eckoldt« hinüberfunken.

Die beiden anderen Zerstörer, »Richard Beitzen« und Z 29, die hinter der »Admiral Hipper« liefen, hatten den neuen Gegner sofort ausgemacht, und Korvettenkapitän Davidson, der den Irrtum von Schemmel erkannte, warnte das Führerboot ebenfalls. Doch diese Warnung kam zu spät. Inzwischen war der englische Kreuzer auf »Friedrich Eckoldt« gestoßen. Es war die »Sheffield« unter Admiral Burnett, dem Befehlshaber der Nahsicherungsgruppe des Konvois. Dieser Kreuzer, der im Norden des Gefechtsraums gestanden hatte, war nach der Feuereröffnung durch die deutschen Kriegsschiffe sofort auf Südkurs gegangen, um mit dem Kreuzer »Jamaica«, der ebenfalls heranschloß, die »Admiral Hipper« zu bekämpfen.

Um 11.30 Uhr erteilte Admiral Burnett seinen Kreuzern die Feuererlaubnis. Aus 14 000 Meter Distanz erzielte die »Sheffield« jene drei geschilderten Treffer auf der »Admiral Hipper«. Als dann »Friedrich Eckoldt« in Sicht kam, eröffnete sie auf den Zerstörer das Feuer.

Von der Brücke von »Richard Beitzen« wurden die Salven beobachtet, die auf das Führerboot niederhagelten. Der erste Treffer schlug ins Achterschiff des Zerstörers. Aus dem Heck schossen grelle Blitze empor. Munitionsdetonationen krachten. Dann sank »Friedrich Eckold« sehr schnell. Die gesamte Besatzung ging mit dem deutschen Zerstörer unter.

Was aber war mit der »Lützow«? Wo befand sich der zweite deutsche Schwere Kreuzer zu dieser Zeit? Wo standen die zu ihm detachierten drei Zerstörer?

Bei Eingang des Alarmbefehls lief »Lützow« Kurs auf 33 Grad, und zwar mit 24 und wenig später 26 Knoten Fahrt. Die Zerstörer begleiteten ihn. Um 9.30 Uhr meldete Z 31: »Ich sehe fünf Schatten. Es ist der Geleitzug.«

Mit Z 31 waren auch Z 30 und »Theodor Riedel« herangekommen. Auf Westkurs steuernd, versuchten sie den Konvoi von achtern anzugreifen. Während nach der Meldung von Z 31 dieser Zerstörer und Z 30 nachdrehten, hängte sich »Theodor Riedel« an die »Lützow« an. Die beiden anderen wurden ein wenig später ebenfalls von »Lützow« herangeholt. Z 30 kam rasch heran, während Z 31 noch immer auf den Geleitzug operierte und um 10.48 Uhr drei Salven gegen eine Gruppe von fünf Fahrzeugen schoß.

Durch das dichte Schneetreiben preschend, schloß auch »Lützow« an den Konvoi heran, den sie bereits einige Male durch Funkmeß geortet und auch gesichtet hatte. Schließlich wurde auch »Admiral Hipper« an Backbord voraus gesichtet. »Lützow« erhielt von »Hipper« Befehl, den Konvoi von Osten anzugreifen. Da die Sicht dies nicht zuließ, beschloß Kapitän zur See Stange, »Hipper« entgegenzulaufen und den Konvoi ebenfalls von Norden anzugreifen.

Um 11.40 Uhr war »Lützow« auf Schußweite herangekommen und eröffnete das Feuer auf die in Sicht kom-

menden Schiffe. Z 30 fiel in das Feuer ein. Um 12 Uhr beschoß »Lützow« einen Zerstörer. Anschließend erzielte er
zwei Treffer auf Frachtern. Um 12.30 Uhr erhielt der
Schwere Kreuzer von Vizeadmiral Kummetz Befehl, den
Kampf abzubrechen. Es war der britische Zerstörer »Obdurate«, auf den »Lützow« geschossen und mit einigen
schweren Treffern eingedeckt hatte.

Am Mittag wollte Admiral Burnett mit den beiden übriggebliebenen Zerstörern die »Admiral Hipper« noch
einmal mit Torpedos angreifen. In diesem Augenblick erschien auch »Lützow« auf dem Gefechtsfeld. Beide deutsche Kreuzer schossen nunmehr auf die Engländer. Diese
brachen den Angriff ab und setzten sich nach Norden ab.

Vizeadmiral Kummetz blies nun, da mit den englischen
Kreuzern ein gleichstarker Gegner aufgetreten war, den
Angriff ab und gab den Rückmarschbefehl. Am 1. Januar
1943 passierte der Verband ohne die »Friedrich Eckoldt«
die Sperren beim Kaafjord, und um 5.40 Uhr hatten alle
Einheiten geankert.

Dieses Unternehmen wurde um ein Haar zum Todes-
urteil für die deutschen Großkampfschiffe, denn Hitler
hatte angenommen, daß es »Hipper« und »Lützow« ge-
länge, den gesamten Konvoi zu versenken. Nicht zuletzt
durch die Funkmeldung von U 354, das die Schiffe im
Gefecht gesehen und gemeldet hatte »Ich sehe nur rot!«
war man in Deutschland der Überzeugung, daß der Konvoi vernichtet worden sein müsse.

Auf der Silvesterfeier in Hitlers Hauptquartier, der
Wolfsschanze, berichtete der Führer allen, ob sie es hören
wollten oder nicht, daß ein Geleitzug nach Rußland versenkt worden sei. Man warte nur noch die Einzelheiten
ab, um in einer Sondermeldung am Neujahrstag dem
deutschen Volk einen neuen Sieg zu präsentieren.

Bis zum Morgen des 1. Januar 1943 waren noch keine
Erfolgsmeldungen und auch kein sonstiges Lebenszei-
chen von den Schiffen eingegangen. Hitler wurde vom
Ausgang des Kampfes durch eine Agenturmeldung der

Presseagentur Reuter unterrichtet, in der es hieß, daß schwere deutsche Seestreitkräfte in der Barentsee durch den Einsatz britischer Zerstörer abgedrängt worden seien und daß der Konvoi inzwischen Murmansk sicher erreicht habe.

Selbst bei der Vormittagslage hatte Hitler noch keine Meldungen vorliegen, weil die Fernschreibverbindungen nach Norwegen gestört waren. Am Nachmittag gegen 17 Uhr, als noch immer keine Nachrichten vorlagen, sagte Hitler zu Admiral Krancke, daß er entschlossen sei, die Schweren Einheiten außer Dienst stellen und abwracken zu lassen, weil diese nur ein »unnötiger Menschen- und Materialverschleiß« seien.

Admiral Krancke, der ebenso erregt war wie Hitler, rief daraufhin: »Das wäre der billigste Seesieg, den England je errungen hätte.«

Hitler verlangte sofort, Großadmiral Raeder zu sprechen. Doch nach zwei Stunden ließ Raeder antworten, daß er nicht kommen könne, weil er krank sei. Vor allem aber erscheine es ihm sinnvoll, erst einen genauen Überblick zu gewinnen, was wirklich geschehen sei, um dem Führer mit einwandfreien Unterlagen gegenübertreten zu können.

Dadurch gewann der Oberbefehlshaber der Kriegsmarine einige Tage Zeit.

Der Wachwechsel in der Deutschen Kriegsmarine

Am 6. Januar 1943 begab sich Großadmiral Raeder in die Wolfsschanze. Hier hielt Hitler zunächst einen seiner bekannten Monologe, in dem er über die Marine ausführte, bisher sei der Krieg zur See vornehmlich von den leichten Seestreitkräften geführt worden, und außerdem hätten sie noch die Schweren Seestreitkräfte zu sichern, wenn diese überhaupt einmal ausliefen. Nicht die großen

Schiffe sicherten die kleinen, sondern stets geschehe es umgekehrt. Wenn er jetzt auf die großen Schiffe verzichten wolle, so handele es sich nicht um eine Degradierung. Er befahl zu untersuchen, wo die auszubauende schwere Artillerie der Großkampfschiffe an Land als Küstenbatterien aufgestellt werden könnten. Er schlug vor, zunächst die »Gneisenau« außer Dienst zu stellen. Anschließend sollten die ohnehin zur Reparatur anstehenden Schiffe an die Reihe kommen.

Großadmiral Raeder erhielt nur sehr selten Gelegenheit, sich zu äußern. Als er die Frage stellte, ob die »Scharnhorst« und »Prinz Eugen« nach Norwegen überführt werden sollten, antwortete Hitler mit Ja, weil er wollte, daß Norwegen vorläufig so stark wie möglich besetzt sein sollte.

Das abschließende Gespräch zwischen Hitler und Großadmiral Raeder unter vier Augen verlief aus der Sicht des Großadmirals so:

»Als erstes bat ich Hitler, mich von meiner Stellung als Oberbefehlshaber der Kriegsmarine zu entbinden, denn ohne sein Vertrauen könne ich meinen Dienst nicht weiter versehen. Im übrigen sei ich fast 67 Jahre alt und meine Gesundheit nicht mehr auf der Höhe. Ein Ersatz durch jüngere Admirale sei daher am Platze. Wenn er den Eindruck vermeiden wolle, ich wäre im Unfrieden geschieden, so könne er mich offiziell mit einem Titel versehen. Mein offizieller Abgang würde zweckmäßig am 30. Januar erfolgen, nachdem ich dann während seiner Staatsführung zehn Jahre an der Spitze der Marine gestanden hätte.
Hitler entnahm meinen Worten, daß mein Entschluß unwiderruflich feststand, und stimmte schließlich zu. Am Ende der Unterredung forderte er mich auf, ihm zwei als Nachfolger geeignete Offiziere zu nennen.
In meinem Vorschlag nannte ich zunächst Generaladmiral Carls, der Marinegruppenbefehlshaber Nord war.

Gleichzeitig schlug ich Admiral Dönitz vor, den Befehlshaber der U-Boote.

Hitler entschied sich für Dönitz.«

Am 15. Januar legte Raeder, noch immer offiziell Oberbefehlshaber der Marine, Hitler den schriftlich angeforderten Bericht über die Notwendigkeit und die Aufgaben der Schlachtschiffe und Kreuzer vor. Darin kam zweifelsfrei zum Ausdruck, daß eine Verschrottung der Großkampfschiffe einen Sieg für den Feind bedeuten müsse. Das Memorandum gipfelte in dem Satz:

»England, dessen ganze Kriegsführung mit der Beherrschung der Seewege steht und fällt, wird den Krieg so gut wie gewonnen ansehen, wenn Deutschland seine Schiffe zerstört.«

Am 30. Januar 1943 wurde Großadmiral Raeder verabschiedet und Karl Dönitz unter gleichzeitiger Beförderung zum Großadmiral zum Oberbefehlshaber der Kriegsmarine ernannt.

In seinem ersten Vortrag im Führerhauptquartier vor Hitler betonte Großadmiral Dönitz, daß man der Großkampfschiffe bedürfe. Er vertrat die Ansicht, daß die großen Schiffe verantwortlich durch den Oberbefehlshaber einzusetzen seien, sobald ein lohnendes Ziel und Erfolgsaussichten bestünden, daß man aber dann ohne weitere Bindungen nur nach der taktischen Lage kämpfen und handeln müsse und dann auch eventuell eintretende Verluste getragen werden müssen. Dieser Auffassung gab Hitler seine volle und ausdrückliche Zustimmung.

Britische Kreuzer 1943 im Atlantik und im Nordmeer

Nach wie vor waren britische Kreuzer auf der Jagd nach deutschen Schiffen, wobei es von nun an mehr und mehr auf die Blockadebrecher ging. Aber auch andere Schiffe und U-Boote waren begehrte Ziele. Das begann am 1. Januar 1943, als der aus Japan kommende 6753 Bruttoregistertonnen große Blockadebrecher »Rhakotis« unter der Führung von Kapitän Jakobs 200 Seemeilen nordwestlich von Cap Finisterre durch einen über Funk herangeführten Kreuzer, die »Scylla«, versenkt wurde.

In der vom 14. bis zum 25. Januar 1943 abgehaltenen Konferenz von Casablanca zwischen Roosevelt und Churchill sowie den militärischen Führungsstäben der USA und Großbritannien forderten beide Staatsmänner die »bedingungslose Kapitulation« Deutschlands.

Am 10. März mußte sich der deutsche Blockadebrecher »Karin«, mit 7322 Bruttoregistertonnen ein großes Schiff, selbst versenken, um der Aufbringung durch den US-Kreuzer »Savannah« zu entgehen, und am 30. März stellte der britische Leichte Kreuzer »Glasgow« in der Dänemarkstraße den deutschen Blockadebrecher »Regensburg«, der mit seinen 8086 Bruttoregistertonnen ebenfalls viel Material für die Kriegsindustrie aus Japan geholt hatte. Der Blockadebrecher entging der Aufbringung, indem er sich selbst versenkte. Sechs Besatzungsmitglieder wurden von der »Glasgow« aufgefischt.

Bei den JW- und den Rückführungsgeleiten standen nach wie vor britische Kreuzer im Einsatz, so auch am JW 53, der am 15. Februar 1943 mit 28 Schiffen in See ging. An ihm stand in der Nahdeckungsgruppe neben Zerstörern auch der Kreuzer »Sheffield«. Die kämpfende Geleitgruppe mit dem Kreuzer »Scylla« und 13 Zerstörern und die Ferndeckungsgruppe unter Konteradmiral Burnett mit den Kreuzern »Belfast« und »Cumberland« ließen niemanden an diesen Konvoi heran. Auch die von

Murmansk aus nach Island zurückmarschierenden RA-Geleitzüge waren zu stark gesichert. Lediglich der Luftwaffe gelangen einige Erfolge. Und dann kamen auch die deutschen U-Boote heran und konnten Erfolge erzielen. Danach kam aber der Geleitverkehr wieder zum Stillstand, weil die Kampfschiffe neue taktische Aufgaben bekamen.

So startete die britische Home Fleet am 8. Juli 1943 zu einer größeren Aktion, als Admiral Fraser die Schlachtschiffe »Duke of York«, »Anson« und »Malaya«, den Träger »Furious«, zwei Kreuzergeschwader und drei Zerstörer-Flottillen, ferner eine US-Task Force unter Konteradmiral Hustved mit den Schlachtschiffen »South Dakota« und »Alabama« und den Kreuzern »Augusta«, »Tuscaloosa« und fünf Zerstörern zu einem Demonstrationseinsatz vor die norwegische Küste führte. Mit diesem Einsatz sollte ein Ablenkungsmanöver von der bevorstehenden Landung auf Sizilien erreicht werden. Es verpuffte jedoch wirkungslos, weil der gesamte Aufmarsch von der deutschen Luftaufklärung gar nicht erfaßt wurde.

Zu der am 14. August 1943 beginnenden Konferenz zwischen Roosevelt und Churchill in Quebec, auf der über eine geplante Landungsoperation an der westfranzösischen Küste gesprochen werden sollte, reisten Churchill und die britische Delegation auf der »Queen Mary«. Diese wurde von dem Träger »Illustrious«, drei Kreuzern und einigen Zerstörern gesichert. Nach Ende der Besprechungen am 24. August reiste Churchill auf dem Schlachtkreuzer »Renown« zurück.

In Quebec hatte der 1. britische Seelord, Admiral of the Fleet Sir Dudley Pound, einen Herzschlag erlitten. Sein Nachfolger wurde am 15. Oktober 1943 Sir Andrew Cunningham.

Die deutschen Kreuzer-Operationen bis
Ende August 1943

Nach dem Gewitterleuchten um Sein oder Nichtsein der
Großkampfschiffe zeichnete sich zunächst eine kleine
Pause ab. Am 11. Januar 1943 bereits waren der Schlacht-
kreuzer »Scharnhorst« und der Schwere Kreuzer »Prinz
Eugen« mit drei Zerstörern auf dem Verlegungsmarsch
nach Nordnorwegen westlich des Skagerrak von der bri-
tischen Luftaufklärung erfaßt worden. Sie mußten den
Rückmarsch antreten.

Erst am 8. März gelang es der »Scharnhorst«, aus Gotenhafen auszulaufen und unter Nutzung des schlechten
Wetters ungesehen nach Bergen und weiter nach Drontheim zu gelangen. Von dort verlegte der Schlachtkreuzer
gemeinsam mit dem Schlachtschiff »Tirpitz«, Zerstörern
und Torpedobooten bis zum 12. März in die Bogenbucht
bei Narvik. Hier lagen bereits einige Zerstörer und der
Schwere Kreuzer »Lützow«. Diese starke Massierung
deutscher Großkampfschiffe zwang die Britische Admiralität dazu, für den Sommer 1943 die Murmansk-Konvois
einzustellen.

Am 28. Februar 1943 wurden auf der »Admiral Hipper«
in Wilhelmshaven »Flagge und Wimpel« niedergeholt.
Das Schiff war damit außer Dienst gestellt. Es wurde
nach Beseitigung der in der Operation »Regenbogen« erlittenen Schäden nach Pillau geschleppt. Erst im Frühjahr
1944 sollte es wieder voll bemannt und noch einmal unter
Führung von Kapitän z. S. Henigst in Dienst gestellt werden.

Für viele Monate lag die Last des Kampfes zur See
ausschließlich auf den Kleinkampfeinheiten, den U-Booten, den Torpedobooten und Zerstörern. Der Bau neuer
U-Boote stand im Mittelpunkt vieler Besprechungen und
Vorträge. Die Großkampfschiffe schienen vergessen.

Der Verlust Afrikas, Siziliens und die Landungen auf
dem italienischen Festland forderten die ganze Aufmerk-

samkeit, zumal nach der Niederlage in Stalingrad und dem Verlust der 6. Armee im Südabschnitt der Ostfront noch immer eine Krisenlage die andere jagte.

Erst am 6. September 1943 begann ein Einsatz, an dem nach geraumer Zeit auch wieder Großkampfschiffe teilnahmen. Es war das Unternehmen »Sizilien«, zu dem die Kampfgruppe unter Vizeadmiral Kummetz mit dem Schlachtschiff »Tirpitz« unter Kapitän z. S. Meyer, Schlachtkreuzer »Scharnhorst« (Kapitän z. S. Hüffmeier) und drei Zerstörer-Flottillen aus dem Altafjord ankerauf gingen. Auf den Zerstörern wurde ein Bataillon des Grenadier-Regiments 349 eingeschifft. Sie sollten Landungsunternehmen durchführen. Ziel des Unternehmens war Spitzbergen, wo die dort erkannten Anlagen des Gegners vernichtet werden sollten.

Am 8. September 1943 um 3 Uhr entließ Vizeadmiral Kummetz die »Scharnhorst« und ihre Zerstörer, die anschließend im Grönfjord Truppen an Land setzten. Die »Tirpitz« lief gleichzeitig mit der 4. Zerstörer-Flottille zur Beschießung von Barentsburg weiter. Dort angekommen, vernichtete sie mit ihren Salven die Kohlen- und Vorratslager. Die an Land gehenden Grenadiere jagten das E-Werk und das Wasserwerk mit Sprengladungen in die Luft. Danach lief die Kampfgruppe wieder in den Altafjord zurück, der am 9. September 1943 erreicht wurde.

Diese alliierten Basen auf Spitzbergen waren jedoch nicht lange außer Betrieb, denn bereits am 19. Oktober landete der US-Kreuzer »Tuscaloosa« mit vier Zerstörern norwegische Truppen auf Spitzbergen, die diese Basen wieder aufbauten.

Schließlich nahte jener Monat, an dem im Nordmeer das Schicksal des Schlachtkreuzers ›Scharnhorst‹ sich entschied, der als letztes deutsches Großkampfschiff in einer Seeschlacht gegen eine vielfache Übermacht unterlag und sank.

Das Ende der »Scharnhorst«

Nach der Beschießung von Spitzbergen wurde die »Tirpitz« am 22. September 1943 von britischen Klein-U-Booten auf ihrem Liegeplatz angegriffen. Die Maschinenanlage wurde beschädigt, und damit war das deutsche Schlachtschiff über Monate hinaus außer Gefecht gesetzt. Als dann auch die »Lützow« zur Grundüberholung nach Gotenhafen laufen mußte, standen im Hohen Norden nur noch die »Scharnhorst«, sechs Zerstörer und zwei Dutzend U-Boote.

Damit schien für die Briten die Zeit gekommen, wieder den Konvoiverkehr nach Murmansk aufzunehmen, der im Sommer abgebrochen worden war. Außerdem bot der Winter mit den langen Nächten und düsteren Tagstunden in den Nordmeergebieten die Gewähr, nicht so rasch gesichtet zu werden.

Der neue Oberbefehlshaber der Home Fleet, Admiral Fraser, ließ am 1. November 1943 die Geleitfahrten wieder in See stechen. Der RA 54A und der JW 54A erhielten während des gefahrvollsten Teils ihrer Fahrt eine Nahsicherung aus Kreuzern. Es waren »Bermuda«, »Jamaica« und »Kent« unter der Führung von Vizeadmiral Palliser, die diesen Konvoi schützten. Die Fernsicherungsgruppe unter Vizeadmiral Moore wurde aus dem Schlachtschiff »Anson«, dem US-Kreuzer »Tuscaloosa« und Zerstörern gebildet.

Nachdem dieser Doppelkonvoi durchgekommen war, wurde gleich der nächste organisiert. Es war der JW 55A mit 19 Schiffen und der Ferndeckungsgruppe unter der Führung des Chefs der Home Fleet, Admiral Fraser. Nachdem dieses Geleit ohne Verluste geblieben war, wurde am 20. Dezember 1943 der JW 55B aufgenommen und geleitet. Drei Tage später lief aus dem Kolafjord der Konvoi RA 55A mit seiner Escort-Gruppe aus. Zu seiner Sicherung stand eine Kreuzer-Deckungsgruppe unter Vizeadmiral Burnett mit den Kreuzern »Belfast«, »Norfolk«

und »Sheffield« in See. Sie sollte auch den zweiten Teilkonvoi, den JW 55B, sichern.

Bereits am 19. Dezember hatte Großadmiral Dönitz anläßlich seiner Besprechung im Führerhauptquartier unter Punkt 9 der Tagesordnung vorgetragen, daß es seine Absicht sei, mit der »Scharnhorst« und den Zerstörern der Kampfgruppe den nächsten Nordmeergeleitzug anzugreifen, wenn sich dazu Erfolgsaussichten böten.

Am ersten Weihnachtstag gab Großadmiral Dönitz für die Kampfgruppe »Scharnhorst« das Codewort: »Ostfront — 25.12.« Dies bedeutete, daß die »Scharnhorst« noch an diesem Tag zum Unternehmen gegen den Konvoi JW 55B starten sollte.

Eine Stunde nach Eintreffen dieses Befehls bei der Marinegruppe Nord, gab deren Befehlshaber, Admiral Schniewind, als Vertreter des BdK diesen Befehl an Konteradmiral Bey weiter: »Der Konvoi sei im ersten Tageslicht mit der ›Scharnhorst‹ und den fünf Zerstörern anzugreifen, aber nur bei günstigem Wetter und wenn genügend sichere Erkenntnisse über die feindlichen Bedeckungskräfte vorlägen.«

Der Stab des BdK stieg auf die »Scharnhorst« über, und der BdK setzte auf diesem Schlachtkreuzer seine Flagge. Genau um 19 Uhr verließ die »Scharnhorst« ihren Ankerplatz, nachdem unmittelbar vorher die gesamte Besatzung auf der Schanz angetreten war und Fregattenkapitän Dominik, der Erste Offizier, den Auftrag bekanntgegeben hatte.

Mit Z 38 1200 Meter vor der »Scharnhorst« wurde die Sperre angelaufen. Z 29 und Z 34 hängten sich im Kielwasser der »Scharnhorst« an. Aus dem Kaafjord stießen Z 30 und Z 33 wenig später hinzu. Mit 17 Knoten Marschfahrt passierte die nun komplette Kampfgruppe um 20.37 Uhr die Außensperre und steuerte durch Stjern-Sundet, Störöy-Sundet und Lappahavet in die offene See.

Schwere See donnerte gegen die Schiffe an. Der Sturm packte sie, und das schwach leuchtende Polarlicht zuckte über den nordwestlichen Teil des Himmels. Die sechs Einheiten der Kriegsmarine liefen jenen 19 Handelsschiffen entgegen, die es zu stellen galt. Diese wiederum wurden durch acht Zerstörer dicht abgeschirmt. Einige weitere Zerstörer und kleinere Schiffe kamen hinzu, und in der Nahsicherung standen wieder, wie in den vorher laufenden Geleitsicherungsaufgaben unter Vizeadmiral Burnett, der Schwere Kreuzer »Norfolk«, der Leichte Kreuzer »Belfast«, auf dem Burnett seine Flagge gesetzt hatte, und der Leichte Kreuzer »Sheffield«.

Am frühen Morgen des 24. Dezember war auch die Ferndeckungsgruppe unter Admiral Fraser ausgelaufen. Der Chef der Home Fleet befand sich auf dem Schlachtschiff »Duke of York«. Zu seiner Gruppe gehörten der Leichte Kreuzer »Jamaica« und vier Zerstörer. Admiral Fraser hatte zuverlässige Meldungen erhalten, daß der JW 55B von der deutschen Luftaufklärung gesichtet und gemeldet worden war.

Auf ihrem Kriegsmarsch liefen »Scharnhorst« und die fünf Zerstörer vor dem Sturm aus Südwesten nordwärts. Ab und zu herrschte Schneetreiben. Um 23.30 Uhr wurde ein FT-Spruch des Oberbefehlshabers der Kriegsmarine aufgenommen. Er lautete:

»Feind will durch wichtigen Geleitzug mit Nahrung und Waffen für die Russen heldenmütigen Kampf unseres Ostheeres erschweren. Wir müssen helfen.
Geleitzug mit ›Scharnhorst‹ und Zerstörern angreifen!
Taktische Lage geschickt und wagemutig ausnutzen. Gefecht nicht mit halbem Erfolg beenden. Angepackte Lage durchschlagen. Größte Chance liegt in der überlegenen Artillerie der ›Scharnhorst‹, deshalb ihren Einsatz anstreben.
Abbrechen nach eigenem Ermessen. Grundsätzlich abbrechen bei Auftreten Schwerer Streitkräfte.
Besatzung in diesem Sinne einstellen. Ich glaube an Euren Angriffsgeist. — Dönitz, Großadmiral.«

Kurz nach Mitternacht gingen vom Fliegerführer Lofoten die Fühlungshaltermeldungen ein. Um 3.27 Uhr des nächsten Tages ging auch eine U-Bootmeldung mit der genauen Quadratangabe ein, wo es unter Wasser gedrückt worden war. Kurz vor dem Wachwechsel um 4 Uhr gab dann Kapitän zur See Hintze den FT-Spruch des Großadmirals in komprimierter Form an die Besatzung weiter:

»Kommandant an alle Stellen!
Funkspruch vom Großadmiral: ›Packt das Geleit, wo ihr es faßt. Ihr entlastet die Ostfront. — Dönitz, Großadmiral.‹«

Zum Zeitpunkt des Wachwechsels stand die »Scharnhorst« 114 Seemeilen südöstlich der Bäreninsel. Ab 7 Uhr fuhren die Zerstörer einzelbootsweise einen Aufklärungsstreifen ab, der in Richtung des vermuteten Geleitweges führte. »Scharnhorst« setzte sich etwa zehn Seemeilen hinter die Zerstörer.

Um 7.30 Uhr wurde »Klar Schiff zum Gefecht!« befohlen.

Nach einer verwirrenden Meldung, die aufgrund einer falschen Position von Z 38 hervorgerufen wurde, stiegen plötzlich 500 Meter Backbord querab von der »Scharnhorst« hohe Wassersäulen — trotz des Schneetreibens sichtbar — empor. Gleichzeitig meldete das vordere Funkmeßgerät des Schlachtkreuzers den Gegner. Die Alarmklingeln schrillten, und Sekunden darauf eröffnete der achtere Schwere Turm Cäsar das Feuer auf den in den E-Meßgeräten erfaßten Gegner.

Durch das Schneetreiben waren auch in weiter Distanz die grellen Blitze der Abschüsse des Gegners in 245 Grad Schiffspeilung zu erkennen. Dann begannen die Türme der »Scharnhorst« ebenfalls zu schießen. Wenig später zerplatzten über dem Schiff und in weiterer Distanz die ersten Leuchtgranaten, offenbar von einem zweiten Schiff geschossen.

Unmittelbar nach der Feuereröffnung machte die »Scharnhorst« auf 180 Grad kehrt und ging mit der Fahrt auf 30 Knoten hoch. Ihr standen feindliche Kreuzer gegenüber, was man an den einschlagenden Granaten erkannte. Bis jetzt hatte der Schlachtkreuzer einen Treffer zwischen dem an Backbord stehenden III. Geschütz und dem Torpedorohrsatz erhalten, ein zweiter Treffer hatte den Vormars getroffen und das dortige Funkgerät ausgeschaltet. Ein Teil der im Vormars stehenden Flakbedienung fiel oder wurde verwundet. Eine in den technischen U-Raum einschlagende Granate löste einen Brand aus, der rasch unter Kontrolle gebracht wurde.

»Nebeln!« befahl Kapitän z. S. Hintze, und hinter der dicken grauen Wand versuchte das Schiff an den Geleitzug heranzukommen. Damit war das erste Zusammentreffen des Schlachtkreuzers mit dem Gegner nach 16 Minuten beendet.

Es war der Kreuzer »Belfast« gewesen, der um 8.24 Uhr das Feuer eröffnet hatte, das Flaggschiff von Vizeadmiral Burnett. Die Belfast schoß Leuchtgranaten. Fünf Minuten später griff dann auch »Norfolk« ein, der einzige Kreuzer, der über 20,3-cm-Geschütze verfügte. Mit seinen vier Doppeltürmen schoß er bis 8.40 Uhr auf die »Scharnhorst« und erzielte die angegebenen Treffer. »Sheffield« beteiligte sich nicht am Feuerkampf.

Konteradmiral Bey ließ nach Abreißen der Fühlung der Feindkreuzer wieder auf Nordkurs gehen. Seine Absicht war es, mit großer Fahrt vor dem Konvoi herzulaufen, nördlich davon nach Westen aufzudrehen, um dann den Konvoi aus Norden anzugreifen. Das Umgehungsmanöver war durch die hohe Fahrtgeschwindigkeit der »Scharnhorst« durchaus durchführbar.

Um 10 Uhr wurde der Konvoi von U 277 gemeldet. Wenig später forderte Konteradmiral Bey die Zerstörer auf, zu melden. Kapitän z. S. Johannesson, der Flottillenchef der Zerstörer, erhielt nunmehr folgenden FT-Spruch:

»4. Zerstörer-Flottille: Kurs 70 Grad, Fahrt 25 Knoten.«

Nach einer Reihe von Kursänderungen gab Bey den Befehl: »Operieren auf Quadrat 6365!« Dies war die Angabe, die U 277 gemacht hatte.

Um diese Zeit nahmen Sturm und Seegang mehr und mehr zu, und die Schneeschauer verdichteten sich zum zeitweiligen Schneetreiben. Um diese Zeit gab Kapitän zur See Hintze der Besatzung bekannt, daß sie auf die Geleitsicherung gestoßen seien, die drei Kreuzer der Städteklasse stark sei. Er wolle versuchen, von Norden her den Geleitzug zu packen.

Der Chronometer zeigte 13.21 Uhr an, als plötzlich voraus an Steuerbord Schatten erkannt wurden. Sekunden später blitzte es bei diesen Schatten auf. Über dem Schiff erfolgten wenig später dumpfe Detonationen, und dann war plötzlich die »Scharnhorst« in weißliche Helle getaucht. Drei, vier Leuchtgranaten hatten ihre grellen Lichter über der »Scharnhorst« plaziert. Wenig später sprangen dicht beim Schiff die ersten Einschlagfontänen aus dem Wasser empor und nur Sekunden darauf eröffneten die 28-cm-Drillingstürme der »Scharnhorst« ebenfalls das Feuer.

Damit hat das zweite Duell an diesem zweiten Weihnachtstag begonnen. Konteradmiral Bey, der auf der Brücke stehengeblieben war, während alle Offiziere auf ihre Stationen gestürzt waren, befahl, durch das geöffnete Backbord-Panzerschott hindurchrufend:

»Nach Backbord abdrehen? — Erst einmal raus hier!«

Kapitän zur See Hintze zeigte klar, zum Zeichen, daß er verstanden hatte. Dann gab er den Befehl:

»Hart Backbord! — Alle Maschinen AK voraus. Neuer Kurs 135 Grad. An AO: Schiff dreht hart Backbord!«

Während der Schwenkung des Schlachtkreuzers hielten die solcherart vorgewarnten Artillerie-Richtungsweiser ihr Ziel. In den Türmen hielten die verantwortlichen

Stückmeister die Pfeile ihrer Folgezeiger in Deckung und folgten der Drehung.

Nun konnte auch Turm »Cäsar« achtern das Ziel auffassen, und jetzt schossen alle schweren Geschütze, und der II. AO, Kapitänleutnant Wieting, ließ die 15-cm-Türme mitfeuern, so lange das Ziel von ihnen erreicht werden konnte.

Einer der drei feindlichen Kreuzer wurde voll getroffen, das war deutlich am Feuerschein zu erkennen. Ein zweiter Kreuzer erhielt Treffer, wie an den Flammen zu sehen war, die dort im Vor- und Achterschiff hochzüngelten.

Alle folgenden Salven lagen deckend beim Gegner. Durch die Beobachtungsgeräte konnte ein weiterer schwerer Treffer gesehen werden. Eine riesige Stichflamme schlug aus dem getroffenen Kreuzer empor, sank aber sofort wieder in sich zusammen. Um 13.41 Uhr schwieg dann das feindliche Feuer, und auch die »Scharnhorst« stoppte ihr Feuer. Sie hatte in diesem zweiten Gefecht nicht einen Treffer erhalten.

Es war die »Norfolk« gewesen, die um 11.37 Uhr mit ihrem Funkmeßgerät die »Scharnhorst« aufgepickt hatte, und zwar aus einer Distanz von 27 000 Metern. Es schien so, als sollten sie das Feindschiff nun packen können, doch wenig später verlor »Norfolk« den Kontakt wieder. »Belfast« konnte um 12.05 Uhr aus 30 000 Metern den nächsten Kontakt finden.

Sofort wurde darauf zu operiert, und um 12.21 Uhr meldete »Sheffield« die »Scharnhorst« in Sicht. Die Kampfgruppe eröffnete aus etwa 11 000 Metern das Feuer. Die 36. Zerstörer-Division bekam gleichzeitig den Angriffsbefehl. Sie sollte mit Torpedos angreifen. Doch die Zerstörer kamen nicht in Torpedoschußweite heran, weil die »Scharnhorst« zu große Fahrt lief, die sie in der schweren See nicht mitlaufen konnten. Der Zerstörer »Musketeer« eröffnete aus 7000 Metern das Feuer. »Norfolk« fiel ein. Sie erhielt um 12.33 Uhr einen schweren

Treffer in den Turmunterbau des achteren Turmes X, einem der 20,3-cm-Türme. Danach hämmerte ein zweiter schwerer Treffer mittschiffs in den Kreuzer hinein. Der Großteil der Funkmeßgeräte des Schweren Kreuzers fielen aus. Eine weitere 28-cm-Granate streifte die Bordwand. Ihre Splitter rissen Löcher von ziemlicher Größe.

Die mit 28 Knoten ablaufende »Scharnhorst« sollte nun auf Befehl von Vizeadmiral Burnett von den Kreuzern verfolgt werden. Die schwer beschädigte »Norfolk« blieb beim Verband, um mit ihren noch einsatzbereiten 20,3-cm-Türmen helfend in den Kampf eingreifen zu können.

Die von Burnett abgesetzten Fühlunghaltermeldungen veranlaßten Admiral Fraser, mit der »Duke of York« und der Force 2 in jene Richtung zu laufen, mit der er hoffen durfte, der »Scharnhorst« den Rückweg abzuschneiden und diesen Schlachtkreuzer zu vernichten, der für die Nordmeergeleite eine dauernde Gefahr darstellte.

Mit großer Fahrt wurde auf den Kollisionspunkt zugesteuert, und um 16.20 Uhr meldete ein Offizier des Funkmeß-Koppelraumes dem Admiral, daß die »Scharnhorst« in Peilung 20 Grad und 45 000 Meter Distanz gefunden worden sei.

In den nächsten zehn Minuten überstürzten sich die Befehle und Weisungen. Die Zerstörer erhielten Befehl zum Einnehmen der Stellung für einen Torpedoangriff. Dann faßte das Feuerleitgerät der »Duke of York« die »Scharnhorst« in 29 500 Meter auf. Und Admiral Fraser befahl Captain Russel, dem Kommandanten des Schlachtschiffs:

»Force 2 wendet in 2 Minuten auf 80 Grad! — Dann können Sie alle Geschütze zum Tragen bringen!«

Um 16.47 Uhr war es soweit. Noch immer nicht von der »Scharnhorst« erkannt, eröffnete das britische Schlachtschiff sein Feuer zunächst mit Leuchtgranaten auf den deutschen Schlachtkreuzer, nachdem »Belfast« unmittelbar vorher seine ersten Leuchtgranaten geschossen hatte.

Zwei Minuten darauf peitschten aus den zehn Rohren der Schweren Artillerie vom Kaliber 35,6 die Abschuß-flammen der ersten Salve. »Jamaica« fiel mit ihren zwölf 15-cm-Geschützen in das Feuer ein.

»Norfolk« und »Belfast« kamen etwas später hinzu, und von diesem Zeitpunkt an ging ein Todesorkan auf die »Scharnhorst« nieder. Die erste 35,6-cm-Granate schmetterte um 16.45 Uhr in das Vorschiff an der Steuerbordseite, in Höhe des Turmes Anton. Mit erhobenen Rohren blieb Turm Anton stehen und konnte nicht mehr geschwenkt werden. Er fiel aus.

Nur Sekunden später schlug eine zweite Granate mittschiffs ein. Der Rest der Schweren 28-cm-Artillerie, insgesamt sechs Rohre, schoß in schnellster Salvenfolge. Drei Rohre waren mit Turm Anton ausgefallen. Die Salven lagen deckend, und in dem 20 Minuten dauernden dritten Artillerieduell, in das erstmals auch die »Duke of York« mit ihren schweren Koffern eingriff, versuchte die »Scharnhorst«, den tödlichen großkalibrigen Granaten des Schlachtschiffs zu entkommen. Es gelang, die schweren Feindeinheiten abzuhängen. Mit Ostkurs und großer Fahrt lief die »Scharnhorst« den überschweren Granaten davon.

Die schwere Artillerie der »Scharnhorst« stellte für wenige Minuten ihr Feuer ein. Es sah so aus, als sollte das deutsche Großkampfschiff der Übermacht noch entkommen.

In dieser Situation setzte Admiral Fraser die vier Zerstörer zum Angriff an. Es waren die vier S-Klassen-Zerstörer »Savage«, »Saumarez« (die die erste Rotte bildeten) und »Scorpion« und »Stord« (als zweite Rotte).

Als die erste Rotte gesichtet wurde, eröffnete »Scharnhorst« mit der leichten und der Mittelartillerie das Feuer. Aus 6300 Meter Distanz erwiderte »Saumarez« das Feuer. Diese beiden Zerstörer zogen also das Feuer auf sich und ermöglichten es den beiden anderen, unbemerkt von Nordwesten zum Torpedoangriff anlaufen zu können.

»Scorpion« und »Stord« schossen ihre Torpedos. »Scharnhorst« wich nach Süden aus. Damit bot sie der ersten Rotte ein gutes Ziel, die genau fünf Minuten nach der zweiten ihre Torpedos abfeuerte.

Wieder auf die erste Rotte einschwenkend, erzielte »Scharnhorst« einige 28-cm-Treffer auf »Saumarez«. Die Granaten waren Blindgänger, was den Untergang dieses Zerstörers vereitelte. Dennoch wurde die Geschwindigkeit des Zerstörers auf zehn Knoten herabgesetzt. »Savage« konnte unbeschädigt ablaufen.

Von der 2. Rotte traf ein Torpedo der »Scorpion« die »Scharnhorst« vor der Brücke an der Backbordseite. Wenig später trafen drei Torpedos der 1. Rotte an der Steuerbordseite. Einer detonierte neben einem Kesselraum und setzte die Geschwindigkeit des Schlachtkreuzers auf 22 Knoten herab. Ein anderer traf weiter achtern und überflutete die dortigen Abteilungen. Damit war die »Scharnhorst« krankgeschlagen und konnte dem englischen Schlachtschiff nicht mehr davonlaufen.

Während die »Scharnhorst« noch auf die ablaufenden Zerstörer feuerte, wurden vom achteren Funkmeßstand weitere Gegner gemeldet. Es waren die »Duke of York« und »Jamaica«, die das Feuer auf »Scharnhorst« eröffneten. Diese erwiderte das Feuer aus den 28-cm-Rohren. Von 18.01 Uhr bis 18.37 Uhr paukten die schweren Granaten auf die »Scharnhorst« herunter. Alle noch einsatzbereiten Geschütze des Schlachtkreuzers schossen im schnellsten Salventakt. Eine 35,6-cm-Granate schlug ins Vorschiff des deutschen Schiffs ein. Turm Bruno fiel aus, Turm Anton erhielt den zweiten schweren Treffer. Eine Granate schlug in die Flugzeughalle hinein. Flammen stoben empor. Und schließlich ließ Kapitän zur See Hintze jenen Funkspruch an das Hauptquartier an alle Stellen durchgeben, der dem letzten zeigte, wie es um sie stand:

»›Scharnhorst‹ kämpft bis zur letzten Granate. Es lebe der Führer! — Es lebe Deutschland!«

Wenig später liefen »Jamaica« und »Belfast« zum Torpedoangriff an. »Belfast« lief auf 5700 Meter heran und schoß um 18.26 Uhr drei Aale aus den Steuerbord-Rohren. »Jamaica« hatte ebenfalls zum Angriff herangeschlossen und drehte um 19.25 Uhr nach Steuerbord, um die beiden Backbord-Torpedos zu schießen. Dann wendete »Jamaica« um, um auch noch die Steuerbordrohre abzufeuern. Als sie zum Schuß kam, hatte »Scharnhorst« ihr Feuer bereits eingestellt.

Um 18.35 Uhr erreichte auch »Belfast« die Position, aus der sie die Backbord-Rohre abschießen konnte. Doch sie drehte ab, weil das Ziel von den Booten der 36. Zerstörer-Division erreicht worden war.

»Musketeer« und »Matchless« griffen von der Backbordseite an. »Opportune« und »Virago« kamen von der Steuerbordseite. Ihr Ziel war die »Scharnhorst«, die nur noch drei Knoten Fahrt machte. Sie lag mit der Steuerbordreling bereits im Wasser, und ihr Bug war tief eingetaucht.

Aus einer Distanz von nur 900 Metern schoß »Musketeer« auf die schweigende »Scharnhorst«. Von den vier Torpedos waren drei Treffer. Von der Steuerbordseite schoß »Opportune« ebenfalls vier Torpedos. Schußzeit war nach dem Kriegstagebuch des britischen Schiffs 19.31 Uhr (nach der deutschen Zeitmessung 18.31 Uhr). Den zweiten Fächer schoß dieser Zerstörer zwei Minuten später, und als letzter schoß »Virago« um 19.34 Uhr sieben Torpedos und noch zehn Schuß Artillerie auf die »Scharnhorst«, ehe sie nach Westen ablief. Dort, wo die »Scharnhorst« lag, stand eine hohe Wand aus Feuer und Rauch. Nach mehreren Explosionen erscholl eine gewaltige Detonation: Die Munitionskammer war in die Luft geflogen. Als »Belfast« um 19.48 Uhr angreifen wollte, war das Ziel bereits verschwunden.

Vom Zerstörer »Scorpion« wurden 30 Besatzungsmitglieder gerettet. Kapitän z. S. Hintze, der als letzter das Schiff verlassen hatte, war bei der Bergung bereits tot. Fregattenkapitän Dominik starb, bevor er eingeholt werden konnte, die Rettungsleine bereits in der Hand. »Matchless« barg noch weitere sechs Überlebende. Das war alles, was von der 1900 Mann starken Besatzung die Tragödie am Nordkap überlebte.

Auf 72 Grad 16 Minuten Nord und 28 Grad 41 Minuten Ost war der deutsche Schlachtkreuzer »Scharnhorst« untergegangen. Von 14 oder 15 — bei 56 abgeschossenen — Torpedos getroffen, war sie gesunken. Die »Scharnhorst« hatte bis zum bitteren Ende gekämpft, und der Nachruf auf sie wurde von Admiral Sir Bruce Fraser gehalten, als er den versammelten Offizieren seines Stabes sagte:

»Der Kampf gegen die ›Scharnhorst‹ ist für uns siegreich beendet. Ich hoffe, daß — wenn Sie einmal in eine solche Lage kommen sollten — Sie Ihr Schiff ebenso tapfer führen, daß Sie in einer solchen verzweifelten Lage wie die der ›Scharnhorst‹ ebenso kühne Manöver fahren, wie die deutsche Schiffsführung, und sich mit Ihrer Besatzung so tapfer schlagen, wie Sie es heute in unserem Kampf mit der ›Scharnhorst‹ erlebten.«

Die deutschen Zerstörer, die nicht in den Kampf eingriffen, weil sie bereits vorher zum Rückmarsch befohlen worden waren, erreichten ohne Verluste ihre Stützpunkte in Nordnorwegen. Der Konvoi JW 55B kam unangefochten an seinen Bestimmungsort.

Der Kreuzerkrieg im Pazifik
1942—1945

Kreuzerschlacht bei Cap Esperance

Der Kampf um Guadalcanal ging in eine neue Phase, als das Infanterie-Regiment 164 der American Divison, die frühere Nationalgarde, mit 2837 Soldaten und Offizieren nach Guadalcanal geschafft werden sollte. Admiral Ghormey, der fürchtete, daß die Japaner alles daran setzen würden, diese Gruppe abzufangen, führte ihr Marineunterstützung zu, denn immerhin war bekannt, daß die Japaner im Gebiet um Truk-Rabaul starke Marinekräfte bereitstellten und auch starke Luftstreitkräfte dort versammelten und auf den westlichen Salomonen mehrere neue Luftstützpunkte eingerichtet hatten.

Drei Kampfgruppen, die »Hornet«-Trägergruppe unter Admiral Murray, die »Washington«-Gruppe unter Konteradmiral Lee und Konteradmiral Scotts Kreuzergruppe hatten Weisung, diesen Konvoi unter allen Umständen durchzubringen, denn die Marines auf der Insel waren inzwischen in Bedrängnis geraten. Die Soldaten wurden auf dem Zerstörer »McCawley« und dem Transporter »Zeilin« untergebracht. Acht Zerstörer eskortierten und legten einen dichten Schirm um die beiden Schiffe.

Am 9. Oktober 1942 ging diese Transportergruppe in Noumea ankerauf und erreichte vier Tage später die Lunga Roads. »Hornet« bezog Station 180 Seemeilen südwestlich vor Henderson Field, »Washington« 50 Seemeilen östlich von Malaita, und Konteradmiral Scotts Kreuzer standen nahe Rennell Island. Scott hatte seine Flagge auf der »San Francisco« gesetzt. Sein Auftrag lautete: Sichern des Konvois bei einem Angriff und Suchen und Vernichten feindlicher Schiffe und Landungsfahrzeuge.

Die anderen Kreuzer, die seinem Kommando unterstanden waren: »Salt Lake City«, »Boise« und »Helena«. Hinzu kamen fünf Zerstörer.

Sein Gegenspieler war Konteradmiral Goto mit seinem Beschießungsverband, dem die Schweren Kreuzer »Aoba«, »Furutaka«, »Kinugasa« und zwei Zerstörer angehörten. Die zweite Gruppe unter Konteradmiral Joshima umfaßte die Seeflugzeugtender »Chitose« und »Nisshin« mit sechs Zerstörern, die ihre Truppennachlandungen am Strand von Guadalcanal durchführten.

Drei Wochen lang hatte Konteradmiral Scott seine vier Kreuzer im Nachteinsatz trainiert. Nun waren sie für diesen Einsatz bestmöglich vorbereitet. Am Nachmittag des 11. Oktober wurde Konteradmiral Gotos Beschießungsverband von der US-Luftaufklärung erfaßt und gemeldet. Am Abend dieses Tages ließ Scott die Kreuzer auf 20 Knoten Fahrt drosseln, um die Beobachtungsflugzeuge starten zu können. Zweien gelang der Start. Die Maschine von »Salt Lake City« jedoch stürzte in die See, und »Helenas« Maschine kam nicht ab, sondern stürzte über Bord und ging in Flammen auf.

Goto befand sich zur Zeit des Starts der Seeaufklärer etwa 50 Seemeilen nordwestlich von Scotts Kreuzern. Seine Schweren Kreuzer liefen in einer Reihe mit je einem Zerstörer an jeder Flanke des leitenden Flaggschiffs, so daß diese Formation wie ein großes »T« aussah, das mit 26 Knoten Fahrt durch die See lief.

Um 22.28 Uhr ließ Scott den Kurs direkt auf Savo Island legen. Sieben Minuten später befahl er das Einnehmen der Schlachtordnung in einer Kiellinie. Die drei Zerstörer liefen in der Vorhut, dann folgten in Kiellinie »San Francisco« (Captain McMorris), »Boise« (Captain Moran), »Salt Lake City« (Captain Small) und »Helena« (Captain Hoover). In der Nachhut, in einer Distanz von 600 Metern, liefen die beiden restlichen Zerstörer.

Das Bordflugzeug von »San Francisco« meldete um 22.50 Uhr:

»Ein großes und zwei kleinere Fahrzeuge sechs Seemeilen vor Savo auf den Nordstrand von Guadalcanal zulaufend. Will weitersuchen.«

Es war die Landungsgruppe von Konteradmiral Joshima, die gesichtet worden war. Konteradmiral Scott ließ auf Nordkurs gehen, um diese Gruppe näher anzusehen und um Savo Island sechs Seemeilen westlich zu passieren. Um 23.08 Uhr war die Drehung durchgeführt, und um 23.25 Uhr entdeckte »Helena« mit dem Radar die ersten japanischen Schiffe in etwa 27000 Meter Distanz. »Boise« ortete ebenfalls Gegnerschiffe, die auf Kurs 315 Grad mit 20 Knoten Fahrt liefen.

»San Francisco«, mit einem alten Radargerät ausgerüstet, konnte noch immer nichts entdecken. Als ein weiteres Bordflugzeug um 23.30 Uhr ein großes und zwei kleine Schiffe meldete, ließ Scott auf 230 Grad drehen. »San Francisco« drehte in einem großen Turn nach Backbord, »Boise«, »Salt Lake City« und »Helena« folgten und hinter ihnen die beiden Nachhutzerstörer. Die drei Vorhutzerstörer holten weiter aus und liefen zunächst in einer eigenen Reihe, ehe sie wieder zum Verband stießen.

Zehn Minuten nach der Drehung wurde der nächste Kontakt von »Helena« gemeldet, ein Ziel, sechs Seemeilen voraus auf 285 Grad. »Boise« meldete um 23.38 Uhr: »Fünf Schatten voraus auf 296 Grad, 65 Grad Schiffspeilung.« Zerstörer »Duncan« wurde auf diese Peilung angesetzt und lief mit 30 Knoten Fahrt darauf zu.

Erst um 23.45 Uhr machte auch »San Francisco« ihren ersten Kontakt, und eine Minute später eröffnete »Helena« auf den sichtbar werdenden Gegner das Feuer. Bereits mit den ersten beiden Salven traf »Helena« den Gegner. »Salt Lake City« folgte sofort und schoß auf einen sichtbar werdenden Kreuzer, der an Steuerbord, nur etwa 4000 Meter entfernt, auftauchte. Ein japanisches Schiff feuerte nur Sekunden später und erzielte einen Treffer auf »Salt Lake City«. »Boise« jagte ihre schweren

Granaten in die gesichtete Kreuzerreihe hinein, während ihre Flak-Batterien einen auftauchenden Zerstörer unter Feuer nahmen, der an der linken Flanke anlief. »San Francisco« schoß auf einen Kreuzer, der in einer Distanz von 4800 Meter gesichtet wurde. Auch die Zerstörer fielen schnell in das Feuer ein. Das Nachtgefecht hatte begonnen.

Der Zerstörer »Duncan« unter Lieutenant-Commander Taylor sichtete »Furutaka« und machte die Torpedobatterie klar. Aber »Furutaka« drehte nach Steuerbord und eröffnete mit einer Geschützsalve den Kampf gegen den US-Zerstörer. Mit Hartruder Backbord ließ Taylor den Zerstörer herumgehen und schoß dabei einige Geschützsalven in die »Furutaka« hinein. Sekunden später erhielt »Duncan« einen Granattreffer in den Kesselraum 1. Auf der Brücke der »Aoba« wurde der japanische Befehlshaber von den einhauenden Granaten getroffen. Die Brücke geriet in Brand. »Furutaka« und »Aoba« standen in Flammen.

Der erste von »Duncan« geschossene Torpedo ging vorbei. Als der Torpedooffizier fiel, übernahm Chief Torpedoman Boyd den Befehl. Er schoß einen zweiten Torpedo. Dieser traf mittschiffs, und »Furutaka« brach vermutlich in der Mitte auseinander, überrollte und sank.

Zwei Salven setzten »Duncan« wenig später außer Gefecht. Gleich darauf wurde Zerstörer »Farenholt« getroffen. Beide waren, das ergaben spätere Nachforschungen, offenbar von eigenen Kreuzern getroffen worden.

Als »San Francisco« den japanischen Zerstörer »Fubuki« sichtete, schossen alle Schiffe auf ihn, und um 23.53 Uhr explodierte dieser Zerstörer und sank.

Um 23.55 Uhr ließ Scott seine Kreuzer auf Nordwestkurs parallel zu den japanischen Schiffen drehen. Während dieses Kurswechsels erhielt »Boise« zwei leichte Treffer. Um 23.53 Uhr traf ein Torpedo von »Buchanan« oder »Duncan« den vorderen Antriebsraum von »Furutaka«, den »Duncan« vorher bereits als versenkt gemeldet hatte, was aber ein Irrtum der Besatzung gewesen war. Erst um 2.28 Uhr sank der japanische Zerstörer.

Um Mitternacht hatte Scott befohlen, das Feuer einzustellen. Aber einige Artillerieoffiziere ließen weiterschießen. »Furutaka« sank langsam, und Zerstörer »Fubuki« konnte hinzulaufen, um die Schiffbrüchigen zu retten. »Aoba« stand in Flammen gehüllt auf der See, und Kreuzer »Kinugasa« und Zerstörer »Hatsuyuki« hatten abgedreht und liefen mit AK ab. Konteradmiral Goto war tot.

Bis dahin hatte Scotts Kampfgruppe noch keinen Verlust hinnehmen müssen. Doch der Kampf war noch nicht zu Ende. Als Scott nämlich »Stop Feuer!« befahl, eröffnete »Kinugasa« aus 8000 Meter das Feuer auf die US-Kreuzer. Mit Hartruder Steuerbord entging »Boise» den von diesem Kreuzer geschossenen Torpedos knapp. »Aoba«, die zwar brannte, aber noch immer schoß, traf »Boise« mit vier Granaten, die die Aufbauten durchlöcherten. Drei Minuten lang gingen 20,3-cm-Granaten auf die »Boise« herunter, sie wurde schwer beschädigt. »Salt Lake City« legte sich zwischen »Boise« und den Gegner und brachte eines der Feindschiffe, die »Boise« beschossen, zum Schweigen. Und als »Boise« die Formation verlassen hatte und in Sicherheit war, eröffnete »Salt Lake City« ihr Feuer auf »Kinugasa«. Zweimal wurde auch »Salt Lake City« getroffen, doch die Granaten detonierten nicht. Um 0.20 Uhr wurde das Feuer beendet. Bis 2.40 Uhr war das Feuer auf »Boise« unter Kontrolle gebracht, und Captain Moran brachte sein Schiff in die Reihe hinter »San Francisco« zurück. »Boise« hatte 107 Soldaten verloren, 35 weitere waren verwundet. Das Schiff war so schwer beschädigt, daß es in die Werft nach Philadelphia zurücklaufen mußte. »Duncan« aber, der so erfolgreich gegen »Furutaka« gekämpft hatte, war wenig später von zwei schweren Treffern auseinandergerissen worden und sank.

Die Kreuzerschlacht bei Cap Esperance war zu Ende. Sie hatte einen US-Seesieg gebracht. Aber man hatte nicht verhindern können, daß die japanischen Truppen Verstärkungen landeten. Dennoch: Die japanische Überlegenheit im Kreuzernachtgefecht schien beendet.

Die Seeschlacht bei den Santa-Cruz-Inseln

In der zweiten Oktoberhälfte ließ Admiral Yamamoto, der Oberbefehlshaber der japanischen Marine, zwei starke Kampfverbände zusammenstellen, die Guadalcanal endgültig in Besitz nehmen sollten. Er war der Überzeugung, daß nur eine umfassende Streitmacht von vier Trägern, fünf Schlachtschiffen, 14 Kreuzern und 44 Zerstörern in der Lage wären, Admiral Halseys Streitkräfte zu vernichten. Diese gewaltige Flotte wurde in zwei Gruppen aufgeteilt und im großen Seegebiet zwischen den Marianen und Salomonen bereitgestellt.

Die Vorausgruppe unter Vizeadmiral Kondo bestand aus zwei Schlachtschiffen, einem Träger (der zweite hatte Maschinenschaden und mußte umkehren), den Schweren Kreuzern »Atago«, »Maya«, »Myoko« und »Takao«, dem Leichten Kreuzer »Isuzu« und 14 Zerstörern.

In der Hauptgruppe unter dem Befehl von Vizeadmiral Nagumo befanden sich zwei Schlachtschiffe, drei Träger, die Schweren Kreuzer »Kumano«, »Chicuma«, »Tone« und »Suzuya«, der Leichte Kreuzer »Nagara« und 15 Zerstörer.

Diesen Kräften konnte Admiral Halsey nur zwei schwächere Gruppen gegenüberstellen. Einmal die »Enterprise«-Gruppe — Task Force 16 — mit dem Träger »Enterprise«, Schlachtschiff »South Dakota«, den Kreuzern »Portland« und »San Juan« sowie acht Zerstörern; zum andern die »Hornet«-Gruppe — Task Force 17 — unter Konteradmiral Murray mit dem Träger »Hornet« (Captain Mason) und der Kreuzer-Division 4 (Konteradmiral Mahlon) mit: »Portland« (Captain DuBose), »San

Juan« (Captain Maher; war für TF 16 abgestellt), »Northampton« (Captain Kitts III), »Pensacola« (Captain Lowe), »Juneau« (Captain Swenson), »San Diego« (Captain Perry). Hinzu kamen sechs Zerstörer. »Helena«, »San Francisco«, »Atlanta« und sechs Zerstörer wurden der Task Force 64 (Konteradmiral Lee) zugeführt.

In der sich entwickelnden Trägerschlacht wurden die Kreuzer als Schutz und Abwehr feindlicher Angriffe eingesetzt. Dabei wurde Flakkreuzer »San Juan« von einer panzerbrechenden Bombe getroffen, die das ganze Schiff und den Schiffsboden durchschlug, ehe sie detonierte. Der Träger »Hornet« erhielt in diesem Angriff japanischer Trägerflugzeuge einige schwere Treffer. »Northampton« unter Captain Kitts lief mit kleiner Fahrt zum Träger, um ihn zu decken. Admiral Murray stieg von »Hornet« auf »Pensacola« über, um die Task Force von hier aus besser befehligen zu können, denn »Hornet« war nur noch bedingt einsatzbereit. 875 Seeleute der »Hornet« (von 1440) wurden von Bord geholt.

Am Nachmittag des 26. Oktober erfolgte ein neuer Angriff von sechs japanischen Torpedofliegern. Es gelang »Northampton«, die geworfenen Torpedos auszumanövrieren. »Juneau« aber, die die Warnung vor den Torpedoflugzeugen mißverstanden hatte, lief aus der Formation heraus zu Konteradmiral Kinkaids Gruppe hinüber, um die schwerbeschädigte »Hornet« zu sichern, die bewegungslos im Wasser lag. Neben einigen Bombentreffern hatte sich noch ein japanisches Flugzeug selbst mitsamt seiner Bombenlast auf den Träger gestürzt und war auf dem Flugdeck explodiert. Die Torpedoflugzeuge trafen »Hornet« nun achtern mit zwei Torpedos. Noch eine zweite Maschine stürzte auf »Hornet«, die schließlich vier Treffer von 250-Kilo-Bomben erhielt. Es war gelungen, von den 27 angreifenden Flugzeugen 25 abzuschießen, aber »Hornet« war erledigt.

Nachdem sie am späten Nachmittag noch zweimal schwer getroffen worden war, wurde sie nun auch von den letzten Männern befehlsgemäß verlassen, und um 19.20 Uhr schoß der Zerstörer »Anderson« acht Torpedos, von denen sechs trafen. Aber erst in der folgenden Nacht um 1.35 Uhr sank der Träger nach einem neuerlichen japanischen Torpedoangriff.

Admiral Halsey zog am Abend seine Schiffe zurück, als ein weiterer aus Schlachtschiffen und Kreuzern bestehender japanischer Verband herankam.

Aber den Japanern gelang es trotz dieses taktischen Erfolges nicht, Henderson Field mit dem Rest der Flugzeuge auszuschalten, was den Weg für ihre Transporter freigemacht hätte. Der Kampf um Guadalcanal ging weiter. Nach einigen kleineren Scharmützeln kam es zu zwei entscheidenden nächtlichen Gefechten, in denen Kreuzer auf beiden Seiten in einem dramatischen Einsatz standen.

Nachtschlachten bei Guadalcanal und Tassafaronga

Am Abend des 12. November 1942 liefen vier US-Transporter mit Admiral Turner an Bord der »McCawley« in Richtung Espiritu Santo aus. Zur gleichen Zeit marschierte Konteradmiral Callaghan mit seiner Kampfgruppe aus vier Zerstörern (die als Vorhut liefen), den Kreuzern »Atlanta«, »San Francisco«, »Portland«, »Helena« und »Juneau« in der Mitte, und weiteren vier Zerstörern als Nachhut in die Richtung, aus welcher ein zur Beschießung von Henderson Field anlaufender großer feindlicher Kampfverband gemeldet worden war.

An Bord des Flakkreuzers »Atlanta« befand sich Konteradmiral Scott, der allerdings rangjünger als Callaghan war, weshalb dieser das Kommando erhalten hatte.

Etwa zur gleichen Zeit hatten sich jene beiden japanischen Kampfgruppen, die Henderson Field beschießen sollten, 70 Seemeilen nördlich der Indispensable Straße getroffen. Der Befehlshaber der Beschießungsgruppe war Vizeadmiral Abe, der auf dem Schlachtschiff »Hiei« führte. Dazu gehörten das Schlachtschiff »Kirishima«, Kreuzer »Nagara« (mit Konteradmiral Kimura an Bord) und elf Zerstörer.

In der Nacht begann um 1.30 Uhr die Beschießung, und bereits unmittelbar nach Mitternacht hatte die Radarwache des Kreuzers »Helena« ein »Blip«, ein Echosignal auf ihrem Radargerät, entdeckt und meldete um 1.24 Uhr den Kontakt mit einem feindlichen Schiff. 13 Minuten später befahl Callaghan einen Kurswechsel für seine Schiffe auf 310 Grad, und um 1.30 Uhr meldete »Helena«:

»Feind steht an meiner Steuerbordseite in 14 500 Yards Distanz. Er macht 23 Knoten Fahrt und läuft auf Kurs 105 Grad.«

Konteradmiral Callaghan, der auf »San Francisco« kein sehr gutes Radar zur Verfügung hatte, war auf die Sichtmeldung seiner Ausgucks angewiesen, die um 1.41 Uhr den Gegner meldeten. Vier Minuten später befahl Callaghan:

»Bereit zur Feuereröffnung!«

Um 1.50 Uhr leuchtete der erste japanische Scheinwerfer auf, und auf »Atlanta« wurde »Gegenscheinwerfer ein!« befohlen. Dann eröffnete »Atlanta« das Feuer. Die Distanz zum Gegner war nur etwa 1600 Meter. Eine wahre Flut von Granaten flog zum Gegner hinüber und detonierte dort. Das Feuer entwickelte sich binnen einer Minute zu einem wilden Gefecht, das aus teilweise kürzester Distanz geführt wurde. Eine auf die Brücke von »Atlanta« einhauende Granate tötete Konteradmiral Scott und alle Männer seines Stabes, bis auf einen.

Nach mehreren schweren Treffern lag »Atlanta« regungslos, brennend und sinkend im Wasser und wurde noch von den Torpedos zweier japanischer Zerstörer getroffen. Von nun an wurde das Gefecht zu einem blindwütigen Schießen hinüber und herüber, ohne jede Feuerkontrolle. Es war selbst für die US-Seekriegshistoriker unmöglich, dieses Gefecht auch nur annähernd genau wiederzugeben.

Zerstörer »Laffey« wurde durch japanische Torpedos versenkt. Flaggschiff »San Francisco« feuerte auf einen großen japanischen Zerstörer zwei Salven, die voll im Ziel lagen. »Portland«, der siebte in der Reihe der Schiffe, schoß und wurde beschossen. Wenig später erhielt dieser Kreuzer einen Torpedotreffer, der ihm ein Stück aus dem Heck riß und das Deck aufstülpte, so daß die Stahlplatten als unerwünschtes Hilfsruder wirkten und das Schiff einen vollen Kreis lief. Aus 4000 Meter Entfernung feuerte »Portland« noch auf die »Hiei«.

»Helena«, vom Glück begünstigt, schoß auf einen Gegner, der an ihrer Backbordseite keine zwei Seemeilen entfernt mit Scheinwerfern leuchtete. Sie traf diesen Gegner und wurde einige Male nur leicht getroffen. »Juneau« wiederum, der letzte Kreuzer in der Schlachtreihe, schoß zwischen 1.48 und 2.03 Uhr. Ein feindlicher Torpedo traf sie vor dem Kesselraum und setzte das Schiff mit diesem einen Schlag außer Gefecht. Es schwamm regungslos, wahrscheinlich mit gebrochenem Kiel, auf der See.

Die vier in der Nachhut stehenden Zerstörer kämpften aufopfernd. »Atlanta« aber, inzwischen von 50 Granaten getroffen, von mehreren Torpedos aufgeschlitzt und von Feuer überloht, sollte nicht sinken. Captain Jenkins und sein I. Offizier, Commander Emory, waren wie Konteradmiral Scott getroffen, aber nur schwer verwundet. Sie versuchten, das Schiff zu retten, auf dem die Besatzung im Ölwasser der überfluteten Decks stand und das Feuer unter Kontrolle zu bringen versuchte. Aber sie war nicht mehr zu retten.

»Portland« drehte sich noch immer im Kreis, und Captain DuBose sah in der Runde neun brennende Schiffe im

Sund, als Captain Hoover, Kommandant der »Helena« befahl — nachdem er keinen Kontakt mehr mit Scott und Callaghan erhalten hatte — allen Schiffen, um 2.26 Uhr ihm zu folgen und sich durch den Sealark Kanal zurückzuziehen. Aber nur zwei antworteten ihm.

Am Morgen dieses klaren 13. November 1942 lagen im Sund acht todwunde Schiffe im Wasser, davon fünf amerikanische: die nicht mehr zu steuernde »Portland«, die zerschmetterte »Atlanta«, die unbewegliche »Aaron Waard« und die brennenden beiden anderen Zerstörer »Cushing« und »Mossen«. Ruderlos trieb das japanische Schlachtschiff »Hiei« in der See. Zerstörer »Akatsuki« war gesunken, »Yudachi« wurde durch »Portland« am Morgen versenkt, und als im ersten Büchsenlicht Flugzeuge der »Enterprise« die »Hiei« sichteten, griffen sie an und versenkten das Schiff durch zwei Lufttorpedos, zu denen noch ein Bombentreffer einer B 17 kam.

Die südlich von Guadalcanal im Einsatzgebiet lauernden U-Boote I 17 und I 26 sichteten die zurückmarschierenden US-Schiffe. I 26 unter Fregattenkapitän Yokota griff an, verfehlte die »San Francisco« aber mit einem Fächerschuß. Die »Juneau« wurde dafür von diesem U-Boot tödlich getroffen und sank.

Am 29. November hielt Konteradmiral Wright, Befehlshaber der Task Force 67, mit dem Kommandierenden Offizier seiner Kampfgruppe und Konteradmiral Tisdale eine Konferenz ab. Er war von Admiral Kinkaid dazu ausersehen, mit seiner Kampfgruppe, bestehend aus den Schweren Kreuzern »Minneapolis«, »New Orleans«, »Northampton« und »Pensacola«, dem Leichten Kreuzer »Honolulu« und vier Zerstörern den nächsten japanischen Angriff zu stoppen.

Admiral Kinkaid hatte den Verband in zwei Gruppen aufgeteilt. Konteradmiral Wright führte die Task Force 67, die am Abend des 30. November in den Lengo-Kanal einlief. Es war 22.25 Uhr, als die Gruppe den Kanal passiert

Admiral Nimitz, Oberbefehlshaber der US Pacific Fleet

Admiral Sir James Somerville, Befehlshaber der Eastern Fleet, bei der Arbeit in der Admiralskabine

»Houston«, im März 1943. Er war bis zum Ende dabei

Die Kreuzer »Australia« und »Hobart«, die Januar 1945 im Leyte Golf und Mai 1945 bei Neuguinea kämpften; hier vereint

Rechte Seite: Leichter Kreuzer »Philadelphia« zur Operation »Torch« ins Mittelmeer detachiert; hier bei einer Küstenbeschießung

Der niederländische Leichte Kreuzer »Tromp«; er kämpfte während des gesamten Krieges in der Niederländisch-Indischen Flotte

»Tromp« beschießt am 25. 7. 1944 Sabang und vernichtet ein japanisches Munitionsschiff, das in die Luft fliegt

hatte und mit 320 Grad und 20 Knoten Fahrt in 1000 Meter Distanz zueinander vorwärtsmarschierte.

Um 23.06 Uhr fing der Radiooperator des Flaggschiffs einen ersten Kontakt aus 23000 Meter Distanz auf. Konteradmiral Wright informierte alle Schiffe und befahl einen Kurswechsel um 40 Grad nach Steuerbord.

Am 30. November 1942 war Konteradmiral Tanaka mit elf Zerstörern zur Sicherung von elf Transportern für Guadalcanal ausgelaufen. Er wurde am selben Tag um 23.16 Uhr gesichtet und von Konteradmiral Wright auf »Minneapolis« und seinen Zerstörern der Task Force 67 angegriffen. Alle geschossenen Torpedos gingen vorbei.

Tanakas Zerstörer erwiderten das Feuer mit Artillerie und Torpedos. Zerstörer »Takanami« wurde versenkt. Als der Kreuzer »Minneapolis« seine neunte Salve schoß, wurde er von zwei japanischen Torpedos getroffen. Einer detonierte vor Turm 1, der andere bohrte sich in den Kesselraum 2. Zwei gigantische Wasserstrahlen stiegen an Backbord empor. Das Flugzeugbenzin brannte mit weißer Flamme. Das Antriebsöl wurde ebenfalls in Brand gesetzt. Der schwere Körper des Kreuzers drehte sich herum, die Aufbauten waren überschwemmt. Captain Rosendahl stand auf der Brücke bis zu den Knien im Wasser. Mit starker Backbordschlagseite stoppte der Kreuzer, aber er schoß noch acht volle Salven, bevor der Antrieb für die beiden vorderen Türme ausfiel.

»New Orleans«, der dahinter gelaufen war, wäre fast aufgefahren. Captain Roper ließ Hartruder Steuerbord legen und entging so um Haaresbreite der Kollision, lief aber dabei in die Torpedolaufbahnen hinein und wurde von einem Aal im Backbordbug getroffen. Ein zweiter Torpedo traf den Turm Nr. 2. »New Orleans« lief noch fünf Knoten und spie Flammen aus dem deformierten Bug in die Nacht empor.

»Pensacola«, die als nächste folgte, drehte nach links, um einer Kollision vorzubeugen. Sie geriet zwischen den

Feind und die beiden brennenden Kreuzer und war damit ein gutes Ziel. 18 Torpedos wurden von den japanischen Zerstörern auf dieses Schiff geschossen. Einer davon traf, als es gerade wieder auf den alten Kurs ging, am Vormast. Der achtere Maschinenraum und drei Türme wurden sofort ausgeschaltet. Öltanks wurden aufgerissen und machten aus dem Mast des Kreuzers eine Fackel. Captain Lowe ließ Kurs auf Tulagi halten.

»Honolulu«, die »Blaue Gans der Pazifik Flotte« entkam, weil Lieutenant-Commander Davis die Fahrt »Hart Steuerbord« hinter dem Heck der »Pensacola« steuern ließ und damit sein Schiff auf die Leeseite des Feuers der beiden brennenden Kreuzer brachte. Das Schiff kreuzte in schneller Fahrt von 30 Knoten, schoß dabei aus seinen 15-cm-Türmen und erhielt selber keinen einzigen Treffer.

»Northampton«, der letzte Kreuzer in der Reihe, drehte mit »Honolulu« ebenfalls nach Steuerbord, um den drei beschädigten Schiffen auszuweichen. Aber in den nächsten zwölf Minuten, während er 20,3-cm-Granaten auf Zerstörerziele schoß, wurde er von acht Torpedos des japanischen Zerstörers »Oyashio« beschossen und von zwei dieser Aale nach acht Minuten Laufzeit getroffen. Der achtere Maschinenraum wurde aufgerissen. Das Schiff legte sich hart nach Backbord über. Hohe schwarze Ölspouts überspülten das Hauptdeck. Feuer röhrte brüllend über den achteren Teil des Schiffs, und dann stand »Northampton« über alles in Flammen und stoppte.

Admiral Tanaka ließ nun seine Flotte sammeln und ablaufen. Um 1.30 Uhr des folgenden Tages waren alle japanischen Zerstörer bis auf die »Takanami« wieder klar. Sie liefen nach Shortland Harbor zurück und meldeten ein Schlachtschiff und zwei Kreuzer versenkt und vier weitere schwer beschädigt. Der Kampf der US-Kreuzerflotte gegen die japanischen Zerstörer war beendet. Er war zu einem Desaster für die Kreuzer geworden. Die US-Taktik in dieser Nachtschlacht von Tassaferonga wurde in Japan einer genauen Analyse unterzogen. Darin heißt es:

»Der Feind hatte unsere Pläne entdeckt und Bewegungen und Flugzeuge vorher gestartet mit dem Zweck, das Meer über uns zu erhellen. Er war in eine Formation für ein Feuergefecht gelaufen — ein schlauer Versuch, unser Feuer zu neutralisieren. Aber sein Artilleriefeuer war nicht genau genug. Es gab viele Abpraller und Blindgänger-Munition, und man muß annehmen, daß ihre Schießkunst nicht bemerkenswert war. Auch ihre Beleuchtung durch Sterngranaten war nicht effektiv genug« (s. »Battle of Tassaferonga«, ATIS 16086).

Die Folgerungen, die die US-Navy aus dieser Schlacht zog, hießen: »Training, Training und noch einmal Training« (s. »Cincpac Action Report« vom 15. Februar 1943).

Nach dem Kampf bei Tassaferonga wurde Konteradmiral Ainsworth, ehemals Geschwader-Führer der Zerstörer im Atlantik, der im Juli den Admiralsrang erhalten hatte, mit der Führung der Task Force 67 beauftragt. Seine Schiffe waren die ›Guadalcanal-Veteranen‹ »Honolulu«, »Helena«, »Fletcher« und »O'Bannon«. Der Schwere Kreuzer »Louisville« wurde als Verstärkung zur Verfügung gestellt. Sie alle sollten den Verlust der »Northampton« rächen. Der leichte neuseeländische Kreuzer »Achilles« und einige andere Fahrzeuge mit wenig Kampferfahrung kamen als Verstärkung hinzu.

Admiral Halsey befahl diesem Verband am 4. Januar 1943 einen Raid nach Munda. Die Leichten Kreuzer »Nashville«, »St. Louis« und »Helena« und zwei Zerstörer sollten das dortige Bombardement übernehmen. Als Sicherungsgruppe wurden die Leichten Kreuzer »Honolulu«, »Achilles« und »Columbia« (der erste Kreuzer der neuen Cleveland-Klasse, der den Südpazifik erreichte), der Schwere Kreuzer »Louisville« und drei Zerstörer zur Verfügung gestellt. Führer dieser Kampfgruppe wurde Konteradmiral Tisdale.

Der Verband eröffnete die Beschießung am 5. Januar 1943 eine Stunde nach Mitternacht vom bekannten

»schwarzen Felsen« bei Rendova aus. Es herrschte gute Sicht, und jeder Kreuzer konnte die Einschläge seiner Granaten genau beobachten. Munitions- und Treibstofftanks flogen in die Luft oder standen in Flammen. Um 1.50 Uhr erreichten die Schiffe die Endlinie des Feuers und drehten auf Südostkurs, um jenen Kreuzern zu folgen, die bereits abgedreht hatten. Am nächsten Morgen meldeten die Aufklärer, daß Mundas Flugfeld und alle Gebäude und Einrichtungen zerschossen seien.

Die Beschießungsgruppe aber, die Cape Hunter an der Südküste von Guadalcanal beschießen sollte, erreichte den Zielpunkt am 6. Januar um 9 Uhr. Wenig später griffen japanische Flugzeuge an. Eine der Bomben traf »Achilles« am Turm 3. Aber die Beschießung wurde durchgeführt.

Am 23. Januar 1943 flog Admiral Chester W. Nimitz nach Noumea, um mit Admiral Halsey die Lage zu besprechen. Es ging darum, die Zeit bis zur neuen US-Offensive mit dem Codewort »Watchtower« zu überbrücken, die erst am 1. April beginnen konnte.

Bei Rabaul und Buin waren in der letzten Januarwoche viele japanische Schiffe, darunter Frachter und Zerstörer, gesichtet worden. Flugzeugträger und Schlachtschiffe standen im Raum Ontog und Java nördlich von Guadalcanal.

Admiral Halsey konnte für Ende Januar vier hochbeladene Transport-Konvois und fünf Kampfgruppen mit insgesamt zwei Flotten-Flugzeugträgern, zwei Begleitträgern, drei neuen Schlachtschiffen, zwölf Kreuzern und 25 Zerstörern zusichern; sie würden kämpfen und alles besiegen, was Admiral Yamamoto ihnen entgegensenden werde. Seine Schiffe würden in sechs verschiedenen Gruppen nordwärts laufen:

die Kampfgruppe unter Konteradmiral Ainsworth mit vier Leichten Kreuzern und vier Zerstörern;

die Trägergruppe unter Konteradmiral Ramsey mit der »Saratoga«;

die Schlachtschiffgruppe, geführt von Konteradmiral Lee, mit drei Schlachtschiffen;

die »Enterprise«-Kampfgruppe unter Konteradmiral Sherman;

die Task-Force 18 unter Konteradmiral Giffen mit Schwerer Kreuzer »Wichita« (Captain Low), Schwerer Kreuzer »Chicago« (Captain Davis), Schwerer Kreuzer »Louisville« (Captain Joy), Leichter Kreuzer »Montpelier« (Captain Wood), Leichter Kreuzer »Cleveland« (Captain Burrough), Leichter Kreuzer »Cumberland« (Captain Heard).

Diese Kreuzerstaffel der Leichten Kreuzer gehörte zum Verband der 12. Kreuzer-Division unter Konteradmiral Merrill.

Am 29. Januar 1943 stand die Task Force 1850 Seemeilen nördlich Rennell Island und steuerte Nordwestkurs zum Treffpunkt mit den übrigen Verbänden. Bevor die Sonne unterging, wurden vom Flaggschiff und anderen Einheiten »irgendwelche Körper« auf dem Radarschirm erkannt, die 60 Seemeilen westlich standen. Konteradmiral Giffen ordnete für seine Kreuzer weder einen Kurswechsel an, noch befahl er Vorbereitungen für einen Abwehrkampf gegen Angreifer aus der Luft.

Diese »Körper« entpuppten sich als japanische Torpedobomber. Aus dem Zwielicht kommend, umrundeten die Maschinen den Verband und teilten sich dann in zwei Angriffsgruppen auf. Die niedrigfliegenden Torpedoflieger warfen auf den Zerstörer »Waller« und den Schweren Kreuzer »Wichita«. Danach bombten sie. Einer von ihnen griff die »Louisville« an, die mit Hartruderlegen den geworfenen Torpedos entging. Das letzte Flugzeug aber barst in einem Flammenmeer hinter der »Chicago« auseinander. Keines der Schiffe wurde direkt getroffen.

Da Giffen glaubte, daß damit alles ausgestanden sei,

ließ er den Verband auf 305 Grad weiterlaufen. Aber der Kampf hatte erst begonnen. Der Gegner warf eine Reihe Leuchtkörper ab, um die gelaufenen Kurse zu beeinflussen. Rotes und grünes Flutlicht glänzte an der Wasseroberfläche, markierte Standorte und Kurse der US-Schiffe.

Um 19.31 Uhr griff der Gegner abermals an. Ein Torpedo ging haarscharf an der »Chicago« vorbei, ein zweiter traf die »Louisville«, aber detonierte nicht.

Ungeachtet ihrer Verluste griffen die japanischen Zerstörer um 19.38 Uhr ein zweitesmal an. Auch die Flugzeuge tauchten wieder auf. Mehrere wurden abgeschossen, aber die übrigen warfen Lufttorpedos ab, von denen einer die Steuerbordseite der »Chicago« traf, zwei Räume überflutete und eine Kesselanlage ausfallen ließ. Die Ruderkontrolle fiel aus. Kurz darauf traf ein zweiter Torpedo. Der Kesselraum 3 wurde überflutet, der vordere Maschinenraum unter Wasser gesetzt. »Louisville«, die der »Chicago« folgte, sicherte das Schiff und schoß zwei angreifende Torpedoflugzeuge ab.

Wenig später schlug ein weiterer Torpedo in »Wichita« ein, deren Radar-Artilleriekontrolle damit ausfiel.

Es war 20 Uhr, als Konteradmiral Giffen den Gegenmarsch auf 120 Grad befahl. 16 Minuten später war der letzte Feindbomber abgeflogen.

Die schwer angeschlagene »Chicago« wurde von zehn US-Jägern geschützt, und als um 15.40 Uhr vier dieser Maschinen Feindflugzeuge sichteten, drehte »Enterprise« in den Wind und startete eine zehn Maschinen starke Kampfpatrouille. Die Angreifer, die von der »Enterprise« heftig beschossen wurden, drehten auf die »Chicago« ein. Hier stürzte sich Lieutenant-Commander Flatley mit seinen vier Wachmaschinen auf die Angreifer. Aber es war zu spät. Neun Torpedoflugzeuge stießen aus den niedrighängenden Wolken heraus und warfen ihre Torpedos auf die »Chikago«. Es war genau 16.24 Uhr, als vier Aale in die »Chicago« einschlugen. Mit einer brennenden Fackel mußte »Navajo«, der die »Chicago« auf dem Haken hatte, die Leine kappen. 20 Minuten blieben noch, die Besatzung der »Chicago« zu retten. Dann stieß das Schiff, über das Heck sinkend, mit farbigen Flammen in die See. Die Zerstörer holten 1049 Mann aus dem Wasser. Die Schlacht von Rennell Island war vorüber.

Die Schiffsverluste um Guadalcanal betrugen bei den USA: zwei Flugzeugträger, sechs Schwere Kreuzer, zwei Leichte Kreuzer, 14 Zerstörer; auf japanischer Seite: zwei Schlachtschiffe, ein Leichter Träger, drei Schwere Kreuzer, ein Leichter Kreuzer, 11 Zerstörer und sechs U-Boote. Beide Seiten verloren insgesamt etwa 130000 Tonnen Kriegsschiffsraum.

Die nächsten Monate bedeuteten für die Kreuzer beider Seiten eine gewisse Erholungspause, wenn sie auch an einer Reihe kleinerer Unternehmen beteiligt waren. Erst im Juli sollte es wieder zu einem größeren Kreuzereinsatz kommen.

Der Kampf im Kula-Golf und bei Kolombangara

Am 5. Juli 1943 erhielt Konteradmiral Ainsworth von Admiral Halsey die Nachricht, daß der »Tokio-Expreß« von Buin aus in See gegangen war. Sofort lief die Kampfgruppe Ainsworths in den Seeraum um die Indispensable Strait und kreuzte dort, um den Gegner zu erwarten.

Die Task Force 36,1 unter Konteradmiral Ainsworth bestand aus der 9. Kreuzer-Division mit den Kreuzern »Honolulu« (Captain Hayler), »Helena« (Captain Cecil) und »St. Louis« (Captain Campbell). Eine Zerstörer-Staffel unter Captain McInerney mit vier Zerstörern bildete den Deckungsschirm. Ainsworth plante einen Angriff mit konzentrierten Kräften, und zwar dachte er an ein radargeführtes Artilleriegefecht aus 8000 bis 10000 Meter Distanz oder an eine Langstrecken-Schlacht mit Sterngranatenbeleuchtung. Er hoffte, daß die Japaner noch immer über keine wertvollen Radargeräte verfügten und daß sie versuchen würden, zum Torpedoangriff heranzuschließen. Seine 15,2-cm-Geschütze würden dann die stärkeren sein — so hoffte er jedenfalls.

Gegen Mitternacht erreichte die Kampfgruppe Ainsworths Visu Visu Point, den nordwestlichsten Punkt von New Georgia. Bald darauf wurden »Blips« auf den Radarschirmen der US-Fahrzeuge bemerkt. Es waren drei Gruppen japanischer Zerstörer, die versuchten, in dieser Nacht bei Vila Truppen und Material zu landen. Die Zerstörergruppe wurde von Kapitän z. S. Orita geführt. 2800 Soldaten waren an Bord dieser Gruppe und jener zweiten, die von Kapitän z. S. Yamashiro geführt wurde und die sich der ersten angeschlossen hatte. Eine dritte Gruppe, geführt von Konteradmiral Akiyjama, diente als Deckungsgruppe. Insgesamt waren es zehn japanische Zerstörer, die nacheinander erkannt wurden. Diesen Streitkräften standen die drei Kreuzer und vier Zerstörer von Konteradmiral Ainsworth gegenüber.

Durch schlechtes Wetter begünstigt, war es den Japanern gelungen, bis dicht an den Landepunkt heranzukommen, ohne gesehen zu werden. 26 Minuten nach Mitternacht am 6. Juli drangen die Zerstörer in den Golf ein, zur gleichen Zeit also, als Ainsworth mit seiner Kampfgruppe Visu Visu Point passierte.

Die japanische Transportgruppe 1 unter Kapitän z. S. Orita lief von hier aus allein in den südöstlichen Winkel von Klombangara nach Vila. Wenig später wurde die 2. Transportgruppe entlassen, und die drei Sicherungszerstörer liefen nach Norden.

Es war 1.40 Uhr, als die Japaner Gewißheit darüber hatten, daß US-Kriegsschiffe in der Nähe waren. Zu dieser Zeit hatten die Schiffe von Ainsworth bereits Weisung erhalten, die Gefechtsordnung einzunehmen. Als er sicher war, daß es sich um sieben Zerstörer handelte, ließ Ainsworth auf 11 000 Meter herangehen. Um 1.54 Uhr befahl er die Feuereröffnung mit den Geschützen und das Bereithalten zum Torpedoschuß:

Um 1.56 Uhr ließ Konteradmiral Akiyama aus 7000 Meter das Feuer eröffnen. Er hatte Kapitän z. S. Yamashiro befohlen, schnell seine Truppen auszuladen und dann auf das Gefechtsfeld zurückzukehren.

Die erste Salve aus den Kreuzern traf den Zerstörer »Niizuki« schwer und machte den Zerstörer manövrierunfähig. Eine Minute nach der Feuereröffnung schossen die Zerstörer »Suzukaze« und »Tanikaze« insgesamt 16 Torpedos, die mit 49 Knoten Fahrt auf die US-Schiffe zuliefen. Die US-Zerstörer schossen immer noch Granatensalven. Ainsworth ließ in den ersten fünf Minuten Schnellfeuer schießen, und von seinen Schiffen wurden allein 2500 Runden 15,2-cm-Granaten abgeschossen. Es sah nach diesen fünf Minuten so aus, als sei Akiyamas Kampfgruppe bereits vernichtet, doch das war sie nicht. Lediglich »Niizuki« sank, von Granaten durchsiebt und über alles in Flammen gehüllt. »Suzukaze« hatte zwar Treffer erhalten und »Tanikaze« ebenfalls, aber sie nebelten und entkamen nach Nordwesten, um ihre Torpedorohre nachzuladen.

Um 2.07 Uhr befahl Ainsworth die Wendung auf 112 Grad. Doch bevor dieser Befehl ausgeführt werden konnte, rauschten die japanischen Torpedos heran. »Helena« erhielt zwischen 2.04 und 2.07 Uhr drei große Torpedos, sogenannte »long lances«. Der erste traf den Kreuzer vorn zwischen Turm 1 und 2. Der zweite schlug achtern ein.

Die »St. Louis«, die hinter »Helena« lief, konnte gerade noch eine Kollision vermeiden, als »Helenas« Geschwindigkeit rapide sank.

Wenig später tauchten die Zerstörer von Kapitän z. S. Yamashiro auf. Ainsworth ließ das Feuer um 2.18 Uhr auf sie eröffnen. »Amagiri« traf es zuerst. Granaten schlugen in diesen Zerstörer hinein, Flammen und Explosionen zeigten die Wirksamkeit derselben an. »Amagiri« nebelte und entkam mit Schäden, die das Schiff in seinen Bewegungsmöglichkeiten nicht einschränkten. Als zweiter erhielt »Hatsuyuki« Feuer. Drei Blindgänger trafen den Zerstörer und verhinderten dessen Torpedoschuß. Die am Schluß laufenden »Nagatsuki« und »Satsuki« drehten vor dem Stahlhagel weg. Um 2.27 Uhr war das Ende des Kampfes gekommen. Ein japanischer Zerstörer war gesunken. Am Morgen sank auch der US-Kreuzer »Helena«.

Am Nachmittag des 12. Juli erhielt Ainsworth neuen Befehl von Admiral Halsey, in der kommenden Nacht nach Slot zu marschieren. Ihm standen jetzt nach Zuführung der Zerstörer-Staffel 12 zehn Zerstörer zur Verfügung, ferner die Kreuzer »Honolulu«, »Leander« und »St. Louis«.

Die Schiffe verließen Tulagi noch am selben Tag um 17 Uhr und erhielten 18 Minuten nach Mitternacht Feindkontakt. Es war der Leichte Kreuzer »Jintsu« mit einem Verband von Transport-Zerstörern unter Führung von Konteradmiral Izaki.

Aus einer Distanz von 10 000 Meter eröffnete Ainsworth mit seinen drei Kreuzern das Feuer auf »Jintsu«. Der japanische Leichte Kreuzer erhielt einen schweren Treffer nahe dem 3. Schornstein, was eine gewaltige Explosion zur Folge hatte. Wenig später fiel das Ruder aus. »Jintsu« schwamm steuerlos auf der See. Nach mehr als zehn Volltreffern und den Torpedotreffern des Zerstörers »Nicholas« im achteren Maschinenraum brach der Kreuzer in der Mitte durch und sank. Konteradmiral Izaki, der Kommandant des Kreuzers, und 482 Soldaten fielen.

Wenig später wurde »Leander« von einem Torpedo getroffen, der den Kreuzer aus dem Gefecht warf und 28 Soldaten das Leben kostete. Vier japanische Zerstörer liefen nach Norden ab, und Captain McInerney folgte mit drei Zerstörern, während seine beiden restlichen Zerstörer zur »Leander« beordert wurden. »Honolulu« und »St. Louis« steuerten auf Nordost-Suchkurs weiter. »Honolulu« erhielt um 1.56 Uhr Kontakt, aber noch ehe die beiden Kreuzer das Feuer eröffnen konnten, liefen ihnen schon japanische Torpedos entgegen. »St. Louis« wurde vorn von einem dieser Aale getroffen. »Honolulu« gelang es, die ihr geltenden Torpedos auszusteuern. Zerstörer »Gwin« erhielt einen Treffer, als er, vor »Honolulu« stehend, zu entkommen versuchte. Nach einer dröhnenden Explosion blieb »Gwin« brennend liegen.

Es waren die vier abgelaufenen japanischen Zerstörer, die ihre Torpedos nachgeladen hatten und nun wieder angriffen. »Talbot« lief zu »Gwin« hinüber, um die Schiffbrüchigen zu retten. Wenig später erhielt »Honolulu« doch noch zwei Treffer. Ein Torpedo traf sie weit vorn, der zweite weit achtern. Damit war die Kreuzer-Kampfgruppe ausgeschaltet.

Am späten Nachmittag hinkte Ainsworths Flotte nach Tulagi zurück. »Gwin« fehlte; er war gesunken. »Honolulu« erhielt einen neuen Bug. »St. Louis« wurde nach Mare Island in Marsch gesetzt. »Leander« lief nach Boston in die Heimat zurück.

Der japanische »Tokio-Expreß« aber war nicht gestoppt worden.

Kreuzer im Zentralpazifik

Während der US-Landungsunternehmen auf den Gilbert-Inseln standen in der Task Group 40.4 und 50.3 eine Reihe von Kreuzern im Einsatz, ebenso in der Task Group 52.2, die zur Feuerunterstützung gegen Makin ausgelaufen war. Die Task Group 53.4, die zur Feuerunterstützung der auf Betio/Tarawa landenden 2. US-Marine-Division ausgelaufen war, verfügte neben drei Schlachtschiffen über vier Kreuzer und neun Zerstörer. Außer zur Küstenbeschießung wurden die Kreuzer nicht eingesetzt.

Beim Einsatz gegen Kwajalein jedoch, der von der Task Force 50 durchgeführt wurde, kamen die Kreuzer wieder zu einem Einsatz gegen japanische Kreuzer, der allerdings nur sehr kurz geführt wurde, ehe die Flugzeuge der drei Träger den Kampf entschieden. Es waren »Baltimore«, »San Francisco«, »New Orleans« und »Minneapolis«, die diesen Einsatz in der Task Group 50.1 unter Konteradmiral Pownall mitfuhren.

Die Vorbereitung der US-Landung durch die 5. Flotte auf dem Kwajalein-Atoll sah im Februar sowohl in der Feuerunterstützungsgruppe als auch in der Geleitsicherung Kreuzer am Feind.

In der Operation »Hailstone«, die vom 17. bis 23. Februar 1944 stattfand, waren in der Task Group 58.3 die Kreuzer nicht vertreten. Dafür aber standen sie in der Task Group 58.1 mit »Santa Fé«, »Mobile«, »Biloxi« und »Oakland« und in der ebenso beteiligten Task Group 50.9 mit »Minneapolis« und »New Orleans« im Einsatz. Im Kampf rund um Truk waren die Kreuzer der TG 50.9 an der Versenkung des japanischen Schulkreuzers »Katori« und der Zerstörer »Maikaze« und »Tachikaze« beteiligt. In vielen weiteren Träger-Raids waren im Zentralpazifik Kreuzer dabei und hatten Anteil am Sieg, so z. B. bei der Hollandia-Landung.

Gegen Wake, gegen die Marcus Islands und während der Landung auf Saipan konnten »Indianapolis«, »Louisville«, »Birmingham«, »Montpellier« und »Cleveland« — um nur die hauptsächlichsten Kreuzer zu nennen — immer wieder eingreifen. Die Schlacht in der Philippinensee aber wurde zu einem Meilenstein des Sieges der US Navy über den Gegner.

Die Schlacht in der Philippinensee

Am 13. Juni 1944 ging die japanische Flotte von Tawi-Tawi ankerauf. Sie wurde am selben Tag bereits von einem US-U-Boot gemeldet. Zwei Tage später um 9 Uhr ließ

Admiral Toyoda aus Tokio jenen von Admiral Togo vor der Schlacht bei Tsushima geprägten Spruch an die Flotte tasten:

>Das Schicksal des Reiches steht in dieser Schlacht auf dem Spiel. Es wird erwartet, daß jeder Mann das äußerste tun wird.«

Admiral Ozawa ließ diesen Spruch an jede Einheit seiner Flotte übermitteln. Als der Verband mit seinen Trägern in die Philippinensee eindrang, wurde er ein zweitesmal von einem U-Boot der US Navy gemeldet, und zwar am 15. Juni um 18.35 Uhr. Während der Nacht, als dieser Verband zum Treffpunkt mit der Schlachtschiffgruppe von Admiral Ugaki lief, die von Osten her die Philippinensee ansteuerte, geschah nichts.

Ukagis Streitmacht nahm Öl auf und hatte am 16. Juni um 16.50 Uhr ihr Rendezvous mit Admiral Ozawas Erster Geleitgruppe. Insgesamt standen unter Führung von Vizeadmiral Ozawa drei Leichte Träger, vier Schlachtschiffe und die Kreuzer »Atago«, »Chokai«, »Maya« und »Takao«, sowie acht Zerstörer mit dem Leichten Kreuzer »Noshiro«. Die Trägergruppe A, die Ozawa persönlich führte, setzte sich aus drei großen Trägern, den Kreuzern »Myoko« und »Haguro« und sechs Zerstörern zusammen. Letztere wurden durch den Leichten Kreuzer »Yahagi« geführt. Die Trägergruppe B unter Konteradmiral Joshima hatte drei große Träger, ein Schlachtschiff und den Kreuzer »Mogami« zur Verfügung und konnte auf sieben Zerstörer zurückgreifen.

Am 17. Juni erhielt Admiral Ozawa den Bericht seines Beobachtungs-Dienstes über den Aufmarsch der US-Streitkräfte nahe der Marianen. Danach mußten die beiden US-Trägergruppen Chichi und Iwo Jima am 15. und 16. Juni geteilt angegriffen haben. Er hoffte sehr, daß sie sich zwei Tage später ebenfalls teilen und Yap und Palau getrennt angreifen würden. Das wäre dann seine große Chance.

Am Abend des 17. Juni erhielt Vizeadmiral Ozawa aus Tokio Nachricht, daß eine feindliche Trägergruppe dabei sei, Guam anzugreifen. Am frühen Morgen des nächsten Tages, acht Minuten nach Mitternacht, ließ Ozawa noch einmal an alle Schiffe tasten:

»Ich melde ergebenst die vom Kaiser durch den Chef des Stabes des Imperial Hauptquartier übermittelte Weisung des Marinehauptquartiers:
›Diese Operation hat entscheidende Bedeutung für das Schicksal des Empire. Es ist zu hoffen, daß die Streitkräfte ihr Letztes geben werden, um ein noch herrlicheres Ergebnis zu erzielen, als es in der Schlacht von Tsushima erzielt wurde.‹«

Während Japan alles in allem über fünf Träger, vier Leichte Träger, fünf Schlachtschiffe, elf Schwere Kreuzer, zwei Leichte Kreuzer und 28 Zerstörer verfügte, konnten die US-Marinekräfte auf sieben Träger, acht Leichte Träger, sieben Schlachtschiffe, acht Schwere Kreuzer, 13 Leichte Kreuzer und 69 Zerstörer zurückgreifen.

An Flugzeugen verfügte Japan über insgesamt 473 Maschinen. Die USA konnten auf 956 Maschinen, darunter allein 475 Jäger zurückgreifen.

In einer Besprechung zwischen Admiral Turner und Admiral Spruance auf Turners Flaggschiff bei Saipan wurden die notwendigen Dispositionen getroffen. Man kam überein, Admiral Turners Kampfgruppe mit fünf Schweren und drei Leichten Kreuzern sowie 21 Zerstörern als Verstärkung zur Task Force 58 in Marsch zu setzen, in der sieben Schlachtschiffe, drei Kreuzer und fünf Zerstörer standen. Diese zusammengefaßte Streitmacht sollte den Strand von Saipan schützen und einen möglichen Flankenangriff der Japaner abblocken.

Alle vier US-Trägergruppen, die den Träger-Raid gegen die Marianen und Vulkan-Inseln durchführten — es waren die TG 58.1 (Konteradmiral Clark), TG 58.2 (Konteradmiral Montgomery), TG 58.3 (Konteradmiral Reeves), TG 58.4 (Konteradmiral Harrill) mit insgesamt 16 Trägern und 17 Kreuzern — standen am Morgen des 18. Juni in See, ohne Sicht untereinander zu haben. Sie sollten am Mittag aufeinander treffen und dann mit geballter Kraft aller Maschinen zuschlagen.

Noch bevor das Rendezvous stattgefunden hatte, ließ der Oberbefehlshaber der 5. Flotte am selben Tag an Vizeadmiral Mitscher, den Befehlshaber der Task Force 58, und an Vizeadmiral Lee, den Befehlshaber der Schlacht-Kampfgruppe funken:

»Task Force 58 muß Saipan und unsere Streitkräfte, die in dieser Operation engagiert sind, sichern.«

Nach dem Rendezvous lief die gesamte Task Force 58 auf Südwestkurs weiter. Alle Flugzeuge waren bis 18.29 Uhr zurückbefohlen worden. Um 20.30 Uhr wurde der Kurs auf 80 Grad umgelegt. Admiral Spruance als Oberbefehlshaber der 5. Flotte erhielt um 22 Uhr eine Nachricht von Admiral Nimitz, die ihm die Standorte der feindlichen Flotte durchgab. Admiral Ozawa hatte die Funkstille durchbrochen, um eine maximale Zusammenarbeit mit den Landbasenflugzeugen von Guam zu erreichen, und dieser FT-Spruch war aufgefangen und ausgewertet worden.

Am 19. Juni erhielt Admiral Spruance durch das U-Boot »Finback« um 1.50 Uhr die Meldung über die Feindstandorte. Die Task Force 58 lief weiter auf Ostkurs.

Teile der Task Force 58 wurden am späten Abend des 18. und am Morgen des 19. Juni von japanischen Aufklärern erfaßt. Ab 8 Uhr starteten nun von den japanischen Trägern in vier Wellen 372 Flugzeuge zum Angriff. Die US-Schiffe konnten sie noch 150 Kilometer vor dem Ziel durch Radar erfassen. 300 US-Jäger starteten im Blitzstart von den Trägern. Sie fingen die feindliche Luftstreitmacht ab, und in einem dramatischen Luftkampf wurde der Großteil der Angreifer abgeschossen. Insgesamt wurden bei diesem »Truthahnschießen« 242 japanische Flugzeuge durch Jäger und Schiffsflak heruntergeholt. Es gelang nur einer Handvoll Flugzeugen durchzubrechen. Eines erzielte einen Bombentreffer auf »South Dakota«. Eine Reihe Nahtreffer brachte keine großen Schäden. 29 US-Jäger gingen verloren.

US-U-Boote griffen in den Kampf ein und versenkten den Träger »Tahio« der Trägergruppe A. Ein anderes versenkte den Träger »Shokaku« derselben Gruppe.

Während nun Admiral Ozawa am 20. Juni aus den Tankern beölte, konnten 216 US-Flugzeuge überraschend angreifen. Es befanden sich nur 35 japanische Jäger in der Luft. Die Trägerflugzeuge versenkten den Träger »Hiyo« und zwei Tanker und beschädigten den Träger »Zuikaku«, den Träger »Chiyoda« der Gruppe A, Schlachtschiff »Haruna« und Kreuzer »Maya«.

20 US-Flugzeuge gingen im Luftkampf verloren, 72 bei Bruchlandungen und Notwasserungen.

In der Nacht zum 21. Juni 1944 gab der Chef der Vereinigten Flotten in Tokio, Admiral Toyoda, den Rückmarschbefehl.

Als Vizeadmiral Mitscher vorschlug, den Gegner mit allem, was man habe, zu verfolgen und ihm endgültig den Garaus zu machen, lehnte Admiral Spruance diesen Vorschlag ab. So konnte die japanische Flotte entkommen.

Dennoch war dieser Angriff der Anfang vom Ende für die japanische Marine im Pazifik gewesen. Wenden wir uns dem Indischen Ozean zu, um in einer kurzen Schau die dortigen Einsätze britischer Kreuzer zu schildern.

Britische Kreuzer im Indischen Ozean

Im August 1943 war Admiral Lord Louis Mountbatten zum Oberkommandierenden der britischen Streitkräfte in Südostasien ernannt worden. Befehlshaber der British Eastern Fleet war Vizeadmiral Somerville. Ende 1943 bestand diese Flotte lediglich aus dem Schlachtschiff »Ramillies«, dem Geleitträger »Battler« und dem 4. Kreuzergeschwader unter Konteradmiral Read mit »Newcastle«, »Suffolk«, »Frobisher«, »Kenya« und »Ceylon«. Für Geleitaufgaben standen noch die Kreuzer »Hawkins«, »Danae«, und »Emerald«, einige Hilfskreuzer, elf Zerstörer, 13 Fregatten und andere Kleinkampfeinheiten zur Verfügung.

Erst als Anfang Januar 1944 das 1. Schlachtschiffgeschwader unter Vizeadmiral Power mit »Queen Elizabeth« und »Valiant« sowie dem Schlachtkreuzer »Renown«, zwei Trägern, den Kreuzern »Sussex« und »Tromp« (niederländisch) und einer Reihe von Zerstörern hinzu kamen, war wieder eine schlagkräftige Flotte vorhanden. Admiral Mountbatten plante nun einen Angriff mit Landung in Nordsumatra und damit den Übergang zur Offensive auch im Indischen Ozean. Doch die Ereignisse in Europa und die bevorstehende Invasion an der französischen Atlantikküste ließen keinen solchen Großeinsatz zu.

Am 21. März 1944 aber lief die Eastern Fleet mit fast allen Großkampfeinheiten zum Einsatz aus, um einige US-Schiffe, darunter den Träger »Saratoga«, aufzunehmen. Das gelang ohne Feindberührung.

Mit dieser Verstärkung startete Vizeadmiral Somerville am 16. April aus Trincomalee, Ceylon, zu einem Trägerraid gegen die Nordspitze von Sumatra. Die Bombardierung und Beschießung von Sabang und deren Öllager, Hafenanlagen und Flugplätze wurde zu einem vollen Erfolg. Der Gegner war völlig überrascht worden. Er leistete keine Gegenwehr.

Der nächste Schlag, den Somerville führte, richtete sich gegen Surabaya in Ostjava. Hier sollten die für die Japaner wichtigen Ölraffinerien vernichtet werden, in denen ein Großteil des japanischen Flugbenzins gewonnen wurde.

Am 17. Mai startete der Angriff von den Trägern »Illustrious« und »Saratoga« mit 85 Bombern und Jagdbombern. Danach wurde der Rückmarsch nach Ceylon angetreten. Die »Saratoga« aber trat vom Beschießungsschauplatz den Rückmarsch zur eigenen Flotte an, weil britischerseits die Träger »Indomitable« und »Formidable« erwartet wurden.

An der Beschießung von Sabang am 25. Juli nahmen auch die Kreuzer »Cumberland«, »Nigeria«, »Kenya«, »Gambia« und »Ceylon« neben den vier Schlachtschiffen mit Erfolg teil.

Am 23. August 1944 wurde Somerville durch Admiral Fraser abgelöst, dem noch einige Aufklärungseinsätze zufielen. Die Reorganisation der britischen Eastern Fleet am 22. November 1944 sah dann folgendermaßen aus: Unter Führung von Vizeadmiral Power wurde die East Indias Fleet mit zwei Schlachtschiffen, fünf Geleitträgern, acht Kreuzern und 24 Zerstörern gebildet. Die British Pacific Fleet unter Admiral Fraser hatte zwei Schlachtschiffe, vier Träger, sieben Kreuzer und drei Zerstörer-Flottillen zur Verfügung.

Die letzten Kreuzerschlachten im Pazifik

Im Sommer 1944 wurde das Kommando der Pazifik-Flotte in zwei Gruppen geteilt und zwar in die 5. Flotte unter Vizeadmiral Spruance und die 3. Flotte unter Admiral Halsey. Während jeweils ein Admiralsstab in See stand, bereitete der andere — das war der Sinn der Teilung — die nächste Operation vor.

Die Task Force 38 hatte in der 3. Flotte unter Admiral Halsey folgende Kreuzerverbände zur Verfügung:

TG 38.1 unter Vizeadmiral McCain mit »Wichita«, »Boston« und »Canberra«;

TG 38.2 unter Konteradmiral Bogan mit »Houston«, »Vincennes«, »Miami«, »San Diego«, »Oakland«;

TG 38.3 unter Konteradmiral Sherman mit »Santa Fé«, »Mobile«, »Birmingham«, »Reno«;

TG 38.4 unter Konteradmiral Davidson mit »Biloxi« und »New Orleans«.

Diese Task Force 38 führte mit ihren Trägern in der Luftschlacht um Formosa eine Reihe von Einsätzen durch. Am 14. Oktober waren es allein 246. 23 Maschinen gingen verloren. Zur gleichen Zeit flog die japanische Luftstreitmacht 419 Einsätze von Formosa, Okinawa und Kyushu gegen die US-Flotte durch. Bei ihrem Angriff auf die TG 38.1 am Abend des 14. Oktober wurde »Houston« torpediert. Auch »Canberra« erhielt einen Lufttorpedotreffer. Diese beiden Kreuzer wurden von »Wichita« und »Boston« in Schlepp genommen und zu ihrer Deckung die TG 30.3 unter Konteradmiral DuBose mit den Kreuzern »Santa Fé« und »Mobile«, zwei Trägern und 13 Trägern zusammengestellt.

Trotz dieser Sicherung wurde am nächsten Morgen die »Houston« erneut von einem Lufttorpedo getroffen. Insgesamt startete die japanische Luftwaffe vom 12. bis 15. Oktober 881 Einsätze. Sie verlor 321 Maschinen, meldete aber auch ihrerseits eine Reihe Schiffe versenkt und beschädigt.

Die Schlacht im Leyte-Golf

Unter dem Kommando von Admiral Toyoda standen bei der Eröffnung dieser Seeschlacht am 23. Oktober 1944 folgende japanische Streitkräfte im Einsatzraum: die kombinierte Flotte (Admiral Toyoda); die U-Boot-Flotte (Vizeadmiral Miwa); die Bewegliche Flotte (Vizeadmiral Ozawa); die Zentral-Kampfgruppe (Vizeadmiral Kurita); dieser unterstehend: die Südgruppe (Vizeadmiral Nishimura).

In der Zentralkampfgruppe standen auch die neuen

übergroßen Schlachtschiffe »Yamato« und »Musashi«, ferner fünf alte Schlachtschiffe und die Schweren Kreuzer »Atago«, »Takao«, »Maya«, »Chokai«, »Haguro«, »Myoko«, »Kumano«, »Suzuya«, »Tone«, »Chikuma« und »Mogami« sowie die Leichten Kreuzer Noshiro«, »Yahagi« und 19 Zerstörer. »Yamato« und »Musashi« waren 1942 fertig geworden und der Welt größte Kriegsschiffe mit 68000 Tonnen Wasserverdrängung und mit neun Geschützen vom Kaliber 46 cm sowie einer starken zweiten Batterie und 120 25-mm-Maschinenkanonen bestückt.

Die US-See-Luft-Streitkräfte bestanden in der Task Group 77.4 unter Konteradmiral Sprague, die am 16. und 17. Oktober bereits Angriffe gegen Leyte und Cebu flogen. Sechs Geleitträger standen in diesem Verband als Task Unit 1. Task Unit 2 unter Konteradmiral Stump verfügte ebenfalls über sechs Geleitträger, und Task Unit 3, wiederum mit sechs Trägern, war das letzte Drittel dieser gewaltigen Streitmacht, die von einer Vielzahl Zerstörer gesichert wurde. Als Deckungsgruppe fungierte die Task Group 77.3 unter Konteradmiral Berkey mit den Kreuzern »Phoenix«, »Boise«, »Australia« (RAN) und »Shropshire« mit einer Reihe Zerstörer.

Im Norden stand die Task Force 38 unter Vizeadmiral Mitscher. Ihre TG 38.4 (Konteradmiral Davidson) griff mit vier Trägern, zwei Schlachtschiffen und den Kreuzern »Wichita«, »New Orleans« und 15 Zerstörern am 18. Oktober bereits Luzon an. Hinzu kamen die TG 38.2 mit weiteren vier Trägern, zwei Schlachtschiffen und den Kreuzern »Biloxi«, »Vincennes«, »Miami« und 16 Zerstörern und die Task Group 38.3 (Konteradmiral Sherman) mit vier Trägern, zwei Schlachtschiffen und den Kreuzern »Santa Fé«, »Birmingham«, »Mobile«, »Reno« und zwölf Zerstörern, die ebenfalls das Ziel Luzon angriffen.

Die beiden Luftwaffen standen von diesem Zeitpunkt an im erbitterten Einsatz. Unter dichter Luftsicherung durch Flugzeuge aller Trägergruppen lief schließlich die 7. US-Fleet unter Vizeadmiral Kinkaid mit der 6. US-

Army (General-Lieutenant Krueger) in den Leyte-Golf ein. Die Landungen begannen am Morgen des 20. Oktober und setzten sich bis zum südlichen Punkt fort.

Im Süden leistete Konteradmiral Oldendorff die Feuerunterstützung mit drei Schlachtschiffen, den Kreuzern »Louisville«, »Portland«, »Minneapolis«, »Honolulu«, »Denver«, »Columbia« und Zerstörern.

Die japanische Luftwaffe griff am Abend massiv in den Kampf ein. Sie versenkte einige kleine Einheiten und torpedierte zuerst »Honolulu«. Dann stürzte ein japanisches Flugzeug auf den Kreuzer »Australia«. Beide Kreuzer wurden schwer beschädigt abgeschleppt.

Die japanische Streitmacht, die am 23. Oktober auf dem Schauplatz eintraf, verlor westlich der Manila Bay den Kreuzer »Aoba«, der von einem US-U-Boot torpediert wurde. Weitere US-U-Boote, die kurz nach Mitternacht angriffen, versenkten die Kreuzer »Maya« und »Atago«. »Takao« wurde torpediert, konnte sich aber halten. Das war bereits vor Angriffsbeginn ein schwerer Schlag für die japanische Flotte.

Am Tag darauf griffen als erste wieder japanische Flieger an. Einer Maschine gelang es, den Träger »Princetown« zu treffen, der in Brand geriet und aufgegeben werden mußte. Dabei wurde durch Explosionen auf der »Princetown« auch die »Birmingham« schwer beschädigt.

US-Torpedoflugzeuge erzielten auf der »Myoko« einen Treffer. Das Schiff mußte umkehren. »Musashi« wurde mit einem Torpedo und einer Bombe getroffen. Konteradmiral Inoguchi, der Kommandant dieses Schlachtschiffs, fiel.

Das Luft-Seegefecht eskalierte zum Höhepunkt in der Suriagaostraße, wo Konteradmiral Oldendorff gegen die Schlachtschiffe, Kreuzer und Zerstörer der Japaner antrat. Von Nordwesten her eröffneten die Kreuzer »Boise«, »Phoenix« und »Shropshire« das Feuer. Von Nordosten fielen die Kreuzer »Columbia«, »Denver«, »Minneapolis«, »Portland« und »Louisville« und schließlich auch die

Schlachtschiffe »California«, »Maryland«, »Mississippi«, »Tennessee« und »West Virginia« ein. Schlachtschiff »Yamashiro« sank im geballten Feuer dieser Übermacht. Der Kreuzer »Mogami« wurde schwer getroffen und drehte ab, wobei er mit dem anlaufenden Kreuzer »Nachi« kollidierte. Der Zerstörer »Asagumo« sank wenig später, und am 25. Oktober mußte auch der Kreuzer »Mogami« nach US-Luftangriffen verlassen werden.

Bei Samar war es die Gruppe unter Vizeadmiral Kurita, die ostwärts Samar stehend am Morgen des 25. Oktober auf die US-Gruppe unter Konteradmiral Sprague stieß. Die »Kumano«, einer der vielbeschossenen und kampferprobten Kreuzer, wurde von Torpedos der Zerstörer getroffen und blieb bewegungslos liegen. Kreuzer »Suzuya«, der dem Schwesterschiff zu Hilfe eilte, mußte schließlich weichen. Aber dann gelang es den Kreuzern »Tone« und »Chikuma« und schließlich auch »Haguro« und »Chokai«, die US-Träger unter starkes Wirkungsfeuer zu nehmen. Von Norden her griffen »Yamato« und »Nagato« in dieses Feuer ein. Vier US-Zerstörer sanken binnen weniger Minuten, von den schweren Granaten in Stücke geschlagen.

Die Schlachtschiffe »Haruna« und »Kongo« griffen nun die gesichtete Task Group 77.4 an. Doch deren Flugzeuge befanden sich bereits im Angriff. Sie trafen die Schweren Kreuzer »Chikuma« und »Chokai« schwer, beide Kreuzer sanken. »Tone« und »Haguro« versuchten noch einmal, an die US-Geleitträger heranzukommen. Sie hatten sich dem Gegner bereits bis auf 11000 Meter genähert, als Vizeadmiral Kurita den Kampf abbrach, nachdem auch noch der Schwere Kreuzer »Suzuya« tödlich getroffen worden war. Der japanische Kampfverband drehte ab und lief in Richtung San-Bernardino-Straße.

Japanische Kamikazeflieger konnten mehrere Zerstörer versenken und einige Flugzeugträger beschädigen.

Die aus dem Raum um Ulithi zurückbefohlene Task Group 38.1 unter Vizeadmiral McCain mit fünf Trägern, den Kreuzern »Chester«, »Boston«, »Oakland«, »Pensacola«, »Salt Lake City« und »San Diego« und 20 Zerstörern startete am 25. Oktober zwei Wellen mit insgesamt 147 Flugzeugen gegen die ablaufende Flotte unter Vizeadmiral Kurita und konnte noch einige der Schiffe treffen und beschädigen.

Die drei übrigen Gruppen dieser Task Force 38 standen in der Schlacht bei Cape Engaño im Einsatz. Sie sollte gegen die Kampfgruppe von Vizeadmiral Ozawa operieren. Aus diesen drei Gruppen wurde im Morgengrauen des 25. Oktober die Task Force 34 unter Vizeadmiral Lee gebildet. Sechs Schlachtschiffe, Admiral Halsey an Bord der »New Yersey«, vier Kreuzer und zehn Zerstörer bildeten sie und hatten Befehl erhalten, den japanischen Verband zum Kampf zu stellen.

In sechs Wellen starteten 326 Stukas und Torpedoflugzeuge und 201 Jäger von den Trägern. In einem turbulenten Luft-See-Duell wurden ein Zerstörer und vier japanische Flugzeugträger versenkt. Die Verfolgung und der Versuch, dem Rest der Gegner den Rückweg durch die San-Bernardino-Straße abzuschneiden, mißlang.

Am Tag darauf erlitten die japanischen Kreuzer abermals Verluste, als »Kinu« und »Noshiro« von B-24-Bombern versenkt wurden, die von »Biak« und »Morotai« gestartet waren. Zwei Zerstörer fielen ebenfalls diesem Angriff aus der Luft zum Opfer. Auch der havarierte Kreuzer »Abukuma« wurde an der Südküste von Panay durch B-24-Bomber versenkt.

Die Seeschlacht in der Surigao-Sraße markierte in diesem langjährigen Ringen das Ende des Zeitalters des reinen Krieges zur See. Sie war die letzte Seeschlacht gewesen, an der keine Luftstreitkräfte beteiligt waren. Die Schlacht von Cape Engaño dagegen war bereits eine solche See-Luft-Schlacht, in der die Luftwaffe am Ende das Sagen hatte.

So ging auch zugleich im Pazifik das Zeitalter der Kreuzerkriege zu Ende. Was nun folgte, waren mehr oder weniger Routineeinsätze. Nur ein Einsatz bliebe nachzutragen, weil er in seiner Art einmalig ist. Er endete mit dem Untergang.

Der Schwere Kreuzer »Indianapolis«: Einsatz und Untergang

In der Schlacht um Okinawa war der Schwere Kreuzer »Indianapolis« durch einen Kamikazeflieger getroffen worden und mußte zur Reparatur nach Mare Island laufen. Doch die Reparatur hatte seine Stabilität nicht verbessert, wie der Bericht des Navy Departments (»Narrative of the Circumstances of the Loss of Indianapolis« vom 23. Februar 1946) unterstreicht.

Der erste Auftrag für die »Indianapolis« war ein Hochgeschwindigkeitseinsatz von San Francisco nach Tinian mit den Schlüsselelementen der Atombombe gewesen, die auf Japan geworfen werden sollte. Diese »Handelsfahrt« wurde bis zum 26. Juli 1945 durchgeführt. Danach lief »Indianapolis« nach Guam, wo sie zwei Wochen üben sollte, bevor sie zu Vizeadmiral Oldendorffs Task Force 95 stoßen würde, die bei Okinawa lag.

In Guam angelangt, wurde »Indianapolis« nach Leyte weitergeschickt. Captain McVay erhielt Hinweise auf zwei U-Bootkontakte 100 Seemeilen entfernt auf der Route, die er laufen sollte. Er verließ mit seinem Schiff Guam am 28. Juli um 9 Uhr und sollte bei 15,7 Knoten Durchschnittsfahrt Leyte drei Tage später um 11 Uhr erreichen. Das von Captain McVay angeforderte Geleit wurde nicht gestellt. Der Kreuzer lief allein auf seiner letzten Fahrt.

Am Sonntagabend, dem 29. Juli, war die See ziemlich glatt, und der Wind ging nicht sehr stark. Die Sicht für Ausgucks war gut. Genau auf dem Kurs der »Indianapolis« lag das japanische U-Boot I 58. Als es um 23.05 Uhr auf Sehrohrtiefe auftauchte, sichtete es den Kreuzer in 90

Grad Bootspeilung und 10 000 Meter Distanz. I 58 tauchte weg und legte sich kampfbereit vor. Der Kreuzer lief direkt auf das Boot zu. Als das U-Boot wieder auf Sehrohrtiefe auftauchte, stand der Kreuzer nur noch 1500 Meter ab. Um 23.32 Uhr schoß I 58 sechs Torpedos, und es dauerte nur eine Minute, bevor sie ihr Ziel erreichten. Zwei trafen die »Indianapolis« an der Steuerbordseite unter dem 1. Turm und unter dem Wachraum. Alle Verständigungsmittel einschließlich Funk fielen schlagartig aus. Das Schiff lief noch 45 Sekunden volle Kraft weiter, dann stoppte es und legte sich schwer nach Steuerbord über. Captain McVay befahl, Notrufe zu senden. Aber offenbar war das Gerät nicht mehr intakt, denn es wurde keiner gehört. Dann erfolgte der Befehl »Alle Mann aus dem Schiff!«

Noch vor Mitternacht nahm die See die »Indianapolis« auf. Sie rollte über die Seite und sank. Durch die Explosion wurden 350 bis 400 Mann getötet. So schwammen von der ehemals 1199 Mann starken Besatzung noch etwa 800 im Wasser. Bis Tagesanbruch starben 50 bis 100 verwundete Seeleute.

Am Morgen des folgenden Tages wurde der Himmel abgesucht. Um 13 Uhr überflog ein hochfliegendes Flugzeug die Untergangsstelle, ohne die Leuchtkugeln zu sichten, die Captain McVay abschoß. Noch zweimal wurden Flugzeuge gesichtet, die aber ihrerseits nichts sahen. Am Dienstag, dem 31. Juli, waren keine Flugzeuge zu sehen. Längst hätte man von Leyte aus Suchflugzeuge starten müssen. Am Mittwoch waren abermals Flugzeuge über der Stelle. Aber erst am Donnerstag konnte Lieutenant Wilbur C. Gwinn bei seiner Routineaufklärung den Ölfleck sichten. Er ging tief hinunter, sah die im Wasser schwimmenden Menschen und setzte sofort einen Funkspruch mit Standortmeldung ab. Sein Beobachter warf alle Lebensmittel ab. Dann kehrte er um, weil er eine Landmaschine flog.

Von Peleliu startete nunmehr ein Catalina-Flugboot,

das um 16.30 Uhr nach Abwurf aller Rettungsmittel und Nahrung wasserte und mit verletzten und erschöpften Männern vollgepackt wurde. Es schickte ebenfalls einen FT-Spruch um Hilfeleistung. Das Flugboot (Lieutenant Marks) kehrte mit 56 geretteten Soldaten der »Indianapolis« zurück. Einige schnelle Schiffe liefen aus und bargen bis zum Mittag des 3. August alle noch schwimmenden Männer, unter ihnen auch den Kommandanten. Noch fünf Tage lang wurde das Gebiet weiter abgesucht, ehe man aufgab. Von den etwa 800 Soldaten, die das Schiff hatten verlassen können, waren 316 Überlebende geborgen worden. 883 Mann der »Indianapolis« hatte die See behalten. Etwa 484 hatten in jenen dreieinhalb Tagen, in denen sie schwammen, den Tod im Wasser gefunden. Und das Einmalige daran: Erst als man die ersten Männer aufgenommen hatte, wurde klar, daß sie von der »Indianapolis« waren: Man hatte das Schiff überhaupt noch nicht vermißt.

Dabei hatte — und das ist das Entsetzliche an diesem Vorgang — der Kommandant des japanischen U-Boots zwei Stunden nach der Torpedierung über Funk die Versenkung eines Schlachtschiffs der »Idaho«-Klasse gemeldet und auch den genauen Ort der Versenkung angegeben. Dieser FT-Spruch wurde aufgefangen und in Pearl Harbor oder Washington entschlüsselt, ohne daß man Nachforschungen angestellt hätte. Das Cincpac-Headquarter in Guam erhielt diesen FT-Spruch in entschlüsselter Form 16 Stunden nach dem Sinken der »Indianapolis«, und die 7. Flotte erhielt eine Kopie. Keiner kam auf die Idee, daß es die »Indianapolis« gewesen sein könnte, obgleich sie als einziges Schiff auf dieser Route gelaufen und — nicht angekommen war. Hunderte Tote kamen auf das Konto dieser Kette von Versäumnissen (s. »Navy Department Release«, 23. Februar 1946, p. 5).

Die letzten Kreuzeroperationen
in Europas Gewässern

Ostsee und Nordmeer — Schauplätze der letzten Kreuzereinsätze

Als die Rote Armee im August 1944 am Rigaischen Meerbusen die Ostsee erreichte, waren vom Oberbefehlshaber der Kriegsmarine, Großadmiral Dönitz, die noch einsatzbereiten großen Kriegsschiffe »Prinz Eugen«, »Lützow«, »Scheer« und »Admiral Hipper« zu einer Kampfgruppe unter Vizeadmiral Thiele zusammengefaßt worden. Sie sollten mit ihrer Schweren Artillerie in die Landkämpfe eingreifen.

Bereits in der Führerbesprechung am 9. Juli hatte Hitler Dönitz gefragt, welche Folgen ein russischer Durchbruch bis zur Küste der Ostsee für die eigenen Aufgaben in der Ostsee haben würde. Großadmiral Dönitz hatte erwidert:

> »Unsere Kontrolle der Ostsee ist wesentlich für die Einfuhr schwedischen Erzes, das wir für unsere Rüstung dringend benötigen, und sie ist entscheidend wichtig für die neue U-Bootwaffe ...
> Für die Seelage war ein unmittelbarer Durchbruch südlich von Kurland von größter Gefahr« (s. Dönitz, Karl: Zehn Jahre und Zwanzig Tage).

Ein spürbarer Schlag war die Einstellung des Kampfes der Finnen am 4. September 1944. Die Rote Armee besetzte zwischen dem 26. September und dem 2. Oktober die Inseln Moon und Dagö und griff am 5. Oktober auch Ösel an, wohin sich die deutschen Verteidiger zurückgezogen hatten. Von hier aus wollte man die Halbinsel Sworbe halten, um den Transportweg nach Riga so lange wie möglich offenzuhalten. Aus diesem Grunde wurden auch die Schweren Kriegsmarineeinheiten zum Einsatz gebracht.

Ende September lagen die Schweren Kreuzer »Prinz Eugen« und »Lützow« mit den Booten der 6. Zerstörer-Flottille in Gotenhafen.

Inzwischen hatte sich die 218. Infanterie-Division von Ösel auf die Halbinsel Sworbe zurückziehen müssen. Als hier die Rote Armee angriff, beschossen »Prinz Eugen« (Kapitän z. S. Reinicke), »Lützow« (Kapitän z. S. Knoke) und die 6. Zerstörer-Flottille unter Kapitän z. S. Kothe mit Z 25, Z 35 und Z 36 die sowjetischen Stellungen auf Ösel und verhinderten den Durchbruch nach Sworbe. Die sichernde 3. Torpedoboot-Flottille beschoß am 22. Oktober noch einmal sowjetische Stellungen. Beteiligt waren daran T 21, T 13, T 16 und T 20.

So sehr dieses Feuer den Gegner auch störte, es war nicht wirkungsvoll genug. Deshalb griff auch die Kampfgruppe 2 unter Vizeadmiral Thiele am Abend des 23. Oktober noch einmal in die Beschießungen ein. »Lützow« trug nun den Hauptfeuerkampf, wirkungsvoll unterstützt durch Z 28 und Z 35, sowie T 13, T 19, T 21, T 23 und T 28.

Als sowjetische Bomber am Abend des 24. Oktober diesen Kampfverband anflogen, gerieten sie in das dichte Abwehrfeuer der Einheiten und verloren drei Maschinen. Z 28 erhielt einen Bombentreffer, konnte aber mit eigener Kraft nach Gotenhafen zurücklaufen. Nach diesem Feuer stellte die Rote Armee ihren Durchbruchsversuch gegen Sworbe vorläufig ein.

Als die Rote Armee am 18. November ihren Angriff gegen Sworbe wieder aufnahm, wurden zunächst alle leichten Einheiten eingesetzt. Zu ihnen stießen T 23 und T 28. Sie schossen zwei Minensucher der Fugas-Klasse in Brand und überstanden sechs Fliegerangriffe heil. Von der Westseite liefen sie in der Nacht zum 19. November zur Ostseite von Sworbe und eröffneten hier das Feuer.

Einen Tag später griff von Westen her wieder die

Kampfgruppe 2 in die Kämpfe ein. »Prinz Eugen« wurde von den Booten der 3. Torpedoboot-Flottille begleitet. Es waren T 21 als Führerboot, mit Korvettenkapitän Verlohr an Bord und T 13, T 16 und T 19. Diese Einheiten unterhielten dauerndes gezieltes Feuer auf den Gegner, und die Breitseiten der »Prinz Eugen« waren von verheerender Wirkung.

Am 22. November wurde dieser Verband durch die Kampfgruppe mit »Admiral Scheer« (Kapitän z. S. Thienemann), den Zerstörern Z 25 und Z 35, und die 2. Torpedoboot-Flottille unter Korvettenkapitän Paul mit T 3, T 12, T 5, T 9, T 13 und T 16 abgelöst. Mehrere sowjetische Luftangriffe wurden mit der vereinten Feuerkraft aller Waffen abgewehrt und eine Reihe der Angreifer abgeschossen.

Sowjetische Zerstörer oder gar Kreuzer tauchten in der Ostsee nicht auf. So konnten allein in der letzten Nacht der Verteidigung und des Absetzens noch 4.491 deutsche Soldaten auf 18 Marine-Fahrprähmen ohne Gefahr übergesetzt und dem Zugriff der Roten Armee entzogen werden.

Britische Kreuzereinsätze

Die britischen Kreuzer standen im Winter 1944 vor allem in den Nordmeergeleitzügen im Einsatz, die sie seit ihrem Beginn geschützt hatten. An der Konvoioperation JW 61/RA 61 nahm in der von Vizeadmiral Dalrymple-Hamilton geführten Sicherung neben drei Geleitträgern auch der Kreuzer »Dido« teil. Es gelang dem Konvoi zwischen dem 20. Oktober und 10. November, nach Murmansk durchzukommen.

Ein Sonderkonvoi, der JW 61 A, wurde noch stärker bewacht, denn seine »Fracht« bestand aus 11000 sowjetischen Kriegsgefangenen, die in Europa befreit worden waren. Auf zwei großen Truppentransportern sollten sie nach Murmansk in ihre Heimat geschafft werden. Um diesen Konvoi sicher durchzubringen, wurden der Geleitträger »Campania«, der Kreuzer »Berwick«, sechs Zerstörer und die 3. Escort Group mit weiteren sechs Geleitzerstörern als Nahdeckungsgruppe zusammengefaßt. Der Konvoi kam unangefochten durch.

In der Bekämpfung deutscher Geleitzüge von und nach Norwegen standen ebenfalls britische Kreuzer im Einsatz. In der Nacht zum 13. November griff ein britischer Kampfverband mit dem Schweren Kreuzer »Kent«, dem Leichten Kreuzer »Bellona« und vier Zerstörern den Konvoi K.S. 357 an. Der Konvoi stand vor dem Lister-Fjord südostwärts von Egersund, als die Kreuzer das Feuer eröffneten. Binnen weniger Minuten standen zwei der vier Frachter in Flammen und sanken schnell. Von den sechs Sicherungsfahrzeugen, die versuchten, die vier wichtigen Schiffe durchzubringen, sanken fünf im Hagel der schweren Granaten der Kreuzer und Zerstörer. Bei dem Versuch, die im Wasser schwimmenden Besatzungen zu retten, wurde am nächsten Morgen noch R 32 durch Luftangriffe versenkt.

Als Sicherung des Trägers »Implacable«, der nördlich von Namsos mit seinen Bordflugzeugen einen deutschen nach Süden laufenden Geleitzug angriff und drei Dampfer versenkte, stand wieder die »Dido« mit einer Reihe von Zerstörern bereit. Auf dem norwegischen Frachter »Rigel«, der in dem deutschen Geleitzug K.S. 357 mitgelaufen war, hatten sich 2721 Mann befunden, darunter 2248 sowjetische Kriegsgefangene. Von diesen Menschen wurden insgesamt nur 415 gerettet.

Der Kreuzer »Bellona« sicherte mit anderen Geleitfahrzeugen den JW 62/RA 62, und am JW 63/RA 63 stand der Kreuzer »Diadem« ebenfalls mit Zerstörern. Die Vielzahl der Schweren Einheiten des Vorjahres gab es nicht mehr, seitdem die deutschen Großkampfschiffe verschwunden waren.

Am 12. November 1944 war das letzte deutsche Großkampfschiff, das Schlachtschiff »Tirpitz«, das vor Tromsö in Norwegen lag, mit 5,4-Tonnen-Bomben angegriffen und versenkt worden. Mit der »Tirpitz« gingen 28 Offiziere und 874 Soldaten unter. Nur 880 konnten gerettet werden.

Am 14. Dezember war wieder ein britischer Kampfverband vor der westnorwegischen Küste erschienen, um einen deutschen Konvoi abzufangen. Es waren zwei Geleitträger, der Schwere Kreuzer »Devonshire« und sechs Zerstörer. Torpedoflugzeuge des KG 26 unter Oberstleutnant Stemmler griffen diesen Verband an, ohne zu einem Erfolg zu kommen. Allerdings gab der Flottenverband den Angriff gegen die Geleitzugwege auf und kehrte um.

Der nächste deutsche Konvoi, der angegriffen wurde, sah sich einem britischen Kampfverband gegenüber, in dem die Kreuzer »Norfolk«, mit Konteradmiral McGrigor als Kampfgruppen-Kommandant, und »Bellona« und drei Zerstörer vereinigt waren.

Der Feuerüberfall traf einige der Dampfer schwer. Aus der Geleitsicherung wurde M 273 versenkt. Als dann deutsche Ju 88 Torpedoflieger des KG 26 angriffen, wurden diese von den Trägerflugzeugen der als Ferndeckung mitgelaufenen Flugzeugträger »Trumpeter« und »Premier« abgedrängt.

Am 13. Januar 1945 führte der Leichte Kreuzer »Nürnberg« unter Kapitän z. S. Giessler mit dem Minenschiff »Linz« eine defensive Minenaufgabe im Skagerrak durch. Das Unternehmen wurde ungestört erledigt.

Inzwischen war der Schwere Kreuzer »Admiral Hipper«, der im Frühjahr auf Drängen von Großadmiral Dönitz wieder in Dienst gestellt worden war, im September »bedingt einsatzbereit« gemeldet worden. Als der Kommandant, Kapitän z. S. Henigst, Befehl erhielt, den Schweren Kreuzer zu Landzielbeschießungen klarzumachen, stand für »Hipper« allerdings kein Brennstoff zur Verfügung.

Am 15. Januar 1945 verholte die »Admiral Hipper« in die Werft nach Gotenhafen. Als die Rote Armee nach Elbing durchbrach und mit ihrer Winteroffensive weit vordrang, erhielt die »Admiral Hipper« Befehl, nach Kiel zu laufen.

Es dauerte noch bis zum 30. Januar 1945, ehe 1530 Flüchtlinge übernommen worden waren. Unter Sicherung durch T 36 (Kapitänleutnant Hering), lief »Admiral Hipper« aus Königsberg aus. Unterwegs wurden Nachrichten über Feind-U-Boote aufgefangen. Um 21.30 Uhr wurden voraus rote Sternsignale geschossen. Es waren die Notsignale des Passagierschiffs »Wilhelm Gustloff«, das von einem sowjetischen U-Boot torpediert worden war und bereits starke Schlagseite zeigte. Drei Torpedos hatten das Schiff aufgerissen. Das Schiff hatte 6100 Menschen an Bord, von denen nach deutschen Ermittlungen 838 gerettet werden konnten. T 36 rettete eine Reihe im Wasser treibender Schiffbrüchiger.

»Admiral Hipper« lief bis auf 400 Meter an die sinkende »Wilhelm Gustloff« heran. Alles war zur Aufnahme der Geretteten bereit. Kapitän zur See Henigst gab den schwersten Befehl seiner Laufbahn, als er erfuhr, daß das Schiff von einem U-Boot angegriffen worden war, das noch in der Nähe stehen mußte, weil T 36 einen Kontakt aufnahm: Er ließ ablaufen. An Bord seines Schiffs befanden sich etwa 2500 Menschen.

Daß er richtig gehandelt hatte, zeigte sich wenig später, als T 36 zwei Torpedolaufbahnen sichtete und diesen auswich. Diese Torpedos liefen genau den Kurs, der sie zur »Hipper« gebracht hätte, wenn der Schwere Kreuzer dort liegengeblieben wäre.

Am 2. Februar 1945 lief »Admiral Hipper« in Kiel ein und ging vor der Strander Bucht zu Anker. Er ging bei den Deutschen Werken ins Trockendock. Würde er noch in den Endkampf eingreifen können?

Unter der Führung von Kapitän z. S. Freiherr von Wangenheim, dem neuen Chef der 4. Zerstörer-Flottille liefen die Boote am 26. Januar 1945 aus dem Kaafjord im Hohen Norden in die Heimat zurück. Es waren die letzten Kriegsmarineeinheiten so weit im Norden gewesen.

Vor der norwegischen Westküste stehend, stießen sie zwei Tage später in Höhe von Bergen auf die britischen Kreuzer »Diadem« und »Mauritius«. In dem folgenden Gefecht erzielten die deutschen Zerstörer auf beiden Kreuzern Treffer. Dann aber wurde Z 31 so stark eingedeckt, daß alle drei Zerstörer nach Bergen einliefen. Hier blieb Z 31 zurück, während Z 34 und Z 38 am nächsten Abend erneut ausliefen und trotz schwerer britischer Luftangriffe am 1. Februar ohne Schäden in Kiel einliefen. Beide Zerstörer reihten sich in die Kriegsmarinekräfte in der Ostsee ein.

Hier hatten am 29. und 30. Januar 1945 die Schiffe der Kampfgruppe 2, »Prinz Eugen« mit den Zerstörern Z 25 und »Paul Jacobi« und den Torpedobooten T 23 und T 33 die nördlich Königsberg ins Samland vorstoßenden sowjetischen Angriffsverbände unter Feuer genommen, um damit den Aufmarschraum des XXVIII. AK bei Cranz zu decken. Am nächsten Tag setzten sie die Beschießung fort.

Vom 2. bis 5. Februar waren es die einsatzbereiten Zerstörer und Torpedoboote, die im Verein mit »Admiral Scheer« die sowjetische Landfront unter dichtes Feuer nahmen und den Gegner empfindlich schwächten.

Am 8. Februar war wieder »Lützow« an der Reihe, und die nächsten beiden Tage sahen »Admiral Scheer« in neuerlichem Einsatz. Die Schweren Kreuzer konnten mit ihrer Artillerie in deckend liegender Beschießung den Gegner immer wieder stoppen und der schwer ringenden eigenen Infanterie Entlastung und Hilfe verschaffen.

Zur Wiederherstellung des Landweges zwischen Pillau und Königsberg, der von der 93. Infanterie-Division erzwungen werden sollte, beschossen am 18. und 19. Februar »Admiral Scheer« und Z 38, Z 43, T 28 und T 35 bei Peyse und Groß-Heydekrug sowjetische Truppenansammlungen, die fluchtartig vor diesem Bombardement auswichen. Die Landkämpfer konnten dank dieser massierten Feuerunterstützung den Landzugang nach Königsberg wiederherstellen.

Nach dem 26. Februar, dem Beginn des sowjetischen Angriffs auf Hinterpommern, wurde zur Deckung des deutschen Brückenkopfs gegenüber Wollin die Kampfgruppe mit »Admiral Scheer«, Z 38, Z 31, »Paul Jacobi« und T 36 eingesetzt, die am 9. März den Brückenkopf verteidigen halfen.

Seit dem 10. März war es »Prinz Eugen« unter Kapitän z. S. Reinicke, der alles versuchte, den Abfluß der Flüchtlinge zu ermöglichen, und am 15. März trat noch einmal das alte Linienschiff »Schlesien« unter Kapitän z. S. Busch an, das nach acht Tagen wieder durch die »Lützow« ersetzt wurde, als es seine Munition verschossen hatte.

Vom 25. März 1945 an beteiligte sich auch der behelfsmäßig wieder fahrbereit gemachte Leichte Kreuzer »Leipzig« unter Korvettenkapitän Bach an der Beschießung sowjetischer Landziele.

Vor der Räumung von Gotenhafen wurde der hier liegende Schlachtkreuzer »Gneisenau« am 27. März als Blockschiff versenkt. Wieder war einer der letzten Recken der See von der Wasseroberfläche verschwunden.

Noch einmal liefen »Lützow« und alle verfügbaren Torpedoboote und Zerstörer und andere kleinen Einheiten aus, um in der Operation »Walpurgisnacht« in der Nacht zum 5. April aus der noch gehaltenen Oxhöfter Kämpe 8000 Soldaten und 30000 Flüchtlinge herauszuholen. Während der Einschiffungsarbeiten beschossen »Lützow« und ihre Torpedoboote und Zerstörer die hart nachdrängenden sowjetischen Truppen.

Die Einschiffung vor Helva wiederum ging unter dem Flakschutz der Kriegsschiffe weiter. Wegen Brennstoff- und Munitionsmangels mußte »Lützow« mit T 38 und dem durch Bombentreffer beschädigten Z 31 am 8. April ablaufen; die Zerstörer, die noch einsatzklar waren, blieben zurück.

Dann aber starteten die amerikanischen Flieger der 8. USA-Air Force ihren großen Paukenschlag gegen Kiel. Etwa 700 Maschinen warfen 2200 Tonnen Bomben auf die Hafenanlagen. U-Boote, Minenschiffe, Räumboote gingen in einem wilden Furioso unter. In Kiel aber lagen auch die »Admiral Hipper« und die »Admiral Scheer«. »Admiral Hipper« wurde das Deck von einer Bombe durchschlagen, doch das Panzerdeck hielt. »Admiral Scheer« kam ohne Treffer davon.

In der Nacht zum 9. April griff dann die Royal Air Force an und warf 1491 Tonnen Bomben auf Hamburg. Sechs U-Boote sanken.

In der kommenden Nacht war wieder Kiel an der Reihe. Diesmal warf die RAF 2634 Tonnen Bomben auf die Hafenanlagen. Der Angriff dauerte genau 19 Minuten. Bomben fielen auf die »Admiral Hipper«. Sie war wenig später von vorn bis achtern in Flammen gehüllt. Und dann schmetterten große Bomben auch auf die »Admiral Scheer« herunter. An der Werftpier liegend, kenterte der Schwere Kreuzer.

Nur die »Prinz Eugen« und die »Lützow« schwammen noch. Letztere wurde am 4. Mai 1945 gesprengt. Zwei Tage vorher war in Kiel auch die »Admiral Hipper« gesprengt worden.

Als am Morgen des 9. Mai 1945 die britischen Kreuzer »Birmingham« und »Dido« mit drei Zerstörern in den Hafen von Kopenhagen einliefen, war der Krieg bereits 24 Stunden zu Ende. »Devonshire«, mit Kronprinz Olaf an Bord, lief am 13. Mai in Oslo ein, und am 24. Mai 1945 kehrten die beiden deutschen Kreuzer »Prinz Eugen« und »Nürnberg« von Kopenhagen, wohin sie bei Kriegsschluß gelaufen waren, nach Wilhelmshaven. Sie wurden von den britischen Kreuzern »Devonshire« und »Dido« geleitet.

Der Krieg in Europa war zu Ende. Im Pazifik aber

nahm Vizeadmiral Wake-Walker an Bord des Schlachtschiffs »Nelson« erst am 12. September 1945 die Kapitulation der japanischen Streitkräfte im Raum Penang entgegen. Am 3. September wurde durch General Yama-
shita der Waffenstillstand auf den Philippinen unterzeichnet. An Bord des Kreuzers »Portland« nahm Vizeadmiral
Murray die Übergabe der Inselfestung Truk entgegen,
und an Bord des britischen Kreuzers »Cleopatra« traf der
Oberbefehlshaber der East Indies Fleet, Admiral Power,
in Singapore ein. Am 15. September lief der britische
Kreuzer »Cumberland« nach Djakarta, um die Übernahme von Java entgegenzunehmen. Der Zweite Weltkrieg
war zu Ende.

Der Schwere Kreuzer »Prinz Eugen« wurde als US-
Beute in den Pazifik geschleppt und diente dort am
17. Juni 1946 zu Atombombenversuchen bei Bikini-Atoll.
Am 15. November 1947 wurde er in Kwajalein versenkt.

Die »Nürnberg« wurde UdSSR-Beute und lief in der
Rotbannerflotte als »Admiral Makarow«.

Der Kampf und Untergang der Kreuzer aller kriegfüh-
renden Staaten war zu Ende. Auf allen Meeren hatten sie
gekämpft und immer wieder waren sie ausgelaufen, wohl
wissend, daß sie als begehrte Ziele mit allen Mitteln bekämpft werden würden.

Ein Großteil von ihnen wurde versenkt oder beschädigt. Auf fast allen Kreuzern gab es während des fünfein-
halbjährigen Ringens Opfer an Toten und Verwundeten.

Ehre ihrem Andenken.

Anhang

Liste der Kreuzer der kriegführenden Staaten

Britische Schlachtkreuzer, Kreuzer, Minenkreuzer und Flakkreuzer

Adelaide
Adventure
Ajax
Achilles
Apollo
Arethusa
Ariadne
Argonaut
Aurora
Australia
Abdiel
Belfast
Bellona
Bellerophon
Bermuda
Berwick
Birmingham
Black Prince
Blake
Bonaventure
Caledon
Calypso
Cairo
Canberra
Calcutta
Capetown
Caradoc
Cardiff
Carlisle
Ceres
Ceylon
Charybdis
Cornwall
Coventry
Cumberland
Curacoa
Curlew

Colombo
Danae
Dauntless
Defence
Delhi
Despatch
Diadem
Diomede
Dido
Dragon
Duedin
Durban
Devonshire
Dorsetshire
Edinburgh
Effingham
Emerald
Enterprise
Euryalus
Exeter
Fiji
Frobisher
Galathea
Gambia
Glasgow
Glouchester
Hawke
Hawkings
Hermione
Hobart
Hood
Jamaica
Kent
Kenya
Latona
Leander
Liverpool

London
Manchester
Manxman
Mauritius
Minotaur
Naiad
Neptune
Newcastle
Newfoundland
Nigeria
Norfolk
Northumberland
Orion
Penelope
Perth
Phoebe
Renown
Repulse
Royalist
Scylla
Sheffield
Shropshire
Sirius
Southampton
Spartan
Superb
Suffolk
Sussex
Sydney
Swiftsure
Tiger
Trinidad
Uganda
Vindictive
Welshman

Deutsche Schlachtkreuzer, Schwere und Leichte Kreuzer

Admiral Graf Spee
Admiral Hipper
Admiral Scheer
Blücher
Emden
Gneisenau
Karlsruhe
Köln

Königsberg
Leipzig
Lützow (ex Deutschland)
Niobe (ex Gelderland)
Nürnberg
Prinz Eugen
Scharnhorst

Französische Schwere und Leichte Kreuzer

Algérie
Colbert
De Grasse
Duguay-Trouin
Dupleix
Duquesne
Emile Bertin
Foch
Georges Leygues
Gloire

Jean de Vienne
Jeanne d'Arc
La Galissonnière
Lamotte Picquet
Marseillaise
Montcalm
Primauguet
Suffren
Tourville

Italienische Schwere und Leichte Kreuzer

Attendolo
Attilio Regolo
Bari
Bolzano
Cadorna
Colleoni
Da Barbiano
Delle Bande Nere
Diaz
Di Giussano
Duca d'Aosta
Duca degli Abruzzi
Eugenio di Savoia

Fiume
Garibaldi
Gorizia
Montecuccoli
Pola
Pompeo Magno
San Giorgio
Scipione Africano
Taranto
Trento
Trieste
Zara

Japanische Schwere, Leichte und Schul-Kreuzer

Abukuma	Mikuma
Agano	Mogami
Aoba	Myoko
Ashigara	Nachi
Atago	Nagara
Chikuma	Noshiro
Chokai	Naka
Furutaka	Natori
Haguro	Oi
Ioshima (Ex Ning Hai)	Oyodo
Jintsu	Sakawa
Kako	Sendai
Kashii	Suzuya
Kashima	Takao
Katori	Tama
Kinu	Tone
Kinugasa	Tatsuta
Kiso	Yahagi
Kitakami	Yasoshima (ex Ping Hai)
Kuma	Tenryu
Kumano	Yubari
Maya	Yura

Sowjetische Schwere und Leichte Kreuzer

Cervona Ukraina	Marti
Kalinin	Molotow
Kirow	Ordshonikidse
Komintern	Petropawlowsk (ex Lützow)
Krasnyj Kavkaz	Tallin (ex Petropawlowsk)
Krasnyj Krym	Woroschilow
Maxim Gorki	

Alaska (CB 1)
Amsterdam (CL 101)
Astoria (CA 34)
Astoria (CL 90)
Atlanta (CL 51)
Atlanta (CL 104)
Augusta (CA 31)
Baltimore (CA 68)
Biloxi (CL 80)
Birmingham (CL 62)
Boise (CL 47)
Boston (CA 69)
Bremerton (CA 130)
Brooklyn (CL 40)
Canberra (CA 70)
Chester (CA 27)
Chicago (CA 29)
Chicago (CA 136)
Cincinnati (CL 6)
Cleveland (CL 55)
Columbia (CL 56)
Columbus (CA 74)
Concord (CL 10)
Dayton (CL 105)
Denver (CL 58)
Detroit (CL 8)
Duluth (CL 87)
Flint (CL 97)
Guam (CB 2)
Helena (CL 50)
Honolulu (CL 48)
Houston (CA 30)
Houston (CL 81)
Indianapolis (CA 35)
Juneau (CL 52)
Little Rock (CL 92)
Louisville (CA 28)
Macon (CA 132)
Marblehead (CL 12)
Fall River (CA 131)
Los Angeles (CA 135)

Memphis (CL 13)
Miami (CL 89)
Milwaukee (CL 5)
Minneapolis (CA 36)
Mobile (CL 63)
Montpellier (CL 57)
Nashville (CL 43)
New Orleans (CA 32)
Northampton (CA 26)
Oakland (CL 95)
Oklahoma City (CL 91)
Omaha (CL 4)
Pasadena (CL 65)
Pensacola (CA 24)
Pittsburgh (CA 72)
Phoenix (CL 46)
Portland (CA 33)
Portsmouth (CL 102)
Philadelphia (CL 41)
Quincy (CA 71)
Quincy (CA 39)
Raleigh (CL 7)
Reno (CL 96)
Richmond (CL 9)
San Diego (CL 53)
San Juan (CL 54)
Salt Lake City (CA 25)
San Francisco (CA 38)
Santa Fé (CL 60)
Savannah (CL 42)
Springfield (CL 66)
St. Louis (CL 49)
St. Paul (CA 73)
Topeka (CL 67)
Trenton (CL 11)
Tucson (CL 98)
Tuscaloosa (CA 37)
Vicksburg (CL 86)
Vincennes (CA 44)
Vincennes (CL 64)
Wilkes-Barre (CL 103)

Quellen- und Literaturverzeichnis

Alman, Karl: Ritter der Sieben Meere, Rastatt 1963

ders.: Angriff, ran, versenken!, Rastatt 1965

ders.: Graue Wölfe in blauer See, Rastatt 1967

Assmann, Kurt: Deutsche Schicksalsjahre, Wiesbaden 1950

ders.: Deutsche Seestrategie in zwei Weltkriegen, Wiesbaden 1954

Auphan, Paul, und Mordal, Jacques: Unter der Trikolore, Oldenburg 1964

Bekker, Cajus: Kampf und Untergang der Kriegsmarine, Hannover 1953

ders.: Flucht übers Meer, Oldenburg 1964

ders.: Verdammte See, Oldenburg 1973

Bernotti, Romeo: Storia della guerra nel mediterraneo, Rom 1960

Bidlingmaier, Ingrid: Ostee-Brückenköpfe 1945, Neckargemünd 1962

Bidlingmaier, Gerhard: Einsatz der Schweren Kriegsmarine-Einheiten im ozeanischen Zufuhrkrieg, Neckargemünd 1963

Bragadin, Marc' Antonio: Che ha fatto la marina?, Milano 1956

British Admiralty: The Battle of the Atlantic, London 1946

Brennecke, Jochen: Eismeer, Atlantik, Ostsee — Die Einsätze des Schweren Kreuzers »Admiral Hipper«, München 1979

Brustat-Vaval, Fritz: Unternehmen Rettung, Herford 1959

Busch, Fritz-Otto: Tragödie am Nordkap, Hannover 1952

ders.: Die japanische Kriegsmarine, Berlin 1942

Cocchia, Aldo: Convogli, Napoli 1956

Creswell, John: Sea warfare, 1939—1945, London 1950

Cunningham, Lord Andrew: A Saylors Odyssee, London 1951

Dönitz, Karl: Zehn Jahre und zwanzig Tage, Bonn 1958

ders.: Bedeutung der Seestrategie in Zweiten Weltkrieg, i. Manuskript 1962

ders.: Mein wechselvolles Leben, Göttingen 1968

Fechter, Helmut, und Hümmelchen, Gerhard: Seekriegsatlas Mittelmeer — Schwarzes Meer, 1940—1943, München 1972

Fioravanzo, Giuseppe: La Marina italiana nella seconda guerra mondiale, Roma 1959

Glassford (Admiral): Report from the Java Sea Battle, o. O. o. J.

Gröner, Erich: Die deutschen Schiffe der Kriegsmarine und Luftwaffe 1939/45, München 1954

Hillgruber, Andreas, und Hümmelchen, Gerhard: Chronik des Zweiten Weltkrieges, Frankfurt/Main 1968

Hümmelchen, Gerhard: Handelsstörer, München 1967

Ito, Masanori: The End of the Imperial Japanese Navy, New York 1962

Jachino, Angelo: Le due Sirti, Verona 1953

Jones, Francis Clifford: Japans new order in East Asia, its Rise and Fall 1937—1945, London-New York 1954

Klepsch, Peter: Die fremden Flotten im Zweiten Weltkrieg und ihr Schicksal, München 1968

Kurowski, Franz: Zu Lande, zu Wasser, in der Luft, Bochum 1976

ders.: Der Luftkrieg über Deutschland, Düsseldorf 1977

ders.: Der Kampf um Kreta, Herford 1965

ders.: Krieg unter Wasser, Düsseldorf 1979

ders.: Tondokumente und Niederschriften von Interviews

ders.: Seekrieg aus der Luft, Herford 1979

ders.: Bordflieger im Einsatz 1939—1945 (i. Ms.)

ders.: »Hansestadt Danzig« und ihre Männer, i. Ms.

ders.: Kampffeld Mittelmeer, i. Ms.

Kühn, Volkmar: Torpedoboote und Zerstörer im Einsatz 1939—1945, Stuttgart 1974

ders.: Schnellboote im Einsatz 1939—1945, Stuttgart 1976

ders.: Der Seenotdienst der deutschen Luftwaffe, Stuttgart 1978

Kriegstagebuch des BdA, Admiral Nordmeer, der Seekriegsleitung (mit »Gedankenaustausch des Führungsstabes« Bd. 1 und 2), des Oberkommandos der Marine, Bd. 2, Hilfsschiffe

Lockwood, Charles A., und Adamson, Hans C.: Battles of Philippine Sea, New York 1967

McIntyre, Donald: The Battle of Atlantic, London 1961

Meister, Jürg: Der Seekrieg in den osteuropäischen Gewässern, München 1958

Morison, Samuel E.: History of the United States Naval Operations in World War II, Vol. I—X, Boston 1950—57

Lenton, H. T., und Colledge, J. J.: Warships of World War II, Second Edition, London 1973

Oberkommando der Marine, Seekriegsleitung, Schriftenreihe des: »Operationen und Taktik«, Heft 4 und 9

Piterskij, N. A.: Die Sowjet-Flotte im Zweiten Weltkrieg, Oldenburg 1966

Potter, Elmer B., und Nimitz, Chester W.: The great Sea War; the Story of Naval Actions in World War II, Englewood Cliffs 1960

Raeder, Erich: Mein Leben, Bd. I und II, Tübingen 1956—57

Rasenack, Friedrich-W.: Panzerschiff »Admiral Graf Spee«, Biberach 1957

Roskill, S. W.: The War at Sea, 1939—1945, London 1954/56

ders.: Royal Navy, Oldenburg 1961

Rohwer, Dr. Jürgen, und Hümmelchen, Gerhard: Chronik des Seekrieges 1939—1945, Oldenburg 1968

Ruge, Friedrich: Der Seekrieg 1939—1945, Stuttgart 1954

ders.: Entscheidung im Pazifik 1941—1945, Stuttgart 1951

Salewski, Michael: Die deutsche Seekriegsleitung 1939—1945, Frankfurt a. M. 1970

Shankland, Peter, und Hunter, Antony: Durchbruch nach Malta, München 1963

Silverstone, Paul H.: US Warships of World War II, London 1965

Theobald, Robert A.: Das letzte Geheimnis von Pearl Harbor, New York 1963

Thomas, David A.: Battle of the Java Sea, London 1960

Trizzini, Antonio: Die verratene Flotte, Bonn 1957

Ufficio Storico della marina militare: La Marina Italiana nella Seconda Guerra Mondiale, Bd. 1—18 (Details)

US-Army Far East Command: The Imperial Japanese Navy in World War II, Tokio, Operational Monograph Series, Nr. 116

Walters, Robert: Naval War in the Pacific, 1941/45, ZS 11./68

Wagner, Gerhard (Hg.): Lagevorträge des Oberfehlshabers der Kriegsmarine vor Hitler 1939—1945, München 1971

Watts, Anthony J.: Japanese Warships of World War II, London 1966

Der besondere Dank des Autors gilt allen Institutionen, Verbänden und Einzelpersonen, die ihn bei dieser Arbeit tatkräftig unterstützt haben.

Dieser Dank gilt vor allem der Zentralbibliothek der Bundeswehr, Bibl. Dir. Dr. Sack; weiterhin Kapitän z. S. a. D. Hermann Lessing, der wichtige Auszüge aus den KTB der Seekriegsleitung, des BdK und andere zur Verfügung stellte; und vor allem KKpt. a. D. Fritz-Otto Busch (†), der dem Autor zu seinen Lebzeiten viele Anregungen gab.

Großadmiral a. D. Karl Dönitz stellte wertvolle Hinweise und Fotos zur Verfügung.

Franz Kurowski
Dortmund, im Dezember 1980

Verzeichnis der Abkürzungen

ABDA = American British Dutch Australian Command
AK = äußerste Kraft voraus
BdA = Befehlshaber der Aufklärungsstreitkräfte
BdK = Befehlshaber der Kreuzer
BdS = Befehlshaber der Schlachtschiffe
BdU = Befehlshaber der U-Boote
Captain = (Kapitän, oder beim Heer Hauptmann)
DivAdm. = Divisionsadmiral (ital. Rang)
d. Res. = der Reserve
FdZ = Führer der Zerstörer
FKpt. = Fregattenkapitän
FlaMW = Flak-Maschinenwaffen
Flot. = Flottille
HG = Geleitzugroute Gibraltar-Großbritannien
HK = Handelsstörkreuzer (Hilfskreuzer)
HX = Geleitzugroute Halifax/New York-Großbritannien
Ju = Junkers
JW = Geleitzugroute Loch Ewe-Kola Fjord
KAdm. = Konteradmiral
KG = Kampfgeschwader
Kpt. = Kapitän
KKpt. = Korvettenkapitän
Kpt. z. S. = Kapitän zur See
KTB = Kriegstagebuch
KR = sehr dringend (Funkspruch)
L. G. = Lehrgeschwader
LtCdr = Lieutenant Commandeur = Fregattenkapitän
Lt. z. S. = Leutnant zur See
M-Boot = Minensuch-Boot
Ob. d. M. = Oberfehlshaber der Marine
Oblt. z. S. = Oberleutnant zur See
PQ = Geleitzugroute Island-Nordrußland
QP = Geleitzugroute Nordrußland-Island
R-Boot = Räumboot
RAN = Royal Australian Navy
RNN = Royal New Zealand Navy
S-Boot = Schnellboot
Skl = Seekriegsleitung
STAWKA = sowjetisches Oberkommando der Streitkräfte

T-Boot	=	Torpedoboot
Uffz.	=	Unteroffizier
VAdm.	=	Vizeadmiral
WS	=	Geleitzugroute „Winstons special" von Großbritannien in den Mittleren Osten.

HEYNE TASCHENBÜCHER

Zeitgeschichte · Biographien · Tatsachenberichte · Kriegsromane